UNI PORTRÄTS

Die Hochschulen der Bundesrepublik

Soziales
Politisches
Statistisches
Forschungsschwerpunkte

Herausgegeben von Brigitte Bohnke
und Gerhard Hirschfeld

aspekte verlag

Herausgegeben von
Brigitte Bohnke und Gerhard Hirschfeld

unter Mitarbeit von
Stephan Bohnke, Wolf Gunter Brügmann, Hans Ehnert, Bodo Franzmann, Helmut Fritz, Jutta Fey-Hauerwas, Ernest W. B. Hess-Lüttich, Marlies Stieglitz-Klein, Wolfgang Kuldschun, Rudolf Reiser, Reinhard Roericht, Heinz Schliephake, Detlef Spindler, Wolfgang Streffer, Gerhard Trott, Helmut Vethake, Klaus Walter und Steffen Welzel.

Gestaltung: Gerhard Keim
Drucktechnische Verarbeitung: Druckereien-Jungfer, Herzberg
ISBN 3-921096 - 19 - 7

Inhalt

Vorwort

Uniporträts. Das sind Momentaufnahmen, entstanden in rund fünfzig deutschen Hochschulstädten, angefertigt von neunzehn Autoren in einer Produktionszeit von circa einem Jahr. Der bewußt spartanisch gehaltene Untertitel dieses Buches – „Soziales. Politisches. Statistisches. Forschungsschwerpunkte." – diente diesen an deutschen Universitäten recherchierenden oder dort zum Teil als Pressereferenten tätigen Journalisten als grobes Gliederungsschema. Zu jedem dieser Stichworte, die, mit weiteren Vorgaben der Herausgeber versehen, als Checkliste dienen sollten, wird der Leser in diesem Buch Informationen finden. Und nicht nur dazu, denn die Autoren haben es verstanden, diese Vorgaben der Herausgeber nicht als allzu enges Korsett mißzuverstehen und eigentlich jedes der einzelnen Uniporträts anders als die anderen zu schreiben. Es ist deshalb ein sehr lebendiges Buch, streckenweise fast feuilletonistisch geschrieben, und – trotz einer Vielzahl interessanter Daten – keine Faktenschleuder geworden. Die „Uniporträts" sind also kein Studienführer (den gibt es im aspekte verlag ja bereits unter dem Titel „aspekte Studienführer"), wir, die Herausgeber, wollen ihn aber auch nicht als Hochschulführer eingeordnet sehen, denn dazu sind die Porträts nicht trocken genug.

Dieses Buch richtet sich eigentlich an jeden, der sich für Bildungspolitik, besonders für Hochschulpolitik und ganz besonders für den Zustand unserer Hochschulen interessiert. Von spezieller Wichtigkeit aber sind die in ihm enthaltenen Hochschul- und Hochschulortbeschreibungen für Studienanfänger und bereits Studierende, die vor der Wahl eines ersten oder eines neuen Hochschulortes stehen. Es ist zwar heute – generell gesehen – nicht mehr so, daß „man" zwangsläufig, wenn man ein bestimmtes Fach studieren will, an einem bestimmten Ort, „bei ... studiert haben muß", denn regelrechte „Schulen" gibt's kaum noch. Doch, an die Stelle jener überkommenen Kriterien sind auch bei pragmatischer Einstellung andere getreten. Sie werden an der Lektüre dieser Texte deutlich: das – auch die Studienortwahl – am rüdesten beeinflussende Kriterium sind die allerorts in immer mehr Fächern bestehenden Zulassungsbeschränkungen. Das, wie es scheint, in Zukunft sich eher noch verstärkende, zweite Kriterium sind die sozialen, insbesondere die Wohn-Verhältnisse in den einzelnen Universitätsstädten. Es gibt zwar noch keine ZVS fürs Soziale, doch den sozialen Numerus clausus gibt es. Die sich daraus ableitenden Schwierigkeiten sind in jedem der Uniporträts angesprochen.

Beide Kriterien schränken die freie Wahl des Studienortes erheblich ein. So nimmt es nicht Wunder, daß die Zahl der Hochschulortwechsler während des Studiums rückläufig ist. Man ist froh, einen Studienplatz und eine – wenn auch teure – Bude zu haben; dann noch ins Ungewisse zu wechseln, erscheint vielen – auch, wenn jetzt Tauschbörsen für Studienplätze eingerichtet werden – ein zu großes Wagnis. Und man ist zusätzlich froh, die Anonymität des Universitätsmassenbetriebs möglichst rasch hinter sich zu bringen. Also bleibt man und arbeitet. Das Schlagwort von der

Arbeitsuniversität taucht dann auch in vielen der Universitätskennzeichnungen auf.

Dieser Trend zum intensiven Studieren verstärkt sich durch die zunehmende Regionalisierung der Hochschulneugründungen, Beispiele: die neuen Gesamthochschulen in Nordrhein-Westfalen oder die Universität Regensburg. Ob sich mit dieser Regionalisierung gleichzeitig eine Reduzierung der sozialen Probleme der Studierenden erreichen läßt (die Studenten wohnen, weil billig, häufig noch zu Hause), muß sich in den nächsten Jahren noch zeigen, doch eins läßt sich bei der Lektüre der Uniporträts – beispielsweise von Regensburg oder von Essen – schon jetzt feststellen: der Anteil der Arbeiterkinder, denen die neuen Universitäten jetzt gleichsam vor der Haustür stehen, ist dort erheblich höher als an traditionellen Universitäten.

Viele der in hochschulpolitischen Diskussionen ausgetauschten bildungs- und gesellschaftspolitischen Geheimcodes der Experten gewinnen in den „Uniporträts" auf einmal an Leben, können in ihrer sehr bildhaften und plastischen Darstellung Verständnis auch bei denen wecken, denen sie bislang als plustriger Wortkitt nur Ohrenrauschen erzeugten. Hochschul- und insbesondere Hochschulreformpolitik „am lebenden Beispiel" (soll man sagen: „am noch lebenden Patienten"?) deutlich zu machen, das war unsere Absicht.

Brigitte Bohnke
Gerhard Hirschfeld

Rheinisch-Westfälische Technische Hochschule Aachen

Reinhard Roericht

Erste „Technische Hochschule" in Preußen

Die Gründung der ersten Technischen Hochschule im Rheinland und in Westfalen war in den sechziger Jahren des vorigen Jahrhunderts nicht allein eine kulturpolitische Planungsentscheidung des preußischen Staates, sondern ist wesentlich auch auf die Aktivität der Stadt Aachen und ihrer Wirtschaftsorganisationen zurückzuführen. Durch die großzügige Bereitstellung von finanziellen Mitteln aus privaten Stiftungen wurde der Berliner Regierung die Entscheidung für Aachen als Standort neben anderen im Wettbewerb liegenden Städten (Köln, Koblenz) erleichtert.

Die Aachener Anstalt war – noch vor den älteren Einrichtungen der Berliner Gewerbeakademie und der Polytechnischen Schule in Hannover – die erste „Hochschule" dieser Art in Preußen und darüber hinaus eine der ersten in Deutschland überhaupt. Zusammen mit den Anstalten Berlin und Hannover erhielt sie 1880 auch offiziell die Bezeichnung „Technische Hochschule" und tat mit dem neuen Statut vom 27. August 1880 den Schritt zu einer akademischen Verfassung mit Rektorat und Habilitationsrecht.

Engpässe im Bereich der Philosophischen Fakultät

Die Studentenzahlen der RWTH haben sich nach 1945 stürmisch entwickelt und nähern sich zum Wintersemester 1974/75 der 20 000-Grenze. Damit wären die von der Landesregierung vorgesehenen Planzahlen um nahezu 25 Prozent überschritten.

An der RWTH arbeiten fast 7000 Personen, wobei die besondere Personalstruktur der technisch-naturwissenschaftlichen Institute und der Personalbedarf zur Krankenversorgung für die Klinischen Anstalten besonders zum Ausdruck kommen. Besondere Engpässe im Lehrangebot bestehen zur Zeit vor allem im Bereich der Philosophischen Fakultät, deren Studentenzahlen in den letzten drei Jahren besonders stark angestiegen sind. Teilweise angespannt ist die Situation in den Fakultäten für Mathematik und Naturwissenschaften, Bauwesen, Elektrotechnik, Medizin, während in den Fakultäten Maschinenbau und Bergbau- und Hüttenkunde ausgesprochen gute Studienbedingungen anzutreffen sind.

Der Aachener Hochschul-Campus – eng mit der Stadt verbunden

Das Aachener Hochschulgelände hat sich im Laufe der über 100jährigen Entwicklung vom Stadtkern in westliche Richtung etwa fünf Kilometer bis nahe an die niederländische Grenze hin entwickelt. Die zentralen Einrichtungen der Hochschule (Hauptgebäude, Bibliothek, zahlreiche Hörsäle) befinden sich im Stadtkern in unmittelbarer Nähe von Rathaus, Marktplatz und einer großen Fußgängerzone mit Einkaufsmöglichkeiten und vielfältiger Gastronomie. Die Lehrveranstaltungen für Studienanfänger bis etwa zum vierten Semester finden vorwiegend in dem alten Kernbereich der Hochschule statt, so daß die Hochschuleinrichtungen bzw. das Stadtzentrum im Fußgängerverkehr bequem erreichbar sind. Über etwa zwei Kilometer in westlicher Richtung vom Hauptgebäude erstrecken sich die Hochschulbauten, die bis zur Mitte der sechziger Jahre errichtet worden sind und im Schwerpunkt die Fachrichtungen Hüttenkunde, Bauingenieurwesen, Chemie, Elektrotechnik beherbergen. In diesem Bereich befinden sich auch mehrere Studentenwohnheime; zusätzliche sind im Bau. Das Hochschulgelände wird dann zunächst von den Hochschulsporteinrichtungen und einigen weiteren Institutsbauten abgeschlossen. Ein Wohngebiet schließt sich an, dem nach circa zwei Kilometern dann das Hochschulerweiterungsgebiet für den künftigen Ausbau der Hochschule folgt. Mit Ausnahme des Klinikums werden in den Gebäuden in diesem Erweiterungsgebiet vorwiegend Studenten höherer Semester arbeiten, die jeweils über längere Zeit in einem Institut verbleiben.

Die enge räumliche Verbindung der meisten Hochschuleinrichtungen mit der Stadt wird von den Studenten als positiv empfunden. Nachteilig ist allerdings im Kernbereich der Hochschule die Parkplatzsituation für von auswärts einpendelnde Studenten. Durch den Bau neuer Parkhäuser ist jedoch ab 1978 mit einer Entspannung der Parkraumnot im Altbereich zu rechnen. Außerdem befindet sich am Kernbereich der Hochschule der Bundesbahnhof Aachen-West, der morgens und abends über Zugverbindungen in Richtung Köln und Düsseldorf verfügt. Eine Besonderheit des Aachener Standortes ist die unmittelbare Nachbarschaft zu den Niederlanden und Belgien mit reizvollen Freizeitmöglichkeiten und günstigen Einkaufsbedingungen.

Seit jeher Schwerpunkte der RWTH: Naturwissenschaften und Technik

Die RWTH ist seit ihrer Gründung eine Hochschule mit naturwissenschaftlich-technischem Schwerpunkt. Mit der Gründung einer Philosophischen Fakultät (1965) und einer Medizinischen Fakultät (1966) wurde das Arbeitsgebiet der RWTH wesentlich erweitert. Während die Medizinische Fakultät im Laufe ihres Aufbaus alle einschlägigen Disziplinen erhält, ist die Philosophische Fakultät nicht auf die den klassischen philosophischen Fakultäten an anderen Universitäten vergleichbare Fächerbreite angelegt. Klassische und außereuropäische Philologien und Altertumswissenschaften sind in Aachen nicht vorhanden und auch nicht geplant. Aus der Jura und der Theologie wird nur der für die Lehrerausbildung und das wirtschaftswissenschaftliche Studium erforderliche Lehrinhalt durch Lehrbeauftragte und Gastprofessoren angeboten. Innerhalb der Philosophischen Fakultät besteht eine Fachabteilung für Wirtschaftswissenschaften, in der das Studium der Wirtschaftswissenschaften in den ersten vier Semestern mit nachfolgendem Abschluß der Zwischenprüfung möglich ist und für die Inhaber ingenieurwissenschaftlicher und bestimmter naturwissenschaftlicher Diplome ein wirtschaftswissenschaftliches Aufbaustudium von vier Semestern Dauer angeboten wird.

Was die allgemeinen Studienbedingungen angeht, so ist die Aachener Hochschule in den meisten Fachrichtungen genauso mit Engpaßproblemen an Personal und Raum belastet wie alle anderen Hochschulen in der Bundesrepublik auch. Der Studienbetrieb in den Anfangssemestern trägt zum Teil Massencharakter und stellt den Studienanfänger vor intensive Prüfungsanforderungen. In den höheren Semestern, insbesondere bei der Durchführung von Diplomarbeiten und ggf. auch Dissertationen, bestehen in den naturwissenschaftlichen und ingenieurwissenschaftlichen Instituten ausreichende und zum Teil sehr gute Arbeitsbedingungen. Durch die bereits im Bau befindlichen Erweiterungsgebäude wird sich in den nächsten Jahren in einigen Fachrichtungen die Arbeitssituation wesentlich verbessern.

Fragen der Studienreform werden an der RWTH eifrig diskutiert. Die Errichtung eines Hochschuldidaktischen Zentrums zur Intensivierung der Studienreformbemühungen ist in Aachen vorgesehen, dessen offizielle Eröffnung im Wintersemeser 1974/75 zu erwarten ist. Im Rahmen der in Nordrhein-Westfalen durch Landesgesetz bis 1977 vorgesehenen Bildung von integrierten Gesamthochschulen haben in Aachen Selbstverwaltungsgremien mit Vertretern aus der Technischen Hochschule, der Fachhochschule und der Abteilung Aachen der Pädagogischen Hochschule Rheinland mit der Ausarbeitung neuer integrierter Studiengänge im Bereich der Lehrerausbildung für naturwissenschaftliche Fächer und der Ingenieurausbildung begonnen.

Neben besonders günstigen Studienmöglichkeiten in den Bereichen Maschinenbau, Bergbau und Hüttenkunde entwickelt sich in Aachen durch die Zusammenarbeit der Medizinischen Fakultät mit den ingenieur- und naturwissenschaftlichen Disziplinen für Absolventen entsprechender Studiengänge eine besonders interessante Arbeitsmöglichkeit bei interdisziplinären Forschungsvorhaben im Bereich der medizinischen Technik und der Bio-Medizin. Von der Deutschen Forschungsgemeinschaft, der Stiftung Volkswagenwerk, der Bundesregierung und der Landesregierung Nordrhein-Westfalen werden derartige interdisziplinäre Forschungsvorhaben in Aachen in großem Umfang gefördert. Sowohl an Hochschuleinrichtungen als auch in der Industrie ergeben sich für den interdisziplinären Bereich Technik und Medizin günstige Entwicklungsmöglichkeiten. Wer keine Zulassung zum Studium der Medizin erhalten hat, kann nach abgeschlossener Ausbildung als Ingenieur oder Naturwissenschaftler so dennoch in ein Arbeitsgebiet mit enger Verbindung zur Medizin gelangen. Die Entwicklung künstlicher Organe bzw. von Organersatzteilen ist ein Schwerpunkt der Aachener Forschung.

Politische Auseinandersetzungen spielen sich „gewaltfrei" ab

An der RWTH sind alle bundesweit vorhandenen politischen Studentenorganisationen vertreten. Im Studentenparlament hat 1973 erstmals seit mehreren Jahren wieder eine Koalition aus RCDS und gemäßigten Studentengruppen die Mehrheit gewonnen. Neben einer starken SHB-Fraktion und an Einfluß abnehmenden Basisgruppen haben linksextreme Gruppen praktisch keinen Einfluß.

Die Konfliktmuster zwischen den hochschulpolitischen Gruppen etwa hinsichtlich des Wertes der Gremienarbeit und allgemeinpolitischer Vorstellungen weichen in Aachen nicht von dem Bild anderer Hochschulen ab. Allerdings spielen sich die politischen Auseinandersetzungen seit 1970 praktisch „gewaltfrei" ab. Die politischen Strömungen sind innerhalb der einzelnen Fachrichtungen sehr differenziert. Hochburgen des SHB liegen in der Philosophischen Fakultät, in den Basisgruppen der Architekten und Naturwissenschaftler, des RCDS und anderer gemäßigter Gruppen in den ingenieurwissenschaftlichen Disziplinen. Der überdurchschnittlich hohe Anteil ausländischer Studenten an der RWTH belebt die studentische Politik mit zahlreichen Fragestellungen ausländischer Gruppen.

Ein großes Problem für Aachens Studenten: Es fehlen etwa 8.000 Mädchen

Der Wohnraummarkt in Aachen ist sehr angespannt, da durch die drei in Aachen ansässigen Hochschulen knapp 25 000 Studenten auf 240 000 Bürger entfallen. Wenn man bereit ist, längere Anfahrtswege in Kauf zu nehmen, bestehen in den Aachen benachbarten Orten und im belgisch-niederländischen Grenzraum zusätzliche Unterbringungsmöglichkeiten. Privatzimmer mit geeigneten Arbeitsmöglichkeiten sind je nach Entfernung zur Hochschule und nach zusätzlicher Ausstattung zwischen 120 und 190 Mark zu bekommen. In den Studentenwohnheimen werden über 1600 Plätze zwischen 115 und 140 Mark angeboten, wobei die Ausstattung (Küchenbenutzung, Duschen, Etagentelefon, Hobbyräume, Bierkeller usw.) Privatzimmern meistens überlegen ist. Für Studentenehepaare werden Kleinwohnungen sowohl vom Studentenwerk als auch von einem kirchlichen Träger angeboten.

In der Mensa werden Essen zu 1,–, 1,40 und 2,– Mark (Preissteigerung wahrscheinlich zum WS 74/75) angeboten. Angehörige des Islam können täglich ein ihren Anforderungen entsprechendes warmes Gericht erhalten.

Wer als Student regelmäßig die Aachener Verkehrsbetriebe benutzt, muß mit monatlichen Kosten zwischen 30 und 45 Mark rechnen.

Hochschule und Stadt bieten ein großzügiges Freizeitprogramm, insbesondere gibt es in der Freizeitlandschaft Eifel sowohl im Sommer als auch im Winter ausgezeichnete Erholungs- und Sportmöglichkeiten. Der Hochschule steht in der Eifel ein Ruderheim und im Kleinwalsertal (Österreich) eine gut ausgestattete Gebirgshütte mit Angebot von Ski-Kursen zur Verfügung. Zahlreiche Sportarten können am Institut für Leibesübungen betrieben werden, außerdem gibt es zwei Fliegergruppen. Das Veranstaltungsangebot der studentischen Gruppen und besondere Tutorenprogramme zur Freizeitgestaltung (z. B. Segelkurse) in den Wohnheimen bieten reichhaltige Auswahl. Weit über Aachen berühmt sind die Veranstaltungen des Malteserkeller e. V., der in der eigenen Kellerbar und auch im Audimax namhafte Bands zu Gast hat. Studentenkino, Filmarbeitsgemeinschaft und zwei Studentenzeitungen sowie studentische Buchläden vermitteln Informationen und geben Möglichkeiten zur Mitarbeit.

Die Stadt Aachen verfügt über drei gute Hallenbäder und ein viel zu kleines Freibad, weitere Bäder können in naher Umgebung der Stadt besucht werden. Das kulturelle Angebot der Stadt (Theater, Konzerte, Museen, Volkshochschule) ist für eine Stadt dieser Größe vielseitig und bietet besonders in dem Museum „Neue Galerie" in einem alten städtischen Ballhaus den Freunden der Kunst der Gegenwart Informations- und Aktionsmöglichkeiten von internationalem Ruf. Der historische Reichtum der alten Kaiserstadt Aachen für Freunde der alten Kunst braucht nicht besonders hervorgehoben zu werden, da er allgemein bekannt sein dürfte. Internationale Reitturniere und rheinischer Karneval mögen auch viele entzücken.

Das Angebot an Kneipen und Gaststätten mit zivilen Preisen ist groß, außerdem dank der ausländischen Studenten von internationaler Vielfalt. Nicht verschwiegen werden darf jedoch ein demographisches Problem: Es gibt in Aachen etwa 8000 junge Damen zuwenig.

Charakter der RWTH: „Paukanstalt, Knochenmühle"

Die Wissenschaftler Hitpass und Mock haben in dem Buch „Das Image der Universität" (Bertelsmann 1972) die studentische Beurteilung der nordrhein-westfälischen Hochschulen untersucht. Demnach ist „die Technische Hochschule Aachen eine straff organisierte, arbeitsintensive und lerneffektive Techniker-Ausbildungsstätte".

Weniger vornehm haben befragte Studenten wörtlich formuliert: „Paukanstalt, Knochenmühle – gut für Studenten, die arbeiten und planmäßig abschließen wollen.“

Soweit die Befragung. Immerhin gibt es Leute, die in Aachen schon über 30 Semester ausgehalten haben. Woran mag es liegen?

Rheinisch-Westfälische Technische Hochschule Aachen
18 710 Studenten (WS 1973/74).

Anschrift:
51 Aachen, Templergraben 55

Fakultäten und Fachabteilungen:

Mathematisch-Naturwissenschaftliche Fakultät
- Fachabteilung für Mathematik und Physik
- Fachabteilung für Chemie und Biologie

Fakultät für Bauwesen
- Fachabteilung für Architektur
- Fachabteilung für Bauingenieurwesen

Fakultät für Maschinenwesen

Fakultät für Bergbau und Hüttenwesen
- Fachabteilung für Bergbau
- Fachabteilung für Hüttenkunde
- Fachabteilung für Geowissenschaften

Fakultät für Elektrotechnik

Philosophische Fakultät
- Fachabteilung für Philosophisch-Historische Wissenschaften
- Fachabteilung für Wirtschaftswissenschaften

Medizinische Fakultät

Universität Augsburg

Helmut Fritz

Schwäbisches Regelstudium

Mit der Neugründung der „Universität Augsburg" am 1. Januar 1970 konnten die erstaunten Augsburger aus den Festreden erfahren, daß ihre Stadt nicht nur eine Handels-, sondern auch eine Universitätsgeschichte hat, die bis ins 16. Jahrhundert zurückreicht. Die erste Augsburger universitas entstand im Jahr 1543 auf Betreiben eines geistlichen Gründungs-Konsortiums aus acht schwäbischen Benediktinerabteien. Aufgabe dieses Bildungsinstituts sollte es sein, einen pflichteifrigen und theologisch sattelfesten Klerus heranzubilden, der in der Lage wäre, der Reformation Einhalt zu bieten.

Ursprünglich befand sich die Universität im Kern der Altstadt, mußte aber schon im nächsten Jahr wegen Raummangels und Unterbringungsschwierigkeiten für die Studenten ins nahegelegene Kloster Elchingen ausgesiedelt werden. Drei Jahre später wurde das Kloster von den Reformationstruppen erobert und geschliffen. Dies war das Ende der ersten Augsburger Universität, aber schon drei Jahre später gründete der Bischof von Augsburg ein „collegium litterarum", das 1533 von Karl V. zur Universität ernannt wurde. Das Wappen stiftete der Papst, Inschrift: „Ist mein Wort nicht wie Feuer und wie ein Hammer, der Felsen zertrümmert?" (Im „1. Gründungsbericht" der neuen Universität Augsburg wird angemerkt, daß dieses Wort auch das Motto der neuesten schwäbischen Hochschule sein könnte, obwohl es nicht von einem zeitgenössischen Kultusminister, sondern aus Jeremias 23, 29 stammt.)

1564 übernahmen die Jesuiten die Universität Augsburg, und unter ihrer Leitung erlebte sie einen raschen Aufschwung. Im 17. Jahrhundert kam eine Rechtsfakultät dazu, hundert Jahre später die medizinische Fakultät, naturwissenschaftliche Lehrstühle, die Mathematik und schließlich ein astronomisches Observatorium. 1773 wurde die Gesellschaft Jesu aufgelöst, und die Universität fiel an das Bistum Augsburg zurück. Es folgte eine Periode des Abstiegs in den klerikalen Provinzialismus, die zeitgemäßen Ideen der Aufklärung, die den Universitäten in Deutschland während des ganzen 19. Jahrhunderts Auftrieb gaben, fanden in Augsburg keinen Lehrstuhl. 1803 wurde die Universität aufgelöst. Was blieb war ein „Lyceum" für Religionslehrer. Vier Jahre später wurde daraus eine „Akademie", und 1929 durfte sich dieses katholische Lehrerbildungsinstitut dann „Philosophisch-Theologische Hochschule" nennen. Zusammen mit der Pädagogischen Hochschule und den Wirtschaftswissenschaften bildet sie den Kern, um den herum die neue, reformierte „Universität Augsburg" aufgebaut ist.

„Das beste an Augsburg ist noch immer der Zug nach München"

Trotz seiner langen Hochschultradition ist Augsburg heute alles andere als eine „Universitätsstadt". Der Bürger auf der Straße, gefragt nach dem Weg zur neuen Uni, weist zögernd in eine unbestimmte Richtung, der Verkehrspolizist studiert erst einmal den Stadtplan. Für viele Augsburger existiert die Universität nur als Idee, als Bauprojekt. Die wenigsten wissen, daß der Studienbetrieb in angemieteten Provisorien schon im Gang ist.

Die eigentliche Universität wird bis 1978 draußen vor der Stadt, auf einem ehemaligen Messerschmidt-Flugplatz, errichtet. Dort soll auf einer Fläche von 150 Hektar ein riesiger Komplex entstehen, mit Studienplätzen für 15 000 bis 20 000 Studenten. (Zum Vergleich: die TU in Berlin mit 20 000 Studenten kommt mit einem Areal von nur 20 Hektar aus.)

Spätere Studentengenerationen werden sich vielleicht wehmütig an die Augsburger Gründerzeiten erinnern, als noch ein Häuflein von 2000 Studenten auf engstem Raum, in Tuchfühlung zueinander und zur Stadt und ihren Bürgern studierte. Mit dieser fast idyllischen Familiensituation – die ersten Jahre gab es in Augsburg kein Seminar mit mehr als 30 Teilnehmern – geht es nun zu Ende und mit ihr die Chance, eine größere Studentenschaft in Augsburg heimisch zu machen. Der neue weitläufige Campus ist zu weit von der Stadt entfernt, und die Kommunikationswege sind zu lang, um die Universität ans städtische Leben anzubinden. Dabei wäre die Altstadt ein ideales Pflaster für Studenten, sofern sie überhaupt in Erscheinung treten. Der Flirt zwischen Augsburg und seinen Studenten ist indes über erste zaghafte Annäherungsversuche nicht hinausgekommen. Das „Mozarthaus" bietet verbilligte Tarife, die „Volksbühne Augsburg e. V." lädt zum Mitspielen ein, das „Emelka"-Kino zeigt alle vier Wochen für den anspruchsvollen Akademiker den „Film des Monats", und auf dem Ammersee kann man sich von all dem beim Segeln erholen.

Und gastfreundlich sind sie, die Schwaben, zu ihren Studenten. Bis jetzt konnten alle gut unterkommen, zu durchschnittlichen Zimmerpreisen von 140 bis 150 Mark. Denn in Augsburg wird der Student von den Wirtinnen noch als eine Rarität behandelt, ganz im Gegensatz zu anderen Uni-Städten, wo es längst umgekehrt ist. Aber „das beste an Augsburg" – so hört man es unter Augsburger Studenten – „ist immer noch der Zug nach München!"

Straffe Studiengänge und ein verbotener AStA sind das Ergebnis der Reformeuphorie

Die Universität Augsburg gilt als musterhafte Reform-Hochschule bayerischer Provenienz. Und so sieht das weißblaue Studium in Augsburg aus:

klar gegliederte Studiengänge; Aufteilung des Lehrangebots in ein Pflichtpensum und ein Wahlpensum; struktureller Praxisbezug der Ausbildung; Kleingruppenkonzept statt Vorlesungen; einphasige Juristenausbildung; zentrale Studieneinrichtungen außerhalb der Fachbereiche für alle Studierenden: Hochschuldidaktisches Zentrum, Zentrum für Studieneinführung und Konfliktberatung, Rechenzentrum, Forschungszentrum und Sprachenzentrum; Einrichtung eines nicht mehr ordinarien-, sondern fachbezogenen Assistentenpools und schließlich das institutionelle Kontaktstudium für die wissenschaftliche Weiterbildung von Berufstätigen.

Die Studiengänge sind generell, besonders im Grundstudium, reglementiert, zeitlich begrenzt und durch Prüfungen kontrolliert. Das Semester wurde abgeschafft und ersetzt durch das Studienjahr mit drei Studienabschnitten (Trimester). Kernstück der Augsburger Reform-Uni ist die strikte Einhaltung der Regelzeit. Um sie zu gewährleisten, wurden in allen Fachbereichen stark verschulte Studiengänge eingerichtet. Während des Grundstudiums erhält jeder Studierende einen bis ins Detail ausgearbeiteten Stundenplan; der Lehrstoff ist obligatorisch, seine Beherrschung wird laufend durch Zwischenprüfungen kontrolliert. Der Leiter der Studentenkanzlei, Herr Ammer: „80 Prozent der Studenten wollen diese Verschulung, sie sind direkt dankbar, wenn man ihnen vom ersten Tag an sagt: du gehst dahin und dahin und dahin. Das Ergebnis ist positiv: Bei den Juristen, deren Abbruchquote normalerweise überdurchschnittlich groß ist, hat es in den ersten vier Trimestern nur vier Abbrecher gegeben, von 125 Studenten."

Allerdings arbeitet die verschulte Universität nur dann, auch im Sinne der restriktiven Reform, wenn den Studenten moderne Lehrmethoden angeboten werden. In Augsburg waren das zu Beginn die Kleingruppen und das Skript-Programm, die an Stelle der alten Vorlesung getreten waren. In den kühnen Träumen der Reformer saßen fünf bis sieben Studenten in einer Gruppe, maximal sollten es 15 sein. Mittlerweile ist das Kleingruppenkonzept von den wachsenden Studentenzahlen gesprengt worden. Professor Perridon, Gründungsrektor: „Was in Augsburg verwirklicht werden sollte, war im Grunde nichts anderes als die Unterrichtsmethode der persönlichen Betreuung der Studenten. Allem Anschein nach wird dieses Konzept aufgegeben werden müssen, da die dazu adäquate Ausstattung in keinem Fachbereich – mit Ausnahme des Katholisch-Theologischen – gesichert werden kann."

Nach anfänglicher Reformeuphorie breitet sich in Augsburg spürbar Ernüchterung aus, nicht zuletzt unter den Studenten. Zum Sprecher der Unzufriedenen hat sich der AStA gemacht: er beklagt den Augsburger Paritäten-Schlüssel, der den Professoren in allen Gremien die absolute Mehrheit sichert und die unbedeutende Rolle, die die Studenten laut Satzung in der Hochschul-Verwaltung zu spielen haben. Der AStA freilich ist das prominenteste Reformopfer: laut Hochschulsatzung gilt nämlich die verfaßte Studentenschaft in Augsburg (und danach in ganz Bayern) als abgeschafft. Den AStA gibt es formal-rechtlich überhaupt nicht, das Kultusministerium in München hat ihn einfach mit dem Bleistift des Gesetzgebers ausgestrichen. „Wir haben rechtlich gesehen jetzt den Status eines privaten Kegelvereins", sagt der Augsburger AStA-Vorsitzende, der noch immer im „Amt" ist, sozusagen als ein Denk- und Mahnmal der selbstverwalteten Studentenschaft.

Wird immer beliebter — das gründlich reformierte Jura-Studium

1974 studierten in Augsburg rund 2500 Studenten in den Fachbereichen Katholische Theologie, Wirtschafts- und Sozialwissenschaften (WiSo), Jura, Erziehungswissenschaften und Philosophie. Einen N. c. gibt es bisher noch nicht. Etwa die Hälfte der Studenten ist im Erziehungswissenschaftlichen FB eingeschrieben, ungefähr ein Drittel studiert im Fachbereich WiSo. Zunehmender Beliebtheit erfreut sich auch das gründlich reformierte Augsburger einphasige Jura-Studium. Die vielbeklagte Trennung der universitären von der praktischen Ausbildung ist im Augsburger Modell abgeschafft. Das Grundstudium wird in einen Abschnitt für die Justiz und einen für die Verwaltung aufgeteilt. Jede Ausbildungsphase wird durch Pflichtpraktika begleitet, umgekehrt finden während der Praktika theoretische Kurse statt. Wer sich für Details interessiert, kann von Herrn Spitko im FB Jura den „Kommissionsbericht" (die Bibel der Augsburger Juristen) anfordern. Jeder Jura-Student sollte in diesem Sinne bibelfest sein, bevor er sich für ein Studium in Augsburg entschließt.

Der berühmte Zug nach München verkehrt für Einphasen-Juristen nicht so häufig. Schon bei der Immatrikulation bekommt der Student einen Stundenplan für das erste Trimester in die Hand gedrückt, der durchschnittlich 24 Pflicht-Wochenstunden aufweist. Im dritten Trimester muß der kleine BGB-Schein erworben werden, als Voraussetzung zum Weiterstudieren. Und so geht es weiter im Galopp durch die Paragraphenwüste. Nach jedem Trimester wird ein neuer verbindlicher Stundenplan herausgegeben. Die Lehrveranstaltungen sind zu gleichen Teilen Vorlesungen und Kleingruppen-Übungen. Um in eine Gruppe hineinzukommen, muß man sich unbedingt zu Beginn des Studienjahres in die Teilnehmerlisten eintragen. (Liegen im FB aus.) Repetitoren, ohne deren Nachhilfe für gewöhnlich niemand das Juristische Examen besteht, sind in Ausburg ausmanövriert. Ihre teuren Skripte gehören hier zum offiziellen Lehrangebot.

Noch im Aufbau befindet sich der Philosophische Fachbereich. Im Studienjahr 1973/74 wurden folgende Studiengänge eingerichtet: Germanistik, Anglistik, Romanistik und Geschichte, mit Abschlüssen für das Lehramt an Realschulen und Gymnasien. Für 1974/75 sollen Latein und Geographie dazukommen.

Ein Element der Reform: Bezug zur Praxis

Gelegentlich wird dem Augsburger Reform-Modell vorgeworfen, es habe allzu sehr die Gewichte auf die anwendungsbetonten Studiengänge gelegt und die wissenschaftsintensiven Studiengänge vernachlässigt. Dies ist in der Tat ein Element der Reform. Das Studium ist stark tätigkeitsorientiert, Universitätsausbildung erhält einen Trend zur praktischen Berufsausbildung. Am deutlichsten kann man das in Augsburg an der reformierten Ausbildung für Wirtschafts- und Sozialwissenschaftler ablesen. Nach dem Reform-Entwurf sollte „eine wirtschaftswissenschaftliche Hochschule neuen Typs entstehen; gedacht war, die Vorteile amerikanischer und europäischer Business Schools mit den wertvollen Bestandteilen der traditionellen deutschen wirtschaftswissenschaftlichen Ausbildung zu verbinden, so daß eine Modelleinrichtung geschaffen würde . . .“

Dies sieht in der Praxis so aus: Das Studium gliedert sich in ein Grundstudium, Hauptstudium und das Aufbaustudium. Das Grundstudium dauert zwei Jahre (sechs Trimester) und schließt mit dem Vordiplom ab. Der Stoff des Grundstudiums wird in Pflichtveranstaltungen erarbeitet, für jedes Trimester werden detaillierte Stundenpläne herausgegeben. Das Hauptstudium hat einen starken Praxis-Akzent. Experten aus der Wirtschaft werden eingeladen, spezielle Kurse abzuhalten. Das Hauptstudium stellt die Weichen für bestimmte Tätigkeitsfelder. Entsprechende Studiengänge werden angeboten. Einen gewissen Ruf hat sich der Fachbereich WiSo in Augsburg mit seinem Studiengang „Marketing“ erworben („Lehrteam Marketing“, Professor P. W. Meyer). Wer z. B. diese Richtung gewählt hat, kann sein Spezialistentum dem Diplom anhängen und sich „Diplom-Ökonom/Marketing“ nennen. Das Hauptstudium schließt nach zwei Jahren mit dem einheitlichen Dipl.-oec. ab. Das vertiefende Aufbaustudium dient der Heranbildung des wissenschaftlichen Nachwuchses und kann mit dem Doktorgrad abgeschlossen werden.

Bemerkenswert an dem Augsburger WiSo-Modell – abgesehen von den tätigkeitsbezogenen Studiengängen mit ihren Praktika und der betriebsnahen Ausbildung – ist der Grad der hier erreichten Verschulung. Zeit, Ort und Inhalt des Studiums sind weitgehend vorprogrammiert. Die Aufnahme des Stoffes wird durch studienbegleitende Prüfungen ständig kontrolliert. Offensichtlich zur Zufriedenheit der Studenten, die unter Zwang besser lernen, als wenn ihnen das Studium zur freien Selbstentwicklung aufgegeben wäre.

Eine ausführliche und überaus interessante Darstellung der in Augsburg bestehenden wirtschafts- und sozialwissenschaftlichen Hauptstudiengänge ist in einem UNIPRESS-Sonderdruck zu finden, der über den FB zu erhalten ist.

Übrigens: Wer sich die Pflicht-Praktika etwas versüßen will, etwa durch ein anerkanntes Auslandspraktikum, der wende sich an AIESEC (Internationale Vereinigung für Studenten der Wirtschaftswissenschaften). Dieser Verein vermittelt Ferien-Praktika, vor allem ins angelsächsische Ausland. Das Augsburger AIESEC-Büro befindet sich im WiSo-Vorlesungsgebäude, Memminger Straße 6, 1. Stock.

„Zentrale Einheiten" bieten Hilfe an

Als eine Spezialdienstleistung für Studenten aller Fachbereiche fungieren in Augsburg sogenannte „Zentrale Einheiten". Interessant für Studienanfänger ist das „Zentrum für Studien- und Konfliktberatung", zu dessen Aufgaben die Behebung von „Sprechängsten, Prüfungsschwierigkeiten und Arbeitsstörungen" gehört, das außerdem Eignungstests durchführt (Ist es das richtige Studium?) und demnächst auch Studienberatungen übernehmen wird. Bislang sind dafür die Fachbereiche zuständig, einschließlich der Studentenräte, der studentischen Vertretung auf FB-Ebene. WiSo-Studenten sollten den Weg zum „Hochschul-Didaktischen Zentrum" nicht scheuen: dort wird an einem „Einführungsblock" für diesen Fachbereich gearbeitet. Weitere Studienberatung erteilen die verschiedenen politischen Hochschulgruppen, deren ständiges Forum das Mensa-Foyer ist. Für Studenten, die einen Job suchen, ist Fräulein Deschler vom Augsburger Arbeitsamt zuständig. Zimmervermittlung und Studentenwohnheime sind das Ressort des Studentenwerks. Die FB-Studentenräte halten Gutscheine für verbilligtes Einkaufen bereit. Im „Sprachenzentrum" kann jeder Student seine Sprachkenntnisse aufpolieren. (Sprachlabor mit 24 Plätzen, ein weiteres Labor wird eingerichtet.) Studenten des Erziehungswissenschaftlichen Fachbereichs, die sich für praktische Sozialarbeit interessieren, können in der „Projektgruppe Schillstraße 141" mitarbeiten. Diese Gruppe leistet sozialpädagogische Basisarbeit in einer Obdachlosensiedlung und hält im FB ein wöchentliches Seminar ab. Es bestehen fünf Arbeitsteams. (Kontakt: G. Kammleiter, 89 Augsburg, Schillstraße 98, Zimmer 605.)

Die Reformer hoffen auf die Reform

Nach vier Jahren Reform-Universität wirkt sich nun auch in Augsburg das Gesetz der großen Zahl aus: unter dem Druck wachsender Kapazitätsprobleme und ungenügender finanzieller Mittel müssen die Reformer zurückstecken. Das Kleingruppenkonzept gilt weitgehend als gescheitert, zumindest im Grundstudium. Um sich vor den wachsenden Studentenzahlen zu retten, kehrt man nolens volens wieder zum alten Vorlesungsprinzip zurück. Im Juristischen Fachbereich zeigt man sich besorgt über den Mangel an geeigneten Praktikumsplätzen in Justiz und Verwaltung. Auch hier machen die Studentenzahlen den Reformern einen Strich durch die Rechnung. Uni-Präsident Professor Knöpfle spricht von „einer Knappheit der Mittel auf jedwedem Gebiet für die nächsten Jahre". Unter den Assistenten macht sich eine Ernüchterung breit, was ihre in der Satzung versprochene, aber eben nur als Kann-Vorschrift deklarierte ordinarienunabhängige Stellung zwischen den Fachbereichen betrifft. Das „Poolkonzept" konnte nicht realisiert werden, statt „fachbezogen" neutral zu sein, orientieren sich die Assistenten wieder nach den alten Gravitationsgesetzen um das Schwerefeld „Professor".

Wenn die Universität Augsburg in den nächsten Jahren ihren neuen weitläufigen Standort draußen auf dem ehemaligen Flugfeld bezogen haben wird, dann wird auch die Reform neuen Aufwind erhalten, hoffen die Reformer. Aber eine „Projektgruppe Stadtforschung" aus dem FB Wirtschafts- und Sozialwissenschaften sieht mit dem neuen Standort bereits neue Probleme auf die Universität zukommen. Die Stichworte dazu sind schon gefallen: soziale Isolation, Wohnprobleme, Campus-Monokultur, Betonneurosen.

Universität Augsburg
2485 Studenten (WS 1973/74).

Anschrift:
89 Augsburg,
Memminger Straße 6

Fachbereiche:
Katholisch-Theologischer Fachbereich
Wirtschafts- und Sozialwissenschaftlicher Fachbereich
Juristischer Fachbereich
Erziehungswissenschaftlicher Fachbereich
(Lehramt an Grund- und Hauptschulen)
Philosophische Fachbereiche I u. II.

Gesamthochschule Bamberg

Rudolf Reiser

Vorerst einmal drei Fachbereiche

Bamberg, die alte Bischofsstadt an der Pegnitz, einer der schönsten Orte Deutschlands, oft „Klein-Venedig" genannt, ist seit dem 1. August 1972 wieder Universitätsstadt. Ja, sie birgt sogar eine vom bayerischen Kultusminister oft befehdete Gesamthochschule.

Doch kurz zurück in die Vergangenheit. Am 14. November 1647 stiftete Fürstbischof Melchior Otto Voit von Salzburg eine Hochschule mit einer Philosophischen und einer Theologischen Fakultät. 1773 erhob Fürstbischof Adam Friedrich von Seinsheim die Hochschule zur Universität. Von nun an konnte man in Bamberg auch Rechtswissenschaften und Medizin studieren. Mit der Säkularisation (1803) verlor dann die Stadt ihre Universität wieder. Erhalten blieb allerdings die Möglichkeit, Theologie, Philosophie und Naturwissenschaften zu studieren. 1833 wurde die Hochschule den Landesuniversitäten wieder gleichgestellt. Erst 1972 hob man die Gesamthochschule als „Teiluniversität" aus der Taufe.

In der Begründung des im bayerischen Landtag verabschiedeten Gesetzes heißt es unter anderem: „Unter Teiluniversität im Sinne dieses Landtagsbeschlusses ist nicht der Teil einer anderen Universität, etwa der Universität Erlangen-Nürnberg oder der Universität Bayreuth, sondern eine selbständige Hochschule zu verstehen, die nur einen Teil der an einer Universität üblichen Fachgebiete aufweist. Dies ist insbesondere bedeutsam für die Abgrenzung der Aufgaben der Gesamthochschule Bamberg zu denen der neu errichteten Universität Bayreuth." Weiter steht in der Gesetzesbegründung: „Das in Vorbereitung befindliche Hochschulrahmengesetz des Bundes sowie das künftige Bayerische Hochschulgesetz (inzwischen in Kraft getreten) werden voraussichtlich die Errichtung von integrierten und kooperativen Gesamthochschulen als Maßnahme der Reform des Hochschulwesens vorsehen. Die in Bamberg zu errichtende Hochschule soll die Form der integrierten Gesamthochschule erproben."

Vorerst einmal drei Fachbereiche

Ein wesentlicher Anstoß für die Errichtung einer Gesamthochschule in Bamberg waren nach Ansicht des Kultusministeriums „die vorhandenen unausgenutzten Kapazitäten an Lehrpersonen und Nutzfläche". Das Ministerium meinte in einem Schreiben an den Wissenschaftsrat, daß „innerhalb kürzester Frist mit sehr bescheidenen Bauaufwendungen Studienplätze für 2500 Studenten bereitgestellt werden".

Derzeit gliedert sich die Bamberger Gesamthochschule erst in drei Fachbereiche: Theologie, Erziehungswissenschaften und Sozialwesen. So können folgende Studiengänge belegt werden: Theologie, Studium der Pädagogik (Lehramt für Grund- und Hauptschulen und Diplom) und der Fachhochschulstudiengang Sozialwesen (graduierter Sozialpädagoge). Nach der Neuordnung der Lehrerbildung in Bayern werden folgende Studiengänge angeboten werden: Deutsch, Englisch, Französisch, Geschichte, eventuell Klassische Philologie, Mathematik, Geographie und Leibeserziehung. Ausbildungsgänge für Lehrämter des beruflichen Schulwesens und für die Fächer Physik, Chemie, Biologie und Wirtschaftswissenschaften werden höchstwahrscheinlich nicht eingerichtet.

Im Endausbau soll die Gesamthochschule nach den derzeitigen Vorstellungen mindestens 4000 Studenten aufnehmen können. Der Hauptteil – mit mindestens 3000 – wird auf die Bereiche Lehrerbildung und Schulpsychologie fallen. Den wissenschaftlichen und Fachhochschul-Studiengang Sozialwesen sollen einmal 800 Studierende belegen können. Für die Fächer Theologie (wissenschaftlicher Studiengang), Religionspädagogik und kirchliche Bildungsarbeit (Fachhochschul-Studiengang) sind schließlich 200 Studenten eingeplant.

Im Wintersemester 1973/74 studierten an der Gesamthochschule Bamberg 963 Studenten; für das Wintersemester erwartet man 1300. Nach einer Übersicht des bayerischen Kultusministeriums über die Studentenzahlen erwartet man, daß im Wintersemester 1979/80 die Endzahl von circa 4000 Studenten erreicht sein wird.

Die „Arbeitsgruppe Standortforschung" der Technischen Universität Hannover kam zu dem Ergebnis, daß die Gründung der Gesamthochschule Bamberg auf alle Fälle gerechtfertigt sei. Ihre Berechnungen über die Studienanfängerzahlen der Region Bamberg haben einiges Aufsehen erregt. Demnach gibt es 1975 rund 500 Studienanfänger, 1980 bereits 1400 und 1985 rund 1600. Zahlen, mit denen die Neugründungen Bayreuth und Passau nicht konkurrieren können.

Aufeinander abgestimmte und ausgerichtete Studiengänge sollen Veranstaltungen in räumlicher Nähe haben

Die Gesamthochschule ist in den Gebäuden der alten Jesuiten-Universität an der Jesuitenstraße, im sogenannten Hochzeitshaus am Kranen und im

1965 bezogenen Neubau der ehemaligen Pädagogischen Hochschule an der Feldkirchenstraße untergebracht. Im Bereich des Areals an der Feldkirchenstraße sind Erweiterungsbauten geplant. Anfang 1974 hat das bayerische Kultusministerium für die Sanierung des Hochzeitshauses, das bald für den Bereich Sozialwesen zur Verfügung steht, fast zwei Millionen Mark genehmigt.

Nach dem Konzept des Kultusministeriums in München darf die gesamte Lehrerbildung „räumlich nicht voneinander getrennt sein, da alle Lehramtsstudenten im Erziehungswissenschaftlichen beziehungsweise im Erziehungs- und Gesellschaftswissenschaftlichen Fachbereich ein Grundstudium absolvieren, das das Fachstudium während der gesamten Ausbildungszeit begleitet". Die Schulpsychologie müsse zudem „in enger räumlicher Verbindung" mit der Lehrerbildung untergebracht werden, „da das psychologische Lehrpersonal gleichzeitig im Erziehungs- und Gesellschaftswissenschaftlichen Fachbereich und im Studiengang Schulpsychologie unterrichtet, andererseits die Studenten der Schulpsychologie Unterrichtsveranstaltungen im Erziehungs- und Gesellschaftswissenschaftlichen Fachbereich (pädagogische Psychologie) hören werden".

Sowohl der wissenschaftliche als auch der Fachhochschul-Studiengang Sozialwesen sollen – nach den Vorstellungen des Ministeriums – einmal eine „fachliche und organisatorische Einheit" bilden. Sie werden aufeinander bezogene, abgestufte Studiengänge anbieten. Das gleiche wird für den wissenschaftlichen Studiengang Theologie und den Fachhochschul-Studiengang Religionspädagogik und kirchliche Bildungsarbeit angestrebt.

„Wünschenswert, wenn auch nicht zwingend erforderlich", ist nach Meinung des Kultusministeriums aber auch „eine enge räumliche Verbindung zwischen der Theologie und der Religionspädagogik und kirchlichen Bildungsarbeit einerseits und der Lehrerbildung andererseits". Die Gründe hierfür sind: Erstens wird die Ausbildung der Religionslehrer von der Theologie übernommen, und zweitens hören die Theologiestudenten im Bereich der Lehrerbildung Philosophie. Gleichzeitig weist aber das Ministerium darauf hin, daß eine Verlegung des Fachbereichs Theologie aus dem angestammten historischen Gebäude in der Jesuitenstraße „aus Gründen der Tradition sehr wahrscheinlich auf erhebliche Widerstände stoßen würde". Gegen das Veto des Hauseigners, der Lyzeumstiftung, lasse sich eine Verlegung des Fachbereichs Theologie aus der Innenstadt heraus „nur schwer verwirklichen".

Zu wenige Dozenten für den Bereich Sozialwesen

Kaum hatte die Gesamthochschule Bamberg ihre Pforten geöffnet, mußte schon ein Numerus clausus eingeführt werden. Für den Fachhochschul-Studiengang Sozialwesen – der wissenschaftliche Studiengang wird erst später eingerichtet – wurde ein Limit von 150 Studenten bereits im

Sommersemester 1973 festgesetzt. In diesem Fach ist der Dozentenmangel besonders gravierend. So gab es im Wintersemester 1973/74 für 150 Studenten nur drei hauptamtliche Dozenten. „Die Stellen sind sehr schwer zu besetzen", klagt man im Kultusministerium. „Wir versuchen, die Situation so schnell wie möglich zu verbessern."

Wesentlich positiver sieht das zahlenmäßige Verhältnis Lehrende zu Lernenden im Fach Theologie aus. Dort standen im Wintersemester 1973/74 37 Studenten elf Lehrstühlen gegenüber. Mit der Einrichtung der Fächer Religionspädagogik und kirchliche Bildungsarbeit sollen die Lehrpersonen „ausgelastet" werden. Im Fachbereich Erziehungswissenschaften lehrten im selben Wintersemester 41 hauptamtliche Lehrkräfte und 20 Lehrbeauftragte für rund 750 Studenten.

Das Freizeitangebot der Stadt: „ausreichend bis dürftig"

Der Allgemeine Studentenausschuß, bestehend aus drei Mitgliedern der Gewerkschaft Erziehung und Wissenschaft (GEW), zwei Mitgliedern des Bayerischen Lehrer- und Lehrerinnenverbandes (BLLV) und zwei Unabhängigen, wird von der Gesamthochschule als „sehr aktiv" geschildert. „Seine Mitwirkung in den Hochschulgremien ist sehr rege", erklärte Professor Lehmann, der Pressebeauftragte der Gesamthochschule. Auf diese Mitwirkung scheint sich die Aktivität des AStA auch schon zu beschränken, denn von anderen Aktivitäten war nichts zu hören und nichts zu spüren.

Wohnungsprobleme existieren auch in Bamberg. Erfreulicherweise ist die Stadt bemüht, gerade die Altbauten des Stadtkernes zur Unterbringung von Studenten vorzusehen. Ein Vorgehen, das man leider – denkt man an Frankfurt oder Hamburg – nicht häufig vorfindet. Die Preise für ein Zimmer liegen zwischen 80 und 140 Mark, für Studierende also noch relativ günstig. Wer sich in der Mensa verköstigen möchte, muß für ein Essen 1,50 Mark auf den Tisch legen. Rund 500 Studenten nehmen dieses Angebot täglich wahr.

Das Freizeitangebot der Stadt ist nach Meinung von Professor Lehmann „je nach Geschmack ausreichend bis dürftig". Es gebe zwar eine Anzahl von „regen Sportgruppen", aber ansonsten komme es auf die Eigeninitiative des Studierenden an, seine Freizeit sinnvoll auszunutzen. Studentische Treffpunkte (Lokale, Cafés) gibt es kaum, was vielleicht auch daran liegt, daß die Gesamthochschule noch eine junge „Einrichtung" in Bamberg ist. Gefragt nach dem Verhältnis der Bamberger zu ihrer Gesamthochschule, meinte der Pressebeauftragte: „Noch wenig artikuliert, Lernprozesse sind vonnöten."

Gesamthochschule Bamberg
963 Studenten (WS 1973/74).

Anschrift:
86 Bamberg, Feldkirchenstr. 21

Fachbereiche:
FB Katholische Theologie
FB Erziehungswissenschaften
FB Sozialwesen
(Fachhochschulstudiengang)

Freie Universität und Technische Universität Berlin

Helmut Fritz

Von Entpolitisierung der Studenten wenig zu spüren

Berlin wäre nicht das Bundesland, das keines ist, wenn hier nicht alles ganz anders wäre. Beispielsweise bereitet es den kommunistischen Hochschulgruppen immer noch keine Mühe, 3000 Studenten zu einer Routineversammlung zusammenzubringen, während in „Westdeutschland", wie die Bundesrepublik in Berlin heißt, schon kleinere Hörsäle für studentische Vollversammlungen ausreichen. Zu einer akademischen Talk-Show zweier marxistischer Lokal-Größen aus dem Hochschul-Mittelbau kamen jüngst weit mehr als 2000 Studenten und harrten ohne sichtliche Anzeichen von Ermüdung im total überfüllten Audimax der TU bis zum späten Ende aus. Solche Veranstaltungen besitzen hier noch immer die alte Aura aus der Zeit der Protestbewegung (die in Berlin, wo sie ihren Ausgang nahm, von ihrem Ende noch nicht eingeholt wurde), und niemand wundert sich darüber. Bevor die Kader am Podium aus ihren in Neuköllner Kleinverlagen gedruckten Werken zu zitieren beginnen, werden erst einmal die obligatorischen Grußadressen an die in „harten Klassenkämpfen stehenden Arbeiter, Schüler und Studenten" entrichtet, danach treten die Sprecher verschiedener Gruppen ans Mikrofon und verlesen ihre separaten Solidaritätsresolutionen, und während das Plenum noch darüber diskutiert, ob man die Frankfurter SPD des „Sozialimperialismus" oder des „Sozialfaschismus" bezichtigen soll, wandern die üblichen Plastikeimer durch die Reihen und verlangen den Genossen das Berliner Notopfer ab.

Von der Entpolitisierung der Studenten, auffälliges Merkmal an den westdeutschen Universitäten, spürt man auf dem Charlottenburger Campus wenig. Nirgendwo in der deutschen Hochschullandschaft breitet sich so viel sozialistische Lebensart aus und nirgendwo ist die Linke so wienerisch verschlampert wie im Berliner Studenten- und Kneipenmilieu. Über alle Grenzlinien und Fronten der rivalisierenden Hochschulgruppen hinweg verbindet die uni-nahen und -fernen Genossen ein korporatives Gefühl und reichert die Berliner Luft mit jenen rosafarbenen Partikelchen an, die sich in wechselnden Konzentrationen in den Studentenquartieren, auf dem abendlichen Ku'damm und in den Universitätsinstituten niederschlagen und von denen viele glauben, es seien die Erreger der „kommunistischen Verseuchung", die an FU und TU seit den Tagen der Studentenunruhen grassiere. Wie auch immer, der Typus des politischen Studenten, anderswo schon beinahe ein Fossil, gilt in Berlin, wenn auch gegen den wachsenden Widerstand des Senats und Teile der Ordinarien, immer noch als Leitbild der Studienreform.

Professor Jacob Taubes (Soziologie, Religionswissenschaften, seit 15 Jahren an der FU): „Studium beruht nicht auf Büffeln, sondern Studium beruht auf Motivation plus kritische Reflexion der Materialien. Das Problem ist also, wie kann man problemgestellte Vorlesungen und problemgestellte Seminare schaffen! Und diesen Weg hat die FU eingeschlagen, diesen Weg des projektorientierten Studiums, das den Studenten viel weiter bringt, als es im kursorischen Studium möglich wäre. Diese Art von Studium ist mit mehr oder weniger Glück in verschiedenen Formen hier in Berlin in einigen Fachbereichen weit fortgeschritten, weiter als an westdeutschen Universitäten. Das hat dazu geführt, daß ein bestimmter Typus von Studenten der FU mehr wahlverwandt ist und umgekehrt, als dies an anderen Universitäten der Fall ist. Ein Student also, der politisch ausgerichtet ist, der sein Studium problemorientiert auffaßt, der mit einem gewissen Fundus kommt oder ihn sich selbständig erarbeiten kann, ein solcher Student oder Abiturient, ist durch die Art, wie Studenten, Assistenzprofessoren und Ordinarien alter Sorte – zu denen ich gehöre – zusammenarbeiten, hier in Berlin besser dran."

Studienanfänger haben ein Bedürfnis nach Leistung und Kontrolle

Die Politisierung des Studiums durch politische Studenten hat in der Vergangenheit, zumindest in einigen Fachbereichen, Formen angenommen, „die einer Stätte der Lehre, des Lernens und der Forschung zumindest unangemessen waren", so eine taktvolle Formulierung der FU-Pressestelle. Ganz anders hört man es, wenn die „Notgemeinschaft FU", eine Berliner Version des konservativen „Bundes Freiheit der Wissenschaften", auf die Pauke haut: „Professoren wandern ab. Das Leistungsniveau sinkt. Berliner Examen verlieren an Wert. Politischer Radikalismus verdrängt Sachkenntnis." Mit solchen Parolen trommelt die rechts-schaffende Notgemeinschaft FU (NoFU) seit Jahren für eine Revision des Berliner Hochschulgesetzes von 1969, das die „politische Universität" strukturell fixierte. Aus der NoFU-Ecke sieht man den Typus des politischen Studenten, von dessen Produktivität Professor Taubes schwärmt, ganz anders. FU-Professor Franz Ansprenger, FB Politische Wissenschaften: „Studenten, die neu an der Uni anfangen, aber schon ganz genau wissen, daß alle ‚bürgerlichen Wissenschaften' Quatsch sind, nehmen anderen die Plätze weg. Was sie fordern ist kein ‚sozialistisches Studium', sondern ein Schulungskurs für Parteiredner. Sollen sie doch eine solche Partei gründen und dort ihre Schulungskurse abhalten! Aber statt dessen mogeln sie sich zu den akademischen Titeln der bürgerlichen Gesellschaft durch und halten das für den langen Marsch durch die Institutionen! Ich glaube, daß eine Universität zwar für ihre Studenten da ist, aber nicht, um deren Gefühle und Motivationen zu hätscheln, sondern um sie mit den Kenntnissen auszurüsten, die sie in einer kapitalistischen Gesellschaft brauchen. Klare und leistungsorientierte Studienprogramme müssen ihnen vom ersten Semester an sagen, was heute die Uni und morgen die Gesellschaft von ihnen erwartet."

Diese Forderung kommt neuerdings auch in Berlin einem Bedürfnis der Studienanfänger nach Leistung und Kontrolle und einer wachsenden Bereitschaft, sich wieder mehr auf das „Büffeln" zu beschränken und die „kritische Reflexion der Materialien" den „Pferden mit den größeren Köppen" zu überlassen, entgegen. Eine Einstellung, die zweifellos zu den Nebeneffekten des Noten-Paukens am Gymnasium gehört, das sich immer mehr als ein nützliches Konditionstraining für den angehenden Leistungsstudenten bewährt. Um zu testen, wie weit die Bereitschaft der Studienanfänger, mitzudenken ihrer mechanischen Gewohnheit alles mitzuschreiben, schon gewichen ist, machten die Assistenten im FB Architektur an der TU folgendes Experiment: Sie fütterten Erstsemester systematisch mit purem Nonsens, mit völlig unverdaulichem Wissensstoff, und siehe da: alles wurde widerspruchslos geschluckt und beim nächsten Prüfungstermin auf Kommando wieder ausgespuckt.

Mit solchen Beobachtungen kündigt sich ein Generationswechsel innerhalb der Studenten an, von dem auch Berlin nicht verschont bleiben wird. Der Zeitpunkt ist abzusehen, an dem auch hier die politischen Studenten jene obsolete Minderheit bilden werden, zu der man sie schon abgestempelt hat. Flugblätter wie das, welches jüngst einen Jura-Professor zum „Schwein des Jahres" erklärte und die Studenten dazu aufforderte, ihn „mit Farbeiern und Mehl zu verzieren", dürften nicht mehr lange als politische Äußerung, sondern als unpolitische Kreation des Studentenulks bewertet werden, selbst in Berlin.

Berliner Modell – zum erstenmal eine „Gemeinschaft von Lehrenden und Lernenden"

Die „Freie Universität" war mit dem Impetus gegründet worden, eine neue, demokratische Struktur der Hochschule im Nachkriegs-Deutschland zu errichten. „Gemeinschaft von Lehrenden und Lernenden", das sollte 1948 bedeuten: Studenten und Professoren sind gleichberechtigte Partner, in den beschlußfassenden Gremien wirken auch die Studenten an den Entscheidungen mit. Damit entstand das „Berliner Modell", das erstmalig den Studenten ein eigenes Parlament (Konvent) zugestand, inklusive AStA mit Etat für bezahlte Studentenfunktionäre und studentische Aktionen. In den ersten Jahren war das Verhältnis von Studenten zu den in ihren quasifeudalen Strukturen unveränderten Ordinarien ausgeglichen, das „Modell" funktionierte. Einem mitentscheidenden Studentenfunktionär standen 1951 neun Professoren gegenüber. Sein Nachfolger im Wintersemester 1967/68, als sich in Berlin die Speerspitze der Studentenbewegung bildete, hatte es mit nicht weniger als 37 Hochschullehrern zu tun. Das „Modell“ hatte aufgehört, zu funktionieren.

Als erstes rebellierten die Studenten, dann folgten die Assistenten, die überhaupt nicht repräsentiert waren, und schließlich meldeten auch viele Ordinarien ihr Unbehagen an der Ordinarien-Universität an. Es begann die Zeit der „antiautoritären Bewegung“, die Zeit der „sit-ins“, der „go-ins“, der „teach-ins“. Von Berlin ausgehend, breitete sich die studentische Protestbewegung über die ganze Bundesrepublik aus. Die universitären Veranstaltungen zerfielen. Sie wurden zu Diskussionsveranstaltungen umfunktioniert. Auf dem Höhepunkt dieses Generalangriffs – markiert vom Tod des Studenten Benno Ohnesorg und der Anti-Springer-Kampagne – war die kulturelle Landschaft in Deutschland gründlich verändert. Das Selbstverständnis der alten Universität hatte nicht überlebt, die marxistische Kritik an den Studieninhalten hatte eine tiefe Bresche in den bürgerlichen Wissenschaftsbetrieb geschlagen: alle Welt, auch die konservativen Politiker sprachen von der Abschaffung der Ordinarien und der Notwendigkeit der Hochschulreform. (Heute beginnt man zu ahnen, weshalb: weil die Entmachtung der Ordinarien den Einfluß der staatlichen Planungsbürokratie verstärken mußte.)

Als erste Hochschule reagierte die FU auf die neue Situation. Das Berliner Universitätsgesetz von 1969 führte für sämtliche Gruppen an der Hochschule ein System von Paritäten in allen Gremien ein. Die Fakultäten wurden in Fachbereiche aufgeteilt, in denen nicht mehr allein die Ordinarien das Sagen hatten, sondern die „Räte“. Auch der Rektor verschwand, an seine Stelle trat der Präsident, der vom gesamtuniversitären Konzil gewählt wird. Mit diesem zweiten „Berliner Modell“ entstand die lupenreine politische Gruppenuniversität mit ihrem abgestuften Repräsentativsystem. Es gilt bis heute, allerdings mit einem veränderten Paritätenschlüssel, als Vorlage für viele Hochschulreformen. In Berlin steht nun die dritte Reform bevor, die Novellierung des Hochschulgesetzes von 1969. Unzweifelhaft will der Senat damit einige vorgeschobene Stellungen, die damals im Eifer des Gefechts von den Reformern eingenommen worden waren, wieder zurücknehmen, etwa was die Professorenparität oder die Selbständigkeit der Tutoren betrifft. Wieweit die Novellierung auch die Studienreform beeinflußt, beginnt sich deutlich abzuzeichnen.

Die Studiengänge sollen stärker gegliedert werden

Gegenwärtig betreiben die Fachbereiche an der FU mit Hochdruck die Reform der Studiengänge. Die Universität steht unter Zeitdruck. Bis 1975 muß sie ihre Vorschläge zur Neuorganisation des Studiums vorgelegt haben. An den Instituten herrscht Umbruchsstimmung. Das große Experimentieren mit neuen Studiengängen und Prüfungsordnungen hat begonnen. Noch weiß niemand, welche Reformmodelle vom Senat anerkannt werden oder was davon dem Rotstift zum Opfer fällt. Als Trend wird deutlich: Die Studiengänge sollen stärker in Kernbereiche, Spezialisierungs- und Wahlbereiche gegliedert werden. Dahinter steht das an Reformuniversitäten schon lange praktizierte Schema: (obligatorisches) Grundstudium, berufsorientiertes Hauptstudium. Generell sollen die Studiengänge stärker als bisher auf spezifische Berufsfelder angelegt werden. Die Studienzeit wird begrenzt sein. Zwischenprüfungen kontrollieren den Lernerfolg. (Die Reformplaner hoffen noch immer, daß die Zwischenprüfungen nicht kommen, sondern eine obligatorische studienbegleitende „Beratung".) Ab 1975 gibt es eine entsprechende zentrale Einrichtung mit angegliederter psychotherapeutischer Betreuung. (Auch in Berlin richtet man sich auf streßgeschädigte Studenten ein.) In Zukunft soll die Studien- und Berufsberatung an der FU den Studenten beim Durchlaufen seines Studienganges von Stufe zu Stufe begleiten.

Reform-Modell OSI

Während im hochschulpolitischen Bereich die Bestrebungen zur „Aushöhlung des Universitätsgesetzes von 1969 unvermindert anhalten" (FU-Info 8/74), treiben die einzelnen Fachbereiche trotz aller Frustrationen unverdrossen ihre Reformpläne voran. Jüngstes Beispiel: die kürzlich vom Fachbereichsrat verabschiedete neue Ausbildungs- und Prüfungsordnung für Politologie- und Sozialkundestudenten. Dieses neue „OSI-Modell" knüpft an die im „Otto-Suhr-Institut" praktizierten kollektiven Ausbildungsmethoden an und hat deshalb nur geringe Chancen, vom Senat als verbindliches Curriculum-Modell anerkannt zu werden. Schon die Definition des Ausbildungsziels läßt ahnen, warum diese Einzelreform links liegenbleiben wird. Im Berliner Politologen-Deutsch heißt es da: „Ausbildungsziel ist die Befähigung zur Erkenntnis der gesellschaftlichen Bedingungen einer an der Verwirklichung der sozialen und demokratischen Rechte der arbeitenden Bevölkerung ausgerichteten Berufspraxis."

Überhaupt tut sich der Berliner Senat sehr schwer mit den von der Universität selbst vorgelegten Reformvorschlägen. An der FU und der TU ist die Lehrerausbildung, insbesondere was die berufspraktische und didaktische Komponente angeht, nicht als eigene, berufsbezogene Ausbildung angesehen worden. Angesichts dieser Sachlage wurden in den Fachbereichen drei Modellversuche entwickelt: ein Rahmencurriculum für integrierte Lehrerausbildung, ein Modellversuch für Sozialkundelehrer und schließlich ein Modell zur Ausbildung von naturwissenschaftlichen Lehrern. Es hat vieler Initiativen bedurft, bis sich der Senator für Wissenschaft und Kunst entschließen konnte, wenigstens den letzten Vorschlag zu akzeptieren. Die beiden anderen blieben auf dem Instanzenweg durch die Bürokratie auf der Strecke.

Eine allgemeine Berliner Studienordnung steht noch aus, bis zur für 1975 erwarteten Novellierung des Hochschulgesetzes wird noch experimentiert, danach beginnt die von den Politikern durch Rahmengesetze bestimmte Zeit des Regelstudiums.

Studienbedingungen – in Berlin generell noch erträglich

Als eine der letzten Hochschulen lernt nun auch die FU kennen, was Verschulung heißt. Allerdings wird den Studenten eine restriktive Anwendung dieses Regelverfahrens zur Bewältigung der Massenuniversität fürs erste erspart bleiben, weil die Studienbedingungen in Berlin generell noch erträglich sind. Trotz Überfüllung gehört die FU zu den wenigen Universitäten, die in allen Fachbereichen einen relativ gut funktionierenden Studienbetrieb anzubieten hat, die gut mit Geld und Personal ausgestattet ist und keine unmittelbaren Infarktsorgen haben muß. Seminare mit über 100 Studenten gehören zu den Ausnahmen, das Wechselspiel zwischen Groß- und Kleinveranstaltungen, zwischen Vorlesung und Seminaren ist noch intakt.

Gegenüber den Hochschulen in der Bundesrepublik besitzt die FU einen großen Vorsprung in der Gruppendidaktik, die Tutorien sind gut besetzt, und im Mittelbau gibt es eine große Zahl von Teilzeitassistenten. Kleingruppenarbeit gilt an vielen Hochschulen als Kernstück der Studienreform, die FU hat auf diesem Gebiet die meisten Impulse gegeben und Erfolge gehabt. Studienkonflikte als Folge eines desolaten Studienbetriebs gehören in Berlin noch nicht zur Tagesordnung. (Bisher kam man ganz gut ohne therapeutische Beratungsstelle aus.)

Die Stadt selbst, in der sich Provinzielles und Großstädtisches die Waage halten, trägt viel zur Kompensation universitärer Probleme bei. Zwei Berlin-Führer annoncieren Woche für Woche, was los ist. Das Angebot reicht von Billig-Kneipen vom Typ „Witwe Bolte“ (Eintopf mit Wurst für Zweimarkfuffzich bis vier Uhr früh) über ungezählte proletarisch vergammelte Genossen- und Studententreffs (Billard im Hinterzimmer) bis zum Saunasolarium (geöffnet bis fünf Uhr früh, mit FKK-Terrasse). Immer wieder verblüffend: die Berliner Kinokultur. 15 Filmkunsttheater, 29 Kinos auf dem Ku'damm, über 100 in ganz Berlin. Und dann die Theater! 23 Bühnen im Westen, 11 Theater im Ostsektor. Und da passiert sogar was: bei Stein am Halleschen Ufer und in Sachen Kino im Arsenal, in der Film- und Fernsehakademie und den medienkundlichen Projektseminaren an der TU.

In den Studentenquartieren ereignet sich viel Kommunikatives, es gibt Frauengruppen, Basisgruppen, Wohngruppen. Nichts, worüber es nicht eine Arbeits- oder Projektgruppe gäbe. Die Verkehrssprache ist das Genossen-Du.

Es wohnt sich gut in Berlin, aber mit steigenden Studentenzahlen (Insgesamt über 44 000, davon 26 000 an der FU und 18 000 an der TU. Mehr als die Hälfte kommt aus der Bundesrepublik. 1978 rechnet man mit insgesamt 65 000 bis 70 000 Studenten.) wird der Wohnraum spürbar knapper und teurer. Zwar ist Berlin noch schwarzer Kreis, aber die Ware Wohnung wird trotzdem frei gehandelt. Ein Tip: die Mieten sind in Berlin nicht freigegeben, Mieterhöhungen müssen also nicht akzeptiert werden. Außerdem ist es nicht statthaft, Abstand zu verlangen. Um die Wohnung trotzdem zu bekommen, empfiehlt das Studentenwerk, den geforderten Abstand ruhig erst mal zu zahlen, später kann man dann auf Rückzahlung klagen.

Beliebt sind in Berlin die Wohn- oder besser Mietgemeinschaften, wegen der vielen schönen großen Altbauwohnungen! Auf diesem Sektor hat sich das Studentenwerk engagiert, es verwaltet als Hauptmieter 400 Zimmer. Schwerpunkt: Wohngemeinschaften. Von der Bundesrepublik aus kommt man am besten über Zeitungsannoncen an Wohnungen heran. (Wochenendausgaben „Berliner Morgenpost“ und „Tagesspiegel“.)

Das Studentenwerk unterhält drei Zimmervermittlungsstellen, in der Ihnestraße 22 für die FU, in der Hardenbergstraße 43 für die TU und in der Malteserstraße 74 für die PH. Wohnheimplätze werden über das Studentenwerk vergeben. Insgesamt gibt es in Berlin rund 5000 Heimplätze. Die Wartezeiten betragen bis zu drei Jahren. Eine Bewerbung ist schon vor der Immatrikulation möglich.

Nochmals Wohngemeinschaften: sie gelten in Berlin, wo's kollektiver zugeht als üblich, schon ein bißchen als Weltanschauung. Wer Mietgenossen sucht, findet viele Angebote an den mit Tausenden von Wunschzetteln bespickten Säulen in der Mensahalle der TU, dem wichtigsten Umschlagplatz des Berliner Studentenlebens.

TU Berlin

„Der gebildete und mensch-sittliche Ingenieur“ diente den Reformern als Leitbild

Daß die Berliner Technische Universität seit je TU heißt und eben nicht TH, drückt ihr ganzes Programm aus. Die Eingliederung der alten Berliner Technischen Hochschule in die Universität war schon 1899 vollzogen worden. Ihr technologisches Wissenschaftskonzept zielt seit ihren Anfängen auf eine höhere Allgemeinbildung der Ingenieure. Lehraufträge und Lehrstühle für Literatur, Kunst, Philosophie und Technikgeschichte kamen zu den schon vorhandenen nichttechnischen Disziplinen wie Volkswirtschaft hinzu. Nach dem Krieg wurde diese Entwicklung noch forciert. „Der gebildete und mensch-sittliche Ingenieur“ diente den neuen Reformern als Leitbild. Auf Geheiß des Britischen Stadtkommandanten wurde ein „Studium generale“ an einer „Humanistischen Fakultät“ der TU ausgearbeitet. In zwei vorgeschalteten Semestern mußten alle Studenten der Technischen Universität gesellschaftswissenschaftliche Fächer studieren. Erst 1968 wurde das „Zwangsstudium" wieder abgeschafft. An seine Stelle war die „Philosophische Fakultät" der TU getreten, die sich überwiegend der Lehrerausbildung zuwandte. Die Arbeitssituation in den philosophisch-geisteswissenschaftlichen Fachbereichen der TU ist sehr günstig. Niedrige Studentenzahlen, kaum Seminare mit mehr als 40 Teilnehmern. Es werden Studiengänge und Prüfungsmöglichkeiten angeboten, die an vielen bundesdeutschen Universitäten fehlen, wie zum Beispiel Linguistik oder im Bereich der Medienkritik und Kulturkritik. Die Schwerpunkte in diesen Fachbereichen sind: Medienforschung (Knilli) und Literaturwissenschaften (Höllerer).

Gute Arbeitsbedingungen kann die TU im Bereich der Ingenieurwissenschaften anbieten. Eine Besonderheit stellt die Ausbildung des Wirtschaftsingenieurs im FB 18 dar. Bei den Naturwissenschaften sind die beiden Chemiefachbereiche 5 und 6 und der Fachbereich Kybernetik hervorzuheben (Angaben: Pressestelle TU). In der Mathematik und Chemie ist die Studienplatzkapazität voll ausgeschöpft. In allen Fachbereichen entstehen neue Studienordnungen oder werden bereits erprobt. Neuere Studiengänge: Informatik, Landschaftsplanung und Physikalische Ingenieurwissenschaft. Stark überfüllt: die Fachbereiche Architektur und Psychologie.

Freie Universität Berlin
25 820 Studenten (WS 1973/74).

Anschrift:
1 Berlin 33, Ihnestraße 24

Fachbereiche:
FB 1 Vorklinik
FB 2 Klinisch-theoretische Medizin
FB 3 Klinische Medizin Steglitz
FB 4 Klinikum Westend
FB 5 Nervenklinische Medizin
FB 6 Außenkliniken
FB 7 Zahnmedizin
FB 8 Veterinärmedizin
FB 9 Rechtswissenschaft
FB 10 Wirtschaftswissenschaft
FB 11 Philosophie und Sozialwissenschaften
FB 12 Erziehungswissenschaften
FB 13 Geschichtswissenschaften
FB 14 Altertumswissenschaften
FB 15 Politische Wissenschaft
FB 16 Germanistik
FB 17 Neuere Fremdsprachliche Philologien
FB 18 Kunstwissenschaften
FB 19 Mathematik
FB 20 Physik
FB 21 Chemie
FB 22 Pharmazie
FB 23 Biologie
FB 24 Geowissenschaften

Technische Universität Berlin
18 030 Studenten (WS 1973/74).

Anschrift:
1 Berlin 12,
Straße des 17. Juni 135

Fachbereiche:
FB 1 Kommunikations- und Geschichtswissenschaften
FB 2 Gesellschafts- und Planungswissenschaften
FB 3 Mathematik
FB 4 Physik
FB 5 Synthetische und Analytische Chemie
FB 6 Physikalische und Angewandte Chemie
FB 7 Baukonstruktion
FB 8 Bauplanung und -fertigung
FB 9 Mechanik und Thermodynamik
FB 10 Verfahrenstechnik
FB 11 Konstruktion und Fertigung
FB 12 Verkehrswesen
FB 13 Lebensmitteltechnologie
FB 14 Landschaftsbau
FB 15 Landwirtschaftliche Entwicklung
FB 16 Bergbau und Geowissenschaften
FB 17 Werkstoffwissenschaften
FB 18 Wirtschaftswissenschaften
FB 19 Elektrotechnik
FB 20 Kybernetik
FB 21 Umwelttechnik

Universität Bielefeld

Steffen Welzel

Von Anfang an der feste Wille, Reformuniversität zu sein

Mitte der sechziger Jahre begann in der Bundesrepublik eine Welle von Hochschulgründungen. Die Gründungsgeschichte der meisten dieser neuen Universitäten stand unter dem Anspruch, einen Beitrag zur bundesdeutschen Hochschulreform zu leisten. Nur selten jedoch wurden derartige Absichtserklärungen eingelöst.

Trotz mancher Abstriche scheint die „Reformuniversität Bielefeld" auf dem besten Wege, einige der ursprünglichen Reformabsichten über die Runden zu retten. Zentrum für interdisziplinäre Forschung, Zentrum für Wissenschaft und berufliche Praxis, Fakultät für Soziologie, Sprachenzentrum, Blockstudium – dies sind nur einige Stichworte aus dem östlichen Westfalen, die überall dort Aufmerksamkeit erringen, wo Themen der Hochschul- und Studienreform zur Diskussion stehen.

Von Anbeginn stand fest, die Universität will eine Reformuniversität sein. Daß diese zielorientierte Aufgabenstellung keine inhaltsleere Absichtserklärung war, wurde bereits in der Konstruktion der Gründungsorgane deutlich, ein wesentliches, um nicht zu sagen, das Charakteristikum des gesamten Projekts „Bielefeld": Gründungsausschuß, Wissenschaftlicher Beirat und Fachbereichskommissionen bilden die Gründungsorgane. Die Mitarbeit der Wissenschaftler im Gründungsausschuß ist das äußere Symbol dafür, daß eine für die Zukunft geplante Universität nicht allein den Vorstellungen universitätsfremder Entscheidungsorgane überlassen werden darf. Aber nicht genug damit: man hat es ebenso abgelehnt, von traditionellen Definitionen wissenschaftlicher Ausbildung – und den davon abhängigen Studiengängen auszugehen. Vorrangig war der Gedanke, daß es nicht die Aufgabe einer modernen Hochschule sein kann, Eliten zu trainieren und die „Führungskräfte" von morgen zu sozialisieren oder „anzupassen". Eher ist sie Seismograph, der die Ausschläge einer sich wandelnden Gesellschaft notiert. Die heutige Universität hat Ist-Zustände zu erforschen und zu analysieren, Entwicklungen zu prognostizieren und dementsprechend Studiengänge und Studieninhalte neuzuorientieren. Damit war eine Ausgangsbasis gegeben, deren zentrales Merkmal die Reform ist.

So wird verständlich, daß von berufsbezogenen Studiengängen und interdisziplinärer Kooperation her Lehre und Forschung zu konzipieren waren.

Studienreform – in Beton gegossen

Derartige Reformpläne, sollen sie über vereinzelte Veränderungen an Studiengängen hinaus ein in sich geschlossenes Konzept ergeben, haben einen weiten Wirkungsbereich, der nicht einmal vor den Türen der Baubüros halt machen kann. So haben die Bielefelder Reformabsichten nach Interdisziplinarität und „forschendem Lernen" sogar in den Planungen der Architekten ihren Niederschlag gefunden. Was allmählich im westlichsten Stadtteil Dornberg – drei bis vier Kilometer vom Zentrum der Oetker-Stadt entfernt, auf den Ländereien der Bültmanns- und Voltmannshöfe in unmittelbarer Nachbarschaft der „Bielefelder Alm", – dem Stadion, jenes in der Bundesliga-Bestechungsaffäre berühmt gewordenen Fußballklubs – entsteht, gießt Studienreform in Beton.

Ein Beispiel hierfür ist das in seinen Ausmaßen von 40 000 Quadratmetern mit einem Jumbo-Hangar vergleichbare Uni-Hauptgebäude. Zu beiden Seiten des langgestreckten Hörsaalbaues werden die einzelnen Fakultätstrakte abgehen. Die gesamte Fläche des ersten Stockwerkes soll die Zentralbibliothek aufnehmen, die die einzelnen Fachbibliotheken in den Fakultäten speisen wird.

Da sämtliche Fakultäten zusammenliegen, untereinander verbunden durch die riesige Halle des Hauptgebäudes – hier sollen Geschäfte, Cafés, eine Bank etc. angesiedelt werden –, sind zumindest äußerlich optimale Voraussetzungen für eine interdisziplinäre Zusammenarbeit gegeben. Die zentrale Universitätsbibliothek, direkt mit den Seminarsbibliotheken der Einzeldisziplinen verbunden und durch einen Rundgang von allen Fakultäten erreichbar, soll dieser interfakultativen Kooperation die angemessenen Arbeitsbedingungen bereitstellen. Dies ist einer der baulichen Beiträge zur Interdisziplinarität.

Die Innenarchitektur hingegen wird durch flexible Bauweise den Ansprüchen des „forschenden Lernens" Rechnung tragen. „Forschendes Lernen" kann nur in kleinen Gruppen stattfinden, nicht aber in den traditionellen Materialvorlesungen mit mehreren hundert Hörern. Deshalb werden die üblichen Hörsäle – der größte faßt dreihundert Hörer – rar sein. Zahlreich hingegen sind die Gruppenräume geplant, die durch verstellbare Wände den jeweiligen Bedürfnissen angepaßt werden können.

„Struktureller Numerus clausus" nicht angewandt – doch Engpässe durch Aufbausituation

In drei Aufbauabschnitten soll die Reformuniversität in Ostwestfalen auf zehn Fakultäten ausgebaut werden.

Im Wintersemester 1969/70 wurde der Lehrbetrieb mit den Fakultäten Soziologie, Mathematik und Rechtswissenschaften aufgenommen. Untergebracht im „AVZ" – Aufbau- und Verfügungszentrum – und dem Fakultätsgebäude, haben diese drei „AVZ-Fakultäten" bis jetzt ihren „relativen" Ausbau erfahren, das heißt, es gibt inzwischen ein vollständiges Studium mit Studenten in allen Jahrgängen.

In dieses Stadium werden die inzwischen ebenfalls eingerichtete Fakultät für Geschichte, die Lili-Fakultät – Linguistik und Literaturwissenschaft, die „PPP"-Fakultät – Pädagogik, Philosophie, Psychologie – und die Fakultät für Physik erst mit dem Wintersemester 1974/75 eintreten. Zu diesem Zeitpunkt können die noch zu gründenden Fakultäten Wirtschaft, Biologie und Chemie ebenso wie die Psychologie erstmals Studienanfänger aufnehmen.

Im Endstadium sind durchschnittlich pro Fakultät 14 Lehrstühle geplant; die Zahl der Studenten soll daß Dreißigfache der Lehrstühle nicht überschreiten. Durch die direkte Verzahnung des zahlenmäßigen Verhältnisses zwischen Hochschullehrern und Studenten war ursprünglich ein struktureller Numerus clausus geplant. Zugrunde liegt die Ansicht, daß mit überfüllten Universitäten keine Reformen geleistet werden können. Diese Beschränkung sollte aber an Schärfe verlieren, da man beabsichtigt, gerade durch Reform und Intensivierung die Ausbildungseffizienz soweit zu steigern, daß zwei Drittel der Studierenden nach acht bis zehn Semestern die Hochschule mit Abschlußexamen verlassen. Das würde, an den herkömmlichen Studienlängen gemessen, einer Kapazität von 7000 bis 8000 Studenten entsprechen.

Jedoch kam der strukturelle Numerus clausus bis jetzt noch nicht zur Anwendung. Rechnet man zu den gegenwärtig 65 ordentlichen Professoren die ebenfalls mit Lehraufträgen befaßten wissenschaftlichen Assistenten und Akademischen Räte hinzu, so konnte bislang das angestrebte Verhältnis zwischen Lehrenden und Lernenden bei rund 2000 Studenten mehr oder weniger zufällig mit circa 1 : 30 nahezu aufrechterhalten werden.

Dennoch deuten sich bereits gewisse Engpässe an. Wenn bis jetzt noch kein einziges NC-Fach angemeldet wurde, so deshalb, weil es noch keine traditionellen NC-Fächer in Bielefeld gibt. Mit Sicherheit weiß man aber jetzt schon, daß es mit dem kommenden Wintersemester 1974/75 in Biologie, Chemie und Pädagogik Zulassungsbeschränkungen geben wird.

Mit Engpässen aber muß auch in den Rechtswissenschaften gerechnet werden. Was man in der Pädagogik erwartet, deutet sich in den Rechtswissenschaften bereits an. Die Schwachstelle liegt nicht in der etwa zu geringen Kapazität der Fakultät, sondern in der Praxisphase des einstufigen Ausbildungsganges. Die begrenzte Anzahl der Praktikumsstellen verlangte im Einzugsbereich der Universität eine Beschränkung auf 200 Studienplätze.

Dennoch gilt: Wo bislang die Studienplätze knapp waren, lag es an der Aufbausituation, am Raum- und Lehrkräftemangel. Im Endausbau sollte diese Universität die verlangten Kapazitäten leicht erbringen können. Wie bereits erwähnt, kam der strukturelle Numerus clausus noch nicht zur Anwendung, auch hat sich die Universität noch nicht geäußert, ob und wie sie dieses Instrument künftig zu handhaben gedenkt. Der Düsseldorfer Finanzminister jedenfalls scheint sich über diese Reformsicherung hinwegzusetzen und verlangt Studienplätze für knapp 11 000 Studenten. Ein Vergleich der geplanten Nutzfläche mit den Richtwerten des Wissenschaftsrates – 4,5 Quadratmeter pro Studienplatz in den Sozial- und Geisteswissenschaften, 16 bis 18 Quadratmeter in den Naturwissenschaften – läßt erkennen, daß im Ernstfall sogar Raum für weit mehr Studenten vorhanden wäre. Dann allerdings könnte mit Sicherheit nicht mehr von einer Reformuniversität gesprochen werden.

Ein Beispiel für konzeptionelle Hochschulplanung

Die Gesamtkonzeption ist in zwei chronologisch aufeinanderfolgenden Planungsebenen entstanden. Die erste Planung umfaßte die Fakultäten, das „ZiF" und das „ZWuP", das Zentrum für interdisziplinäre Forschung und das Zentrum für Wissenschaft und berufliche Praxis. Die erste Stufe wird in einer zweiten Planungsebene durch die „Fakultätsübergreifenden Sondereinrichtungen" ergänzt:

a) Laborschule und Oberstufenkolleg
b) Sprachenzentrum
c) Institut für Didaktik der Naturwissenschaften
d) Institut für mathematische Wirtschaftsforschung.

Zum Gesamthochschulbereich gehören noch die Pädagogische Hochschule Westfalen-Lippe, Abteilung Bielefeld, die Fachhochschule Bielefeld und die Musikakademie Detmold. In der Endphase zeigt sich die Einheit dieser Gesamtkonzeption: Laborschule und Oberstufenkolleg werden die Funktion einer Eingangsstufe zugewiesen, in der der Schüler von der Vorschule stufenlos bis zum Abschluß des Grundstudiums in dem gewählten Fachbereich an der Universität geführt wird. Das eigentliche Hauptstudium mit dem entsprechenden Studienabschluß findet an den jeweiligen Fakultäten statt; sie bilden den Kern der universitären Institutionen in Lehre und Forschung. Nicht zuletzt haben Sie den Auftrag, Forschungsschwerpunkte zu entwickeln:

1. Wissenschaftsforschung,
2. Mathematisierung der Wissenschaft,
3. Lateinamerika-Forschung.

Hinzu kommen Rechtssoziologie und Friedensforschung als zeitlich begrenzte Schwerpunkte.

Im Zentrum für Wissenschaft und berufliche Praxis (ZWuP) ist schließlich an die Aufrechterhaltung des Kontakts zwischen Universität und berufstätigen Hochschulabsolventen zwecks permanenter Fort- und Weiterbildung gedacht.

Den beiden Forschungszentren ZiF und ZWuP kommen im Rahmen der Bielefelder Gesamtkonzeption besondere Rollen zu. Die hohen Grade wissenschaftlicher Differenzierung und Spezialisierung in den verschiedenen Fachbereichen sind verantwortlich dafür, daß mehr und mehr Fragestellungen in Grenzbereiche der Einzeldisziplinen fallen und unbearbeitet bleiben. Um diese Lücke zu schließen, ist das ZiF zum Mittelpunkt der Universität geworden. Böse Zungen behaupten, man habe nicht gewagt, nach dem Bau der eigentlichen Universität, dem ZiF, aufzuhören und schließlich notgedrungen die Fakultäten um dieses dominierende, ausgesiedelte Forschungsinstitut herumgebaut.

Das Zentrum für interdisziplinäre Forschung ist seinem Charakter nach „nichts weiter" als ein Institut zur Finanzierung und Organisation von Tagungen, Seminaren und Kolloquien für Wissenschaftler aus aller Welt, aber auch für die hauseigenen Gelehrten, die im Zentrum in der Regel für ein Jahr zusammenkommen sollen, um interdisziplinäre Fragestellungen zu erforschen.

Welchen Nutzen die Universität aus dem ZiF ziehen kann, wird am Beispiel der Lili-Fakultät deutlich, die im Augenblick mit der Planung eines Studienganges für Journalisten beschäftigt ist. Die Entwicklung eines Curriculums, andernorts Gegenstand endloser Diskussionen und Planungen der Fakultäten, wird in Bielefeld quasi nebenbei besorgt. An das ZiF delegiert, wird das Problem der Journalistenausbildung anläßlich eines Kolloquiums „Journalismus und Wissenschaft" von der wissenschaftlichen Crème de la Crème aus den Blickwinkeln sämtlicher, an dem Studiengang interessierten Disziplinen diskutiert. Das hierbei produzierte „Know-how" wird von einer Studiengruppe in eine Studienordnung verarbeitet und ab Wintersemester 1974/75 können die ersten Studienanfänger für den Studiengang Journalismus immatrikulieren.

Dies ist eines von vielen Beispielen für rationalisierte Kooperation zwischen ZiF und Universität.

Das ZWuP – Zentrum für Wissenschaft und berufliche Praxis – ist institutioneller Ort für das Kontaktstudium sowie der professionalisierten Studiengänge der Fakultäten. In der angestrebten Endphase sollen Fachvertreter aus allen Fakultäten zur Forschungs- und Lehrtätigkeit an das Zentrum kommen. Die Aufgabenstellung ist dreiteilig:

1. Berufsfeldforschung:
Durch empirische Studien soll die berufliche Praxis erforscht, der Berufsbedarf ermittelt und durch Analyse die berufliche Entwicklung prognostiziert werden.

2. Kontaktstudium:
Berufstätigen Akademikern soll die Möglichkeit zu stetiger Weiterbildung gegeben werden.

3. Fernstudium:
Durch ein Rotationsverfahren, in dem die Dozenten aus den Fakultäten auf Zeit in den beiden Zentren arbeiten, um dann wieder an ihre Lehrstühle zurückzukehren, werden zum einen die Fakultäten ständig in die Forschungstätigkeit der beiden Institute einbezogen, zum anderen finden interdisziplinäre Forschungsergebnisse in den Kontaktstudien ihren Niederschlag.

Am Grad der Realisierbarkeit dieser Konzeption und der überprüfbaren Effizienz, von hier in die Gesellschaft hinein wirksam werden zu können, wird die Bedeutung dieser beiden Forschungszentren zu messen sein.

Die bereits in der Planungsphase eingebrachte Konzeption der permanenten Kooperation zwischen den Forschungszentren und den Fakultäten ist ein weiteres Merkmal der Universität Bielefeld, das ihr den Beinamen „Forschungsuniversität" eingebracht hat. „Forschung ist Amtspflicht aller Professoren." – Das heißt, gleichwertig neben dem Lehrauftrag steht ein Forschungsauftrag alternierend im Jahreswechsel. Hierdurch erklärt sich ein großer Teil der Anziehungskraft, die diese Hochschule für Wissenschaftler fraglos besitzt. Dem steht bisher allerdings noch ein Überangebot an Lehrveranstaltungen und eine zu große Belastung durch Verwaltungsaufgaben gegenüber, was zu ernsten Enttäuschungen im Lehrkörper geführt hat und die Sorge der Studentenschaft von einem Zuwenig an Lehre zumindest in der Aufbauphase als unbegründet erscheinen läßt.

Wie überhaupt Bielefelder Studenten im Vergleich zu ihren Kommilitonen an anderen Hochschulen über die Attraktivität des Lehrangebots zumindest in weiten Bereichen wenig zu klagen haben dürften.

Die Fakultät für Soziologie: „aktive Professionalisierung"

Die Bielefelder Universität verfügt mit ihrer Fakultät für Soziologie über die einzige dieser Art in der Bundesrepublik; eine soziologische Fakultät, die es bereits wenige Jahre nach ihrer Eröffnung zu Ansehen in Europa gebracht hat, obwohl es ihr im Inland noch nicht gelang, allzu große Aufmerksamkeit auf sich zu lenken.

Besondere Beachtung verdient diese Fakultät vor allem für die neuen Wege, die sie in der Ausbildung ihrer Studenten zu gehen versucht. Unter den Stichworten „aktive Professionalisierung" oder „Soziologie als Beruf" ist die Fakultät angetreten, durch ihr Studienprogramm „zur Umsetzung soziologischer Erkenntnisse und Methoden in gesellschaftliche Praxisbereiche" beizutragen (Universitäts-Informationen 9/73). Soziologen sollen konkurrenzfähig werden und erworbenes Wissen in die Berufspraxis umsetzen können. Nicht länger will sich die Soziologie darauf beschränken, ausschließlich durch Forschungsergebnisse in die gesellschaftliche Praxis hineinzuwirken. „Aktive Professionalisierung bedeutet daher, daß wir eine Auseinandersetzung mit den konkurrierenden Konzepten und mit Konkurrenten aus anderen Wissensgebieten aufnehmen, um die Soziologie im Konkurrenzprinzip durchzusetzen", erklärt Christian von Ferber, Soziologieprofessor an der Fakultät.

Der Bielefelder Modellstudiengang für Soziologen gliedert sich in ein allgemeines theoretisch fundiertes Grundstudium und in ein praxisorientiertes Hauptstudium. Das Grundstudium besteht aus einem reinen Soziologiestudium mit Methoden der empirischen Sozialforschung, die einen breiten statistischen Bereich einschließen, sowie soziologischer Theorie, Sozialpsychologie und Politischen Wissenschaften.

Das eigentlich Neue an diesem Bielefelder Studiengang wird erst im Hauptstudium deutlich, wenn die Ausbildung in sechs Berufsfeldern fortgesetzt wird. Hier wird soziologische Theorie und Erkenntnis umgesetzt in eine berufsorientierte Ausbildung, die – je nach Wahl – für Funktionen in den Praxisfeldern Sozialarbeit, Entwicklungsplanung und Entwicklungspolitik, Öffentliche Verwaltung, Organisation und Personalwesen, Regional- und Raumplanung, Wissenschafts- und Bildungsplanung qualifiziert. In diesen Ausbildungsabschnitten ist das Studium in Projekten oder in forschendem Lernen organisiert.

Die Gefahr, in einiger Zeit die Aufsplitterung der Soziologie in sechs verselbständigte Soziologien beobachten zu müssen, wird durch den allen gemeinsamen Bezugsrahmen, die PET – die sozialwissenschaftliche Planungs- und Entscheidungstheorie – gebannt.

Ein derart strukturierter und organisierter Studiengang erweckt – wie es scheint – berechtigte Hoffnung, den insbesondere bei Studienanfängern auftretenden Konflikt, mit der Soziologie ein zwar sehr interessantes, aber wenig praxisorientiertes Fach gewählt zu haben, auf vielversprechende Weise lösen zu können.

Fakultät für Geschichtswissenschaft: „historische Sozialwissenschaft"

Die Fakultät für Geschichtswissenschaft ist die derzeit jüngste Fakultät der Universität.

In Bielefeld wird die Geschichtswissenschaft als eine kooperative, Epochen übergreifende, vergleichende Sozialwissenschaft verstanden. Dies wird sowohl in den Forschungsschwerpunkten als auch in den Lehrangeboten der Lehramtstudiengänge deutlich. Mit diesem nicht unbedingt alltäglichen historischen Blickwinkel wurde aber nicht nur die inhaltliche Konzeption für Studium und Lehre formuliert; gleichzeitig wurde auch zumindest eine Teilantwort auf die seit langem schwelende Diskussion um den Status der

Geschichtswissenschaft in der Konkurrenz mit den übrigen expandierenden Sozialwissenschaften gefunden: In Bielefeld beginnt sich die Geschichtswissenschaft im Konzert der Sozialwissenschaften eine neue Zukunft als „historische Sozialwissenschaft" zu erobern.

Das Studium an dieser Fakultät gliedert sich in drei Stufen. Ein Grundstudium bis zum dritten bzw. vierten Semester wird getragen von einem epocheübergreifenden Grundkursus und zwei ergänzenden Grundseminaren, in denen Fragen der theoretischen Reflexion der Geschichtswissenschaft im Mittelpunkt stehen. Das Grundstudium wird an dieser Fakultät durch obligatorische Studienberatung begleitet.

In der zweiten Stufe bis zum sechsten Semester wird mit einem Bündel obligatorischer Veranstaltungen in der Geschichte des 19. und 20. Jahrhunderts bzw. in der Geschichte seit der industriellen Revolution Englands und der politischen Revolution Frankreichs ein Lehrschwerpunkt gesetzt, der mit dem Abschluß des sechsten Semesters zur Lehramtsbefähigung im Sekundarbereich I führt.

In der dritten Studienstufe, die bis zum achten Semester für das Lehramt in der Sekundarstufe II qualifiziert, kommt zu diesem Studienfeld noch die Geschichte der Moderne und ein weiteres Wahlfach hinzu. Hier werden angeboten: Geschichte der frühen Neuzeit, Theorie der Geschichte, Geschichte Lateinamerikas, Sozialgeschichte, Mittelalterliche Geschichte.

Als Abschluß wird eine sukzessive Staatsprüfung angestrebt.

Neben diesen beiden Studiengängen ist entsprechend den schulpolitischen Planungen Nordrhein-Westfalens, die auf die Einrichtung des Schulfaches Politische Wissenschaft hinzielen, ein weiterer Studiengang konzipiert. Für diese Ausbildung sollen die Geschichte, die Soziologie, die Politik und die Wirtschaftswissenschaft zusammengebracht werden. Diesem Auftrag konnte man bislang noch nicht nachkommen, da sich die wirtschaftswissenschaftliche Fakultät noch im Aufbau befindet. Ab Sommersemester 1974 aber sollen die ersten gemeinsamen Veranstaltungen zumindest mit den Soziologen organisiert werden.

Der Forschungsschwerpunkt der geschichtswissenschaftlichen Fakultät ist die Sozialgeschichte. Hierunter wird eine kritische Gesellschaftsgeschichte verstanden, die in einem vorindustriellen und in einem industriellen Abschnitt – 12. bis 18. Jahrhundert und 19. und 20. Jahrhundert – den Zusammenhang von Wirtschaft, Gesellschaft und Politik untersucht. Die sogenannte „Bielefelder Klausel" verpflichtet deshalb sogar bei Berufungen jeden neuerworbenen Hochschullehrer, an diesem Schwerpunkt mitzuarbeiten, denn gerade von den Ergebnissen dieser Forschungsarbeit darf eine Geschichtswissenschaft, die sich zu einer historischen Sozialwissenschaft wandelt, wesentliche Impulse erwarten.

Fakultät für Linguistik und Literaturwissenschaft: Studium der Einzelphilologien ist abgeschafft

Eine weitere Besonderheit dieser Universität ist die Fakultät für Linguistik und Literaturwissenschaft, für Insider die Lili-Fakultät. Die Konzeption dieser Fakultät geht davon aus, daß das Studium der Einzelphilologien nicht mehr sinnvoll ist, weil sowohl das Studium der Literaturwissenschaft als auch der Linguistik an verschiedenen Literaturen und Sprachen für sich allein sinnvoll anzusehen ist. Die traditionelle Einteilung in nationale Literaturen und Sprachen ist als ein Relikt des 19. Jahrhunderts aufgehoben worden und hat einem vergleichenden Studium der Linguistik und der Literaturwissenschaft Platz gemacht. Somit gibt es an dieser Fakultät keine Lehrstühle in Germanistik, Romanistik, Slawistik, sondern nur noch Lehrstühle in Literaturwissenschaft und Linguistik: (z. B. in Linguistik: Syntax, Semantik, Literatur des 16. und 17. Jahrhunderts).

Von der Vermittlung der Sprachenkenntnisse ist die Fakultät befreit. Ein der Fakultät angeschlossenes Sprachenzentrum übernimmt als Dienstleistung die gesamte Sprachschulung.

Durch diese Studienorganisation kann die Fakultät für das Studium vielseitige Kombinationsmöglichkeiten anbieten. So kann man entweder Linguistik oder aber Literaturwissenschaft mit zwei Fremdsprachen studieren, oder man kann beispielsweise für das Lehramt am Gymnasium für Sekundarstufe I und II Linguistik und Englisch und Literaturwissenschaften und Französisch belegen. Das Studium selbst ist im Studienjahr in Blöcken organisiert.

Das Blockstudium aber gerade ist es, das inzwischen bei einigen Professoren auf heftige Kritik und bei den meisten Studenten auf strikte Ablehnung stößt. Blockstudium heißt nämlich, in „einem intensiven Block" fünf Wochen mit je 20 Stunden – vormittags zwei Stunden Plenumssitzung, nachmittags drei Stunden Gruppenarbeit, und dies an vier Tagen in der Woche – zu absolvieren. Ein „halbintensiver Block" dehnt sich über zehn Wochen mit je zehn Stunden aus.

Die Studenten klagen über eine kaum zu verkraftende Überbelastung, die weder Zeit zum Lesen, noch Zeit zum Jobben, geschweige denn zum Privatleben zuläßt. Hans-Ulrich Wehler, Dekan der Fakultät für Geschichtswissenschaft findet deutliche Worte für die Klagen der Studenten:

„Wenn die Kerle nach diesem Schlauch käsgesichtig aus den Veranstaltungen kommen, habe sie nicht mal mehr abends die Kraft, ihre Freundin zu behupfen, geschweige denn Lust, in Muße zu lesen."

Völlig unverständlich aber bleibt das Festhalten am Blockstudium angesichts der Erkenntnis, daß fast 90 Prozent der Studenten Lehrer werden wollen. Die sprach- und literaturwissenschaftlichen „Blöcke" aber liegen quer zu den Veranstaltungen an den anderen Fakultäten, so daß die Studenten der Lili-Fakultät so gut wie keine Möglichkeit haben, beispielsweise erziehungswissenschaftliche Lehrveranstaltungen zu besuchen. Dies führte schließlich zu der nachhaltigen Forderung der Studenten nach Alternativen zum Blockstudium.

Ein weiteres in Planung befindliches Essential dieser Fakultät soll die Journalistenausbildung werden. Bislang sind zwei Literaturkritikprofessuren besetzt, vier weitere sollen hinzukommen. Ein Curriculum für diesen Ausbildungsgang, der eine Verbindung zwischen Theorie und Praxis herstellen soll, ist in Arbeit. Wie bereits erwähnt, werden von einem Kolloquium am Zentrum für interdisziplinäre Forschung wesentliche Anstöße erwartet.

Mit dem Wintersemester 1974/75 sollen die ersten Studenten ihr Studium aufnehmen können. Der Etatposten ist im Haushalt der Universität bereits vorgesehen.

Die „PPP-Fakultät": Pädagogik am weitesten ausgebaut

Die Insider-Abkürzung PPP-Fakultät deutet an, daß sich hier Pädagogik, Philosophie und Psychologie unter einem Dach befinden. Eine vermutbare inhaltliche Beziehung zwischen diesen drei Disziplinen besteht nicht.

Innerhalb dieser Fakultät ist die Pädagogik am weitesten ausgebaut. Die Psychologie wird voraussichtlich erst mit dem Wintersemester 1974/75 den Lehrbetrieb aufnehmen. Die Philosophie arbeitet bereits mit einem kleinen Lehrstab; Schwerpunkte liegen in der Sprachphilosophie und der Wissenschaftstheorie.

In der Pädagogik werden zur Zeit drei Studiengänge angeboten: Pädagogik als Begleitfach für Lehramtsstudenten, Pädagogik als Lehrfach für die Sekundarstufe II an Gymnasien und der Diplom-Studiengang. Dieser Ausbildungsgang ist es auch, dem man in Bielefeld besonders viel Aufmerksamkeit geschenkt hat. Allerdings existiert bislang nur eine verabschiedete Studienordnung für das Grundstudium in den ersten vier Semestern.

Im Grundstudium werden zunächst in den drei Bereichen Grundbegriffe der Erziehung – Konzepte der Erziehung, Verlaufscharakter von Erziehungsprozessen, Institutionen der Erziehung – die allgemeinen pädagogischen Grundlagen vermittelt. Hieran schließen sich wissenschaftstheoretische und methodische Ausbildungsteile an wie Statistik, Experimente, Testbeobachtung und ähnliches mehr. Ebenso gehört in das Grundstudium noch ein mit sechs Wochen erkanntermaßen zu kurzes Praktikum; eine Praktikumsdauer von sechs Monaten wird angestrebt.

Im Hauptstudium, das bislang nur in der Planung besteht, wird das Studium der allgemeinen Pädagogik durch spezialisierte pädagogische Studien in Tätigkeitsbereichen – zum Beispiel Schule, Erwachsenenbildung, Sozialpädagogik, Vorschulerziehung etc. – vertieft. Innerhalb der Tätigkeitsbereiche werden dann praxisbezogene Schwerpunkte gesetzt, von denen bis jetzt nur drei geplant sind: Curriculum-Konstruktion, Bildungsberatung – Diagnose und Beratung – und Bildungsplanung und Bildungsökonomie.

Diese Schwerpunktbildung ist direkt durch die derzeitige Arbeitsmarktsituation für Diplom-Pädagogen beeinflußt worden. Trotz der Überzeugung, daß im Dienstleistungssektor ein enormer Bedarf an qualifizierten Pädagogen besteht, ist man in Bielefeld nicht gewillt, das noch immer sehr knappe Stellenangebot zu ignorieren.

Durch das geringe Stellenangebot und den Wunsch, die Studienreform funktionabel zu halten, rechnet man auch an der PPP-Fakultät in absehbarer Zeit mit einem Numerus clausus für Diplom-Pädagogen.

Ein vielversprechender Start

Wenngleich sich vier Jahre nach der Aufnahme des Lehrbetriebes das meiste noch in mehr oder weniger fortgeschrittenen Aufbaustadien befindet, so deuten doch die bisher skizzierten Besonderheiten des Bielefelder Modells an, daß bereits Beachtliches an Studienreform auf den Weg gebracht werden konnte. Verständlicherweise klagen die knapp 2000 Studenten – klagt die Aufbaugeneration der Hochschulmitglieder – noch über ein zu schmales Lehrangebot, über manchmal nur schleppend vorankommende oder gar versandende Reformen. Doch bis zum Endausbau 1977, wenn die Universität mit der Pädagogischen Hochschule und der Fachhochschule zur integrierten Gesamthochschule Bielefeld zusammengebunden wird, haben die jetzt vorliegenden Ansätze – ganz im Gegensatz zu den übrigen Gesamthochschulen des Landes – eine gute Chance, zu einem kompletten, vielseitigen und funktionablen Hochschulzentrum in Ostwestfalen auszureifen.

„Ungastliches Bielefeld" – Problem Nr. 1: Wohnungssituation

Doch was die Universität in kurzer Zeit an Attraktivität und Ansehen zu etablieren vermochte, ist der Universitätsstadt Bielefeld noch nicht annähernd gelungen. Von der Umgebung unbeachtet, fristet die Universität in Bielefeld ein Außenseiterdasein. Niemand nimmt von den Studenten Notiz. Mehr noch, ausländischen Studenten gelingt es nur mit Mühe, eine Kneipe zu finden, die ihnen Zutritt gewährt. Hieran vermochten bislang auch publizistische Initiativen insbesondere der Studienberatung, des Studentenwerkes und des AStA wenig zu ändern.

Diplom-Psychologe Neumann, Leiter der Zentralen Studentenberatung: „In Bielefeld ist praktisch niemand auf Studenten eingestellt."

Dieser sicherlich von allen neugegründeten Hochschulen beklagte mangelhafte Kontakt zur Bevölkerung führte aber in Bielefeld inzwischen zu einer problematischen Wohnungssituation, die angesichts des erwarteten sprunghaften Anstiegs der Studentenzahlen ausweglos zu werden droht. Das hier wie überall zu geringe Angebot an Wohnheimplätzen wird in Bielefeld durch die soziale Distanz der Bürger zu „ihren" Studenten besonders einschneidend spürbar. Tag für Tag melden sich zwar potentielle Vermieter beim Studentenwerk, doch die Bedingungen, die sie stellen: „Haare kurz, Bart ab, keine Besuche, ab 22 Uhr keinen Lärm" – sind Bedingungen, die kein Student erfüllen kann. Hinzu kommen hohe Mieten: 125 DM werden im Wohnheim verlangt, mit 90 bis 130 DM müssen die „Möblierten" oft für winzige Studentenbuden rechnen. Somit ist es nur verständlich, daß über 40 Prozent der Studenten bei den Eltern wohnen und selbst einstündige An- und Abreisen in Kauf nehmen. Das alles hat der Oetker-Stadt in der Presse den Beinamen der Ungastlichkeit eingebracht.

Doch damit nicht genug. Die prekäre Wohnungssituation hat inzwischen zu weiteren Problemen geführt. Die Zentrale Studienberatung, in Anlehnung an das Bochumer Studienbüro eine Kombination psychotherapeutischer und beruflicher Beratung, beobachtet in verstärktem Maße Leistungsstörungen bei den Studenten, die durch die Wohnungsmisere erklärt werden müssen. Dies gilt sowohl für die Fahrschüler, die durch die langen Anfahrtswege gezwungen sind, oft tagelang in der Universität herumzugammeln, um die nächste Veranstaltung abzuwarten, als auch für die „Möblierten", die in ihren nicht selten unerträglichen Buden nicht die Atmosphäre für effizientes Arbeiten finden.

Hier muß, wie die Situation längst allen Betroffenen gezeigt hat, noch nach Lösungen gesucht werden. Eine vom Studentenwerk eingesetzte und von privaten und öffentlichen Geldgebern finanzierte Arbeitsgruppe aus zwei Architekten und zwei Soziologen hat erste Vorschläge erarbeitet.

Insbesondere sollen Bankdarlehen bis zu 20 000 Mark aus Mitteln des sozialen Wohnungsbaues für Neubauvorhaben, die studentischen Wohnraum einplanen, vorgesehen werden. Von Universität, Studentenwerk und AStA gemeinsam getragene Öffentlichkeitsarbeit bemüht sich weiterhin bei der Bevölkerung um Verständnis für die Wohnungsnot der Studenten. Freistehende Abbruchhäuser sollen angemietet werden.

Es bleibt zu hoffen, daß die gemeinsam von allen betroffenen Hochschulgruppen und -institutionen unternommenen Aktivitäten zu einer Lösung für dieses derzeit schwerwiegendste Problem führen, bevor der große Studentenansturm der nächsten Jahre einsetzt. Die weitere Entwicklung dieser Universität wird in hohem Maße von der Qualität dieser Lösung abhängen. Sie wird entscheiden, ob aus dieser Regionaluniversität und dieser Universitätsstadt ein regionales Kulturzentrum werden kann.

Erfolgversprechende Atmosphäre der Kooperation

Die Universität selbst jedenfalls scheint im Hinblick auf die Organisation von Studium und Lehre in Verbindung mit den angestrebten Forschungsschwerpunkten eine Plattform gefunden zu haben, von der aus erfolgversprechend weitergearbeitet werden kann.

Diese Auffassung vertritt ganz offenbar auch der linke AStA – nach den letzten Wahlen eine Koalition aus Juso-Hochschulgruppe und MSB Spartakus – der bislang unpolitischen Hochschule. Die Studentenschaft selbst bezeichnet die Atmosphäre an der Universität, die Beziehungen zu den Hochschullehrern, die Zusammenarbeit in den Gremien als kooperativ. Die Arbeitsbedingungen gelten als gut; Massenveranstaltungen blieben vorerst die Ausnahme. Die Arbeit in kleinen Gruppen konnte bis jetzt gute Kontakte zu Kommilitonen und Hochschullehrern gewähren.

Dies heißt jedoch nicht, daß sich in Bielefeld ein hochschulpolitisch konfliktfreier Raum entwickelt. Im Gegenteil, ein im Sommer vergangenen Jahres von der Studentenschaft durchgeführter Universitätstag hob an, die Reformuniversität Bielefeld an „Anspruch und Wirklichkeit" zu messen. Man will sich eben mit bloßen Etiketten und Privilegien einer Reformuniversiätt nicht zufriedengeben. So zeigen die kritischen Stellungnahmen der Studenten zu den Tendenzen der Verschulung, zum Blockstudium, zu den noch mangelhaften interdisziplinären Ansätzen in der Lehre und zur forschungsorientierten Berufungspolitik, daß Reform stets reformierbar bleiben muß.

Universität Bielefeld
2485 Studenten (WS 1973/74).

Anschrift:
48 Bielefeld 1,
Kurt-Schumacher-Straße 6

Fakultäten:
Fakultät für Mathematik
Fakultät für Rechtswissenschaft
Fakultät für Soziologie
Fakultät für Geschichtswissenschaft
Fakultät für Pädagogik, Philosophie, Psychologie
Fakultät für Physik
Fakultät für Wirtschaftswissenschaften (im Aufbau)
Fakultät für Biologie (im Aufbau)
Fakultät für Chemie (im Aufbau)

Ruhr-Universität Bochum

Helmut Fritz

Die Campus-Uni

„Der typische Bochumer Student ist ein guter Arbeiter, er studiert gerne und fleißig. Nicht zuletzt diesem Typus Student verdankt die Ruhruniversität ihren Ruf als Arbeitsuni. Auf der anderen Seite muß man leider feststellen, daß der Campus tot ist. Ich bedauere, daß alles eingeschlafen ist, ich bedauere dieses Zurücksinken in ein unhomogenes Dahinleben, wo nur noch für Examen und Beruf studiert wird." (Professor Ewald, Rektor der Ruhr-Universität)

Die Ruhr-Universität – ein Superarbeitsplatz

Dem Bochumer Betonklotz Leben, gar Studentenleben einzuhauchen, bedürfte es schon beinahe eines göttlichen Atems. Was aber über diesen Campus weht, ist bloß der Wind von den umliegenden Feldern und Äckern. Es gibt Versuche, die Gigantonomie der Ruhr-Universität durch idyllische Enklaven zu mildern: die Lichthöfe „mit menschlichen Ecken" (Rektor), der Rasenplatz mit Wasserspiel, die Bierstube des AStA, das RUB-PUB, mit dem sagenhaften Ausstoß von 140 Hektolitern pro Monat und schließlich der „Studentenkeller", den der Rektor in seinem Haus eingerichtet hat, „um den Studenten eine Möglichkeit zur Kommunikation zu bieten". Von den Zinnen der dreizehn Hochhäuser geht der Blick weit hinaus über den Wald am Kalwes, der grünen Lunge des Betonriesen. Bis zum Botanischen Garten sind es vom Campus nur fünf Minuten. Spätere Studentengenerationen werden sich im größten Freizeitzentrum des Ruhrgebietes – an den Ufern eines künstlichen Sees ergehen können –, aber wie schön auch immer die Aussichten sind, die Ruhr-Universität wird es nie zu einem anderen Charme bringen als dem, der von den Werkshallen ausgeht, die Opel direkt daneben auf die Wiese gesetzt hat.

Um der architektonischen Wucht dieser Universität beizukommen, muß man sich die Empfangshalle eines Jumbo-Flughafens vorstellen; um eine Ahnung von der Flächengröße zu haben, kann man seine Phantasie ruhig über das dazugehörende Vorfeld schweifen lassen. Das Panoramafoto zeigt dreizehn Blöcke, jeder 112 Meter lang, 22 Meter breit und 40 Meter hoch, dazwischen dreigeschossige Flachbauten, freie Flächen, breite Wege, Viadukte und großzügige Treppenanlagen. Im Zentrum die riesige Betonschüssel des Audimax. Der ganze Komplex ist groß genug, um die Bevölkerung einer Mittelstadt aufzunehmen. 25 000 Menschen verbringen hier ihren Arbeitstag, davon mehr als 20 000 Studenten. Die gesamte Betriebsführung dieses „Superarbeitsplatzes" (Uni-Broschüre) wird über Prozeßrechner im technischen Zentrum gesteuert. Die Mensa, ein Musterbeispiel an technischer Perfektion. Vier automatische Kochstraßen, 12 500 Mittagessen, 3400 Plätze. Sicherlich eine der größten Werkskantinen in der Bundesrepublik. Um 16 Uhr, wenn das informelle Studentenleben beginnen könnte, machen die Cafeterias dicht. Spätestens um sechs ist das Uni-Gelände so leer wie der gegenüberliegende Opel-Parkplatz nach der zweiten Schicht.

Der Studienverlauf ist voll durchorganisiert

1869 kamen im Ruhrgebiet auf 10 000 Einwohner nur fünf Akademiker. 1912, am Ende der zweiten Industrialisierungsperiode, waren es immerhin schon zwölf. (Heute sind es 60.) Bis zur Gründung der Ruhr-Universität besaß das knapp 5000 Quadratkilometer große Industrierevier, eines der produktivsten Wirtschaftszentren der Welt, kein einziges, seiner ökonomischen Bedeutung entsprechendes geistiges Zentrum, keine einzige Universität und nicht einmal eine Technische Hochschule. An der Ruhr sollten immer nur „Ambosse" stehen, die „Schreibtische" in Düsseldorf. Nach einem kaiserlichen Dekret aus der Gründerzeit war es sogar verboten, im Revier Kasernen zu errichten. Die Fabrik sollte die einzige Bestimmung des Ruhr-Menschen sein.

Mit dieser Tradition wurde erst in den sechziger Jahren gebrochen, als das Ruhrgebiet gleich zwei Universitäten erhielt: in Dortmund eine TH und in Bochum eine Hochschule mit dem denkbar breitesten Bildungsangebot. Die Ruhr-Universität nahm am 2. November 1965 mit 1215 Studenten in acht geisteswissenschaftlichen Abteilungen ihre Vorlesungen auf. Es zeigte sich bereits damals, daß der bildungspolitische Mobilmachungseffekt, den man sich von einer Universität inmitten des Industriereviers versprochen hatte, die Aufnahmekapazität der neuen Hochschule übertreffen sollte. Zwei Drittel aller Studenten kommen direkt aus dem Bildungsreservoir des Reviers, die ursprünglich vorgesehene Endzahl von 10 000 Studenten ist längst vergessen. Heute sind es mehr als 20 000 und ein Ende des Wachstums ist noch nicht abzusehen.

Die besondere Attraktivität der Ruhr-Uni besteht darin, daß sie einerseits das größtmögliche Fächerangebot aufweist und andererseits diese Vielfalt den Studenten, vor allem den Erstsemestern, höchst übersichtlich und leicht faßlich vermittelt. Der in Bochum erreichte Grad an Studienorganisation – von den Nostalgikern wehmütig „Verschulung" geheißen – dürfte für die deutschen Massenuniversitäten ohne Beispiel sein. Schon äußerlich bietet die Ruhr-Universität das übersichtliche Bild einer kompakten Lehranstalt, überall die Elemente von Funktionstüchtigkeit, Zweckmäßigkeit und Effektivität – nicht zufällig wurden das Audimax und das Studentenhaus zuletzt gebaut.

Dies ist eine Uni der kurzen Wege (längster Weg auf dem Campus: 900 Meter) und durchrationalisierten Studiengänge, ein hermetisches Gemeinwesen am Rande der Stadt, ohne wirkliche Kommunikation, ein Sparta, das seine Pflichten ungleich besser kennt als seine Neigungen. Sich in diesem Stadtgebilde zurechtzufinden, fällt leicht. Nimmt man die Studienorganisation schon für die halbe Studienreform, so hat es Bochum weit gebracht. Die andere Hälfte ist – wie überall – weniger ansehnlich. Auch hier hat man einmal von Kleingruppen-Didaktik geschwärmt, ja, sie sollte das wichtigste Strukturelement der neuen Hochschule sein. Davon redet heute niemand mehr. („Der Unterricht in kleinen Gruppen rückt mit steigenden Studentenzahlen in immer weitere Entfernung" – Uni-Broschüre.) Daß der Massenbetrieb dennoch kompakt erscheint, und man auch als Student den Überblick behalten kann, ist ein Verdienst der vielbeklagten Verschulung. In Bochum kann jeder Studienanfänger schon kurz nach der Einschreibung beruhigt seinen Stundenplan schwarz auf weiß nach Hause tragen, der weitere Gang der Dinge ist genau abzusehen, der Lernstoff für die Prüfungen liegt nicht mehr im Ermessen des Studenten, alles ist vorgegeben, wer sich an die abgesteckten Wege hält, wird innerhalb der vorgesehenen Fristen mit größter Wahrscheinlichkeit auch ans Ziel kommen.

Die meisten wollen am liebsten bei Muttern wohnen

Mitteilung des AStA „an die Studienanfänger" der Ruhr-Universität: „Es gilt nun, sich in der neuen Umgebung zu arrangieren und zu behaupten, denn nur allzu schnell gerät man in die Räder des Studienbetriebs ... An der Ruhr-Universität ist man dieser Gefahr ganz besonders ausgesetzt, denn hier herrscht eine Atmosphäre, die der einer Montagehalle bei Opel nicht ganz unähnlich ist: Man hat den Eindruck, daß alles in erster Linie auf einen hohen out-put angelegt ist. Hinzu kommt eine größtenteils künstlich angelegte Umwelt, in der man zum Entspannen einladende Orte ebenso mit der Lupe suchen muß wie an der Uni selbst. Die Folge ist: in Bochum muß der Student mehr Eigeninitiative aufbringen, um enge soziale Bindungen (Freundschaften, Neigungsgruppen, Arbeitskreise) aufzubauen."

An „Neigungsgruppen" herrscht in Bochum eigentlich kein Mangel, bei 27 im Vorlesungsverzeichnis eingetragenen studentischen Vereinigungen, inklusive einer „Homosexuellen Aktionsgruppe". Dagegen scheint das Bedürfnis nach „sozialen Bindungen" bei der Mehrheit der stark studienmotivierten Studenten nicht sonderlich ausgeprägt zu sein. Für sie ist die Universität Arbeitsplatz, nicht Campus oder Forum. Die Moral der Bochumer Studenten ist gut. Es gibt nur wenige Studienabbrecher oder -wechsler. Noch geringer ist die Zahl derjenigen, die Bochum verlassen, um woanders weiterzustudieren.

24 Prozent aller Studenten waren schon vor dem Studium im Beruf, viele von ihnen sind verheiratet, ihr Studienbudget ist begrenzt. Aus diesen Gründen sind sie an einem schnellen Brotstudium interessiert. Ähnliches gilt für die vielen Studenten aus Arbeiterfamilien. Mit 18 Prozent Arbeiterkindern steht Bochum an der Spitze aller deutschen Hochschulen. Fast die Hälfte der Ruhrstudenten erhält BAföG, nicht gerade eine finanzielle Ausstattung für ein Bummel- und Neigungsstudium. Charakteristisch für die unromantische Einstellung der Ruhrstudenten zum Studium ist ihre erst kürzlich per Fragebogen ermittelte Wunschvorstellung vom Wohnen. Nur sechs Prozent gaben an, in einer Studentenbude leben zu wollen. Die meisten, 16 Prozent, erklärten, sie würden am liebsten bei Muttern wohnen. (43 Prozent aller Bochumer Studenten wohnen auch bei den Eltern!) Vorherrschend und stilprägend auf dem Campus ist also der Fahrstudent. Seßhaft wird er nur an seinem Arbeitsplatz, in der Vorlesung und allenfalls noch in der Pausen-Cafeteria, wo er seine Stullen verzehrt und dazu Tee aus der Thermosflasche trinkt.

Bei dem hohen Prozentsatz an Pendlern, die bei den Eltern wohnen, ist die Wohnsituation nicht so dramatisch wie in Universitätsstädten, wo die eigene Bude noch zu den selbstverständlichen Voraussetzungen des Studiums gehört. Gegenwärtig kann die Ruhruniversität dreitausend Wohnheimplätze anbieten. Geplant ist ein Wohnheim für körperbehinderte Studenten: 70 Plätze und Therapie-Anlagen, hinzu kommen noch 40 Appartements für Studentenehepaare und weitere 110 Plätze für ledige Studenten. Also kein Behinderten-Getto!

Die Wohnheimpreise in Bochum sind stattlich: 120 bis 135 Mark für ein Einzelzimmer; die Aussichten, in Uni-Nähe eine Bude zu finden, sehr schlecht. Direkt vis-à-vis, verbunden durch einen Viadukt, liegt die Neue-Heimat-Siedlung Querenburg. Der hier vermietete Wohnraum ist so knapp bemessen, daß akademische Untermieter keinen Platz mehr finden. Höchstens an den Theken der Alt-Querenburger Taubenzüchter-, Sparkassen- und Sportvereinskneipen!

Bochum – nicht als Eliteuniversität geplant

Die Ruhr-Universität Bochum ist eine der saubersten Hochschulen der Bundesrepullik. Keine revolutionären Grafitti an den Mauern, keine Wandzeitungen am Waschbeton, keine Flugschriften auf dem Boden der Mensa, kein Sand in den Rädern des Studienbetriebs. Aber eben doch keine Universität ohne Konflikte, ohne Neurosen und Störungen. Die Zahl derer, die das durchorganisierte Studium und den Mangel an Kommunikation als Frustration erleiden, scheint weit höher zu sein, als es die ausgeglichene Psyche des durchschnittlichen Ruhrstudenten erwarten läßt.

In einem Untergeschoß, irgendwo auf dem Riesenareal, befindet sich die psychotherapeutische Beratungsstelle der Ruhr-Universität. Sie ist die mit

Abstand größte aller Hochschulen. Diplom-Psychologin Jörres schätzt, daß zehn Prozent der Bochumer Studenten im engeren Sinne „behandlungsbedürftig“ sind. Jährlich suchen etwa 800 Studenten diesen „Hauptverbandplatz“ auf, um sich ihre seelischen Wunden pflegen zu lassen. Frau Jörres: „Die meisten Patienten leiden daran, daß die soziale Integrationskraft der Ruhr-Universität sehr gering ist. Die Trennung von Arbeitsplatz und Studentenleben, wie sie an den modernen Campus-Universitäten häufig zu beobachten ist, produziert bei den Studenten eine Reihe von Entfremdungssymptomen. Die beiden Extreme ‚Verschulung‘ und ‚Kommunikationslosigkeit‘ führen die meisten Patienten zu uns.“

Das wichtigste Charakteristikum der Ruhr-Universität ist ihr breites Fächerangebot. In Bochum kann man buchstäblich alles studieren. Das Angebot reicht von beiden Theologien bis zur Chinesischen Philologie, von den Musikwissenschaften bis zur Archäologie, von der Leibesübung bis zur Naturwissenschaftlichen Medizin, vom Bauingenieurwesen bis zur Elektrotechnik.

Professor Ewald, Rektor: „Bochum sollte kein Harvard werden, keine Schwerpunktsuniversität mit Elitecharakter. Sondern Bochum ist angelegt als breites Fächerangebot, inklusive einiger Ingenieurwissenschaften. Das Hauptargument für die Ruhr-Universität ist die große Kombinationsmöglichkeit innerhalb der Fächer. Gerade weil Bochum keine Universität mit Renommierfächern ist, sondern eine Hochschule mit weitem Spektrum, hält der Zustrom der Studenten nach Bochum weiter an.“

Ruhr-Universität Bochum
18 630 Studenten (WS 1973/74).

Anschrift:
463 Bochum-Querenburg,
Universitätsstraße 150

Abteilungen:
Abteilung für Evangelische Theologie
Abteilung für Katholische Theologie
Abteilung für Philosophie, Pädagogik, Psychologie
Abteilung für Geschichtswissenschaft
Abteilung für Philologie
Abteilung für Rechtswissenschaft
Abteilung für Wirtschaftswissenschaft
Abteilung für Sozialwissenschaft
Abteilung für Maschinenbau, Konstruktiver Ingenieurbau
Abteilung für Elektrotechnik
Abteilung für Mathematik
Abteilung für Physik und Astronomie
Abteilung für Geowissenschaften
Abteilung für Chemie
Abteilung für Biologie
Abteilung für Naturwissenschaftliche Medizin
Abteilung für Ostasienwissenschaften

Rheinische Friedrich-Wilhelms-Universität Bonn

Ernest W. B. Hess-Lüttich

Zur „Förderung der Aufklärung in den rheinischen Landen"

Kurfürstliche Residenz am Rhein, aber auch Großbaustelle und Verkehrschaos, idyllische Landschaftskulisse und ausgedehnte Parks, Glasfassaden einfallslos hochgezogener Politbauten und Protzblöcke, Geburtsstadt Beethovens und Wohnort Schumanns, aber auch Ernst Moritz Arndts, zutiefst bürgerlich-liberal das Erbe, aber auch das internationale Flair diplomatischen Lebens – Bonn, groß genug, Individualität zu erlauben, klein genug, Anonymität und Isolation nicht zum hervorstechenden Problem werden zu lassen.

Und im Zentrum: die Universität. Die ehemalige Stadtresidenz des Kurfürsten beherbergt jetzt Philosophische und Theologische Fakultäten. Dort ist das Zentrum studentischer und universitärer Aktivitäten – teach-ins der Hochschulgruppen, Theaterspiel und Filmclub, Ballettstudio und Fechtboden, Studiobühne und Collegium musicum ...

Es ist das Stadtschloß, das die Bonner als „ihre Universität" assoziieren (und in das sie sich, zögernd zwar, doch zunehmend, durch Vorträge, Konzerte, Ausstellungen und Theateraufführungen locken lassen), nicht so sehr das Jagdschloß Clemensruhe in Poppelsdorf inmitten botanischer Gärten, in dem die Landwirtschaftliche Fakultät und die berühmte Mineralogische Sammlung untergebracht sind und in dessen Innenhof im Sommer die Mozart-Konzerte stattfinden, nicht die Naturwissenschaftliche Fakultät im Poppelsdorfer Villenviertel der Gründerzeit, wo jetzt emeritierte Professoren wohnen und, weiter draußen, unterm Dach, die Studenten, nicht auch die Kliniken im Wald des Venusberges mit Blick aufs Rheintal und erst recht nicht die Neubauten für Chemiker und Pharmazeuten und die juristisch-nüchterne Glas-Beton-Fassade, mühsam aufgelockert durch Op-art-Reliefs, der Rechts- und Staatswissenschaftlichen Fakultät, auf der anderen Seite des Hofgartens an der Adenauerallee, der langweiligen Möchtegern-Champs-Elysées von Bonn.

Ein Dekan bat Abiturienten, doch woanders zu studieren – und die Studenten kamen in Scharen

Bereits 1777 von den letzten hier residierenden Kurfürsten/Erzbischöfen von Köln als Akademie gegründet, um der „Förderung der Aufklärung" in den rheinischen Landen zu dienen, wurde sie 1786 zur Universität erhoben und fiel kurz darauf den durch die Französische Revolution ausgelösten politischen Umwälzungen wieder zum Opfer. 1815 ist Bonn preußisch, Wilhelm von Humboldt bestimmt die Kulturpolitik, Universitäten in Berlin und Breslau werden gegründet („Schöpfungen jenes durch den Geist des Idealismus geprägten Zeitalters", liest das Erstsemester, das im Vorlesungsverzeichnis auch die Einleitung noch liest), und am 18. Oktober 1818 stiftet König Friedrich Wilhelm III. die heutige Bonner Universität, die „Rheinische Friedrich-Wilhelms-Universität". An diesem Tage übernehmen Magnifizenz und Spektabilitäten (es gibt sie noch heute) ihre Ämter. Und seither wurde angebaut, ausgebaut, umgebaut, aufgebaut – gebaut ...

Heute gehört die Bonner Universität (einschließlich Pädagogische Hochschule) mit circa 25 000 Studenten zu den größten der Bundesrepublik. Damit wird sie, auf absehbare Zeit und nach dem Willen des Finanz- und des Wissenschaftsministers von Nordrhein-Westfalen (Träger der Uni ist das Land), ihre maximale Ausdehnung erreicht haben: Jetzt soll wieder „abgebaut" werden.

Die Forcierung der Gesamthochschulprojekte (in Siegen, Paderborn, Wuppertal, Essen, Duisburg) geht zu Lasten der alten Universitäten, Stellen werden nur zögernd bewilligt, der Etat wird eingefroren, die Überfüllung ist programmiert. In Altgriechisch, Mittellatein und Astronomie mag die quantitative Relation Professoren/Studenten befriedigen (10 Ordinarien auf 100 Studenten), in den Massenfächern dagegen ist es schlimm: über 1600 Germanisten und nur 0,6 „Profs" auf 100 Studenten, 0,4 in Anglistik, 0,8 in Jura, Mathematik, Biologie. Der Dekan der Philosophischen Fakultät sandte Briefe an die Schulen und bat mit Dringlichkeit, wenn, dann doch bitte woanders zu studieren. Und die Studenten kamen in Scharen; auch das WS 1973/74 brachte einen neuen Rekord.

Man fragt sich nach dem Grund der Attraktivität – die Stadt und ihr Nachtleben kann's nicht sein, es muß wohl an der Uni liegen und an ihrem Ruf.

Die Folge dieses Ansturms ist die hartnäckige Ausweitung des Numerus clausus. Noch ist der Generalstopp (wie in Hamburg geschehen, in Münster absehbar) nicht gekommen, aber die Lage wird zunehmend schwieriger. Außer den bundesweiten NC-Fächern sind in Bonn insbesondere die Wirtschafts-, Sport-, Ernährungs- und Haushaltswissenschaften vom NC betroffen; Mathematik, Physik und Jura sind Zuteilungsfächer in ganz Nordrhein-Westfalen.

Das Anwachsen der NC-Fächer hat dazu geführt, daß die übrigen Fächer – davon ist in Bonn vor allem die Philosophische Fakultät betroffen – in stärkerem Maße vollaufen, als normalerweise zu erwarten gewesen wäre. Hinzu kommt, daß die Bemühungen um eine Studienreform in letzter Zeit weitgehend zum Stillstand gekommen sind – man verhält sich abwartend angesichts des zu erwartenden neuen Hochschulrahmengesetzes. Allerdings sind die Studienbedingungen in den einzelnen Fakultäten, und dort wieder Fächern („Fachbereiche" gibt es hier noch nicht), durchaus unterschiedlich.

Die Philosophische ist die stärkste Fakultät

Die großen Pläne der Naturwissenschaftler aus den sechziger Jahren sind meistenteils realisiert. Von ihrem verblichenen Weltruf zehrt die Fakultät noch heute: zu den jährlichen „Hirzebruch-Festspielen" zum Beispiel wallfahrten Gelehrte aus aller Welt. Mathematik und Astronomie sind personell und materiell recht gut bestückt (die Tatsache, daß Bonn das größte Radioteleskop der Welt hat und Sitz der Gesellschaft für Mathematik und Datenverarbeitung ist, spielt hier eine gewichtige Rolle). Pharmazeuten, Chemiker und Astronomen konnten Neubauten beziehen, für die zur Zeit noch sehr beengt hausenden Erdwissenschaftler sollen neue Gebäude geschaffen werden. Neue Institute und Lehrstühle sind einstweilen noch nicht geplant.

Seit drei Jahren wird in den Fächern Mathematik und Physik, bei liberalisierten Prüfungsordnungen, ein neues Studienmodell durchgeführt; Arbeit in kleinen Gruppen und Tutorien begleitet das Vorlesungsprogramm, das in seiner obligatorischen Abgestimmtheit (für Studienanfänger beider Fächer ist ein integriertes Grundstudium nach genauem Plan Pflicht) freiheitsgewohnte Geisteswissenschaftler befremden würde.

Auch die Philosophische Fakultät war dereinst für ihre akademischen Olympier berühmt: Kunstgeschichtsgrößen wie von Einem oder der Lokal-Matador und Fachmann für rheinischen Frohnsinn, Heinrich Lützeler, sind emeritiert und gehen mit alten Vorträgen auf Reisen. Curtius hat hier gelehrt und Alewyn, Mensching und Meier, Benno von Wiese ist nur noch an den Schulen aktuell, Leo Weisgerber, der Linguist, und Walter Schirmer, der Anglist, werden längst im Antiquariat gehandelt; von den Großen ist nur noch der Altgermanist und Vielfach-Präsident Hugo Moser aktiv.

Die Sterne verglühen, neue steigen auf: Professor Ungeheuers Institut für Kommunikationsforschung zum Beispiel, DFG-gefördert und eines der besten seiner Art in der Bundesrepublik, während die ehemals berühmte Sprachwissenschaft („Bonner Schule") inzwischen (infolge verfehlter Personalpolitik) völlig am Boden liegt. Geplant ist endlich die Neueinrichtung eines Soziologischen Instituts (dem einsamen Vorgänger, Star-Soziologe Eisermann, waren die Studenten in der Philosophischen Fakultät zu kritisch geworden, er zog sich in die beschaulichere Rechts- und Staatswissenschaftliche Fakultät zurück und nahm seinen Lehrstuhl gleich mit). Konservativ bis auf die Knochen sind auch die Historiker (hier gibt es noch einen

Prinzregenten-Lehrstuhl und einen Konkordatslehrstuhl), deren Studienordnungsvorschläge zu weitgehender Verschulung geführt haben.

Mit über 6000 Studenten ist die Philosophische die stärkste Fakultät, und in allen Fächern herrscht starker Andrang, denn hier ist in Bonn – außer in Psychologie – der Numerus clausus noch nicht eingeführt. Dafür dringen die verschulenden Reglementierungen auch zu den Geisteswissenschaftlern vor: vor Beginn des Sommersemesters 1974 wurden für alle Fächer neue Studienordnungen beschlossen. Was sich Erstsemestern zunächst als bequeme Anleitung darstellt, erweist sich oft später als langweiliges Durchstehen eines vorgegebenen Programms (das, im übrigen, auch an der „Freiheit der Forschung und Lehre“ zu nagen beginnt). Überfüllte Lehrveranstaltungen sind also auch hier, wie anderswo, die Regel. Hervorzuheben ist allerdings das Bemühen der Anglisten, den Studienanfängern die Angst des Übergangs dadurch zu mindern, daß ein Grundkurs nach britischem Modell, in Tutorien bis zu zehn Teilnehmern, geleitet von begabten Studenten höherer Semester in weitgehender Eigenständigkeit, in jedem Semester angeboten wird.

Eine der Bonner Paradedisziplinen: Medizin

Auch für die Juristen in Bonn ist der Repetitor Zentralfigur des Studiums: Das Schneider-Repetitorium zieht Juristen aus ganz Westdeutschland an, sofern sie sich nicht (Schneiders Stern ist im Sinken) für den juristischen Trimm-Dich-Manager Alpmann in Münster entschieden haben. Aber der Repetitor allein macht noch nicht den Ruf dieser Fakultät, einer der ältesten und konservativsten der Bundesrepublik, aus: der gründet sich auf Größen wie Friesenhahn und Scheuner, die emeritiert sind, oder Welzel, Grünwald, Krelle, Partsch, Tsatsos und andere, die ihn heute noch rechtfertigen. Hier beginnt sich Bonn als politische Kapitale auszuwirken. Viele der Gelehrten in der Universität haben irgendwie auch mit der Regierung zu tun, viele der Studenten, und gerade die zahlreichen angepaßt-konservativen in dieser Fakultät, engagieren sich in den Nachwuchsorganisationen der Parteien, wo sie gern Karriere machen möchten.

Die Wirtschaftswissenschaften – als abgeschlossener Studiengang ist in Bonn nur Volkswirtschaftslehre ausgebaut – sind in Nordrhein-Westfalen jetzt zum erstenmal NC-Fach; in Jura konnten alle Bewerber, allerdings in einem NRW-Verteilungsverfahren, einen Studienplatz erhalten. Neue Lehrstühle sind zwar geplant, aber, wohl nicht zuletzt auch in Konsequenz der Düsseldorfer Restriktivpolitik, bisher nicht bewilligt worden.

Eine der Bonner Paradedisziplinen war zweifellos Medizin, und immer noch sind die Kliniken auf dem Venusberg in Deutschland bekannt. Gütgemann machte hier die erste Lebertransplantation, und in den Medien wird immer mal wieder Spektakuläres aus dieser Fakultät berichtet.

Abgesehen vom Numerus clausus ist hier das größte Problem die Anpassung der Studienmöglichkeiten an die neue Approbationsordnung. Vor kurzem wurden eine Reihe neuer Lehrstühle eingerichtet, so für Medizinische Statistik und Dokumentation, für Didaktik der Medizin und für Kinderpathologie, geplant ist ein Lehrstuhl für Herzchirurgie, neu zu besetzen einer für Anästhesie. Im Augenblick verteilen sich Lehrkörper, Studenten und Personal auf 18 Institute (Theoretische Anstalten) und 16 Kliniken und Polikliniken.

Äußerlich könnten die Studienbedingungen in den beiden Theologischen Fakultäten, die von Anfang an nebeneinander bestanden, erstklassig sein: die quantitative Relation von Lehrpersonal und Studenten ist so gut, daß es sich die Evangelisch-Theologische Fakultät leisten konnte, den Naturwissenschaftlern einen durch Emeritierung freiwerdenden Lehrstuhl leihweise zur Verfügung zu stellen, da das Land noch immer nicht den Lehrstuhl für Biochemie bewilligt hat, obwohl das Institut dafür schon längst zur Verfügung steht. Nicht leisten jedoch konnte sich die Fakultät, Kapazitäten wie den ehemaligen Gollwitzer-Assistenten Marquard zu berufen, der Lehrstuhl des Universitätspredigers Konrad ist noch immer unbesetzt, gespannte Beziehungen zwischen Lehrern und den Studentengemeinden sind Tradition. Ein weiterer Professor, Systemtheologe Rothert, fällt derzeit für die Lehre aus, da er seit einigen Semestern Rektor der Universität und (mit ein wenig mehr Geschick als sein unverhohlen reaktionärer Vorgänger Hatto Schmitt) damit beschäftigt ist, zwischen den Fronten einigermaßen zu vermitteln und darüber Interviews zu geben.

Für Fragen der Moral ist Böckle zuständig: gleichgültig, ob Fristenlösung oder Pille, Sexualstrafrechtsreform oder die Not der Homosexuellen – wenn es im Radio oder Fernsehen zu Grundfragen der moralischen Nation Stellung zu nehmen gilt, ist Böckle auf dem Plan, da kennt er keine Kanäle, der katholische Moraltheologe steht sämtlichen Programmen zur Verfügung.

Die Landwirtschaftliche Fakultät, hervorgegangen aus der Poppelsdorfer Akademie des vorigen Jahrhunderts (ehemals als „Mist-Akademie" über Bonns Grenzen hinaus bekannt), gilt zunehmend als Ausweichmöglichkeit für die NC-Fächer Biologie und Chemie, so daß, obwohl für Landwirtschaft die Ausbildungsbedingungen (noch) als gut bezeichnet werden, langfristig ein Überangebot an Landwirten befürchtet wird und für Haushalts- und Ernährungswissenschaften Zulassungsbeschränkungen eingeführt werden mußten. Ein neuer Lehrstuhl für Bodenrecht, den die Fakultät beantragt hat, wurde bisher noch nicht bewilligt.

Die politischen Gruppierungen halten sich in ihrer Bedeutung so ziemlich die Waage

Kaum in einer anderen Uni sind Tagespolitik und Uni-Betrieb so eng miteinander verflochten und doch sind spektakuläre Polizeieinsätze selten.

Bonn hat eine alte, liberale, zutiefst bürgerliche Tradition konservativer Prägung, die sich auch auf die Studenten auswirkt. Hier ist die Situation trotz der unmittelbaren Nähe des politischen Geschehens längst nicht so politisiert wie in Berlin oder Frankfurt. Hier müssen die akademischen Freiheitsbündler (Bonn ist eine Bund-Freiheit-der-Wissenschaft-Hochburg) noch nicht wegen eines marxistisch angehauchten Kollegen schlaflose Nächte haben, hier können sie Schaffenskraft und Kampfesmut darauf konzentrieren, gelegentlich einem politisch nicht genehmen Doktoranden die Assistentenstelle zu verweigern (kürzlich aktuell: Fall Hermsen).

Dennoch ist das Klima noch immer nicht so aufdringlich konservativ wie in Köln, das räumliche Nebeneinander von politischer Zentrale und Uni provoziert oft ein direktes Eingehen auf politische Ereignisse. Dabei halten sich die politischen Gewichte in Bonn ziemlich die Waage, in letzter Zeit so präzise, daß das Studentenparlament in einer Patt-Situation seit Semestern aktionsunfähig ist. Auch die letzten, vorgezogenen Neuwahlen haben keine klaren Verhältnisse geschaffen: die Linken (SHB, MSB Spartakus, LHV, KSV, Institutsgruppen) einerseits und die Rechten (RCDS, Liberale Aktion, SLH usw.) teilen sich je ungefähr die Hälfte der 61 Sitze im Studentenparlament, so daß einstweilen der letzte AStA, paritätisch aus SHB und MSB Spartakus zusammengesetzt, kommissarisch weiterhin im Amt verbleibt. Bei so vielen Gruppen ist die Koalitionsbildung ungeheuer schwer, zumal einige Gruppen, wie KSV und Institutionsgruppen, kaum berechenbar sind.

Schwierige Wohnsituation – besonders für Ausländer

Die Wohnlage in Bonn ist allenfalls für den kunsthistorisch Interessierten gut zu nennen. Wer nicht nur mit Liebe (und Geld vom Landeskonservator) renovierte Fassaden der Gründerzeit studieren, sondern dahinter wohnen will, muß Glück haben und sollte nach Möglichkeit weder verheiratet noch Ausländer sein. Bund, Behörden und Verbände kaufen Wohnraum auf und zahlen Mieten, die Studenten nicht erschwingen können. Die Folge ist, daß das Zimmerangebot für Studenten immer weiter zurückgeht, und der Bau von Wohnheimen hat mit dieser Entwicklung und dem Anwachsen der Studentenzahlen nicht mitgehalten.

Zur Zeit stehen den circa 22 000 Studenten in Bonn 2440 Wohnheimplätze (1385 in Heimen des Studentenwerks, 775 bei anderen, vorwiegend kirchlichen Trägern, 280 in katholischen Konvikten) zur Verfügung. Ein weiteres Wohnheim mit 102 Plätzen wird das Studentenwerk rechtzeitig zum Sommersemester 1974 belegen können. Sind die Mieten in den Wohnheimen noch einigermaßen günstig (zwischen 100 und 140 Mark), so sind die Preise auf dem privaten Wohnungsmarkt erheblich teurer: für ein einigermaßen „menschenwürdiges“ Zimmer zahlt man, einschließlich Nebenkosten, im Durchschnitt zwischen 150 und 180 Mark (in den besseren Vierteln oder im Nobel-Stadtteil Godesberg auch mehr).

Für ausländische Studenten (gegenwärtig circa 1100) sind insgesamt etwas über 300 Wohnheimplätze vorgesehen. Das sind schon deshalb zuwenig, weil man in Bonn als Ausländer mindestens Attaché, besser Botschafter mit Chauffeur sein muß, um Ressentiments der Altbonner gegen Ausländer nicht zu spüren zu bekommen. Gastarbeiter und Studenten (beiden begegnet man mit gleichem Mißtrauen) haben es schwerer, zumal sie meist nicht Residenzen mit Park zu mieten in der Lage sind. (Um die ausländischen Kommilitonen kümmert sich das Akademische Auslandsamt.)

Für Gourmets, die nicht in Godesbergs 4-Sterne-Restaurants speisen können, ist die Lage in Bonn nicht rosig. Die drei Mensen mit insgesamt 2250 Plätzen (Mensa Nassestraße, Nähe Stadtschloß und Juricicum; Mensa Poppelsdorf, Nähe Poppelsdorfer Schloß im Bereich der Mathematisch-Naturwissenschaftlichen und Landwirtschaftlichen Fakultät; Mensa Venusberg, auf dem Gelände der Kliniken) genügen eher bescheidenen Ansprüchen. In der Mensa Nassestraße gibt es ein Stammessen zu 1,50 Mark und ein Eintopfessen zu einer Mark; in den beiden anderen Mensen wird neben einem Stammessen zu 1,50 Mark, ein Wahlessen angeboten, bei dem der Student sich sein Mahl selbst aus verschiedenen Angeboten zusammenstellen kann. Anspruchsloser Gaumen und abgehärteter Magen sind jedoch zu empfehlen.

Bonns Hochschule gilt immer noch als Arbeitsuniversität

Bonn, so hieß es immer, sei halb so groß wie der Friedhof von Chicago, dafür aber doppelt so tot. Wenn zudem der Neubonner in dem umfangreichen AStA-Info unter der Rubrik „Kultur-Wegweiser" das immerhin vorhandene Angebot streng in „bürgerliche" und „demokratische" Kultur unterteilt findet, für deren erstere man sich als guter Demokrat schwerlich entscheiden könne, bleibt, an „demokratischer Kultur" zumal, nicht viel übrig. Überprüft man jedoch das Angebot, so kann man, nimmt man die vom AStA diagnostizierte „Bürgerlichkeit" in Kauf, in Bonn recht viel unternehmen. Das Stadttheater bietet das Stadttheater-Durchschnittsprogramm, die Privattheater hauptsächlich Boulevardkomödien. Von Studenten gern besucht, weil ambitioniert in der Stückauswahl, das winzige „Theater Central". Ebenfalls beliebt, weil billig und sehr gut in der Programmauswahl, sind die drei Studentenkinos. Überdurchschnittlich und durchaus von einigem Rang ist das Angebot an klassischer Musik: hier meinen die Kulturdezernenten den Ruf Bonns als „Beethovenstadt" verteidigen zu müssen – daher fast kein Tag ohne irgendein Konzert überregionaler Relevanz. In wenigen Städten gibt es eine solche Ballung von (meist privaten) Kunstgalerien auf engem Raum. Das Städtische Kunstmuseum ist besonders für Macke-Kenner interessant, das Landesmuseum eine Fundgrube für kulturhistorisch Interessierte.

Bei der Verkehrsplanung hat der CDU-Stadtrat vor einiger Zeit – bei der sonstigen Planung für alle überraschend – eine gute Idee gehabt: fast die gesamte Innenstadt von Altbonn ist als Fußgängerzone umgestaltet. Das abendliche Plazaleben im Sommer erinnert fast schon an mediterrane Verhältnisse. In Straßencafés und Gaststätten, im Erfrischungsraum der Uni („Hörsaal E" – trotz Bahnhofswartesaal-Atmosphäre immer überfüllt) und in Studentenlokalen trifft man alte Kommilitonen und lernt neue kennen.

Eine besondere Attraktion ist mit Sicherheit der „Bonner Sommer". Er verursacht nur einen Bruchteil der Kosten der großen Renommier-Festivals (wie „Berliner Theaterwochen", „Tage der Neuen Musik", „Beethoven-Festwochen", Godesberger Stadttheater für Gastspiele usw.) und macht am meisten Spaß: kostenlose Freiluftkonzerte und Ballettaufführungen auf dem Marktplatz, Flohmärkte zwischen Uni und Schloßkirche, Pflaster-Mal-Wettbewerbe für Kinder (aller Altersstufen) und vieles mehr.

Durch solche und andere Aktivitäten wird die Verbindung von Bürgern und Studenten hergestellt und ihre Beziehungen verbessert, denn obwohl die Bonner Uni eine Stadtuniversität ist, ist das Verhältnis der Bonner zu „ihrer" Universität eher indifferent; Politik und Diplomatie absorbieren bereits ihr Potential an Aufmerksamkeit und Interesse. Eine Studenten-Subkultur hat sich zwar nicht so prägnant wie in Tübingen oder Heidelberg ausgebildet, ist aber vorhanden – man findet schnell heraus, wo man Freunde und nette Leute trifft. Das macht das Studium in Bonn, das relativ hart ist, denn Bonn gilt (immer noch) als qualitativ hochstehende „Arbeitsuniversität", erst so recht erträglich.

Rheinische Friedrich-Wilhelms-Universität Bonn
21 450 Studenten (WS 1973/74).

Anschrift:
53 Bonn, Liebfrauenweg 3

Fakultäten:
Evangelisch-Theologische Fakultät
Katholisch-Theologische Fakultät
Rechts- und Staatswissenschaftliche Fakultät
Medizinische Fakultät
Philosophische Fakultät
Mathematisch-Naturwissenschaftliche Fakultät
Landwirtschaftliche Fakultät

Technische Universität Carolo-Wilhelmina Braunschweig

Brigitte Bohnke

Mit 66 Studenten begann der Hochschulbetrieb

„Die Zukunft gestalten! Die Umwelt gestalten! Ein faszinierendes Studienfach ohne Numerus clausus: Der Maschinenbau." Ein Werbespot für ein Studienfach – eine Erscheinung, die gerade in den Zeiten des sich ausweitenden Numerus clausus besondere Bedeutung gewinnt. Hinzu kommt, daß diese Werbetrommel von einer altehrwürdigen Hochschule gerührt wird, nämlich von der ältesten Technischen Hochschule Deutschlands, der „Carolo Wilhelmina" in Braunschweig.

Die sinkende Nachfrage nach diesem Studiengang hat in Braunschweig zu fast idealen Studienbedingungen geführt, jedenfalls was das zahlenmäßige Verhältnis Hochschullehrer zu Studenten betrifft. Es beträgt nämlich gegenwärtig 1 : 11. Wer durch dieses günstige „Betreuungsverhältnis" noch nicht angeregt ist, das Maschinenbaustudium in Braunschweig aufzunehmen, wird vielleicht durch die Ausführungen der Werbebroschüre über die Studentenschaft überzeugt: „Wir sind ein dynamisches Team. Wir, der Fachschaftsrat der Fachschaft Maschinenbau an der Technischen Universität Braunschweig."

Über diese „Dynamik" wird später noch einmal zu sprechen sein, doch zunächst soll ein Rückblick die Geschichte dieser Technischen Universität etwas erhellen. Die Rückschau beginnt mit dem 17. April 1745, als das Collegium Carolinum ins Leben gerufen wurde, das seinen Namen von seinem Stifter Karl I. erhielt. Einige Wochen später erlebte die Neugrüncdung die erste Vorlesung, und 1747 waren am Collegium schon 66 Studenten immatrikuliert, davon – ein Zeichen der Zeit – 37 adlige. Nun setzte eine lange und wechselvolle Geschichte ein, die mit einigen Eckdaten skizziert werden soll.

1808: Umwandlung in eine Militärakademie; 1835: Gliederung in drei Abteilungen: die humanistische, die technische und die merkantilistische; 1862: Umwandlung in eine polytechnische Schule, das heißt, Beschränkung auf die technische Abteilung mit zunächst acht Fachabteilungen; 1877: neuer Name „Technische Hochschule Carolo-Wilhelmina" (Wilhelmina nach dem damaligen Herzog Wilhelm); 1927: der TH (Abteilung für Kulturwissenschaften) wird die hochschulmäßige Ausbildung der Volks- und Mittelschullehrer übertragen; 1936/37: Ausgliederung der Lehrerausbildung und Übertragung an die heutige Pädagogische Hochschule Niedersachsen. Am 1. April 1968 erfolgte die bisher letzte, einschneidende Änderung für die Carolo-Wilhelmina. Der Niedersächsische Kultusminister erließ zu diesem Zeitpunkt eine „Vorläufige Verfassung" und mit dieser neuen Verfassung erfolgte die Umbenennung in „Technische Universität". Diese „Vorläufige Verfassung" wurde am 23. November 1970 auf unbefristete Dauer verlängert.

Die technischen Disziplinen spielen nach wie vor die überragende Rolle in Braunschweig

Im Wintersemester 1973/74 waren rund 7300 Studierende an der TUBS eingeschrieben. Die Umbenennung in „Technische Universität" hatte zur Folge, daß – vorerst einmal – ein besonderes Augenmerk auf die 4. Fakultät, die Philosophische und Sozialwissenschaftliche, geworfen wurde (oder besser: geworfen werden mußte). Dennoch: die technischen Disziplinen spielen nach wie vor die überragende Rolle in Braunschweig, was sich allein schon durch die Zahl der in diesen Fächern immatrikulierten Studenten beweisen läßt. Nur das Studium für das Höhere Lehramt bildet zahlenmäßig einen Gegenpol zu den technischen Disziplinen, und nimmt man die Studierenden für das Realschullehramt hinzu, so befindet sich gut ein Viertel der Studenten in dieser Ausbildung. Die Fakultät 4 spielt auch in Braunschweig – wie nahezu an fast allen Technischen Universitäten mit Ausnahme der TU Berlin – eher ein Randdasein. Diese Fakultät ist eben nötig, wenn man eine „richtige" Universität sein muß, aber besonders geliebt, umsorgt und umhätschelt wird sie deswegen noch lange nicht. Die Werbetrommel, die für den Studiengang Maschinenbau gerührt wird, darf jedoch nicht darüber hinwegtäuschen, daß im übrigen die Studienbedingungen an der TUBS genauso sind wie an (fast) allen Universitäten der Bundesrepublik: nämlich mehr schlecht als recht.

Besonders die Studenten der naturwissenschaftlichen Fächer finden in Braunschweig ungenügende Studienbedingungen vor, wobei vor allem auf die Chemie und Geographie zu verweisen ist. Auf die „kriminelle Situation" (besonders für Erstsemester) im Fachbereich Geographie machten Studenten während einer Vollversammlung im Januar 1974 aufmerksam. Wegen der personellen Situation sei für mehr als 125 von rund 200 Studenten dieses Semesters ein Studium im nächsten Semester unmöglich. Diese Studenten würden gezwungen, „Trockensemester" einzulegen, das heißt, ihr Studium nach einem erfolgreichen ersten Semester vorerst einmal auszusetzen. Die Chemiker leiden vor allem unter der Raumsituation: die Laborplätze befinden sich beispielsweise in einem Flügel des alten Hauptgebäudes, das zwar durch angegliederte Neubauten erweitert wurde, doch die Räume in diesem alten Trakt bieten den Studierenden nur unzureichende Arbeitsplätze. Unter dieser veralteten Einrichtung haben besonders im Sommer die „Anlieger" an diese Labors zu leiden, denn die Früchte der chemischen Experimente sind keineswegs nur süß, sondern stinken oft jämmerlich, so daß die „Anlieger" auch bei brütender Hitze lieber die Fenster geschlossen halten. Dieser beengenden Raumsituation soll Abhilfe geschaffen werden. So sind im Erweiterungsgebiet Langer Kamp–Bülten zahlreiche Institute gebaut worden, die zu einer gewissen Erleichterung des Altbereiches führen werden. Natürlich reichen diese bisherigen Baumaßnahmen nicht aus, doch für weitere Projekte sieht man auch in Braunschweig etwas schwarz, denn es fehlt – wie überall – am Geld.

Für Studienanfänger besteht in Braunschweig ein Numerus clausus in Biologie, Chemie, Lebensmittelchemie, Psychologie und Pharmazie, wobei in Pharmazie auch höhere Semester vom NC betroffen sind. Für die Fachbereiche Architektur, Bauingenieurwesen und Sport werden Zulassungsbeschränkungen erwartet.

Die Beziehungen zwischen AStA und Rektor sind mehr als gespannt

Sorgt an anderen Hochschulen die Philosophische und Sozialwissenschaftliche Fakultät für Unruhe, so hat in Braunschweig die Abteilung für Architektur der Fakultät für Bauwesen diesen Part übernommen. Die bereits mehrere Monate andauernden Auseinandersetzungen an der Abteilung Architektur fanden ihren Höhepunkt im Verlauf des Wintersemesters 1973/74. Die Studierenden dieses Bereiches brachten wissenschaftliche Einwände gegen den Lehrstoff des Professors für Baugeschichte, Konrad Hecht, vor und unterbrachen aus diesem Grund Hechts Lehrvorträge häufig durch kritische Zwischenfragen, auf die Professor Hecht jedoch nicht einging. Im Januar hatten dann einige „Anhänger des ‚maoistischen‘ KSV – gegen den Willen der Mehrheit der Studenten – Professor Hecht am Reden gehindert.“ (FR vom 24. Januar 1974).

Daraufhin traten 17 Hochschullehrer der Abteilung für Architektur in einen einwöchigen Streik. Der damalige Kultusminister Peter von Oertzen äußerte zwar „Verständnis“ für diesen Protest der Hochschullehrer, machte jedoch zugleich beamtenrechtliche Bedenken gegenüber der einwöchigen Einstellung von Lehrveranstaltungen geltend. Der Rektor der TU Braunschweig, Professor Henze, stellte sich ins Lager der streikenden Professoren, kündigte „härtesten Polizeieinsatz“ an (Welt vom 24. Januar 1974) und machte den Studenten gegenüber deutlich, daß er in verstärktem Maße mit Strafanträgen reagieren werde. Schutz fand Henze bei der niedersächsischen SPD-Landesregierung, die den „Einsatz von Polizeibeamten zur Aufrechterhaltung des Lehrbetriebes an der Technischen Universität Braunschweig sowie die Strafanträge des Rektors der Hochschule wegen Hausfriedensbruch, Nötigung und Körperverletzungen“ billigte. (Welt, 24. Januar 1974.) Um das Bild abzurunden, schließlich noch eine Stellungnahme des AStA, der in einem „offenen Brief an den Staatsanwalt“ das Vorgehen der Studenten im Fall „Hecht“ schildert: (Dieser offene Brief bezieht sich vor allem auf das Vorgehen gegen eine angesetzte Prüfung, die den Stoff einer Semesterveranstaltung zum Inhalt haben solle.

Da Professor Hecht nicht bereit gewesen sei, über den zu behandelnden Stoff zu diskutieren, traten die Studenten in den Streik.) „Die Vorlesung wurde über ein Semester lang nicht gehalten, als eine Prüfung über diesen Stoff angesetzt wurde. Studenten sorgten dafür, daß die Prüfung nicht durchgeführt werden konnte..., denn der Prüfungsstoff ist in den letzten Semestern nicht unterrichtet worden... Wir meinen daher, genug Gründe für die Verhinderung der Prüfung gehabt zu haben und diese auch vor der Bevölkerung verantworten zu können. Im übrigen hatte die Studentenschaft der TU auf der Studentenvollversammlung beschlossen, daß von den Studenten keine Gewalt ausgehen würde."

Doch der Rektor rief die Polizei.

Dieser „Fall Hecht" verdient deshalb eine so breite Beachtung, da er symptomatisch für die Beziehungen zwischen AStA einerseits – und damit dem überwiegenden Teil der Studenten – und Rektor und Mehrheit der Professoren andererseits ist. Man redet kaum miteinander, denn der Kurs geht auf „Konfrontation". Besonders der KSV, der in der Abteilung Architektur stark vertreten ist, übt sich in spektakulären und provokativen Aktionen. Und die Antwort darauf: Strafantrag über Strafantrag von Rektor Henze. Der AStA selbst, dessen erste drei Vorsitzende im Sommersemester 1974 der SHB/Juso-Fraktion angehören, betreibt eine aktive, informierende Politik, die sich – jedenfalls bei größeren Aktionen – auf die Mehrheit der Studierenden stützen kann. Und gerade für Studienanfänger ist, nach Aussage des ehemaligen AStA-Vorsitzenden Andreas Helmke, der AStA eine wichtige Anlaufstelle, die bereitwillig die gewünschten Informationen, Ratschläge und Hinweise gibt.

Doch diese gezielte und inhaltlich orientierte Politik wird von vielen Hochschullehrern, den Rektor eingeschlossen, nur verschwommen wahrgenommen. Man erregt sich über die „Radaumacher", über die relativ kleine Gruppe der sogenannten K-Gruppen.

„Es fehlt die morbide Kelleratmosphäre"

Über das studentische Leben selbst ist in Braunschweig nicht viel zu sagen. Der Altbereich der TU liegt zwar in der Stadt, und auch die Neubauten sind nicht zu weit von diesem Standort entfernt, doch die noch nicht vorhandenen öffentlichen Verkehrsmittel zu diesen Instituten machen diese relativ kurze Wegstrecke doch beschwerlich. Trotz der Stadtnähe hat sich nach Aussage von Studenten und Professoren ein sogenanntes studentisches Leben in Braunschweig nicht entwickelt. Es gibt zwar einige Kneipen in der Nähe der Hochschuleinrichtungen, „doch die bestimmte morbide Kelleratmosphäre fehlt einfach", meint ein aus Berlin kommender „Wahlbraunschweiger". Da die Mehrzahl der Studierenden aus Braunschweig und den umliegenden Gemeinden kommt (1973 33,7 Prozent der Studienanfänger), leben viele auch bei ihren Eltern und sind somit abends und auch am

Wochenende „weg von der Straße", das heißt, sie verbringen ihr Freizeit entweder zu Hause oder bei Freunden.

Um ein solches „Zuhause" geht es besonders zu Beginn eines neuen Semesters hoch her, wenn die Studienanfänger, die, falls sie sich um einen Platz in einem Numerus-clausus-Fach beworben haben, oft erst kurz vor Semesterbeginn ihre Zulassungsbestätigung erhalten, auf der Suche nach einem Zimmer sind. Zum Wintersemester 1973/74 lud der AStA alle Studienanfänger, die noch kein Zimmer gefunden hatten, zu einem Treffen ein, das dazu dienen sollte, „Sofortlösungen" für die Betroffenen zu finden. Auf dem freien Wohnungsmarkt werden für ein Zimmer im Schnitt 150 Mark Miete monatlich verlangt. Die Situation auf dem Wohnungsmarkt ist zwar nicht rosig, aber nach einigem Suchen kann man etwas finden, was sogar „den Vorstellungen entspricht" (Aussage eines Studenten).

Für die rund 7500 Studenten der TUBS stehen 860 Plätze in sechs Wohnheimen des Studentenwerkes zur Verfügung. Dort beträgt die Pauschalmiete gegenwärtig 105 Mark im Monat. Ein Wohnheim für verheiratete Studenten wurde 1972 fertiggestellt. In der Jakobstraße 1a werden neun Einzelzimmerwohnungen, vier Zwei-, vier Drei- und zwei Vierzimmerwohnungen angeboten. Für diese vollmöblierten Wohnungen sind – je nach Größe – 107 bis 363 Mark Miete zu zahlen. Ein weiteres Wohnheim ist in Planung.

Die Mensa bietet ein Essen à la carte

Neben einer preiswerten Unterkunft ist für einen Studierenden auch eine preiswerte Verpflegung von großer Bedeutung. Die Mensa der TUBS wurde von Studenten der TU Hannover als „prima" empfohlen, doch die Braunschweiger Studenten haben für dieses Lob nur ein müdes Lächeln übrig. „Unsere Mensa ist ja viel zu klein", so Student Andreas Helmke, „und hinzu kommt, daß auch noch die Preise steigen." (Der Preis für das Mensa-Stammessen soll von 1,40 Mark auf 1,50 Mark erhöht werden.)

Um die Mittagszeit einen Platz in der Mensa zu ergattern, ist ein wahres Meisterstück. Die etwa 1100 Sitzplätze reichen schon lange nicht mehr aus. „Die Mensa wurde für etwa 4000 Studenten eingerichtet, und es ist nicht verwunderlich, daß sie bei der fast doppelten Anzahl von Studierenden aus allen Nähten platzt. Zur Entlastung ist eine weitere Mensa im Neubaugebiet in Planung" (Gottfried Stremlow, Stellvertreter Geschäftsführer des Studentenwerkes).

Das Besondere an der Mensa der TUBS ist, daß neben dem Stammessen ein Essen à la carte angeboten wird. Ein Schweineschnitzel mit Röstkartoffeln und Salat ist zum Preis von 3,80 Mark zu haben. Wer lieber ein flambiertes Pfeffersteak mit Pommes frites und Salat essen möchte, muß dafür 8 Mark auf den Tisch legen. Die reichhaltige Speisekarte bietet für (fast) jeden Geschmack und Geldbeutel etwas an. Außerdem erhält jeder

Studierende zu diesem Essen à la carte einen Zuschuß in Höhe von 1,20 Mark. Diesen Zuschuß erhält er gegen Vorlage seines Studentenausweises in Form eines Bons, der bei der Abrechnung für das Wahlessen wieder zu barer Münze wird.

Eine Stätte, „Vernunft und Sitten zu bessern"?

Die TU Braunschweig, eine der drei Technischen Universitäten des Landes Niedersachsen, spielt keine herausragende Rolle in der Reihe der Hochschulen der Bundesrepublik. An dieser altehrwürdigen Hochschule in Braunschweig wird vor allem gelehrt und gelernt, woran auch die kleinen Störaktionen einiger studentischer Gruppierungen nichts ändern. Dieser „Lerneifer" ist zum einen bedingt durch die mehr schulisch ausgerichteten technischen Studiengänge und zum anderen dadurch, daß man eben in Braunschweig nichts anderes machen könne, als zu arbeiten.

Dieser Arbeitseifer wird nicht nur den Gründer der TU Braunschweig erfreuen, sondern auch den Abt Johann Friedrich Wilhelm Jerusalem, der in einer vom 17. April 1745 datierten Schrift über Zweck und Ziele des neugegründeten Collegium Carolinum zu Braunschweig unter anderem schrieb:

„Höchstgeachtete Se. Durchl. haben nemlich in Braunschweig ein neues Collegium gestiftet, worin nicht allein diejenigen, die mit ihrer Gelehrsamkeit demnechst dem Vaterland dienen wollen, alle mögliche Anleitung finden werden; sondern wo auch die, so den Nahmen der Gelehrten nicht führen wollen, die beste Gelegenheit haben, ihre Vernunft und Sitten zu bessern, und zu denen besonderen Ständen, welchen sie sich gewidmet haben, sich vorzubereiten . . ."

Technische Universität
Carolo-Wilhelmina Braunschweig
7500 Studenten (WS 1973/74).

Anschrift:
33 Braunschweig,
Pockelsstraße 14 (Forum)

Fakultäten:
Naturwissenschaftliche Fakultät:
- Abteilung für Architektur
- Abteilung für Bauingenieurwesen

Fakultät für Maschinenbau und Elektrotechnik:
- Abteilung für Elektrotechnik
- Abteilung für Maschinenbau

Philosophische und Sozialwissenschaftliche Fakultät

Universität Bremen

Wolf Gunter Brügmann/Steffen Welzel

Wenn schon eine Universität dann eine Reformuniversität

Die Universität Bremen – bekannt unter dem Beinamen „Rote Kaderschmiede", „Marxistische Musteruniversität", „Sozialistische Spielwiese" – geht in ihr viertes Jahr. Die über zehnjährige, durch zahlreiche Fehlstarts und Rückschläge gekennzeichnete Gründungsphase geht auf die „Empfehlungen des Wissenschaftsrats zum Ausbau der wissenschaftlichen Hochschulen" im Jahre 1960 zurück. Wenngleich bereits 1963 der Gründungsausschuß gebildet werden konnte, so war durch die bis dahin noch immer offene Finanzierungsfrage noch gar nichts entschieden. Bremen, viel zu klein und zu arm, um seine Universität selbst finanzieren zu können – war und ist auf die Mithilfe des Bundes und der Länder angewiesen.

Bremen und Umland brauchten eine Universität. Gerade der bis dahin hochschulfreie Raum aber lockte Senat und Bürgerschaft von Anbeginn zum Ausbruch aus traditionellen Hochschulstrukturen. So stand für den Stadtstaat niemals in Frage: wenn schon eine Universität, dann eine Reformuniversität.

Aber gerade die Reform sollte sich zum fortwährenden Stein des Anstoßes entwickeln; nicht zuletzt sorgte sie für manchen existenzbedrohenden Disput in der Phase der Mittelbeschaffung. Die CDU-regierten Bundesländer, zur Mitfinanzierung eingeladen und geleitet von der Devise: wer zahlt, bestimmt auch Inhalte, legten dem Bremer Reformmodell manche Fußangel. So ist es denn nur der Allianz der Reformer – den herbeigerufenen Universitätsgründern und den politischen Initiatoren des Senats und der Bürgerschaft – zu verdanken, daß schließlich doch noch mit einem entsprechenden Staatsvertrag zwischen SPD- und SPD/FDP-regierten Ländern ein tragbares Finanzierungsprogramm gefunden wurde.

Das Projektstudium ist das zentrale Merkmal des „Bremer Modells"

Der Sammelbegriff „Bremer Modell" faßt sämtliche Besonderheiten dieser außergewöhnlichen Universität zusammen. Gemeint sind sowohl die strukturellen Neuheiten der Hochschulorganisation als auch die völlige Neuorientierung in Forschung und Lehre. Helmut Dücker, leitender Regierungsdirektor der Abteilung „Hochschule" beim Senator für das Bildungwesen: „Der Kern des Bremer Modells liegt im Inhaltlichen; der Kern liegt in der Studienreform."

So wird in Bremen nicht länger in traditionellen Fachrichtungen studiert. Die Studiengänge orientieren sich vielmehr an Berufs- und Tätigkeitsfeldern. „Soziologie kann man hier nicht studieren, es gibt keinen Beruf dazu", meint Thomas von der Vring, Gründungs- und erster Rektor der Universität. Stets ausgehend von der Frage, wo arbeiten Akademiker, in welchen gesellschaftlichen Bereichen, wirtschaftlichen Branchen, betrieblichen Ressorts werden Juristen, Ökonomen, Lehrer eingesetzt, wird Berufspraxis ins Theoriestudium integriert. Längst weiß man, daß der berufliche Alltag Problemlösungen verlangt, die wissenschaftliche Kenntnisse mehrerer Disziplinen erfordern. Bremen zog daraus die Konsequenz. Man kehrte der herkömmlichen Fakultäts- und Fachbereichsgliederung den Rücken und studiert in jetzt acht interdisziplinären Studienbereichen.

Diese Einteilung ist bereits eine Reform der Reform, denn ursprünglich gab es nur vier Studienbereiche. Entsprechend neue Curricula ermöglichen im Rahmen dieser Studienbereiche nach einer für alle obligatorischen integrierten einjährigen Eingangsstufe das Studium traditioneller Studiengänge mit je spezifischen Gewichten. Die unterschiedlichen Gewichte werden durch die angestrebte berufliche Tätigkeit entweder in Industrie und Betrieb oder in Staat und Verwaltung selbst gewählt und durch die entsprechenden „Projekte" vermittelt. Im Sinne des „Forschenden Lernens" ist das Projektstudium, das Studium in praxisnahen, interdisziplinären Projekten, das zentrale Strukturmerkmal des Bremer Modells.

Neben den interdisziplinären Studienbereichen garantieren neun Fachsektionen – Literatur und Kunst, Sprachwissenschaften, Psychologie und Sozialisationsforschung, Wirtschaftswissenschaften, Politik/Soziologie und Geschichte, Rechtswissenschaften, Mathematik, Physik, Elektrotechnik – die fächerspezifische Vertiefung der Einzelwissenschaften.

Im strukturellen Bereich haben sich Reformen weitgehend durchgesetzt

Gemessen an anderen Hochschulen sind die Reformen in strukturellen Bereichen der Hochschulorganisation am weitesten gediehen. In Bremen sammelt man seit Bestehen beste Erfahrungen mit der Drittelparität in allen Gremien der Hochschulorganisation. In voller Öffentlichkeit sitzen – paritätisch bestimmt – Hochschullehrer, Studenten und Bedienstete zusammen, diskutieren, stimmen ab und entscheiden. Trotz in der Regel harter Auseinandersetzungen werden 95 Prozent der Entscheidungen einstimmig gefaßt.

Bei der überwiegenden Mehrheit aller Hochschulangehörigen dominiert der Kooperationswille. Nur eine immer bedeutungsloser werdende Minderheit ist auf Entscheidungen blockierende Konfrontation aus, wenn sie nicht nach ihrem Willen ausgehen. Gerade die drittelparitätische Mitbestimmung, die Einbeziehung der Beamten, Angestellten und Arbeiter der Universität, hat stabilisierende Wirkung in der von innen und außen gefährdeten Reformhochschule. Diese Drittelparität ist aber nach dem Urteil des Bundesverfassungsgerichts zum niedersächsischen Vorschaltgesetz in Gefahr. Dieses Urteil räumt den Hochschullehrern eine bevorzugte Stellung in den Hochschulgremien ein, in Fragen der Berufung und Forschung sollen sie über die Mehrheit verfügen. Wenn das Hochschulrahmengesetz keine Experimentierklausel für Bremen — die nach dem Urteil vieler Juristen nach den Aussagen des Minderheitenvotums im Verfassungsgerichtsurteil durchaus möglich wäre — zuläßt, muß auch Bremen die Universitätsstruktur innerhalb von zwei Jahren dem Rahmengesetz anpassen.

Ebenfalls durch das Hochschulrahmengesetz gefährdet ist die reformierte Personalstruktur. Im Vorgriff auf eben diesen Gesetzentwurf — allerdings Stand 1970/71 — wurde der akademische Mittelbau (Assistenten, Akademische Räte usw.) abgeschafft. Kooperationsrechtlich gleichgestellt arbeiten Professoren auf Lebenszeit, Assistenzprofessoren auf Zeit (sechs Jahre) und — für eine Übergangsperiode bis 1976 — wissenschaftliche Angestellte mit Lehraufgaben (für zwei Jahre) gleichberechtigt miteinander. Doch nach dem jetzigen Stand der Gesetzesberatung gibt es den Assistenzprofessor nicht mehr.

Eine Entlastung der Hochschullehrer in der Selbstverwaltung wurde durch Studienbereichssekretariate und die Abteilung „Organisation von Forschung und Lehre" herbeigeführt. Schließlich ist diese Universität unter der Absicht angetreten, die Wissenschaft in den „Dienst der abhängig Beschäftigten" zu stellen. Bereits im Sommer 1971 kam es zu einem Kooperationsvertrag zwischen Universität und Arbeiterkammer Bremen. Sinn dieser Zusammenarbeit ist die intensive Information und Vermittlung der gewonnenen Erfahrungen aus der beruflichen Praxis und der hierauf bezogenen Grundlagenforschung. Als Beispiele seien nur die vom Bundesarbeitsministerium nach Bremen vergebenen Forschungsprojekte „Belastungen am Arbeitsplatz und betriebliche Arbeitssicherheit" und „Lärmquellen und Möglichkeiten ihrer Bekämpfung im Urteil von Betriebsräten und Sicherheitsbeauftragten" genannt. Weiter eine Studie über die Zukunftsaussichten von Hafenarbeitern angesichts des technologischen Wandels sowie die Erarbeitung und Erprobung von Konzeptionen für Erwachsenen- und Weiterbildung für Arbeiter und Angestellte.

Das Modell der Lehrerausbildung – eine permanente interdisziplinäre Zusammenarbeit mehrerer Fachwissenschaften und der Bezug zur Praxis

Herausragend aus dem Studienangebot sind die Ausbildungsgänge für Lehrer und Juristen. Das Studium der Stufenlehrerausbildung umfaßt derzeit acht, nach Einführung der einphasigen Lehrerausbildung elf Semester. Alle Lehrerstudenten müssen im ersten Semester die integrierte Eingangsphase durchlaufen. In der Eingangsphase wird noch keine Fachentscheidung verlangt. Hieran schließt sich das Studium in vier Schwerpunkten – Technik, Ökonomie, Politik, Geschichte – an, hinzu kommen zwei weitere Schwerpunkte in den gewählten Unterrichtsfächern. Im zweiten bis vierten Semester liegt das Hauptgewicht der Arbeit im Projektstudium. Die Projekte sollten möglichst so gewählt werden, daß sie beide Unterrichtsfächer – Schulfächer – überspannen.

Zur Verdeutlichung der Konzeption dieses Lehrens und Lernens ein Beispiel: Für das Unterrichtsfach Geschichte steht das Thema: „Revolution von 1848" zur Diskussion. Gemäß der Studienschwerpunkte wird dieses Thema aus technischer, ökonomischer, politischer und geschichtlicher Perspektive erarbeitet. Die oben erwähnten Studienschwerpunkte haben das hierzu notwendige theoretische Grundlagenwissen vermittelt. Da das Ganze aber in praxisnahen Projekten organisiert ist, steht jeweils am Ende des Theoriestudiums die Erarbeitung einer durchschnittlich vierwöchigen Unterrichtseinheit, die dann umgehend in der Schule – eingebaut in didaktische und methodische Modelle – demonstriert wird. Am Ende der Unterrichtseinheit steht deren wissenschaftliche Auswertung in einem Seminar. Auf diese Weise garantiert das Bremer Modell der Lehrerausbildung eine permanent interdisziplinäre Zusammenarbeit mehrerer Fachwissenschaften und Praxisbezug, wobei gleichzeitig die gesellschaftliche Position des Lehrers und des Schülers mit reflektiert werden.

Examen nach diesem Modell der Lehrerausbildung hat allerdings noch niemand gemacht, denn selbst, wer wollte, kann nicht. Der Reformstudiengang hat noch keine reformierte Prüfungsordnung. Das ist gegenwärtig Anlaß für Streitigkeiten in Bremen. Der Bildungssenator hat für die Studenten, die im fortgeschrittenen Stadium nach Bremen kamen, eine Prüfungsordnung erlassen, die nach herkömmlichen Mustern prüft. Die Universität aber sieht darin ein Präjudiz für das künftige, reformierte Lehrerexamen. Professor Thomas von der Vring sieht den Hauptschuldigen in der konservativen Schulbehörde: „Das ist noch nicht mal ein Konflikt. Das ist eine Kluft von Bewußtseinsunterschieden."

Der Konflikt, der immer noch andauert, hat sich an den Entwürfen für ein Lehrerausbildungsgesetz für Bremen und die entsprechenden Prüfungsordnungen entzündet. Der jetzt zur Verabschiedung anstehende Gesetzentwurf in Bremen ist der fortschrittlichste in der Bundesrepublik, aber mit dem von der Universität kritisierten Pferdefuß, daß der Bildungssenator über die Fachaufsicht bis in die Details des Studiums hineinregieren will.

Die Prüfungsordnung, die vom Senator vorgelegt worden ist, steht sowohl inhaltlich wie der Form nach den Reformkonzeptionen entgegen.

Die Möglichkeit der Reform der Juristenausbildung genutzt

Die im Paragraphen 5 b des Deutschen Richtergesetzes eingebauten Möglichkeiten zur einphasigen Juristenausbildung, nämlich zu prüfen, „wie die Probleme, die aus dem Eindringen der politischen und Wirtschaftswissenschaften und der Soziologie gelöst werden", hat Bremen ausgenutzt. Gegen das entsprechende Juristenausbildungsgesetz haben die CDU-Fraktion in der Bremischen Bürgerschaft beim Staatsgerichtshof und die CDU-Bundestagsfraktion beim Bundesverfassungsgericht Klage erhoben. Lob und Anerkennung fand das Bremer Modell dagegen nicht nur bei Gewerkschaften, sondern auch in einem Gutachten von Professor Ernst Steinhoff vor dem Europarat in Straßburg.

Jurastudenten, die nach sechs Jahren – vorgeschriebene Studiendauer – die Universität verlassen, haben kein Referendariat mehr nötig und die Befähigung zum Richteramt in der Tasche.

Das Jurastudium wird eingeleitet durch ein einjähriges integriertes sozialwissenschaftliches Eingangsstudium, in dem bereits erste Grundlagen zum juristischen Fachstudium vermittelt werden. Hierauf bauen das Hauptstudium I von drei Jahren und das zweijährige in Projekten organisierte Hauptstudium II mit Schwerpunktbildung auf. Praktika sind in das Studium eingebaut – und schon aus dem Grunde nicht uninteressant, weil es dafür Gehalt gibt.

Ausbildungsbegleitende Leistungskontrollen ersetzen die Prüfungen zum ersten Staatsexamen. Wer die begleitenden Prüfungen im Hauptpraktikum und das Abschlußverfahren über die Schwerpunktausbildung besteht, hat die Befähigung zum Richteramt und zum höheren Verwaltungsdienst erworben.

In einem besonderen Curriculum-Projekt können Studenten ihre Fähigkeiten erweitern. Hier werden von Professoren, juristischen Praktikern von außerhalb der Universität und Studenten die Prüfungsordnung entwickelt und die immer mehr anwachsenden Detailfragen der konkreten Studiengangsplanung erarbeitet. In einem ersten umfassenden Erfahrungsbericht, den die Universität der Öffentlichkeit vorgelegt hat, urteilt Professor Alfred Rinken zusammenfassend: „Die Studenten sind hoch motiviert, weil das Studium in Kleingruppen stattfindet und die Leistungskontrollen unmittelbar an die Lehrveranstaltung gebunden sind. Die Hochschullehrer haben sich zu einem sehr gut zusammenarbeitenden Team zusammengefunden. In fast jeder Lehrveranstaltung sind Praktiker, Richter und Angehörige der Anwaltschaft beteiligt. Dadurch sind bei ihnen ursprüngliche Angst und Voreingenommenheit, die auf Unkenntnis beruhten, abgebaut worden."

„Der Student soll keine Theorien replizieren, sondern Problemlösungsfertigkeiten erwerben“

Auch die Ausbildung von Ökonomen und Sozialwissenschaftlern geht neue Wege. Die klassische Trennung zwischen Diplom-Volkswirt und Diplom-Betriebswirt ist aufgehoben. Der achtsemestrige Studiengang führt zum Diplom-Ökonomen; eine konsistente Entscheidung im Rahmen der interdisziplinären, berufsfeldbezogenen Studienplanung.

Die ersten beiden Semester sind dem integrierten sozialwissenschaftlichen Eingangsstudium gewidmet. An gesellschaftlichen Problembereichen orientiert, werden die Funktion der Ökonomen und Sozialwissenschaftler und ihre Berufsmöglichkeiten unter die Lupe genommen. Darauf baut das sechssemestrige Projektstudium auf, organisiert unter Berücksichtigung der Kriterien: Problemorientierung und Berufsorientierung, in denen Leistungsnachweise auf mindestens zwei Projekte aus mindestens zwei der folgenden Schwerpunkte erbracht werden müssen. In Ökonomie: Produktion; Staat und Verwaltung; internationale Wirtschaft. Bei den Sozialwissenschaften: Arbeit und Produktion; Stadt- und Regionalplanung; Resozialisierung; Bildungsplanung; Dritte Welt.

Assistenzprofessor Rudolf Hickel: „Der Student soll keine Theorien replizieren, keine anwendbaren Fertigkeiten beherrschen, sondern Problemlösungsfertigkeiten erwerben. Die Berufsfrage ist letztlich die Frage der Spezialisierung in Problembereichen. Weil sich eben alles verändert, genügt es nicht, ein bestimmtes Instrument zu beherrschen. Plötzlich ist das Instrument weg, und der Mann ist dequalifiziert.“

Auch hier gibt es noch andauernde Konflikte mit dem Bremer Senat. Die Studienreform ist noch nicht durch entsprechende, von der Landesregierung genehmigte Prüfungsordnungen abgesichert. Die Vorstellungen der Universität und der Landesregierung liegen weit auseinander. Die Entwürfe von seiten des Bildungssenators gehen noch hinter die Rahmenvereinbarungen der Kultusministerkonferenz zurück. Der Bremer Senator für Bildung, Wissenschaft und Kunst hat auswärtige Wissenschaftler beauftragt, Gutachten darüber zu erstellen, ob die universitären Studiengänge wissenschaftliche Ansprüche erfüllen. Bis zur Genehmigung einer Prüfungsordnung können über hundert fertige Studenten kein Diplom machen.

Ein intensives Studium auf der Basis der Mitbestimmung

Wenn man auch in Bremen unumwunden eingesteht, in vielen Bereichen erst am Anfang einer Experimentierphase zu stehen, so studiert man doch hier bereits nach Konzepten, die an anderen Hochschulen noch längst nicht in das Stadium der Diskussion gerückt sind. Und man studiert mit großer Intensität. Stolz weist der erste Rektor, Thomas von der Vring, darauf hin: „Der Parkplatz ist bis zum letzten Vorlesungstag voll." Selbst zur letzten Lehrveranstaltung am bislang heißesten Sommertag erschienen die Seminarteilnehmer fast vollzählig. Nahezu selbstverständlich ist es, durch politische Versammlungen ausgefallene Lehrveranstaltungen am freien Wochenende nachzuarbeiten. Überhaupt gehören Wochenendseminare oder Blockseminare über einen oder mehrere ganze Tage zum Alltag. Assistenzprofessor Rudolf Hickel: „Die Lernmotivation ist enorm hoch. Hier besteht fast schon ein bißchen das Problem, daß die Lernmotivation aus der opportunistischen Furcht vor Anleitung ins Leere geht."

Senatsdirektor Helmut Dücker hat eine Erklärung parat: „Das liegt daran, daß die Studenten vom ersten Semester an ernst genommen werden." Die Studenten werden von Studienbeginn an dazu angehalten, an der Gestaltung ihres Studienganges, an der Wahl der Lehrveranstaltungen und Projekte mitzuwirken. Die Drittelparität gibt ihnen die Möglichkeit, an Aufbau und Entwicklung des Universitätsbetriebs mitzuarbeiten. Deshalb ist mittwochs Gremientag. – Lehrveranstaltungen finden mittwochs nicht statt, damit jeder Gelegenheit hat, die öffentlich tagenden Sitzungen der Selbstverwaltungsorgane zu besuchen, damit jeder Gewählte sein Mandat wahrnehmen kann.

Keine Universität für „Individualisten"

Bremen ist noch weit davon entfernt, eine Universitätsstadt zu sein. Die Universität, weit ab vom Stadtkern, führt ihr Eigenleben. Die Verkehrsverbindung ist dürftig, die meisten kommen mit dem Auto. Und dennoch, die für diese Fälle typischen Isolations- und Depressionssymptome werden bei den Bremer Studenten nicht beobachtet. Hierbei mag der Universität neben der hohen Arbeitsintensität die vielzitierte „hochpolitische Atmosphäre" zu Hilfe kommen. Selbst an freien Tagen und Wochenenden kommt man zu politischen Diskussionen zusammen. Rudolf Hickel hat beobachtet: „Individualisten können sich hier nicht durchsetzen."

Die politische Szene der Universität spiegelt einen Pluralismus von linksextrem bis gemäßigt liberal und rechtssozialdemokratisch wider. Bei den Hochschullehrern hat die absolute Mehrheit eine Liste von gemäßigt sozialdemokratisch bis DKP. Bei den „Dienstleistern" hat die Liste der Gewerkschaft Öffentliche Dienste, Transport und Verkehr das Heft fest in der Hand. Bei den Studenten gibt es neuerdings drei Fraktionen. Bisher bestimmten ausschließlich der auf die DKP orientierte Marxistische Studentenbund Spartakus (MSB) mit seinem Bündnispartner Sozialistischer Hochschulbund (SHB), bis vor einigen Monaten noch Sozialdemokratischer Hochschulbund, und der als Chaoten und linke Sektierer eingestufte maoistisch-leninistische Kommunistische Studentenbund (KSB) sowie der maoistisch-stalinistische Kommunistische Studentenverband (KSV) das Bild der organisierten Studentenschaft. Die dritte, neue Fraktion ist die Hochschulgruppe der Jungsozialisten, die auf Anhieb den SHB überrollte und zweitstärkste studentische Fraktion im Konvent wurde. Das hat zum Ergebnis, daß es zum erstenmal in der jungen Geschichte der Universität eine absolute Mehrheit von Sozialdemokraten im Konvent und im Akademischen Senat gibt.

Ziel der Jusos ist es, den Einfluß von KSB/KSV und MSB/SHB zurückzudrängen. Die Jusos verstehen sich auch als Gegenorganisation zum SHB. Rechts von diesen Gruppen gibt es nichts. Ein Liberaler Hochschulverband (LHV) war mal aufgetreten, ist aber seit mehreren Semestern nicht mehr gesichtet worden. Der Ring Christlich-Demokratischer Studenten (RCDS) hat trotz zweimaligen öffentlichen spektakulären Auftretens und Verteilens von Flugschriften keine Anhänger in der Universität gefunden.

In den ersten Semestern war jeder Anfänger gezwungen, sich möglichst bald für eine der zunächst existierenden Fraktionen zu entscheiden, wollte er in der hochschulpolitischen Diskussion den Insider-Status erwerben und nicht die Orientierung im Studium verlieren. Doch mit dem zunehmenden Hick-Hack der Fraktionen und den zunehmenden Studentenzahlen ging das politische Engagement zurück. Trank man früher noch Bier miteinander und diskutierte, so ist die Atmosphäre seit langem verhärtet. Vollversammlungen sind zu ritualisierten Mitgliederversammlungen der eh schon Organisierten degeneriert. Für die politischen Studentengruppen spielten die Interessen und Probleme, Bedürfnisse und Erfahrungen der Studenten eine immer geringere Rolle. Die Studenten wurden als Stimmvieh für politische außeruniversitäre Ziele benutzt. Die Masse der Studenten hat das nicht mehr mitgemacht, war auch von dem verbalen Terrorismus und der Schaumschlägerei abgestoßen und hat sich zum Teil resigniert zurückgezogen. Hochgejubelte Streiks ohne Erfolg haben das ihre dazu beigetragen.

Unvorbereitete Erfahrungen von Niederlagen haben bei Studenten schon immer zu zerstörerischer Radikalität oder zur totalen Entpolitisierung geführt. Beides zu bremsen ist das Ziel einer sich entfaltenden Bewegung. Die Gründung der Juso-Hochschulgruppe war ein Signal. Zahlreiche informelle Gruppen unorganisierter Studenten haben sich auch in Lehrveranstaltungen zusammengefunden, um, auf das Studium orientiert, Probleme anzupacken. Nämlich die inhaltlichen Defizite der Ausbildung zu analysieren und die Abstraktheit der wissenschaftlichen Ausbildung im Hinblick auf konkrete spätere berufliche Anforderungen zu überprüfen.

„Man weiß, daß Studenten von Studenten mehr lernen als von Hochschullehrern"

Die Organisation der Lehre in „forschendem Lernen" erlaubt es Anfängern nicht, lange ein Randdasein zu führen. Vorlesungen kennt man in Bremen nicht. Die Arbeit findet in Kleingruppen statt. Wo Großveranstaltungen unvermeidlich sind, werden sie von mehreren Hochschullehrern und Tutoren gemeinsam abgehalten. In Bremen wird alles, was lehren kann, zur Lehre herangezogen, insbesondere Tutoren und ältere Studenten. „Man weiß, daß Studenten von Studenten mehr lernen als von Hochschullehrern." Nur auf diese Weise ist es denkbar, die Relation Hochschullehrer zu Student bei zehn zu eins zu halten.

Das günstige Verhältnis erlaubt eine sehr intensive Betreuung der Studenten, insbesondere der Anfänger. Deshalb konnte man es sich bis jetzt leisten, auf eine fest institutionalisierte Studienberatung zu verzichten. Ein integriertes Modell zwischen Studien- und psychotherapeutischer Beratung ist noch in Planung. Bislang aber berät jeder jeden. Die Sprechstunden der Hochschullehrer werden fast nie eingehalten. Man kann zu jeder Zeit kommen, die Türen stehen immer offen. Daß die Studenten vielfach ihre Lehrer duzen, kommt selbstredend dem Abbau von Anfängerhemmungen entgegen. Thomas von der Vring: „Nach einem Jahr sind die Startschwierigkeiten überwunden. Aber nach einem Jahr ist bei uns ein Student mindestens so weit wie an anderen Universitäten nach drei Jahren." Studenten in der Cafeteria: „Man ist hier viel freier, ungezwungener und toleranter als an anderen Universitäten, obwohl die politischen Divergenzen meist sehr hart diskutiert werden."

Doch auch hier ist die Reformwelt inzwischen nicht mehr in Ordnung. Das Tutorenprogramm wurde vom Bremer Senat um die Hälfte gekürzt, um von der „Ausnahmesituation" der Aufbausemester wieder zu „normalen Verhältnissen", sprich Bundesdurchschnitt, zurückzukommen. Im Sommersemester haben die rund 150 Tutoren ohne Verträge und ohne Bezahlung gearbeitet. Nachdem Verhandlungen zwischen der Gewerkschaft Erziehung und Wissenschaft und dem Bremer Senat, Vorstöße bei der Bürgerschaft und Warnstreiks keinen Erfolg gezeitigt haben, haben die Tutoren ihre Arbeit eingestellt. Rektor Hans Josef Steinberg: „Mit der Halbierung des Tutoren-Programms wird ein wesentlicher Teil der Studienreform zu Grabe getragen." Von Kleingruppenarbeit kann keine Rede mehr sein. Der Konflikt wird auch ins Wintersemester hineinreichen. Eine Lösung ist nicht in Sicht, geschweige denn die Bereitschaft von Studenten, sich auf Tutorenstellen zu bewerben.

Wie Studienreform auch durch Personalpolitik abgesichert, gefördert oder behindert werden kann, zeigt sich ebenfalls an den Auseinandersetzungen zwischen Universität und Senat. In der Regel werden 40 Prozent der von der Universität vorgeschlagenen Kandidaten für Hochschullehrerstellen abgelehnt. Und nicht immer sind Verfahrensmängel ausschlaggebend. In zunehmendem Maße bestreitet der Senator für Bildung, Wissenschaft und Kunst die „wissenschaftliche Qualifikation" und desavouiert so die wissenschaftliche Glaubwürdigkeit der eigenen Universität und ihres Auswahl- und Beurteilungsverfahrens. Ablehnungen und zeitliche Verzögerungen von Entscheidungen haben dazu geführt, daß die notwendigen Hochschullehrer nicht zu Semesterbeginn zur Verfügung standen. Die Folgen: Der Lehrbetrieb im Bereich Sozialpädagogik und Lehramt an berufsbildenden Schulen ist total zusammengebrochen. Die Studenten mußten ihr Studium selbst organisieren und bangen jetzt um Anerkennung.

Professor Reinhard Hoffmann, Mitglied der SPD, der Hamburgischen Bürgerschaft und des Bremer Universitätssenates: „Bei der Zurückweisung von Berufungsvorschlägen wurden Begriffe wie wissenschaftliche Qualifikation und Wissenschaftspluralismus nur formelhaft verwandt." Es stelle sich die Frage, ob der Senat entgegen den bei der Hochschulgründung genannten Zielen nunmehr bevorzugt nicht gesellschaftskritische Wissenschaftler berufen wolle. Uni-Rektor Steinberg wirft der Landesregierung gar die Verwendung dieser Begriffe als „Kampfbegriff im Sinne des ‚Bundes Freiheit der Wissenschaft'" vor.

Gut funktionierende Wohnungsbörse

All dies zusammengenommen, mag das hohe Ansehen erklären, das diese Universität bei Bewerbern genießt. Da auch Bremen inzwischen entsprechend der Selektionskriterien des Staatsvertrages über die Vergabe von Studienplätzen auszuwählen hat, mußte das ursprüngliche Verfahren, 50 Prozent der Studienplätze für soziale Härtefälle, vor allem für Absolventen des Zweiten Bildungsweges, zu reservieren, aufgegeben werden.

Neuankömmlinge in Bremen haben bis jetzt noch keine Schwierigkeiten bei der Wohnungssuche zu erwarten. Im Gegenteil, die Situation muß beinahe als extrem günstig bezeichnet werden. Das Sozialwerk verfügt über eine gut funktionierende Wohnungsbörse. Die Mieten für ein Zimmer liegen etwa bei 60 bis 120 Mark. Studiengebühren werden keine verlangt. Lediglich die Aufkündigung der studentischen Krankenversicherung durch das Sozialwerk wird eine Mehrbelastung einbringen. Künftige Studenten werden als Immatrikulationsbedingung eine Krankenversicherung vorlegen müssen.

Die Reform wird reformiert

In den vergangenen zehn Jahren hat es in der Bundesrepublik eine Reihe von Universitätsgründungen gegeben. Einige von ihnen sind unter der Absicht, eine „Reformuniversität" sein zu wollen, angetreten. Mit Sicherheit hat sich das „Bremer Modell" dieses Prädikat der Reformuniversität bereits nach zwei Jahren Lehrbetrieb erworben. Vor zwei Jahren verlangte der damalige Gründungsrektor von der Vring „einen Frei- und Schutzraum für die Reform". Dieser Freiraum heißt in der Sprache der Gesetzgeber „Experimentierklausel". Für den Freiraum hat die Universität bis jetzt erfolgreich gekämpft, für die Experimentierklausel wird sie weiter kämpfen müssen, wie der Verfassungsgerichtsbeschluß zum Niedersächsischen Vorschaltgesetz und das Hochschulrahmengesetz zeigen.

In Bremen will und muß man weiter experimentieren dürfen. Experimente brauchen Zeit, müssen erprobt werden können. Noch ist in Bremen alles in Bewegung, nichts wird als gesichert angesehen, ständig wird die Reform reformiert.

Deshalb ist auch Rektor von der Vring vor Ablauf seiner Amtszeit zurückgetreten: „Eine Universität, die sich in einem permanenten Prozeß befindet, braucht personelle Flexibilität. Denn das, was wir heute als einigermaßen stabil ansehen, wird von denen, die kritisch herangehen, als doch wieder überprüfenswert und zu erneuern in Frage gestellt. Das aber kann man besser machen, wenn man personell auswechselt, als davon auszugehen, daß die Leute alle zwei Jahre ihre Meinung ändern."

Sein Nachfolger ist der Historiker Hans-Josef Steinberg, SPD-Mitglied und vor seiner Berufung nach Bremen im Forschungsinstitut der Friedrich-Ebert-Stiftung tätig. Unterstützt wird er von zwei Konrektoren, ebenfalls SPD-Mitgliedern, dem früheren Rektor der Pädagogischen Hochschule, Rainer Ubbelohde, und dem Juristen Gerhard Stuby.

Ihre Aufgabe kann es gar nicht einmal so sehr sein, die Reform noch mehr voranzutreiben, sondern den „Besitzstand mit Klauen und Zähnen zu verteidigen" (Steinberg) und inhaltlich zu füllen. Und der Gefährdungen der Reform sind viele: Abschaffung der drittelparitätischen Mitbestimmung und der reformierten Personalstruktur durch ein Hochschulrahmengesetz, Reduzierung des Tutorenprogramms und massive Ablehnung von Berufungsvorschlägen der Universität durch den Bremer Senat, Lehrer- und Diplom-Prüfungsordnungen, die den reformierten Studiengängen keine Rechnung tragen.

Und dennoch: Studieren an der Bremer Universität heißt notwendigerweise die Entwicklung von Fähigkeiten der Eigeninitiative und Problemlösungen. Und allen Unkenrufen zum Trotz kommt auch das Fachwissen nicht zu kurz.

Universität Bremen
3800 Studenten (WS 1973/74).
Anschrift:
28 Bremen 33, Postfach
Studienbereiche:
Studienbereich 1:
Arbeitslehre/Politik und Lehramt Sekundarstufe II mit einem berufsfeldbezogenen Fach
Studienbereich 2:
Physik und Elektrotechnik
Studienbereich 3:
Biologie und Chemie
Studienbereich 4:
Mathematik
Studienbereich 5:
Juristenausbildung, Wirtschaftswissenschaften und Sozialwissenschaften i. e. S.
Studienbereich 6:
Sozialarbeit/Sozialpädagogik, Pädagogik (Studienziel: Diplom-Pädagoge), Sport
Studienbereich 7:
Kommunikation/Ästhetik – Englisch, Französisch, Spanisch
Studienbereich 8:
Kommunikation/Ästhetik – Deutsch, Kunst- und Musikpädagogik

Technische Universität Clausthal

Heinz Schliephake

Die Hochschulwelt der Technischen Universität Clausthal wird im allgemeinen als heil bezeichnet. Das stimmt auch, wenn man davon absieht, daß fast im ganzen Jahr 1973 der Rektor ohne Senat „regieren" mußte. Das niedersächsische Vorschaltgesetz machte allen Hochschulangehörigen schwer zu schaffen. Einsprüche und einstweilige Verfügungen lösten einander ab. Die Selbstverwaltung kam nicht mehr richtig zum Zuge, auch die Einsetzung von elf Landesbeauftragten durch das Niedersächsische Kultusministerium löste das Problem nicht. So ist diese „heile" Universitätswelt auch nicht ganz problemlos. Die TU Clausthal hat jedoch viele Vorteile aufzuweisen, von denen andere Hochschulen nicht einmal zu träumen wagen.

Gute Arbeitsbedingungen, denn an der TU Clausthal existiert kein Numerus clausus

So existiert an der TU kein Numerus clausus (nur Chemie läuft über die Zentralstelle in Dortmund), der andere Hochschulen zu geschlossenen Anstalten macht. Auch sind die Arbeitsbedingungen als ideal zu bezeichnen, denn die Relation von Studenten zu Hochschullehrern ist günstig. Außerdem wurden in den letzten Jahren annähernd 100 Millionen Mark in den Ausbau der Hochschule investiert, so daß moderne und auch noch ausreichende Räumlichkeiten für Lehre und Forschung zur Verfügung stehen.

Dazu kommt, daß die TU mitten in einem klassischen Fremdenverkehrsgebiet liegt, im Oberharz, in der Nähe der bekannten Fremdenverkehrsorte Goslar, Hahnenklee, Bad Harzburg und Braunlage. So werden die 2100 Studenten von den Kurgästen nicht selten beneidet, denn sie haben nicht nur eine Sommer-Universität (wie Kiel), sondern auch eine Winter-Universität (wie Innsbruck). Im Sommer wie im Winter bietet Clausthal genügend Abwechslung: im Sommer im Bootshaus an der Okertalsperre, auf den Tennisplätzen, an Seen und Gräben, auf den Sport- und Reitplätzen, im Winter in der hochschuleigenen Skihütte auf dem Sonnenberg, im Hallenbad, auf den Skipisten oder in der großen Eislaufhalle in Altenau. In dieser Hinsicht findet man selten einen idealeren Studienort.

Ohne die Universität wäre Clausthal-Zellerfeld eine Geisterstadt

Die Technische Universität Clausthal ist trotz ihrer fast 200jährigen Geschichte längst nicht so bekannt geworden wie zum Beispiel die Universitäten in Göttingen, Tübingen oder Heidelberg. Das mag daran liegen, daß sie bis 1966 die Bezeichnung „Bergakademie" führte und als solche nur in Fachkreisen neben Freiberg in Sachsen hohes Ansehen genoß.

Vielleicht ist es auch darauf zurückzuführen, daß der Standort Clausthal-Zellerfeld, eine alte Bergstadt mit etwa 16 000 Einwohnern, etwas abseits der großen Verkehrswege liegt. Heute ist sie allerdings vom Autobahnanschluß Seesen (Strecke Hannover–Kassel) nur 24 Kilometer entfernt, von Hannover 100 Kilometer, Braunschweig 70 und Göttingen 55 Kilometer. Auch die Bahnverbindungen von und nach Clausthal sind heute wesentlich günstiger. Clausthal-Zellerfeld liegt 600 Meter über dem Meeresspiegel und ist damit die „höchste Universitätsstadt der Bundesrepublik", für sie eine Ehrenbezeichnung, die sie ebenso wie den Titel „kleinste Universitätsstadt der Bundesrepublik" mit Würde trägt.

So möchte Clausthal-Zellerfeld, zugleich Garnisonstadt und heilklimatischer Kurort, die Universität nicht mehr missen, sie könnte es auch gar nicht, denn ohne sie, das geben die Verantwortlichen der Stadt auch offen zu, wäre Clausthal-Zellerfeld eine Geisterstadt, eine Stadt ohne Leben.

Ohne die Technische Universität hätte die Bergstadt Clausthal-Zellerfeld keine „Lebensberechtigung", denn sie ist eine Stadt ohne Industrie, ohne Fabrikschornsteine, und neben dem Fremdenverkehr sind nur Handwerk und Handel zu Hause, die direkt und indirekt wiederum von der Hochschule leben. So ist die TU mit ihren rund tausend Bediensteten und 2100 Studenten der größte Arbeitgeber in der Stadt, wahrscheinlich eine Einmaligkeit in der Bundesrepublik. Sie prägt das Gesicht der Stadt und kann als der kulturelle Mittelpunkt des West- und Vorharzes bezeichnet werden.

Der Einzugsbereich der TU reicht weit über Niedersachsen hinaus. Fast zwei Drittel der Studierenden kommen aus anderen Bundesländern oder aus dem Ausland, wobei die Ausländer, die etwa 20 Prozent der Studentenschaft ausmachen, aus über 50 Staaten stammen.

Die Wissenschaftler der Hochschule pflegen durch Vortragsreisen, Gastprofessuren oder durch andere Tätigkeiten den Kontakt zu in- und ausländischen Universitäten, wodurch auch wieder ausländische Wissenschaftler nach Clausthal „gezogen" werden. Diese „weltweite Verbundenheit" der TU ist ein Grund dafür, daß sich die Stadt immer wieder für die Hochschule einsetzt und darauf drängt, daß sie weiter ausgebaut wird. In dieser Hinsicht sind sich Stadt und Universität einig, woraus eine enge gegenseitige Verbundenheit entstanden ist. Die guten Kontakte zwischen der Hochschulspitze und dem Rat und der Verwaltung der Bergstadt sind ein Beweis dafür. Außerdem sind mehrere Professoren und Angehörige der Hochschule Ratsmitglieder der Stadt.

Die Wohnungs- und Zimmersuche – auch in Clausthal keine leichte Sache

Eine Stadt mit 16 000 Einwohnern, die nicht nur für die Unterkunft von 2100 Studenten sorgen muß, sondern auch als heilklimatischer Kurort 800 Betten für die Kurgäste zur Verfügung stellt, hat selbstverständlich ihre Wohnungsprobleme. Bis jetzt ist es ihr – bis auf wenige Ausnahmen – immer noch gelungen, sie zu meistern. Dies war aber auch nur möglich, weil ein verhältnismäßig hoher Anteil an Betten in Studentenwohnheimen angeboten wird. Das Studentenwerk verfügt über 327 Betten, im Evangelischen und im Katholischen Studentenwohnheim können noch je 50 Studenten untergebracht werden. Weitere Unterkünfte mit 390 Betten sind im Bau und werden wahrscheinlich stufenweise 1974 und 1975 ihrer Bestimmung übergeben. So kann man ohne Übertreibung sagen, daß ein Engpaß auf dem Gebiet der Studentenzimmer bisher noch vermieden werden konnte, obwohl die Zahl der Studenten von Jahr zu Jahr steigt. Die Preise sind – wie überall – sehr unterschiedlich, es kommt auf die gewünschte Ausstattung und Größe an. Etwa 100 Mark sind für ein Zimmer des privaten Wohnungsmarktes auf den Tisch zu legen, in den Studentenwohnheimen kosten die Zimmer etwa 90 bis 100 Mark.

Der Weg von der Bergakademie zur Technischen Universität

Die Anfänge der Hochschule reichen bis in das 18. Jahrhundert zurück. 1775 wird als das Gründungsjahr angegeben. Es begann zunächst mit einjährigen wissenschaftlichen Lehrkursen am Clausthaler Lyzeum, aus denen sich allmählich eine feste Einrichtung entwickelte, die ab 1810 unter dem Namen „Bergschule" lief. Unter Friedrich Adolf Römer wurde 1864 offiziell die Bezeichnung „Bergakademie" eingeführt.

Der Aufstieg zu einer weltweit anerkannten Ausbildungsstätte für den akademisch gebildeten Berg- und Hüttenmann wurde der Hochschule nicht leicht gemacht. Doch die jahrzehntelangen Mühen um Anerkennung lohnten sich. Ab 1912 konnte die Hochschule den Grad eines Diplom-Ingenieurs verleihen. 1919 wurde die Rektoratsverfassung eingeführt, und 1920 erhielt die Bergakademie das Promotionsrecht.

Blütezeiten erlebte die Bergakademie nach dem Ersten Weltkrieg in den zwanziger Jahren und nach dem Zweiten Weltkrieg, als der Bergbau einen gewaltigen Aufschwung nahm. Die Vorrangstellung der Bergbauwissenschaften kam in der besonders großen Zahl von Studierenden dieser

Fachrichtung zum Ausdruck. Im Wintersemester 1958/59 waren es 830. Aber die Strukturkrise des deutschen Bergbaus führte zu einem raschen Absinken dieser Zahlen.

Ende der fünfziger Jahre wurden gemeinsam mit dem Land Niedersachsen, dem Träger der Hochschule, Pläne erörtert, um die Basis der Hochschule zu erweitern. Zielstrebig wurden neue Wege beschritten. So genehmigte das Niedersächsische Kultusministerium das Vollstudium der Chemie (1962), der Physik (1963) und der Mathematik (1964). Die Studierenden dieser neuen Studienfächer glichen den Abgang der Bergbaustudenten in verhältnismäßig kurzer Zeit wieder aus. Auch die Einführung des Studiums für das Lehramt an höheren Schulen (Mathematik, Physik, Chemie) im Jahre 1966 und die Genehmigung der Fachrichtung „Maschinenwesen" im gleichen Jahr wirkten sich positiv aus. Im Wintersemester 1973/74 waren über 2100 Studenten an der TU Clausthal eingeschrieben.

Die Empfehlungen des Wissenschaftsrats im Jahre 1960 zum Ausbau der wissenschaftlichen Hochschulen in der Bundesrepublik kamen auch für die damalige Bergakademie Clausthal voll zum Zuge. Schon in den Jahren 1960 bis 1962 erhielt die Hochschule zehn neue Lehrstühle. Eine wesentliche Vermehrung des wissenschaftlichen und technischen Personals wurde notwendig. Das neue Hochschulviertel im Feldgrabengebiet am Rande der Stadt nahm Gestalt an. Heute sind dort über 20 Institute und Lehrstühle untergebracht sowie die Universitätsbibliothek, internationale Studentenwohnheime, das Gästehaus der TU, das Fernheizwerk und die Zentralen Werkstätten.

Dieses Institutsviertel erstreckt sich über eine Entfernung von 800 Meter und ist an keiner Stelle weiter als 1500 Meter vom Hauptgebäude, das mitten in der Stadt liegt, entfernt. Zwei Straßen verbinden das Hochschulgelände mit der Stadt. Parkplätze sind in genügender Anzahl vorhanden. Auch die im Stadtteil Clausthal verstreut liegenden Institute wie auch Studentenwerk (Mensa und weitere Studentenwohnheime), Aula, Sporthalle und Schwimmhalle haben eine günstige Lage zum Hauptgebäude. Ihre größte Entfernung beträgt nicht mehr als 800 Meter.

Der Erweiterung der Basis der Hochschule entsprachen die Änderungen in der Bezeichnung der Hochschule. 1963 erhielt die Bergakademie den Zusatz „Technische Hochschule", 1966 wurde die alte Bezeichnung „Bergakademie" gestrichen, 1968 schließlich gab man der fast 200 Jahre alten Hochschule den Namen „Technische Universität".

Die Umwandlung zur Universität brachte eine Veränderung der Struktur mit sich

Die Hochschule ist in zwei Fakultäten gegliedert. Die Fakultät für Natur- und Geisteswissenschaften umfaßt fünf Abteilungen: Mathematik, Physik,

Chemie, Geowissenschaften und Geisteswissenschaften; die Fakultät für Bergbau, Hüttenwesen und Maschinenwesen drei Abteilungen: Bergbau, Maschinen- und Verfahrenstechnik sowie Werkstoffe und Hüttenwesen. Zu den Aufgaben der engeren Fakultäten gehören unter anderem die Einrichtung von Abteilungen, die Stellungnahme zur Errichtung, Zusammenlegung und Auflösung von Lehrstühlen und Instituten und die Aufstellung der Diplomprüfungs-, Promotions- und Habilitationsordnungen.

Die engeren Abteilungen befassen sich mit Ausbildungsfragen, bereiten die Studienpläne vor und nehmen im übrigen die ihnen von den Fakultäten übertragenen Aufgaben wahr. Unterste Organisationseinheiten sind zur Zeit die Institute und Lehrstühle. Die Einrichtung von Fachbereichen ist vorgesehen.

Eine Differenzierung innerhalb der bisherigen Fächerstruktur wird beim Ausbau der TU angestrebt

Der Ausbau der TU Clausthal zielt auf eine Vervollständigung und Verbreiterung des Lehr- und Forschungsangebotes in den heute schon vorhandenen Disziplinen ab. Die Schaffung neuer Fachrichtungen ist in Zukunft in Abstimmung mit Strukturüberlegungen des Landes Niedersachsen möglich. In den Empfehlungen zum ersten Rahmenplan ist für Clausthal ein Ausbau auf insgesamt 3000 Studienplätze mit starker Differenzierung innerhalb der bisherigen Fächerstruktur ausgesprochen worden. Hierzu trägt die besondere Fächerkombination, die in Technologie der Grundstoffwissenschaften, in Chemie, Verfahrenstechnik, Maschinenbau, Bergbau und Hüttenwesen sowie Geowissenschaften besteht, in hervorragendem Maße bei.

Die vorhandenen und zum zweiten Rahmenplan angemeldeten Flächen betragen in den Naturwissenschaften 30 000 Quadratmeter, in den Ingenieurwissenschaften 50 000 Quadratmeter, wobei hier der erhöhte Flächenzielwert wegen der flächenintensiven Experimentiermöglichkeiten zu beachten ist.

Der Prozeß der Umstrukturierung und Erweiterung der Lehr- und Forschungseinrichtungen ist bis zu einem gewissen Grade bereits erfolgreich durchgeführt. Dennoch bedarf es eines weiteren Ausbaus. Das Ziel dieser Entwicklung ist eine integrierte Gesamthochschule Clausthal mit Schwergewicht auf den Bereichen der gesamten Grundstoffwissenschaften, der zugehörigen Grundlagenwissenschaften und der Lehrerbildung, insbesondere im naturwissenschaftlichen und technischen Sektor.

Eine solche Gesamthochschule hat insbesondere wegen ihrer überregionalen Bedeutung und im Hinblick auf die Notwendigkeit, dieses Lehr- und Forschungspotential wegen der erforderlichen gegenseitigen Verflechtung und Durchdringung an einem Ort zu konzentrieren, ein eigenständiges Gewicht.

Ein umfangreiches und breites Forschungsprogramm

Das Studienangebot der TU Clausthal ist breit gestreut, es reicht von den Grundstoffwissenschaften bis zu den Grundlagenwissenschaften und der Lehrerbildung im naturwissenschaftlichen und mathematischen Sektor. Enge interdisziplinäre Verflechtungen und Zusammenarbeit der verschiedensten Universitätsbereiche finden ihren organisatorischen Ausdruck in Arbeitsgemeinschaften wie „Meerestechnik" und „Umweltschutz".

Alle Studiengänge sehen ein Vorexamen nach dem vierten Semester und eine Hauptprüfung nach dem achten Semester vor. Das Grundlagenstudium unterscheidet sich nicht merklich, so daß eine weitgehende Durchlässigkeit innerhalb der ersten vier Semester gegeben ist.

Die Hochschule pflegt seit jeher einen engen Kontakt zur Industrie, damit die Lehre dem jeweiligen Stand der Technik entspricht und die Forschung sich an den vordringlichen Aufgaben orientiert. Außerdem besteht eine enge und fruchtbare Zusammenarbeit mit zahlreichen außeruniversitären Einrichtungen, wie zum Beispiel mit dem Institut für Erdölforschung (Hannover), mit dem Institut für Tieflagerung, der Bundesanstalt für Bodenforschung (Hannover), mit Materialprüfanstalten, der Max-Planck-Gesellschaft und industriellen Forschungseinrichtungen.

Diese Zusammenarbeit mit der Industrie und außeruniversitären Einrichtungen ermöglicht es, daß neben der Grundlagenforschung eine praxisnahe angewandte Forschung betrieben wird. Das Forschungsprogramm ist sehr umfangreich und im Gesamtbereich der Grundstoffwissenschaften so wirkungsvoll, wie es wohl an kaum einer anderen Stelle in der Bundesrepublik anzutreffen ist.

Wer schnell sein Studium beenden will, der sollte in Clausthal studieren

Zweifellos gibt es kaum eine andere Hochschule in der Bundesrepublik, die ähnlich gute Studienbedingungen aufweist wie die Technische Universität Clausthal. Obwohl sie in wenigen Jahren ihre Studentenzahl verdoppeln konnte, ermöglicht sie eine intensive und individuelle Betreuung in der Lehre und eine zeitige Einbeziehung der Studenten in Forschungs- und Entwicklungsarbeiten. Man drängelt sich nicht in den Hörsälen und braucht sich auch nicht um Arbeitsplätze zu „schlagen". Das bedeutet, daß es in Clausthal auch keine Wartezeiten gibt, die oft zu dem Verlust von einigen Semestern führen können. Wer daher schnell zu seinem Ziel (sprich: Hauptexamen) kommen will, der sollte in Clausthal studieren.

Man sollte aber auch nicht verschweigen, daß es in Clausthal einige Nachteile gibt. Das Studienangebot ist nicht so umfangreich wie an anderen Technischen Universitäten, außerdem fehlt der Stadt eine gewisse Attraktivität. Die Studentenkneipen, von denen zu wenige vorhanden sind, platzen aus den Nähten. Eine Hoffnung setzen die Studenten auf ein Studentenzentrum, das sie nun endlich erhalten sollen.

Die TU Clausthal – eine Hochschule ohne Unruhen

Wie bereits anfangs erwähnt, spricht man in Clausthal noch von einer heilen Welt, in der studentische Unruhen, Demonstrationen und Streiks unbekannt sind. Sicherlich gab es hin und wieder Meinungsverschiedenheiten hinsichtlich der Paritätenfrage, der vorläufigen Verfassung und der Rahmengesetzgebung, aber Hochschullehrer, Assistenten, Studenten und die sonstigen Mitarbeiter sitzen in den Gremien friedlich nebeneinander. Die Diskussionen sind ohne Ausnahme sachlich bezogen.

Der größere Teil der Studentenschaft kümmert sich nur wenig um die hochschulpolitischen Ereignisse. Bei den letzten Konzilswahlen im Januar 1974 zum Beispiel gingen nur 41,6 Prozent zur Wahl, dennoch ein Prozentsatz, den nur die wenigsten Hochschulen erreichen.

Von den 24 Sitzen, die die Studentenschaft stellt, entfielen auf Juso/SHB (Sozialistischer Hochschulbund) 6, DSU/SLH (Deutsche Studenten-Union Sozialliberaler Hochschulbund) 5, RCDS (Ring Christlich-Demokratischer Studenten) 4, Liberale 4, WUS (Wahlgemeinschaft Unabhängiger Studenten) 3, KSB (Kommunistischer Studenten-Bund) 2. Zum erstenmal traten die Liberalen und der RCDS in Erscheinung, die auch erstaunlich gute Anfangserfolge erzielten.

Der Studentenrat (20 Mitglieder) setzt sich zur Zeit wie folgt zusammen: DSU 8, SHB/Juso 7, KSB 3, WUS 2.

Technische Universität Clausthal
2124 Studenten (WS 1973/74).

Anschrift:
3392 Clausthal-Zellerfeld,
Adolf-Römer-Straße 2A

Fakultäten:
Fakultät für Natur- und Geisteswissenschaften:
- Abteilung Mathematik
- Abteilung Physik
- Abteilung Chemie
- Abteilung Geowissenschaften
- Abteilung Allgemeine Geisteswissenschaften

Fakultät für Bergbau, Hüttenwesen und Maschinenwesen:
- Abteilung für Bergbau mit Studienrichtung Bergbau
  - Aufbereitung und Veredelung
  - Tiefbohrtechnik, Erdöl- und Erdgasgewinnung
  - Markscheidewesen
- Abteilung Werkstoffe und Hüttenwesen mit den Studienrichtungen:
  - Eisenhüttenwesen
  - Metallhüttenwesen
  - Gießereikunde
  - Verformungskunde
  - Metallkunde
  - Steine und Erden
  - Werkstoffkunde
- Abteilung Maschinen- und Verfahrenstechnik und Studienrichtung:
  - Maschinen- und Verfahrenstechnik
  - Antriebs-, Meß- und Regeltechnik

Technische Hochschule Darmstadt

Helmut Fritz

Lob der Provinz

„Wer zu uns kommt, kommt in eine interessante Stadt: ein entwickeltes und sich entwickelndes Bildungssystem von der Vorschule bis zur Hochschule, vorbildliche Sozial- und Gesundheitseinrichtungen, Sport in Turn-, Schwimm-, Tennishallen, Segeln am Rhein, Reiten im Schwarzwald, Wintersport und Naherholung im Odenwald – das macht die Anziehungskraft unserer Stadt aus."

(Darmstadts OB Heinz Winfried Sabais, SPD.)

Stetiges Anwachsen der Studentenzahlen

Im Wintersemester 1972/73 stieg die Zahl der Studierenden an der TH Darmstadt erstmals über 8000 an. Nach einer Umfrage des Statistischen Bundesamtes „nimmt trotz der gegenwärtigen Überfüllung an allen Hochschulen die Studierwilligkeit der Studenten überall zu, so daß man im Moment davon ausgehen muß, daß 90 Prozent der Abiturienten ein Universitätsstudium antreten". So waren es im WS 1973/74 bereits 9000 Studenten. Nimmt man die bisherige Entwicklung als Maßstab, dann ist damit zu rechnen, daß im Jahre 1977 ungefähr 11 500 Studenten an der THD studieren werden. 1985 dürfte diese Zahl auf 15 000 angestiegen sein. Für ganz Hessen wird für 1977 eine Steigerung um circa 20 Prozent, für 1985 um circa 40 Prozent vorausgesagt.

Sprunghafter Anstieg in einigen Fachbereichen

„Die aktuelle Lage an der TH Darmstadt ist gekennzeichnet durch einen sprunghaften Anstieg der Studentenzahlen in einigen Fachrichtungen. Hier ist insbesondere die Fachrichtung Bauingenieurwesen zu nennen, wo sich die Zahl der Studienanfänger weit mehr als verdoppelt hat. Auch in anderen Studiengängen sind Zuwachszahlen zu verzeichnen, die zu den höchsten im Land Hessen gehören: dies betrifft insbesondere: Lehramt an Gymnasien, Lehramt an beruflichen Schulen, Sozialwissenschaften, das heißt Wirtschaftswissenschaften und Magisterstudium, Elektrotechnik."

(2. Rechenschaftsbericht des Präsidenten.)

Die Numerus-clausus-Situation an der TH Darmstadt ist weniger dramatisch als an anderen Hochschulen

Zulassungsbeschränkungen bestehen in folgenden Fachrichtungen: Gewerbelehrer-Aufbaustudium (für Fachhochschüler), Magister allgemeine Pädagogik, Berufspädagogik und Soziologie, Chemie, Biologie, Architektur, Informatik, Elektrotechnik, Datentechnik und Bauingenieurwesen.

In der Chemie dagegen fanden noch alle Bewerber einen Studienplatz. Warnung an Medizin-Studenten: im Gegensatz zu anderen Universitäten gilt ein Chemie-Studium in Darmstadt nicht als ersatz- oder anrechnungsfähiges Warte-Studium. Die Numerus-clausus-Situation an der THD ist generell weniger dramatisch als an den anderen Hochschulen. Für die meisten NC-Fächer gilt: Studienplatzangebot und Nachfrage halten sich ungefähr die Waage.

Am schwarzen Brett der TH tauchen immer häufiger Angebote auf, wie zum Beispiel „Tausche höchstbietend Zulassung zum Biologie-Studium in Darmstadt gegen Biologie-Studium in München". Solche Transaktionen sind nach den Bestimmungen des Staatsvertrages über die zentrale Zulassungsverteilung legal. Ein Studienplatz in München soll bis zu 4000 Mark bringen. Die Tauschgeschäfte werden ganz offen mit Hilfe der Universitätsbürokratie abgewickelt: eine neue Absurdität der Zulassungsbeschränkungen.

„Die Acht-Semester-Garantie der TH Darmstadt"

Eine nützliche organisatorische Studienhilfe, besonders für Anfänger, ist der Studienplan, eine eigenständige Einrichtung der THD. Die Studienpläne, im Vorlesungsverzeichnis für jeden Fachbereich besonders ausgedruckt, gewährleisten den kürzesten und sichersten Weg zum Studienerfolg. („Die Acht-Semester-Garantie der TH Darmstadt".) Der Studienrahmen weist jedem Studenten einen detaillierten Stundenplan nach: wo er, wann, wie lange, bei wem was belegen muß, um für die Prüfungen fit zu sein. Also ein vorprogrammiertes Studium mit deutlichem Verschulungscharakter.

Die Studienpläne sind nicht verbindlich, tragen aber noch quasi obligatorischen Charakter. Die hohe Erfolgsquote des TH-Studiums in Darmstadt, 80 Prozent verlassen die Uni mit bestandenem Examen, ist gewiß ein Effekt dieser durchrationalisierten Studienorganisation. Sie führt dazu, daß jede Prüfung, Vor- und Hauptprüfung innerhalb von zwei Jahren nach Anmeldung abgeschlossen sein kann. Resultat: In Darmstadt gibt es fast keine Langzeitstudenten und nur sehr wenige Prüfungsausfälle. Die hohe Effizienz des TH-Studiums hängt natürlich auch zusammen mit der unter TH-Studenten üblichen „soliden" Studienmotivation. Die meisten von ihnen haben schon zu Beginn des Studiums sehr konkrete Vorstellungen von ihrem Studium und ihrem Berufsfeld. Dieser Einstellung entspricht die schul- und programmgemäße Abwicklung des Studiums nach Plan.

Das Aufbaustudium für Fachhochschüler – eine „Besonderheit" der TH Darmstadt

Eine weitere Darmstädter Besonderheit ist das Aufbaustudium für Fachhochschüler. Graduierte Ingenieure können über dieses zwei- bis dreijährige Aufbaustudium ihren Gewerbelehrer machen. (In Hessen ist das nur an der TH Darmstadt möglich. Später auch einmal an der Gesamthochschule Kassel.) Unter Fachhochschülern erfreut sich dieser zweite Bildungsweg immer größerer Beliebtheit. Jedes Semester werden 120 Neubewerber zugelassen. Darüber hinaus besteht Zulassungsbeschränkung. Auch hier wieder eine widersinnige Nebenwirkung des Numerus clausus: Abiturienten, denen die Zulassungsschranke den Weg zur TH versperrt, weichen auf die Fachhochschule aus und gelangen von hier über das Aufbaustudium zu ihrem eigentlichen Berufsziel. Resultat: die Abiturienten nehmen den Nichtabiturienten, für die die Fachhochschule gedacht ist, die Plätze weg.

Herausragend: die technischen Disziplinen

Führend in der Bundesrepublik soll das Darmstädter Wirtschaftsingenieurwesen sein. Das Architekturstudium ist wegen seines Schwerpunktes „Planung" zu empfehlen. Beachtlich soll auch der Bereich Elektrotechnik sein. Neuer Studiengang in Zusammenarbeit mit den Wirtschaftswissenschaften: „Wirtschaftsingenieur Elektrotechnik". Einen guten Ruf sagt man auch dem Bereich „Energieversorgung" nach. Kapazität: Professor Wolfram Boeck.

Was in Darmstadt ohne Glanz ist, sind die nichttechnischen Disziplinen. Hier fehlt ein Höllerer, hier fehlen die medienkritischen Wissenschaften, hier fehlen interdisziplinäre Impulse. Gegenbeispiel: TU in Berlin. Hier wird die technologische Monokultur seit Jahren erfolgreich aufgelockert durch literatur-, film- und fernsehkundliche Seminare mit beträchtlichem Renommee. Solche Nebenwege sind für eine Technische Hochschule notwendig, um auch einmal aus der Schmalspur des Fachmännischen ausbrechen zu können. Den abschweifenden Interessen der Darmstädter Technikstudenten bieten sich – außer einem verschlafenen Filmclub und dem Universitäts-Orchester – allenfalls die Politologie mit Kogon und die Soziologie mit Teschner an. Typisch für die Darmstädter Verhältnisse ist die offizielle Definition der Sozial- und Politikwissenschaften als Hilfswissenschaften mit „Service-Funktion". Der Primat der Technologie ist unangefochten, gewiß einer der Gründe, warum der THD der Studienbetrieb so glatt und zielstrebig in Hinblick auf Examen und Beruf vonstatten geht.

„Darmstadt ist eine Uni, wo wieder studiert wird"

„Am liebenswürdigsten ist die Provinz in den mittleren Städten, die ebensoviel Einwohner haben wie Athen zur Zeit des Perikles" (OB Heinz Winfried Sabais über Darmstadt). Darmstadt – das hessische Athen. Auf dem Campus fühlt man sich eher an Sparta erinnert. Alles technisch und architektonisch wohl geordnet, wenn das Studentenleben überhaupt irgendwo stattfindet, an einem noch geheimgehaltenen Ort, dann bestimmt nicht auf dem Campus. „In dieser Stadt werden abends um zehn die Bürgersteige hochgeklappt", schrieb die „Darmstädter Studentenzeitung", deren Gedanken ansonsten noch über den Nichtigkeiten des Athener Studentenlebens in den Regionen der Weltrevolution schweben. OB Sabais: „In der ‚Darmstädter Studentenzeitung' wollen die Blinden den Sehenden die Farbenlehre beibringen. Die neue Gesellschaft kommt nicht aus Stalins Papierkorb ..." „Studentenzeitung": „Tatsächlich gelingt es Sabais immer wieder durch die flotte Art, in der ihm auch zu heiklen Themen manches aus der Feder fließt, den Eindruck gesunden Menschenverstandes zu erzeugen." Nur gelegentlich wird der Darmstädter Friede durch solche Scharmützel gestört. Die einzige Ruhestörung, auf die man sich verlassen kann, ist das traditionelle Darmstädter Heinerfest. (Sabais-Motto: „Wir müssen die öffentlichen Humore mobilisieren; Scherz, Satire, Ironie, Heiterkeit und Heinerfest – möglichst ohne tiefere Bedeutung.") Was ist noch zu melden vom Darmstädter Studentenleben? Ein Hippie-Domizil im Schloßkeller, oft geschlossen wegen Canabis-Düften. Die Apo-Theke „Sieben", wo sich die versprengten Häufchen der Campus-Politisierer sammeln. Das „Watzenviertel" im Uni-Bereich, mit ein paar Bierlokalen, wo allabendlich der schüchterne Versuch unternommen wird (und scheitert), die studentische Öffentlichkeit herzustellen. Schließlich eine unbekannte Anzahl Burschenschaftler, die – ebenso wie die linken Studenten – nicht weiter auffallen. „Hochschulpolitik ist völlig vom Campus verschwunden und findet nur noch in den Hochschulgremien statt", sagt Friedhelm Ernst von der „Darmstädter Studentenzeitung". „Darmstadt ist eine Uni, wo wieder studiert wird" (Dietrich Blankenburg, TH-Verwaltung).

Mädchen gesucht

Nur acht Prozent der 9000 Studenten sind weiblichen Geschlechts. Anders ausgedrückt: es herrscht ein katastrophaler Mädchenmangel. Stiftungsfeste, Examensfeiern, Instituts-Bälle haben unter diesem bedrückenden Tatbestand schwer zu leiden. (Das ist eben die Strafe dafür, daß die Männer die Frauen von den gehobenen technischen Berufen noch immer fernhalten.)

Die TH-Studenten in Darmstadt versuchen den Notstand durch Kontaktanzeigen in der Lokalpresse zu beheben – oder ihr Sinn für praktische Lösungen läßt sie bei der ersten sich bietenden Möglichkeit gleich aufs Ganze gehen und heiraten. (Hoher Anteil studentischer Frühehen!)

Der private Zimmermarkt ist ausgeschöpft

So rar wie die Mädchen sind in Darmstadt auch die Zimmer. Wohnheimplätze (knapp tausend auf neuntausend Studenten) sind so gut wie nicht zu bekommen, zwei bis drei Jahre Wartefristen! Der private Zimmermarkt ist ausgeschöpft, das alte Lied. Die Bereitschaft der Bürger, an Studenten zu vermieten, gering. Da macht sich bemerkbar, daß Darmstadt weder ein Athen des Perikles noch gar eine Universitätsstadt ist. Im Winter 1976 wird ein neues großes Heim eröffnet, mit zusätzlich 40 Plätzen für Behinderte. Die bis jetzt vorhandenen Studentendörfer sind sehr schön, sie haben nur den Nachteil, daß sie auf Jahre belegt sind. Die projektierten Wohnheime werden vom bisherigen Einheitsmodell abweichen: sie reflektieren in ihrer Bauweise die Kommunikationsbedürfnisse der Studenten und fördern so den modernen kollektiven Wohnstil. Kollektives Wohnen: das ist auch in Darmstadt das Stichwort für unorthodoxe Wohnraumbeschaffung. Das Studentenwerk hat zwei Mitarbeiter dazu abgestellt, die sich ausschließlich um die Beschaffung von Häusern für studentische Wohngemeinschaften kümmern. Die Initiative hierzu war von Studenten ausgegangen, die leerstehende Wohnungen besetzten und später diese Besetzung über das Studentenwerk legalisieren ließen. Zeugnis von dieser ungewöhnlichen Wohnraumbeschaffung geben die beiden Darmstädter Objekte „Hotel Traube" und „Öttinger Villa". In beiden Fällen waren Besetzungen vorausgegangen, die später vom Studentenwerk bzw. der Stadt vertraglich abgedeckt wurden. Die zwei Wohnraum-Inspektoren des Studentenwerks stehen bereit, um weitere Projekte zu übernehmen. Wohngemeinschaften sollten sich an diese Adresse wenden. Übrigens tritt auch die Stadt als Wohnungsvermittler auf. Anschrift: Groß-Gerauer Weg 1, Telefon 1 33 82, der Wohnungsnachweis ist gebührenfrei.

Wer zu lange studiert, muß zahlen

Warnung an alle Langzeitstudenten und solche, die es werden wollen: In Darmstadt und an den anderen hessischen Hochschulen soll ab sofort jeder Student, der die Studienregelzeit deutlich überschritten hat, seine Studiengeldfreiheit verlieren. Die Semesterzahl darf im Höchstfall nur vier Semester über der Höchstförderungsdauer nach dem BAföG liegen. Im Vorgriff auf das Hochschulrahmengesetz wurde so in Hessen schon jetzt die Regelstudienzeit eingeführt. Wer über Gebühr studiert, wird gebührend bestraft!

Technische Hochschule Darmstadt
9000 Studenten (WS 1973/74)

Anschrift:
61 Darmstadt,
Alexanderstr. 14

Fachbereiche:

FB 1 Rechts- und Wirtschaftswissenschaften
FB 2 Gesellschafts- und Geschichtswissenschaften
FB 3 Erziehungswissenschaften und Psychologie
FB 4 Mathematik
FB 5 Physik
FB 6 Mechanik
FB 7 Physikalische Chemie und Chemische Technologie
FB 8 Anorganische Chemie und Kernchemie
FB 9 Organische Chemie und Makromolekulare Chemie
FB 10 Biologie
FB 11 Geowissenschaften und Geographie
FB 12 Vermessungswesen
FB 13 Wasser und Verkehr
FB 14 Konstruktiver Ingenieurbau
FB 15 Architektur
FB 16 Maschinenbau
FB 17 Elektrische Energietechnik
FB 18 Elektrische Nachrichtentechnik
FB 19 Regelungs- und Datentechnik
FB 20 Informatik

Universität Dortmund

Helmut Fritz

Vor allem wird gearbeitet: der „8-Stunden-Tag" an der Uni

„Die Industrie zieht nicht den Technischen Hochschulen nach, sondern umgekehrt müßten sich diese an die vorhandene Industrie anlehnen. Standort könnte daher nur Dortmund sein." (Denkschrift aus dem Jahre 1900)

Das Projekt einer Dortmunder TH läßt sich bis in die industrielle Gründerzeit zurückverfolgen. Daß es erst so spät (1968) verwirklicht wurde, hat sehr viel zu tun mit der Frage, warum das größte Industriegebiet Europas bis zur Universitätsgründung in Bochum überhaupt keine einzige Hochschule besaß! Um die Jahrhundertwende hatte der Kaiser entschieden: Das Ruhrgebiet ist und bleibt die Schmiede der Nation, hier wird produziert und nicht studiert! Die Republik und das Reich setzten den Bildungsboykott fort. Erst mit Bochum war der Bann gebrochen. Nach den Plänen der Landesregierung soll Nordrhein-Westfalen das Bundesland mit den meisten Hochschulen werden. Und Dortmund ist Standort der TH mit starker Anlehnung an die Industrie, wie seit 1900 vorgesehen.

Die Dortmunder TH, seit 1965 darf sie sich – im Vorgriff auf die Gesamthochschule – „Universität Dortmund" nennen, ist in wenigen Monaten aufs freie Feld vor die Stadt hingeklotzt worden, zwischen Ruhrschnellweg und Autobahn. Alles Zweckbauten in grauem Waschbeton, ablenkungsarme Arbeitsplätze für tüchtige Studenten, die es eilig haben. Die überwiegende Mehrheit kommt aus dem unmittelbaren Umland, 17 Prozent sind „Arbeiterkinder", ein Großteil gelangt über den Zweiten Bildungsweg zur Hochschule. Also kann man mit ausgeprägten Leistungsmotivationen rechnen: Morgens um neun sind alle Uni-Parkplätze schon restlos besetzt, abends um sechs sind sie wie leergefegt. Studenten sprechen von der „Dortmunder 40-Stunden-Woche", vom „8-Stunden-Tag" an der Uni, wenn plötzlich ein Werkstor dastünde, würde sich auch keiner mehr wundern.

Studentenleben findet nicht statt, dafür hat der aufstiegsentschlossene Hochschüler auch gar keine Zeit mehr. Für gewöhnlich steht er morgens um sieben auf, packt seine Hausarbeit zusammen und fährt nach dem Frühstück an seinen BAFöG-Studienplatz, in der Mittagspause sitzt er in der Mensa, trinkt Tütenmilch und verzehrt sein Hasenbrot. Um fünf ist Feierabend, die Mensa hat schon geschlossen, noch schnell ein Ritter-Pils in der „Bier-Uni", der einzigen Kneipe auf dem Campus weit und breit, und dann 'rauf auf den Ruhrschnellweg und heimwärts Richtung Wanne-Eickel. Wer in Dortmund studiert, braucht zwei Dinge: den Stundenplan im Kopf und das Berufsziel vor Augen. Der Erfolg läßt dann nicht lange auf sich warten.

Studienorganisation – bemerkenswert effizient

An der Universität Dortmund studieren 1973/74 knapp 3000 Studenten. PH- und Fachhochschul-Studenten nicht mitgerechnet. Ende 1975, wenn die großen Baukomplexe der Mathematik, Physik und Chemie fertig sind, werden es über 5000 sein. Im Endausbau 1980 sind rund 8000 Plätze vorgesehen. Die Studienorganisation ist bemerkenswert effizient. Kein Leerlauf zwischen Schulabgang und Studienbeginn. Das erste Semester ist hier kein Orientierungsfeld mehr, auch keine Anlaufzeit. In Dortmund befindet sich der Studienanfänger gleich in medias res nat., der Studiengang liegt abgesteckt vor ihm, Nebenwege eröffnen sich nicht, innerhalb bestimmter Fristen muß er das Ziel und die davor liegenden Etappenziele erreichen. Studienreform im Sinne der Planer. In der „Chemie" zum Beispiel bekommt das Erstsemester sofort einen vollgepackten Stundenplan in die Hand gedrückt, die erste Klausur ist dann in vierzehn Tagen fällig. Nur so wird möglich, daß man in Dortmund in acht Semestern ein Chemie-Studium absolvieren kann. Klage eines Studenten: „Es herrschen rigorose Studienbedingungen. Der Stundenplan ist ein Streß-Stundenplan. Durch die Studiengänge geht's im Galopp, an Prüfungshürden ist kein Mangel. Zu irgend etwas anderem, zum Beispiel Besinnung, kommt man da nicht mehr."

Alle Dortmunder Studiengänge sind auf acht Semester angelegt. Das Studium gilt als ausgesprochen praxisnah, „produktionsorientiert", sagt man dazu in Dortmund. Man scheut sich auch nicht, von „stark verschulten Studiengängen" zu sprechen, besonders im Hinblick auf die Chemie. Die Mehrheit der Studenten ist für die straffe Organisation dankbar. Es wird auf Examen und Beruf hin gearbeitet. Darauf laufen die Studiengänge schnurstracks hinaus. Die Neigung, aus der technischen Schmalspur auszubrechen, ist gering. Technologisches Denken bestimmt den Geist dieser Universität. Die Ausstattung der Labors und Institute ist hervorragend. Das Verhältnis zwischen Lehrenden und Lernenden sehr günstig (Chemie: 1 : 7). Das macht die „Verschulung" – an anderen Universitäten ein hilfloser Reflex auf die Massenuniversität – in Dortmund erträglich und produktiv. In den Abteilungen ist der persönliche Kontakt zwischen Studenten, Assistenten und Professoren eine Selbstverständlichkeit. Niemand starrt auf die wachsenden Studentenzahlen. Eher hat man den Eindruck, daß die räumlichen Kapazitäten schneller wachsen als die Neuzugänge. Wenn man in Dortmund (im stillen) etwas fürchtet, dann den Ruf, eine allzu einseitig auf industrielle Fertigungstechniken ausgerichtete TH zu sein. Andererseits ist es aber gerade das, was den Ruf der Dortmunder Universität ausmacht.

„Paradedisziplin" ist die Chemietechnik

Professor Schmeißer, Rektor der TH: „Die Universität Dortmund war konzipiert als TH mit stark praxisbezogenen Studiengängen. Exemplarisch und besonders empfehlenswert sind die Studiengänge Fertigungstechniken, Maschinenbau und die Elektrotechnik. Aber das eigentliche Paradestudium ist die Chemietechnik. Der gemeinsame Überbegriff für das Studium in Dortmund könnte die Produktionstechnik sein. Dafür ist Dortmund sehr gut. Konstruktionstechniken sind in Bochum besser."

Das Dortmunder Konzept sieht drei Schwerpunkte vor: Naturwissenschaften, Ingenieurwissenschaften und die Wirtschafts- und Sozialwissenschaften. Folgende Fachbereiche wurden eingerichtet: Mathematik, Physik, Chemie, Informatik, Chemietechnik, Fertigungstechnik (Maschinenbau), Raumplanung, Wirtschafts- und Sozialwissenschaften, Statistik, Elektrotechnik und seit neuestem auch ein Studiengang Journalistik. (Siehe Kapitel „Besonderheiten".) Als Fernziel ist an die Errichtung einer Abteilung für Medizin gedacht. Studenten, die Gymnasial- oder berufsbildende Lehrer werden wollen, können in Dortmund ein sogenanntes Erziehungswissenschaftliches Begleitstudium an der PH Dortmund absolvieren. Dies ist möglich im Zuge der entstehenden Gesamthochschule Dortmund. Die PH liegt in Sichtweite auf einer Wiese, ein nagelneuer Superbau, hoch und lang wie die „Queen Mary". (Mit mehr als 3000 Studentinnen an Bord!)

Raumplanung zieht wie ein Magnet Studenten an

Eine kurze Zeit war Dortmund der Konkurrenz um ein paar Studiengänge voraus, zum Beispiel mit der Chemietechnik. Die konnte man nur in Dortmund studieren. Jetzt hat Karlsruhe nachgezogen. Eine andere Besonderheit, die es nur in Dortmund gab, war die Raumplanung. Hier wurde Pionierarbeit geleistet. Nun haben die Dortmunder nach ihrem Modell auch in Kaiserslautern eine Abteilung Raumplanung aufgebaut, die TU in Berlin wird demnächst ebenfalls einen Studiengang „Raumplanung" einrichten. Aber der Vorsprung der Dortmunder ist beachtlich. Die meisten Studenten aus anderen Bundesländern kommen wegen der Raumplanung nach Dortmund. Dieses Fach ist auch das einzige in Dortmund mit einem hausgemachten Numerus clausus. Der große Zudrang erklärt sich nicht nur aus der besonderen Stellung, die diesem Studiengang in Dortmund zukommt, sondern auch dem Umstand, daß viele verhinderte Architekturstudenten die Raumplanung als Warte- oder Ersatzstudium ansehen.

Über das Berufsfeld des „Dipl.-Ing. Raumplanung" herrscht noch manche Unklarheit. Ein Job in einem Planungsbüro oder im öffentlichen Dienst — mehr kann noch niemand versprechen. Dem ganzen Studiengang haftet etwas Künstliches an, er ist eine Zwitterbildung aus Architektur und Soziologie, geboren aus dem Geist der integrierten Gesamthochschule.

Doch schon hat Dortmund wieder etwas Besonderes: Man richtete einen eigenen Studiengang für Statistik ein.

Zu den Adoptivkindern der Technologie-Familie gehört auch die Journalistik. Dieses Studienfach ist als integrierter Studiengang gedacht, verbunden mit einem Forschungsauftrag „zur Struktur und Entwicklung des Tätigkeitsfeldes Journalismus und Kommunikation". Das Ganze läuft unter dem Arbeitstitel „Modellversuch". Ziel dieses in der Bundesrepublik einmaligen Studienganges ist die Öffnung der bisher an den Universitäten betriebenen Publizistikwissenschaften für die berufliche Praxis. Start: Wintersemester 1974/75. Auch dieser Modell-Studiengang ist auf acht Semester angelegt: vier Semester Grundstudium, zwei Semester Hauptstudium und ein Jahr Praktikum. Darüber hinaus ist ein kommunikationswissenschaftliches Aufbaustudium vorgesehen. Das klingt alles sehr gut, man fragt sich nur, ob im akademischen Umfeld einer Technischen Hochschule mit naturwissenschaftlich-technischer Monokultur der Journalistik-Student gut aufgehoben ist, vielleicht als Fach-Journalist?

„Mensch, der tut nischt, der liest"

Herr Lutz, M. A., Leiter der Pressestelle: „Die Neugründung der Universität muß erst langsam ins Bewußtsein der Dortmunder Bürger eindringen. Für Kumpel Anton und die Tegtmeiers von nebenan gehört der Student immer noch zur nichtarbeitenden Klasse. Ausspruch eines Uralt-Kumpels: Mensch, der tut nischt, der liest."

Dies ist nun wirklich unfair. Gerade der Ruhr-Student zählt zu den harten Bildungsarbeitern, dem Extravaganzen bei der Lektüre oder gar studentische Kapriolen ganz und gar fernliegen. Für ihn ist das Studium kein Bummel-, sondern ein D-Zug, Fahrpläne werden eingehalten, Endstation ist der Beruf. Herr Lutz: „Bei dieser stark leistungsorientierten Studieneinstellung kann sich kaum ein Studentenmilieu, wie man es in den typischen Universitätsstädten findet, entwickeln. Wer an einer süddeutschen Universität studiert hat und nach Dortmund kommt, ist enttäuscht von dem hier nicht existierenden Studentenleben."

Es gibt nur eine Uni in NRW, die ein spezifisches Studentenmilieu bieten kann: Münster, das (wegen Überfüllung nun schon beinahe verbotene) Mekka der Ruhr-Studenten.

Zurück nach Dortmund! Hier hat man es mehr mit dem Problem der Leere zu tun. Viele sehen darin einen Planungsfehler. Die Universität habe, so sagt zum Beispiel Herr Lutz, „nur reine Funktionsstrukturen, aber keine Kommunikationsstruktur". Allerdings: wie soll „Kommunikation" auf dem Campus entstehen, wenn 60 Prozent der Studierenden Fahrstudenten sind, die abends bei Muttern wieder die Füße untern Tisch stecken! Bei so viel Häuslichkeit bleibt in Dortmund manche Studentenbude leer. Sogar in den

Studentenheimen ist bei etwas Glück noch ein Zimmer frei. Sieben Heime mit 831 Plätzen sind in Betrieb. Vier weitere mit 1000 Plätzen befinden sich im Bau, andere in der Planung. Durchschnittspreis eines Einzelzimmers: 110 Mark. Ein Privatzimmer kostet im Schnitt 150 Mark. Ein Glückwunsch an das Uni-Bauamt: Alle Wohnheime sind nicht weiter als fünf Minuten zu Fuß von der Uni entfernt.

Schwierigkeiten mit den Studenten? Politische Aktivitäten? Störer? Herr Lutz: „Das kennen wir hier nicht. Dafür sind wir noch zu klein."

16 Uhr. Die Mensa schließt. Der Parkplatz beginnt sich zu leeren. Eine Stunde später liegt das Uni-Gelände verlassen da. Friede breitet sich über den Campus aus: tiefster westfälischer Friede.

Universität Dortmund
2220 Studenten (WS 1973/74).

Anschrift:
46 Dortmund-Hombruch,
Postfach 500

Abteilungen:
Mathematik
Informatik
Statistik
Physik
Chemie
Chemietechnik
Fertigungstechnik (Maschinenbau)
Elektrotechnik
Raumplanung
Lehrämter an Gymnasien, Real- und berufsbildenden Schulen
Journalistik
Wirtschafts- und Sozialwissenschaften (WiSo)
Bauwesen

Universität Düsseldorf

Hans Ehnert

Die größte Baustelle Düsseldorfs

15 300 Studenten sollen laut ministerieller Planung 1980 im Gesamthochschulbereich Düsseldorf studieren. Im Wintersemester 1973/74 waren es erst 4566. Erst? 1965 plante man noch für 1400 Studenten. Zum Wintersemester 1973/74 rechnete man dann aber realistisch mit 5000 Studenten allein an der Universität Düsseldorf, darunter über 2000 Studienanfänger.

Mit „vorsichtigem Optimismus" beurteilen denn auch die Universitätsangehörigen die Entwicklung ihres Campus. Der Optimismus bezieht sich auf den weiteren Ausbau. 1973 wurden auf der größten Baustelle Düsseldorfs täglich 300 Millionen Mark verbaut. Man konnte es sehen: Auf dem 180 Hektar großen Gelände hingen die Fertigteile der Universität regelrecht in der Luft, an Baukränen nämlich. Die Universität wird Stück für Stück von der Konfektionsstange zusammengesetzt.

Düsseldorfer Universitätspläne – „frevelhaft und schädlich für das deutsche Geistesleben"

1811 reiste der „Beschützer des Rheinbundes", Napoleon, durch Düsseldorf und erließ im Vorbeigehen ein kaiserliches Dekret, das die Gründung einer Universität mit fünf Fakultäten nach französischem Muster verordnete. Nach der Abdankung Napoleons war es den feindlich gesinnten Universitätsstädten Duisburg und Münster ein leichtes, die schon weit gediehenen Düsseldorfer Pläne abzuwürgen. Münster galt damals schon als „weniger geräuschvoll, weniger vergnügungssüchtig und als sittenreiner". Noch in den zwanziger Jahren entrüstet sich der Verband Deutscher Hochschullehrer über Düsseldorfer Universitätspläne als ausgesprochen frevelhaft und schädlich für das deutsche Geistesleben. So bleibt es 1923 in einem Vertrag zwischen der preußischen Regierung und der Stadt Düsseldorf bei einer Medizinischen Akademie mit dem Charakter einer medizinischen Fakultät. Erst 1965 wird vom nordrhein-westfälischen Landtag die Umwandlung der Medizinischen Akademie in eine Universität beschlossen. Die in Düsseldorf bislang und weiterhin dominierende Medizin erhält ein Gemischtwarenanhängsel: eine Naturwissenschaftlich-Philosophische Fakultät. 1969 macht sich die Philosophische Fakultät selbständig. Seitdem schikken sich die Mediziner an, mit ihren Kollegen aus den Geistes- und Naturwissenschaften und demnächst auch mit den Kommilitonen der schon beschlossenen Juristischen Fakultät zusammenzuarbeiten.

Die medizinische Tradition bescherte der Universität 1964 ihren ersten Nobelpreis über ihren Honorarprofessor Werner Forssmann. Hochburgen der Düsseldorfer Medizin waren und sind die Kardiologie und die Diabetesforschung. Die Universität präsentiert sich stolz als „Herzzentrum". Schon aber melden Geistes- und Naturwissenschaftler ihre Ansprüche an. Noch sind die Fakultäten im Ausbau, aber nach der 1972 verordneten Gesamthochschule Düsseldorf mit Fachhochschule und Pädagogischer Hochschule und den '73er Zukunftszahlen werden sie 1980 die Mediziner in den Schatten stellen: Den 3800 geplanten Naturwissenschaftlern, 3300 Geisteswissenschaftlern und 600 Gesellschaftswissenschaftlern werden nur noch 2600 Mediziner gegenüberstehen. Spätestens dann werden die Düsseldorfer merken, daß sie eine richtige Universität beherbergen.

Streit um Heinrich Heine

Düsseldorf hat also eine Universität, auch wenn es kaum einer weiß. Einmal erfuhr es fast die ganze Welt. 1973 erreichte die Frage, wie das neue Kind im Süden der Stadt denn heißen soll, einen dramatischen Höhepunkt. Eine illustre Gesellschaft hatte sich in einer Bürgerinitiative für Heinrich Heine als „Namensgeber" für die Universität eingesetzt: Günter Grass, Hermann Kesten und auch die größte „Waschpulverdame" der Welt, Gabriele Henkel.

Den Düsseldorfern hatte in ihrer rheinischen Frohnatur die spitze Zunge ihres „größten" Sohnes Heinrich Heine noch nie gefallen und nun erfuhren sie, daß auch noch die neue Universität seinen Namen tragen solle. Doch der Satzungskonvent der Universität machte kurzen Prozeß: Er setzt Heinrich Heine wieder vom Namensschild ab. Die Universität heißt weiterhin „Universität Düsseldorf".

In die Universität hat sich Heinrich Heine dennoch eingeschlichen: Die Philosophen gaben in der Neueren Abteilung des Germanistischen Seminars der Heine-Forschung (Professor Windfuhr) einen bundesdeutschen Stammplatz, und die Deutsche Forschungsgemeinschaft finanziert die Herausgabe eines 16bändigen Heinewerkes.

Egal wie die Universität heißt und ob Heines Geburtshaus in der Altstadt endgültig Kneipe bleibt, weil dort alles Kneipe werden muß, Heine bleibt Düsseldorf erhalten.

Die Medizin – nach wie vor Kernstück der Düsseldorfer Universität

Die Medizin bestimmt (noch) das Bild der Universität. Der Großteil der heutigen Klinikbauten stammt aus der Zeit um die Jahrhundertwende. Das entspricht jedenfalls baulich gesehen nicht mehr den Anforderungen an eine moderne medizinische Forschungs- und Ausbildungsstätte. Dieser Mangel soll jedoch bald behoben sein, denn der Wald von Baukränen wird sich ab 1974 auf die Medizinisch-Neurologische Klinik konzentrieren. Neun medizinische Zentren sollen entstehen, im klinischen Bereich fünf größere organisatorisch-verwaltungsmäßige Betriebseinheiten: Zentrum I: Chirurgie; Zentrum II: Frauenheilkunde, Pädiatrie, Urologie; Zentrum III: Augenheilkunde, Hals-Nasen-Ohren-Heilkunde, Neurochirurgie, Neurologie/Dermatologie; Zentrum IV: Medizin; Zentrum V: Zahn-, Mund- Kieferkrankheiten.

Darüber hinaus werden vier Zentren für interdisziplinäre Untersuchungs- und Behandlungseinrichtungen, gemeinsame Einrichtungen und Forschungseinrichtungen geschaffen: Zentrum A: Interdisziplinäre Untersuchungs- und Behandlungs- und gemeinsame Einrichtungen; Zentrum B: Lehreinrichtungen (Paramedizinische Ausbildung); Zentrum C: Medizinische Ausbildung, klinisch-theoretische Institute und Forschungseinrichtungen; Zentrum D: Ver- und Entsorgungseinrichtungen.

Dem raschen Anstieg der Studentenzahl wird die angebotene Lehre nicht mehr gerecht

Die neue Approbationsordnung für Ärzte (AO) und die Verpflichtung der Universität, statt 240 jetzt jährlich 350 Medizinstudenten und 100 für Zahnmedizin aufzunehmen, haben Ausbildungsprobleme noch nicht bewältigten Ausmaßes geschaffen. Die verantwortlichen Professoren schwören darauf, daß jeder Studienanfänger das Lehrangebot vorfindet, das er erwartet und nach der AO erwarten muß, einschließlich der vorklinischen Ausbildung in medizinischer Psychologie und Soziologie. Zwischen den Beschwörungsformeln klingt es bescheidener. In der Übergangsphase 1973/74 mußte zweigleisig gefahren werden, nämlich Ausbildungsplätze nach der alten Bestallungsordnung und schon nach der neuen AO anzubieten. Das hatte zur Folge, daß die Universität mit ihren Semester- und Lehrplanungen durcheinandergeriet. Prorektor Wilhelm Lochner versicherte, daß jeder zugelassene Student auf jeden Fall die gewünschte und geforderte Ausbildung erhalte. Die Übergangsphase könne nicht mehr als ein, zwei Jahre dauern. Dann richte sich die Ausbildung nur noch nach der neuen AO.

Die Naturwissenschaftliche Fakultät (mit Biologie, Chemie, Geographie, Mathematik, Physik und Psychologie) befindet sich noch im „numerus-clausus-geschützten“ Aufbau, das heißt, alle Fächer sind zulassungsbeschränkt.

In der Philosophischen Fakultät (mit Anglistik, Germanistik, Geschichte, Klassischer Philologie, Pädagogik, Philosophie, Romanistik und Sozialwissenschaft) stieg die Zahl der Studenten seit 1969, als der Zweckverband mit den Naturwissenschaftlern aufgegeben wurde, von rund 100 auf etwa 2000 an, die Zahl der Lehrstuhlinhaber dagegen von sechs auf 24. Dieser erhebliche Anstieg der Studentenzahl hatte zur Folge, daß zum einen alle Fächer – bis auf Philosophie und Sozialwissenschaft – mit NC belegt wurden und daß sich zum anderen die Arbeitsbedingungen erheblich verschlechterten. Es fehlen vor allem Lehrkräfte, daneben größere Übungsräume, doch als „Trost" wird die Versicherung herumgereicht, daß man schließlich noch am Anfang stehe.

Horrende Mietpreise kennzeichnen die Wohnsituation

„Der Schreibtisch des Ruhrgebiets", Düsseldorf, scheint die Universität bisher nur als Verwaltungsaufgabe wahrgenommen zu haben. Daß in ihr Studenten arbeiten und außerhalb des Campus wohnen wollen, haben die Düsseldorfer nur insofern zur Kenntnis genommen, als sie ihnen horrende Mietpreise offerieren. Wer auch immer nach Düsseldorf kam, er hatte Geld mitzubringen oder es schnellstens zu verdienen. BAföG-Sätze müssen hier etwas mit Armenhilfe zu tun haben und damit hatte man in Düsseldorf noch nie etwas am Bein.

Wer nicht zu Hause wohnen will oder kann, muß tief in die Tasche greifen. Das teuerste Angebot für ein Zimmer lag bei 290 Mark für 13 Quadratmeter. Das „billigste" war ein mietfreies Zimmer bei 33 Stunden Mithilfe im Haushalt in der Woche. Legt man einen Stundenlohn von sieben Mark zugrunde – was durchaus angemessen ist – so ergibt sich ein stolzer Mietpreis von 924 Mark im Monat.

Die Mehrzahl der angebotenen Zimmer und Wohnungen ist für einen Studierenden nicht erschwinglich. Hinzu kommt, daß preislich günstige Angebote mit Einschränkungen, wie: keine Kochgelegenheit, keine Bademöglichkeit etc., verbunden sind. Besonders schwierig ist die Situation für ausländische Studierende. Ihre Zimmerwünsche können kaum erfüllt werden. Fast alle, ohnehin teuren Angebote aus Privathaushalten sind mit dem Vermerk versehen: „Keine ausländischen Studenten".

Ebenso trist ist die Lage, was die Wohnheimplätze betrifft. Den rund 10 500 Studenten stehen bis jetzt rund 1000 Wohnheimplätze zur Verfügung. So ist es nicht verwunderlich, daß die durchschnittliche Wartefrist auf ein Zimmer vier Semester beträgt. 93 Appartements für Ehepaare sollen bis zum Wintersemester 1974/75 bezugsfertig sein. In den Wohnheimen beträgt der Mietpreis noch 80 Mark, wird aber schon bald auf 120 Mark angehoben werden müssen.

Zu dieser miserablen Wohnsituation ein Vertreter des AStA: „Aus den aufgeführten Gründen schritten bereits im Januar 1973 Studenten zur Selbsthilfe und gründeten den Verein Wohnungsnot Düsseldorf e. V., der leerstehende Häuser renovierte und wieder bewohnbar machte. Mittlerweile wohnen in acht Häusern 60 Studenten. Die Stadt weiß um die schwierige Lage der Studenten, aber tat von sich aus nichts, um auf leerstehende Häuser aufmerksam zu machen und zur Verfügung zu stellen. Teilweise erschwerte sie sogar durch bürokratisches Verhalten das Beziehen leerstehender Häuser."

Weit abgelegen von der Innenstadt: der Campus der Universität

Düsseldorfer haben noch kein Verhältnis zu ihrer Universität gefunden. Sie haben die Lehr- und Forschungsstadt im Süden schlicht in ihr Industriepotential mit einbezogen. Die Verkehrsverbindungen zum Campus sind schlecht und versprechen kaum besser zu werden. Die U-Bahn wird jetzt im Norden eingebuddelt, die Universität im Süden bleibt vorerst vergessen.

Düsseldorf empfiehlt sich als Arbeitsuniversität. Demonstrationen hat es noch nicht gegeben. Die „Kö", Düsseldorfs Prachtstraße, kennt nur mit den Industriebürgern einherschlendernde Studenten. Und die Universität kennt keine Bummelstudenten. Hübsch friedlich, aufbauend-konstruktiv, so geht es an dieser neuen Universität zu. Der CDU-Ableger RCDS (Ring Christlich-Demokratischer Studenten) gewinnt zwar bei den Studentenparlamentswahlen regelmäßig die meisten Stimmen, er stellt aber ebenso regelmäßig die Opposition, weil der SHB (Sozialistischer Hochschulbund) ihm dicht folgt und in Koalition mit progressiven Medizinern und Vertretern des MSB Spartakus den AStA stellt. Auch die Tatsache, daß Wissenschaftsminister Rau der Universität eine Satzung verschreiben muß, weil sich der Satzungskonvent nicht mehrheitlich mit den Studenten zusammenraufen konnte, trübt das bislang friedliche Bild nicht. Die Zukunft ist jedenfalls offen in Düsseldorf, so oder so.

Universität Düsseldorf
4566 Studenten (WS 1973/74).

Anschrift:
4 Düsseldorf, Universitätsstraße 1

Fakultäten:
Philosophische Fakultät
Mathematisch-Naturwissenschaftliche Fakultät
Medizinische Fakultät

Gesamthochschule Duisburg

Jutta Fey-Hauerwas

Aus den beiden Gründungskernen entstand die Gesamthochschule

Der Zulauf an Studenten zur Gesamthochschule Duisburg ist beachtlich – besonders im Hinblick auf die bisherigen Studentenzahlen. Die Angaben der Landessammelstelle in Münster zeigten, daß die GH Duisburg von allen fünf Gesamthochschulen Nordrhein-Westfalens bei der Ankündigung von Neuzugängen an erster Stelle liegt.

Welcher Anteil dieser „Attraktivität" jedoch auf die GH selbst oder auf die Überfüllung der anderen Hochschulen zurückzuführen ist, läßt sich noch nicht genau sagen, denn dazu besteht die GH Duisburg zu kurze Zeit.

Am 1. August 1972 wurde sie als Hochschule für die Region des Niederrheins gleichzeitig mit den Gesamthochschulen Essen, Paderborn, Siegen und Wuppertal errichtet. Eine vorläufige Grundordnung, die vom Minister für Wissenschaft und Forschung erlassen wurde, sollte der GH in ihrer Aufbauphase Verfassungskämpfe ersparen und hat dies bisher auch geleistet. Gründungsrektor und Kanzler wurden nach Anhörung der „Gründungskerne" vom Wissenschaftsminister ernannt. Von den Mitgliedern des Gründungssenats wurde die eine Hälfte gewählt, die andere Hälfte vom Minister berufen. Die ernannten Senatoren sind in der Regel sogenannte Fachvertreter, die mit dem Aufbau neuer Langzeitstudiengänge im Rahmen von integrierten Studiengängen betraut worden sind. Sie stammen aus dem Bereich der Universität und der Technischen Hochschule Aachen.

Bei der Gründung wurden die beiden Gründungskerne, die Abteilung Duisburg der PH Ruhr und die Fachhochschule, miteinander verschmolzen. Daß in Duisburg der eingebrachte PH-Bereich so groß war – er stellte zwei Drittel der Studenten und Hochschullehrer – und daß damit weitgehend schon die Struktur einer wissenschaftlichen Hochschule gegeben ist, wird sicherlich Auswirkungen auf die Entwicklung der GH haben.

Die Aufbauphase stand im Zeichen der zu erarbeitenden Studiengänge

Für manchen Außenstehenden mag bei der Gründung der neuen Gesamthochschulen nur der Aspekt der Studienplatzbeschaffung im Vordergrund gestanden haben. Für die Gesamthochschulen sah es jedoch in der Praxis anders aus: Ohne jede Anlaufphase, mitten in dem ersten Konsolidierungsprozeß, der zudem durch eine sprunghafte Personalergänzung gekennzeichnet war, und parallel zum normalen Lehr- und Studienbetrieb, wurden sie mit der Aufgabe konfrontiert, ein Stück Studienreform zu verwirklichen.

So standen die ersten Monate nach der Gründung der GH nahezu ausschließlich unter dem Zeichen der zu erarbeitenden integrierten Studiengänge. 28 Prüfungs- und Studienordnungen haben die Fachbereiche aufgestellt und dem Gründungssenat zur Beratung vorgelegt. Dabei läßt sich nicht gerade behaupten, daß die GH die sehr nachdrückliche Hilfe des Wissenschaftsministeriums, die ihr auf diesem Gebiet zuteil geworden ist, stets emphatisch begrüßt hätte. Heute würde sie jedoch einräumen, daß sie ohne den gesetzten starken Termindruck noch keine integrierten Studiengänge anbieten könnte. Das schließt allerdings nicht aus, daß über inhaltliche Einzelheiten der Ordnungen bis heute Meinungsverschiedenheiten zwischen GH und Ministerium bestehen.

Ziel bei den integrierten Studiengängen ist es, die bisherige Trennung von vorwiegend theoriebezogenem Studium und vor allem auf Berufspraxis ausgerichtetem Fachhochschulstudium aufzuheben. Der sechssemestrige Kurzzeitstudiengang und der achtsemestrige Langzeitstudiengang sollen gleichermaßen wissenschaftlich und berufsbezogen sein.

Diesem Ziel entsprechend gibt es für die integrierten Diplom-Studiengänge zwei Eingangsqualifikationen:
a) die Fachhochschulreife und
b) die Hochschulreife.

Das Studium gliedert sich in zwei hintereinanderliegende Abschnitte. Der erste Abschnitt ist das in der Regel zweijährige Grundstudium. Der zweite Abschnitt ist entweder

- das Hauptstudium A (2 Semester)
  oder
- das Hauptstudium B (4 Semester).

Das Grundstudium muß mit einer Zwischenprüfung abgeschlossen werden. Sie qualifiziert für eines der beiden Hauptstudien. Dabei richtet sich die Qualifikation nicht nach dem Notendurchschnitt, sondern nach der Wahl der Prüfungsfächer. Um trotz unterschiedlicher Eingangsvoraussetzungen ein gemeinsames Grundstudium zu ermöglichen, werden für das erste Studienjahr ausgleichende Brückenkurse angeboten. Für das zweite und die folgenden Studienjahre ist das Lehrangebot nach den unterschiedlichen Abschlußqualifikationen

- Diplom A nach einem in der Regel insgesamt dreijährigen Studium
  oder
- Diplom B nach einem in der Regel insgesamt vierjährigen Studium

differenziert. Diese Differenzierung beschränkt sich jedoch auf das notwendige Maß; ein großer Teil der Studieneinheiten ist in jeder Fachrichtung gemeinsam.

Als integrierte Studiengänge werden heute in Duisburg bereits
- Mathematik,
- Physik und
- Wirtschaftswissenschaft

angeboten. Sozialwissenschaften können an den fünf Gesamthochschulen allein in Duisburg studiert werden; der jetzige Langzeitstudiengang wird zum Wintersemester 1974/75 voraussichtlich mit einem Kurzzeitstudiengang voll integriert. Auch die technologischen Studiengänge – Maschinenbau, Elektrotechnik und vermutlich auch Teile der Hüttentechnik/Gießereitechnik/Glastechnik/Keramik –, die zur Zeit noch zu Graduierungen führen, werden bis zum Wintersemester 1974/75 voll ausgebaut und ermöglichen damit differenzierte Diplom-Abschlüsse.

Integrierte Lehramtsstudiengänge

Die integrierten Lehramtsstudiengänge setzen sich aus den drei Elementen – erziehungs- und gesellschaftswissenschaftliches Grundstudium, Erstfach und Zweitfach – zusammen. Im Vorgriff auf die neuen Prüfungsordnungen des Kultusministers orientieren sich diese Lehramtsstudienordnungen bereits an der Stufenlehrerausbildung. Mit einem relativ breiten Fächerangebot können an der GH Duisburg Lehramtsstudiengänge für Grund- und Hauptschulen, Realschulen und Gymnasien absolviert werden.

Die Promotions- und Habilitationsordnungen, die noch von der PH Ruhr fortgelten, werden demnächst durch neue Ordnungen abgelöst.

Die Aufgaben der Gesamthochschulen liegen in Lehre und Forschung. Sehr nüchtern wird jedoch in der GH Duisburg gesehen, daß praktisch die Lehrinhalte und lehrbezogenen Aufgaben zunächst im Vordergrund stehen; denn es werden neue Studienplätze benötigt. Bei der Schaffung neuer Forschungskapazitäten sind allerdings erste Schritte gemacht worden, die die Verstärkung der bereits vorhandenen Projekte mitumgreift. In der nächsten Zeit wird es, wie an allen Universitäten und Hochschulen, vor allem auf die Ausprägung besonderer Forschungsschwerpunkte ankommen.

Das Unigelände – in der Nähe der City gelegen

Schon heute zeichnet sich der große Gebäudekomplex der GH Duisburg durch eine fast idyllische Lage aus, und 1980, wenn der Ausbau abgeschlossen ist, werden fast alle Hochschulbauten dort liegen: am Stadtwald und am Zoo – im Grünen und zugleich verkehrsgünstig angebunden an

Autobahn und künftige Stadtbahn. Da das Gelände außerdem in Citynähe liegt, sind die Voraussetzungen für enge Kontakte mit den Bürgern gegeben. Mögliche Probleme einer stadtfernen Campus-Universität sind so fast ausgeschlossen.

Auch können kaum Schwierigkeiten durch Außenstellen entstehen, denn beide Gründungskerne liegen eng benachbart im gleichen Stadtteil. Zudem schließt die Hauptbaufläche unmittelbar an den bereits vorhandenen Neubau der ehemaligen PH-Abteilung an. Dort werden in Fertigteilbauweise 106 000 Quadratmeter Hauptnutzfläche bis 1980 in die Höhe gestapelt, aufgelockert durch dazwischen ruhende Flachbauten. Zum Ende des Jahres 1974 kann bereits das erste Gebäude, das in der allen fünf Gesamthochschulen gemeinsamen Systembauweise errichtet worden ist, bezogen werden. Mit dem neuen Aufbau- und Verfügungszentrum wird der dringendste Raumbedarf ein wenig entschärft. Bis weitere Neubauten fertiggestellt sind, müssen allerdings noch zusätzliche Räume angemietet werden.

Duisburg beherbergte schon einmal eine Universität

Das stadtnahe Hochschulgelände, die zentrale Verkehrslage und das Einzugsgebiet zum Niederrhein hin werden wesentlich dazu beigetragen haben, daß Duisburg wieder Standort einer wissenschaftlichen Hochschule geworden ist.

Nicht überall wird bekannt sein, daß Duisburg von 1655 bis 1818 bereits eine Universität besaß. Insgesamt haben damals etwa 6000 Studenten in Duisburg studiert, obwohl die reformierte Universität wegen ihrer politischen und konfessionellen Randlage immer zu den kleinen Universitäten des deutschen Sprachraumes zählte. Dafür war sie zumindest während der ersten Hälfte ihres Bestehens sehr stark zum niederländischen Universitätsleben hin orientiert. Auch die neue Gesamthochschule versteht sich als grenznahe Hochschule. Heute bestehen bereits gute Kontakte zu niederländischen Universitäten, die weiter ausgebaut werden. Einige Niederländer lehren bereits in Duisburg.

Übrigens trat die Universität Bonn die Rechtsnachfolge der alten Duisburger Universität an: Sie wurde am gleichen Tag eröffnet, an dem die Duisburger Universität geschlossen wurde.

Diese historischen Reminiszenzen und die attraktive Lage im Grüngürtel der Stadt können und sollen jedoch nicht darüber hinwegtäuschen, daß die GH Duisburg eine ausgesprochene Industrie-Hochschule ist. Von der Industrie, die sich dicht am Rhein und am Hafen entlang ballt, braucht der Student nicht unbedingt etwas zu merken. Wohnt er jedoch im (un-)geeigneten Viertel, merkt er sie deutlich: weder Augen noch Nase kann er vor ihr verschließen.

Hat der Student sein Examen bestanden, dann kann er in Duisburg im „Sechseck springen". Ohne Wohnungswechsel kann er bei Thyssen oder Krupp anfangen, bei Klöckner weiterlernen, um bei Mannesmann oder Rheinstahl Karriere zu machen – wobei ihm natürlich die Wahl der Reihenfolge oder der „Treue zu der richtigen Firma" selbst überlassen bleibt.

Neben der Industrie hat Duisburg auch Kultur zu bieten: Die gemeinsam mit Düsseldorf getragene Deutsche Oper am Rhein, das Düsseldorfer Schauspielhaus und ein eigenes Sinfonieorchester erfüllen „klassische" Bedürfnisse. Hochmoderne Akzente setzt die Stadt mit seinem Lehmbruck-Museum, mit Pop-art auf dem Rasen des Kantparks, Beat-Konzerten im Freien und lebhaftem Treiben in allen Stadtteilen während der Duisburger Woche.

Aber auch hier sollten keine Illusionen entstehen: Duisburg ist keine Studentenstadt, erst allmählich dringt die Existenz der Gesamthochschule in das Bewußtsein der Bürger. Ausgesprochene Studentenlokale gibt es noch nicht.

Man kennt sich noch an der GH Duisburg

Die GH Duisburg hat Vorteile, die sich daraus ergeben, daß sie noch nicht überlaufen ist. Die Duisburger Studenten gehen noch nicht in Mammutveranstaltungen unter. Bei einem durchschnittlichen Verhältnis Hochschullehrer–Studenten von 1 : 25 – und dabei ist der dynamische Mittelbau, der einen erheblichen Teil der Lehrveranstaltungen mitträgt, nicht berücksichtigt – sind enge Kontakte zwischen Lehrenden und Studierenden möglich. Man kennt sich noch an der GH Duisburg, zumindest innerhalb der einzelnen Fachbereiche. Damit bietet sich die natürliche Chance, nicht isoliert zu studieren, sondern in der Gruppe.

Eine weitere Kontaktstelle sind die beiden Mensen. Gewiß muß man in den Stoßzeiten Schlange stehen, doch zumindest tröstet das Ergebnis: Das Essen schmeckt in der Regel. Die Preise liegen mit 1,80 Mark für das Standardgedeck im Rahmen des Üblichen.

Auch Wohnprobleme gibt es in Duisburg weniger als andernorts. Zwar kann das Studentenheim mit 110 Bettplätzen zu 120 Mark nur wenige Studenten aufnehmen, es findet sich aber noch relativ leicht ein Zimmer in Duisburg oder Mülheim. Allerdings wird hier das Zimmerproblem weitgehend dadurch entschärft, daß drei Viertel der Studenten zu Hause wohnen; für sie ist tatsächlich „die Hochschule zu den Studenten gekommen".

Darin mag auch ein Nachteil liegen – denn Studenten, die bei ihren Eltern wohnen, sind im allgemeinen am „Studentenleben" weniger interessiert. So gibt es kein eigentliches Studentenmilieu außerhalb des Hochschulbereichs. Der von Jugendlichen selbst organisierte „Laden", in dem stets viele Studenten zu finden waren, mußte schließen, und Ersatz steht bisher noch aus.

Nur ein sehr kleiner organisierter Kern bestimmt die hochschulpolitische Szene

Der hohe Anteil von Elternwohnern hat auch Auswirkungen auf die studentischen hochschulpolitischen Tätigkeiten. Das Studentenparlament wird durch den MSB Spartakus und den SHB, die fast stimmengleich sind, geprägt. Der RCDS baut seine Position aus, der Sozialliberale Hochschulbund gewann einige Sitze. Diesen Organisierten steht eine starke Gruppe Unabhängiger gegenüber, die schwer einzuordnen sind. Wegen unterschiedlicher Auffassungen über die Funktion eines Allgemeinen Studentenausschusses konnten sich die bisherigen Partner MSB Spartakus und SHB lange nicht einigen. Heute stellt der Spartakus den dreiköpfigen AStA.

So bestimmt nur ein sehr kleiner organisierter Teil die hochschulpolitische Szene der Studenten; einige sind als Unabhängige stark in den Selbstverwaltungsgremien engagiert. Doch zu viele sind zuwenig interessiert oder können den oft kämpferischen Jargon der beiden linken Hochschulgruppen nicht nachvollziehen. Diese geringe Beteiligung an der studentischen Selbstverwaltung ist im Ergebnis bedauerlich, denn dadurch lasten auf den wenigen Aktiven so viele Aufgaben in den Gremien und der Basisarbeit, daß sie überfordert werden. Und dies in einer Situation, in der während des Aufbaus der GH, der Erarbeitung von Studiengängen und Prüfungsordnungen besonders viele Weichen gestellt werden, die die Bedingungen künftigen studentischen Arbeitens festlegen.

Kurzfristige Reform – das bedeutet Umlernen und Improvisieren für alle

Die GH Duisburg zeichnet sich insgesamt durch ein hohes Maß an „praktischer Vernunft und Illusionslosigkeit“ aus. So hat es zu keiner Zeit eine Gründungseuphorie gegeben, und auch ein Antrag auf eine Umbenennung in „Universität Duisburg“ ist nicht gestellt worden. Der ideologisch und konzeptionell nur wenig fixierte Duisburger Gründungssenat hat seinerzeit mit großer Mehrheit beschlossen, keine Schritte in dieser Richtung zu unternehmen, solange das Etikett „Gesamthochschule“ nicht schlicht falsch ist und solange damit der Reformauftrag zum Ausdruck kommt.

Kurzfristige Reform – das bedeutet Umlernen und Improvisieren für alle. Die bisherigen Erfahrungen, die Lehrende und Studenten aus den traditionellen Hochschulen mitbringen, gelten in einem völlig neuen Hochschultyp kaum noch fort und dürften nicht ungeprüft übertragen werden. Die Kurzfristigkeit bei der Verwirklichung von Reformen bedeutet: Nichts darf gleich festgeschrieben werden. Beweglichkeit muß erhalten bleiben, damit die neuen Erfahrungen eingebracht werden können. So sind zum Beispiel auch die neuen Studien- und Prüfungsordnungen nicht endgültig, sondern tragen den ausdrücklichen Vermerk: „Vorläufig". Da integrierte Studiengänge überhaupt zum erstenmal durchgeführt werden, sollen sie laufend überprüft und auch geändert werden, wenn die Anwendungspraxis es empfiehlt.

Improvisation und Umlernen sind damit „Pflichtfächer" für alle im Alltag der GH Duisburg. Wenn auch die reformadäquaten Gesetze und Ordnungen noch weitgehend fehlen, dürfte die insgesamt nüchterne und pragmatische Grundhaltung verhindern, daß die in Duisburg durchaus mögliche positive „Experimentierfreude" zu Resignation und Frustration wird.

Doch ein Stück Reformarbeit ist geleistet worden, die neuen integrierten Studiengänge sind angelaufen. Bereits nach einem Jahr ihres Bestehens kann die GH Duisburg zum Wintersemester 1973/74 als eine integrierte Gesamthochschule gelten. Allerdings wird sie die sehr verpflichtende Bezeichnung „integrierte" GH wohl nur so lange führen wollen, wie noch Hoffnung besteht, daß bei dem eher rückläufigen allgemeinen Trend in der Hochschul- und Studienreformpolitik zumindest der jetzige Grad an Integration der Studenten und des Studiums erhalten bleibt. Auch muß im Lehrkörper durch die Personalstruktur endlich eine wirkliche Integration erzielt werden. Im Rahmen seiner Möglichkeiten hat das Wissenschaftsministerium weitgehend die Voraussetzungen für eine Integration zu schaffen versucht. Dringend erforderlich ist es nun, daß auch die anderen Ressorts auf Bundes- und Landesebene ihren sicherlich nicht einfachen, aber unerläßlichen Teil dazu beitragen, daß die Hemmnisse der Integration und der Verbreiterung des Bildungsangebots in der Gesamthochschule abgebaut werden.

Gesamthochschule Duisburg
4112 Studenten (WS 1973/74).

Anschrift:
41 Duisburg, Lotharstraße 65

Fachbereiche:
- FB 1 Philosophie – Religionswissenschaften – Gesellschaftswissenschaften
- FB 2 Erziehungswissenschaften – Psychologie – Leibeserziehung
- FB 3 Sprach- und Literaturwissenschaften
- FB 4 Kunsterziehung – Gestaltung
- FB 5 Wirtschaftswissenschaft – Rechtswissenschaft
- FB 6 Mathematik – Naturwissenschaften
- FB 7 Maschinentechnik – Schiffstechnik
- FB 8 Hütten- und Gießereitechnik, Glastechnik und Keramik
- FB 9 Elektrotechnik

Friedrich-Alexander-Universität Erlangen-Nürnberg

Rudolf Reiser

Die zweitgrößte Uni Bayerns

Wenn es in der ersten Hälfte des 18. Jahrhunderts in Bayreuth nicht fortwährend zu Schlägereien zwischen Studenten und Bürgern gekommen wäre, gäbe es heute keine Universität in Erlangen. Markgraf Friedrich von Bayreuth und seine geistvolle Gemahlin Wilhelmine, eine Schwester König Friedrichs des Großen, wollten nämlich ursprünglich die Universität in Bayreuth, der Stadt, in der gegenwärtig eine der letzten bayerischen Hochschulen in diesem Jahrhundert entsteht, ansiedeln. Nach den Krawallen verlegte Markgraf Friedrich die Hochschule nach Erlangen, wo sie am 4. November 1743 mit barockem Zeremoniell eröffnet wurde.

Die Bildungsstätte war zunächst in der alten Ritterakademie untergebracht und zog später in das markgräfliche Schloß um. Markgraf Alexander von Brandenburg-Ansbach, der 1769 nach dem Aussterben der Bayreuther Linie das Fürstentum erbte, war der jungen Alma mater so zugetan, daß sie bald den Doppelnamen Friedrich-Alexander-Universität führte. Im 18. Jahrhundert galt die Erlangener Universität „als eine der besten Teutschlands", die „sehr gesittete Studenten" hatte. Der schwäbische Dichter Christian Friedrich Daniel Schubart berichtet uns von seiner Studienzeit in Erlangen folgendes: „Ich war hier in meinem Elemente. Frei, ungebunden durchstreift ich tobender Wildfang Hörsäle, Wirthshäuser, Konzertsäle, Saufgelage – studierte, rumorte, ritt, tanzte, liebte und schlug mich herum." Das war um 1760.

Um die Wende zum 20. Jahrhundert wurde die Universität das erste Mal richtig ausgebaut. Institute für Anatomie, Hygiene, anorganische Chemie und Pharmazie entstanden. Die Kapazität betrug damals 1200 Studenten. 1927 kam zu der Theologischen, Medizinischen, Juristischen und Philosophischen Fakultät noch eine Naturwissenschaftliche Fakultät hinzu. 1961 erfolgte die Zusammenlegung mit der 1919 in Nürnberg gegründeten Hochschule für Wirtschafts- und Sozialwissenschaften. Am 3. November 1966 wurde die Technische Fakultät als siebte Fakultät installiert. „Damit ist unsere Universität die erste der alten westdeutschen Universitäten, die sich den Bereich der Technik eingegliedert hat und so die Zugehörigkeit des technisch-wissenschaftlichen Denkens zur Ganzheit unseres geistigen Lebens dokumentiert", heißt es im Vorlesungsverzeichnis der Universität.

Folgende interdisziplinäre Einrichtungen sind in Erlangen-Nürnberg vorhanden: Gefördert durch eine Starthilfe der Stiftung Volkswagenwerk, nahm Anfang 1970 das Department für Biomedizinische Technik die Arbeit auf. Es verbindet die medizinische Forschung und Praxis mit den Naturwissenschaften und der Technik. Das Sprachenzentrum der Universität besteht seit 1969. Im 1966 eröffneten sozialwissenschaftlichen Forschungszentrum (Nürnberg) liegt der Sonderforschungsbereich 22 der Deutschen Forschungsgemeinschaft (DFG), der sich der Forschung auf dem Gebiet der Sozialisations- und Kommunikationsprozesse widmet. Seit Beginn des Jahres 1974 wird der Sonderforschungsbereich 118 („Methodenforschung zur Früherkennung des Krebses") als zweite Einrichtung dieser Art in der DFG gefördert.

Mit den Fakultäten und Zentraleinrichtungen wuchs auch die Zahl der Studenten. Hatte die Universität im Jahre 1936 knapp 1100 Studenten, so waren es 1955 schon 3600, 1960 bereits 6700 und 1970 knapp 10 000. Heute zählt die Hochschule rund 15 000 Studenten (einschließlich der Erziehungswissenschaftlichen Fakultät Bayreuth); ein Viertel davon sind Damen.

Die Universität Erlangen-Nürnberg ist damit die zweitgrößte Universität Bayerns, nach der Uni München, die heute die größte der Bundesrepublik ist. Die Studentenlawine brachte es mit sich, daß die Universität im Laufe der Zeit zu einem bedeutenden Struktur- und Wirtschaftsfaktor des Großraumes Erlangen—Fürth—Nürnberg wurde. Wie andere bayerische Hochschulen auch, so wird die Friedrich-Alexander-Universität zu immer größeren Prozentsätzen von Einheimischen besucht. 1962 waren es noch 69,3 Prozent, 1971 fast 84 Prozent.

Durch die Integration der sich ursprünglich in Nürnberg befindlichen Hochschule für Wirtschafts- und Sozialwissenschaften ist die Universität auf zwei rund 20 Kilometer voneinander entfernte Städte verteilt. In Erlangen konzentrieren sich die Institute — mit Ausnahme der Technischen Fakultät — um den Schloßgarten, im Süden der Stadt. In Nürnberg sind die Einrichtungen der Hochschule auf verschiedene Häuser in der Innenstadt verstreut. Ein Hauptgebäude gibt es noch nicht.

Was das Verhältnis Studenten je wissenschaftliche Personalstelle betrifft, ist die Universität Erlangen-Nürnberg gut gestellt. Sie ist in fast allen Fachrichtungen besser dran als die Universitäten im Bundesdurchschnitt. Nach den Berechnungen des Wissenschaftsrates kommen in den Geisteswissenschaften 13,2 Erlangener Studenten auf eine wissenschaftliche Stelle (Bundesschnitt 15,7), in den Sprach- und Kulturwissenschaften 13,0 (Bundesschnitt 14,2), in den Rechtswissenschaften 14,6 (Bundesschnitt 21,7), in den Wirtschafts- und Sozialwissenschaften 15,8 (Bundesschnitt 18,2), in den Erziehungswissenschaften 14,7 (Bundesschnitt 21,2), in den Naturwissenschaften 13,3 (Bundesschnitt 14,1). Nur die Ingenieurwissenschaften machen eine Ausnahme. Im Bundesschnitt kommen in dieser Fachrichtung 14,3 Studenten auf eine wissenschaftliche Stelle, in Erlangen 20,7.

In Planung: der schrittweise Ausbau der Universität

Wie geht es an der Uni weiter? Die Technische Fakultät wird in den nächsten Jahren in den bestehenden Fachrichtungen bis zu einer Studentenkapazität von 2500 ausgebaut. Die Angliederung weiterer technischer Disziplinen soll sich zunächst auf die Fächer Apparatebau und Energietechnik erstrecken. Für den Ausbau der Einrichtungen in Nürnberg wurde 1967 das Tucher-Gelände (2,3 Hektar) erworben. 1975 wird dort der erste Bauabschnitt zur Erweiterung der Wirtschafts- und Sozialwissenschaftlichen Fakultät mit einer Hauptnutzfläche von 12 000 Quadrametern fertiggestellt. Für eine gleichgroße Baumaßnahme ist ein Geländeteil reserviert, auf dem die Einrichtungen für die Lehrerausbildung untergebracht werden können.

Die Naturwissenschaftliche Fakultät will man schrittweise in die Nachbarschaft der Technischen Fakultät auf das Südgelände verlegen. Das Raumordnungsverfahren ist bereits eingeleitet. Die Medizinische Fakultät wird in drei Abschnitten auf einem 14 Hektar großen Gelände, das an die jetzigen Anlagen angrenzt, ausgebaut. Durch einen Erweiterungsbau in der Zahnmedizin soll die Zahl der Behandlungsstühle von 75 auf 122 erhöht werden. Dann können anstatt jetzt 66 jährlich, 80 Studienanfänger in der Zahnmedizin immatrikuliert werden. (Daten des Wissenschaftsrates, des bayerischen Umwelts- und Kultusministeriums und der Uni Erlangen.)

Viel diskutiert wurde in den letzten Semestern die Frage der Fachbereichsgliederung. Im Februar 1974 entschied der Große Senat, daß in Zukunft die bisherigen neun Fakultäten durch zwölf Fachbereiche abgelöst werden sollen. Es sind dies die FB Theologie, FB Rechtswissenschaft, FB Medizin, FB Grund-, Gesellschafts- und Geschichtswissenschaften, FB Sprachen und Literatur, FB Mathematik, FB Biologie, Chemie, Physik, FB Geowissenschaften, FB Wirtschafts- und Sozialwissenschaften, FB Ingenieurwissenschaften, FB Erziehungswissenschaften Bayreuth, FB Erziehungs- und Kulturwissenschaften.

Nicht nur bei Insidern bekannt – die „Erlanger Schule“

Aus dem Lehrangebot dieser zweitgrößten Universität Bayerns sollen einige Bereiche besonders hervorgehoben werden, da sie als „Paradedisziplinen“ dieser Universität gelten können:

1. Die auf Naturwissenschaften abgestimmten Ingenieurwissenschaften im Bereich der Elektronik, der Werkstoffe und der chemischen Verfahrenstechnik.

2. Die Fächer Biologie, Chemie, Mikrobiologie und Physiologie.

3. Die Wirtschaftswissenschaften, die sich in einem neuen Konzept des wirtschaftswissenschaftlichen Studiums unter anderem mit den Konditionen in der Europäischen Gemeinschaft befassen.

4. Die Universitätsklinik, eines der größten Herzzentren der Bundesrepublik. 1973 wurden in ihr 970 Herzoperationen durchgeführt.

5. Nicht zu vergessen schließlich die berühmte „Erlanger Schule" des Professors Paul Lorenzen (Philosophie), dessen Bücher zu Bestsellern wurden.

Diese, auf zwei Städte verteilte Universität, birgt sicherlich besondere Schwierigkeiten. Gefragt nach den größten, erklärt Rektor Bernhard Ilschner: „Wir sind eine Zwei-Städte-Universität. Die Distanz schafft eine gewisse Trennung, die überwunden werden muß." Man erwarte zwar eine S-Bahn zwischen beiden Städten, doch bis zu deren Verwirklichung würden wohl noch zehn Jahre vergehen. Ein weiteres Problem sei die Lage der Universität in der Innenstadt von Erlangen. „Alles geht wie ein Krebsgeschwür vom Schloßgarten aus", klagen die Bewohner, die sich in Bürgerinitiativen gegen den weiteren Ausbau der Uni in der Innenstadt wehren. Allerdings ist es erklärte Absicht der Stadtverwaltung, den Standort der Hochschule dort zu belassen, wo er jetzt ist.

Die Aufnahmegrenze der Universität liegt nach Ansicht Rektor Ilschners bei 18 000 Studenten, eine Zahl, die in drei Jahren erreicht ist. Folgt dann ein totaler Numerus clausus? Ilschner verneint. „Wenn der Ausbau der Universitäten in Passau, Regensburg, Bamberg und Bayreuth wie geplant durchgeführt wird, werden wir entscheidend entlastet."

Nach Auskunft Ilschners konnten im Wintersemester 1973/74 alle Bewerber, die in relativen Numerus-clausus-Fächern (also jene, die nicht von der Zentralstelle für die Vergabe von Studienplätzen in Dortmund vergeben werden) immatrikuliert werden wollten, aufgenommen werden. Eine Ausnahme bildete nur das Fach Höheres Lehramt an beruflichen Schulen.

Ein Opfer des Bayerischen Hochschulgesetzes: die „verfaßte Studentenschaft"

„Die 17. und vorläufig letzten Studenten-Parlaments-Wahlen an der Universität Erlangen-Nürnberg vom 15. bis 17. Januar 1974 endeten mit einem knappen Sieg der ‚Linken Liste', einer ‚auf Bewährung' gegründeten Koalition aus der Juso-Hochschulgruppe mit den Basisgruppen Soznatek, die zusammen im Vorjahr 14 Sitze gewinnen konnten (nun 11 Sitze). Der von den 36 Parlamentariern zu wählende neue AStA-Vorsitzende wird jedoch sein Amt nur bis Oktober dieses Jahres ausüben können, denn zu diesem Termin löst das Bayerische Hochschulgesetz die herkömmliche ‚verfaßte Studentenschaft' auf. Als zweitstärkste Gruppe konnte sich wiederum der

Ring Christlich-Demokratischer Studenten mit 10 Sitzen (im Vorjahr 9) behaupten. Die größte Schlappe mußte der aus dem Bundesverband ausgeschlossene Sozialistische Hochschulbund einstecken, der von den bisherigen fünf Sitzen vier verlor. Die Ulkgruppe LRNF (Liga für rauch- und nikotinfreies Franken) konnte immerhin einen Sitz erringen."
(Aus: „uni kurier", Nr. 14, März 1974.)

Die Nachfrage nach Buden ist größer als das Angebot

Die Wohnsituation ist auch für die Studenten dieser Universität nicht gerade rosig. 16 Wohnheime, davon sieben des Studentenwerks, stehen in Erlangen zur Verfügung. Die Mieten betragen zwischen 90 und 150 Mark. Die Nachfrage an Buden ist größer als das Angebot. Das mußte auch der „10 000. Student" in Erlangen erfahren, Christine Pöhlmann. Sie hatte sich ursprünglich in Tübingen um einen Studienplatz in Chemie beworben, wurde jedoch durch die ZVS auf Erlangen „umgelegt". In Erlangen fand sie jedoch kein Zimmer, und so mußte sie täglich zwischen ihrem Heimat- und Studienort hin und her pendeln. Nach ihrer Vorstellung in der Presse als „Jubilarin" konnte diesem Übel aber schnell abgeholfen werden.

Zwei Mensen verpflegen die Studenten. Die Hauptmensa befindet sich im Studentenhaus am Langemarckplatz (ein paar Gehminuten vom Schloßgarten entfernt). Dort stehen zwei Menus zur Auswahl. Preis: 1,50 Mark. Die Qualität der Mahlzeiten wird als „gut" bezeichnet. Die Technische Fakultät hat eine eigene Mensa. In Nürnberg liegt die Mensa im Zentrum der Stadt, etwa 300 bis 700 Meter von den Instituten entfernt.

Ein sogenanntes „studentisches Leben" spielt sich weder in Erlangen noch in Nürnberg ab. Es gibt keine typischen Studentenlokale, lediglich einige Klubs. Sportbegeisterten stehen gute Uni-Sportanlagen zur Verfügung und interessant für Wanderfreunde ist sicherlich die nahe Fränkische Schweiz. Wer mit diesem Angebot nicht zufrieden ist, muß eben Eigeninitiative entwickeln.

Friedrich-Alexander-Universität Erlangen-Nürnberg
14 466 Studenten (WS 1973/74).

Anschrift:
8520 Erlangen, Schloßplatz 4

Fakultäten:
Theologische Fakultät
Juristische Fakultät
Medizinische Fakultät
Philosophische Fakultät
Naturwissenschaftliche Fakultät
Wirtschafts- und Sozialwissenschaftliche Fakultät
Technische Fakultät
I. Erziehungswissenschaftliche Fakultät (Nürnberg)
II. Erziehungswissenschaftliche Fakultät (Bayreuth)

Universität Essen-Gesamthochschule

Helmut Fritz

Eine „Hochschule für die gesamte Bevölkerung"?

„Die Einfügung der Hochschule in die Stadt und das Verbundensein der Hochschule mit der Gesellschaft müssen so beschaffen sein, daß Menschen zum Lernen mit der Hochschule aufgefordert werden. Die Menschen der Region müssen sich mit der Hochschule identifizieren können und sie als die ihre akzeptieren."

Diese Sätze stehen in einem Memorandum der Stadt Essen, in dem Struktur und Planung der neuen Integrierten Gesamthochschule festgelegt sind. Die Denkschrift stammt aus dem Jahr 1971 und ist noch ganz durchdrungen von dem für Gründerzeiten typischen Optimismus. Nach dem einhelligen Willen der Landes- und Stadtpolitiker sollte dies eine „Hochschule für die gesamte Bevölkerung" werden. Ihr sollte die Aufgabe zugedacht sein, nicht nur im Bereich der Wissenschaften und Fachbereiche integrierende Funktionen auszuüben, sondern Integration sollte auch heißen, Stadt und Campus miteinander zu verbinden, die Universität zu einer Sache aller Bürger zu machen.

Im Gegensatz zu den benachbarten Hochschulgründern in Bochum und Dortmund, die ihre Universitäten am Stadtrand auf dem Acker ansiedelten (oder besser: aussiedelten), wollte Essen seine Hochschule mitten in der Kommune haben und in diesem, städtebaulichen, Sinne „Universitätsstadt" werden, wie es der Essener Poststempel ausweist. Diesen programmatischen Überlegungen der Stadt und des Landes verdankt die Gesamthochschule ihre glückliche Lage direkt am Rande der City. Die Hauptgebäude stehen zwischen Stadtkern und dem Wohngebiet Altenessen. Der Bebauungsplan sieht „Mischformen" vor, also Einrichtungen, die sowohl von den Studenten als auch von der Bevölkerung genutzt werden können (Geschäfte, Restaurants, Cafés, Reisebüros usw.).

Den Fehler anderer Hochschul-Neugründungen wollte man in Essen von Anfang an vermeiden: das Entstehen einer universitären Monokultur. Der Ehrgeiz der Gründer zielt auf das Gegenteil: auf eine in ihren eigenen Bereichen und in den Bereich der Stadt integrierte Gesamthochschule. In diesem Sinne sollte Essen ein Modell werden.

Wer kein Auto hat, der ist verloren

Vorerst steht die Gesamthochschule noch auf den Blaupausen der Architekten. Von den geplanten Großbauten im Schnittpunkt noch nicht vorhandener U- und S-Bahnen ist bis jetzt (1974) nur das mit dunklen Thermoscheiben verglaste Verfügungszentrum fertiggestellt, nicht einmal ein Zehntel der vorgesehenen Baumasse. Bis Ende 1975 soll ein Komplex von Vorlesungs- und Lehrgebäuden aus vorgefertigten Bauelementen aus den Altenessener Wiesen wachsen, mit Studienplätzen und Versorgungseinrichtungen für mehr als 9000 Studenten. Die Kosten für die erste Ausbaustufe werden auf rund eine Milliarde Mark geschätzt. Bis 1980 wird die Hochschule weiter wachsen, in der Endphase soll sie eine Kapazität für 10 000 bis 12 000 Studenten erreichen.

Aber mindestens bis in die Mitte der siebziger Jahre wird die Integrierte Gesamthochschule aus dezentralisierten, weit über das ganze Stadtgebiet verstreute Provisorien und Notbauten bestehen. Noch ist der Weg zum „Albert-Schweitzer-Tierheim" in Altenessen besser ausgeschildert als der Weg zum neuen Campus, und noch sieht sich so mancher Essener Taxifahrer vor ein Problem gestellt, wenn als Fahrtziel die „Gesamthochschule" genannt wird. Der zur Zeit wichtigste Studienführer in Essen ist ein Stadtplan mit den Uni-Lokalitäten: die Zentralverwaltung im Norden, der Senat in der Innenstadt, die Bibliothekszentrale am Stadtrand, die Wirtschaftswissenschaften im Nordwesten, die Sozialwissenschaften teils in der Innenstadt, teils am Südrand, die Pädagogen in einem Siedlungsgebiet, die Mensa im Osten, Wohnheime im Westen usw. – kurz: wer kein Auto hat, ist verloren.

Die Essener Universität wurde am 1. August 1972 als erste der fünf neuen Gesamthochschulen des Landes Nordrhein-Westfalen eröffnet. Seit diesem Tag firmieren die in Essen schon vorher ansässigen Hochschulen und Fachhochschulen unter dem Gesamthochschul-Titel und mühen sich redlich, dem ministeriellen Integrationsgebot nachzukommen. Folgende, mitunter heterogene Institutionen mußten sich unter dem neuen gemeinsamen Verwaltungsdach einrichten: die alte katholische Pädagogische Hochschule, das Klinikum Essen, das vorher zur Universität Bochum gehörte, die Altessener Ingenieurschulen für Maschinenbau und Bauwesen und schließlich die Folkwangschule für Gestaltung. Personal und Studenten, Lehrveranstaltungen und Einrichtungen dieser Bildungsstätten wurden einfach übernommen und in die auf 14 Fachbereiche ausgeweitete, per Verwaltungsakt konstituierte Gesamthochschule integriert. Mit dem Effekt, daß bereits im ersten Semester mehr als 6000 Studenten in den integrierten Studienbetrieb hineingezogen wurden, obwohl noch kein einziger der projektierten Großbauten stand und obwohl über die neuen Prüfungsordnungen und integrierten Studiengänge unter allen Beteiligten noch große Verwirrung herrschte.

Den größten Anteil unter den über Nacht zu „vollwertigen Studenten" umgewandelten Hochschülern stellten mit über 3000 die Fachhochschulen, gefolgt von den Absolventen der Pädagogischen Hochschule mit knapp 2000 Studenten. Rund 300 Studenten wurden vom Klinikum übernommen. Aus dieser zahlenmäßigen Verteilung werden bereits die Schwerpunkte der Essener Gesamthochschule ersichtlich: Medizin, Lehrerausbildung und Naturwissenschaften. Gegenwärtig (Sommersemester 1974) studieren rund 8000 Studenten in Essen.

Eine Besonderheit Essens: komplettes Angebot in allen Lehrer-Studiengängen

Studenten in Essen müssen sich auf absehbare Zeit mit unwirtlichen Lebensbedingungen abfinden: Die Hochschuleinrichtungen sind zersplittert, einzelne Fachbereiche über das ganze Stadtgebiet verteilt, es herrscht ein eklatanter Raummangel. Bis der Campus entsteht, leben die Studenten verstreut und wie Fremde in einer Industriestadt, die erst langsam zur Kenntnis nimmt, daß sie nun auch „Universitätsstadt" werden soll.

Für die Integration erweist sich der ans Chaotische grenzende Wirrwarr als schweres Handikap: Weite Wege trennen die Studenten von den Lehrveranstaltungen der Nachbardisziplinen, die Zusammenarbeit innerhalb der Fachbereiche, die Grundidee der Gesamthochschule, kann sich in einer noch uneinheitlichen Bürokratie nur mühsam entfalten.

Strukturmerkmal der Integrierten Hochschule ist die Vereinheitlichung von Forschung, Lehre und Studium aus den Bereichen der wissenschaftlichen Hochschulen und der Fachhochschulen. Um dies zu erreichen, werden neue Studiengänge als Integrierte Studiengänge (IS) eingerichtet, mit nach Studiendauer gestuften Abschlüssen. Gegenwärtig werden in Essen die folgenden Integrierten Studiengänge mit Diplom-Abschluß angeboten: Chemie, Mathematik, Physik, Wirtschaftswissenschaften, Lehramt am Gymnasium und an der Realschule und voraussichtlich auch für das Lehramt an Berufsschulen. Neu eingerichtet wurden außerdem IS für Maschinenbau und Bauingenieurwesen. Noch sind die Integrierten Studiengänge die Ausnahme von der Regel. Die folgende Tabelle gibt einen Überblick über sämtliche derzeit in Essen angebotenen Studiengängen und Abschlüsse:

Lfd. Nr.	Studiengang	Studienabschlüsse					
		A	D I	D II	G	SL	Po
1	Humanmedizin	×					×
2	Mathematik (IS)		×	×			×
3	Chemie (IS)		×	×			×
3a	Allgemeine Chemie (F)				×		
4	Physik (IS)		×	×			×
5	Wirtschaftswissenschaften (IS)		×	×			×
5a	Wirtschaft (F)				×		
6	Sozialarbeit				×		
7	Sozialpädagogik				×		
8	Erziehungswissenschaften			×			×
9	Industriedesign				×		
10	Produktdesign				×		
11	Visuelle Kommunikation				×		
12	Architektur				×		
13	Städtebau und Landesplanung				×		
14	Landespflege				×		
15	Allgemeiner Ingenieurbau				×		
16	Vermessungswesen				×		
17	Konstruktionstechnik				×		
18	Allgemeine Verfahrenstechnik				×		
19	Kerntechnik				×		
20	Elektrische Energietechnik				×		
21	Lehramt Gymnasium					×	
22	Lehramt Realschule					×	
23	Lehramt Grund- und Hauptschule					×	
24	Lehramt an Berufsschulen					×	

Abkürzungen:

A	Ärztliche Prüfung
D I	Diplom-Prüfung nach 6 Semestern
D II	Diplom-Prüfung nach 8 Semestern
G	Abschlußprüfung mit Graduierung
SL	1. Staatsprüfung für das Lehramt
Po	Promotion
IS	Integrierter Studiengang mit Diplom-Abschlüssen nach dem 6. bis 8. Semester
F	Auslaufender Studiengang aus dem Bereich der ehem. Fachhochschule (ab WS 1973/74 keine Studienanfänger)

Aus dieser Aufstellung wird eine der Besonderheiten der Essener Gesamthochschule deutlich: nämlich das komplette Angebot in allen vier Lehrer-Studiengängen. Auf diesem Teilgebiet, gemeinsame Ausbildung aller Lehrer aller Stufen, kann die Idee durchlässiger und integrierter Studiengänge als verwirklicht gelten. Gymnasial- und Realschulanwärter können in Essen folgende Fächer belegen: Deutsch, Englisch, Wirtschaftswissenschaften, Chemie, Mathematik und Physik. Als Zweitfächer werden angeboten: Philosophie, Kunst, Sozialwissenschaften, Biologie und Technologie. Gemäß der Durchlässigkeit der einzelnen Studiengänge können Absolventen des Studienganges „Lehramt an der Grund- und Hauptschule" auf Antrag zum Studium in einem höheren Fachsemester für das Lehramt an Gymnasien und Realschulen zugelassen werden, mit Deutsch, Englisch und Wirtschaftswissenschaften als Hauptfächer.

Die in Essen eingeführten Integrierten Studiengänge sind ein Stück realisierter Studienreform. Sie eröffnen Studenten mit unterschiedlichen Zulassungsvoraussetzungen (z. B. Fachhochschülern) den Zugang zur Universität. Vor Eintritt in einen IS müssen die Nicht-Abiturienten allerdings in Essen die sogenannten Brückenkurse absolvieren, die den Integrierten Studiengängen vorgeschaltet sind. Die Kurse sind obligatorisch, nur wer sie erfolgreich durchsteht, kann nach dem viersemestrigen Grundstudium (Kurzstudiengang) ein Hauptstudium mit längeren Regelzeiten (forschungsorientiertes Langzeitstudium) ableisten. Die Brückenkurse finden zu Beginn eines Semesters statt.

Der AStA der Essener Gesamthochschule hat an diesen Brückenkursen Kritik geübt. Nach seinen Beobachtungen verwässern sie die Idee der Integration, insofern sie Fachschulabgänger als Studenten „niederer Klasse diskriminieren". Schon in den ersten Studienwochen würde durch die Kurse „die Mehrheit der Studenten für die Langzeitstudiengänge abqualifiziert" (AStA). Dort, auf den oberen Rängen, tummeln sich überwiegend die Studenten mit Abitur – aber: auch Fachhochschüler haben Zutritt, wenn sie sich besonders qualifizieren.

Auch Essen tut sich schwer mit den „Folgen" der Integration

Wie effizient ist die Integrierte Gesamthochschule? Diese Frage kann nur innerhalb der einzelnen Fachbereiche beantwortet werden. Für den FB 2, Erziehungswissenschaften, in den die ehemalige katholische PH aufgegangen ist, gab der Dekan Hans Heid die folgende Auskunft: „Ich bekenne mich in dieser Frage zu einem vorsichtigen Optimismus. Der erste Vorteil: Das erziehungswissenschaftliche Niveau ist besser als vorher. Das ist unbestritten. Zweiter Vorteil: Die Übergänge zwischen den Fächern sind leichter. Lehrer an Grundschulen können Gymnasiallehrer werden, sich zu Diplom-Pädagogen ausbilden lassen oder sonstwie weiterstudieren. Dritter Vorteil:

Eine Gesamthochschule arbeitet wirtschaftlicher, und viertens: Die akademischen Statusunterschiede werden abgebaut."

Dies letzte ist allerdings, wie der Dekan auch zugibt, mehr eine Wunschvorstellung. In der Praxis bestehen die traditionellen Standesunterschiede zwischen Universitäts- und Fachhochschullehrern unterschwellig weiter, oder formieren sich in den neuen politischen Hochschulgremien. Was nun die Statusunterschiede in den Studiengängen betrifft, so sind sie keineswegs durch die Integration abgeschafft worden. Denn ein und derselbe „integrierte" Studiengang kann zwei verschiedene Abschlüsse haben: einen für den Abiturienten (Diplom-Sozialpädagoge) und einen für den Nicht-Abiturienten (graduierter Sozialpädagoge). Der eine Abschluß entspricht einer A 13-, der andere einer A 9-Besoldung. Das macht einen Unterschied von 400 bis 500 Mark im Monat aus.

Eine weitere Integrationsschwierigkeit umschreibt der Dekan des Fachbereichs Erziehungswissenschaften vorsichtig als „fortbestehende Eigentendenzen der einzelnen integrierten Hochschuleinrichtungen, in diesem Fall der alte genius loci der katholischen PH Essen", der nun als „rheinisch-katholische Mafia" (Studentenjargon) in der Gesamthochschule fortlebt.

Daß Essen nicht nur „Universitätsstadt", sondern auch alte Bischofsstadt ist, daran kann sich der Dekan der integrierten Lehrerausbildung täglich erinnert fühlen: in seinem Dienstzimmer hängt der Heilige St. Martin und blickt ihm prüfend über die Schulter.

Universität Essen – Gesamthochschule
7000 Studenten (WS 1973/74)

Anschrift:
43 Essen,
Henri-Dunant-Straße 65

Fachbereiche:

FB 1 Philosophie, Evangelische Theologie, Katholische Theologie, Soziologie, Sozialarbeit, Sozialpädagogik, Politikwissenschaft, Geschichte, Geographie
FB 2 Erziehungswissenschaften, Psychologie, Leibeserziehung
FB 3 Germanistik, Anglistik, Romanistik
FB 4 Kunsterziehung, Werkerziehung, Textilgestaltung, Industriedesign, Produktdesign, Visuelle Kommunikation, Musik
FB 5 Volkswirtschaftslehre, Betriebswirtschaftslehre, Rechtswissenschaft, Haushaltswissenschaft
FB 6 Mathematik, Physik, Chemie, Biologie, Technologie (Arbeitslehre)
FB 7 Theoretische Medizin
FB 8 Praktische Medizin
FB 9 Konstruktive Grundlagen, Formgebung und -darstellung, Bauwissenschaft, Raumplanung, Landespflege
FB 10 Konstruktiver Ingenieurbau, Verkehrs- und Tiefbau, Baubetrieb
FB 11 Allgemeine Vermessungstechnik, Ingenieurvermessung, Betriebs- und Planungstechnik, Liegenschaftswesen, Photogrammetrie und Kartenwesen
FB 12 Theoretische, technologische und konstruktive Grundlagen, Maschinen- und Apparatetechnik
FB 13 Verfahrenstechnik, Kerntechnik
FB 14 Theoretische Grundlagen, Maschinen und Anlagen, Elektrische Energietechnik

Johann Wolfgang Goethe-Universität Frankfurt

Helmut Fritz

Die Sterne sinn net ze hoch, awwer die Leiter is ze korz (Volksweisheit)

„Was auch immer in Frankfurt geschieht, es kann nur größer werden. Eine Weltstadt wird es nicht, ganz einfach, weil es zu klein ist", stand vor Jahren in der Frankfurter Studentenzeitung „Diskus", und daran hat sich bis heute, trotz himmelstürmender Bauwut, nichts geändert. Wer diese Stadt abwandert, wird hibbdebach und dribbdebach (für Ortsfremde: beiderseits des Mains) Erstaunliches finden. In dieser Stadt, die in dem Ruf steht, ein kommerzielles Babel zu sein (Namen aus dem Frankfurter Adreßbuch: Geldmacher, Stempel, Ducat, Thaler, Gulden, Schilling, Batze, Grosch, Albus, Kreutzer, Heller und Schimmelpfennig), in dieser gewaltigen Kapitale des Kapitals gibt es noch immer versteckte Bezirke des Kleinstädtischen, in denen sich das alte Frankfurter Element so gut erhalten hat, daß man von kleinen Kommunen mit eigenen Sitten und Gebräuchen sprechen könnte.

Nur ein paar Straßenbahnhaltestellen weg vom Bankenviertel und der Geschäfts-Zeil zeigt Frankfurt schon wieder sein altbürgerliches Gesicht, geht es rentierhaft zu in Altbornheim, Bockenheim, im Nordend und – natürlich – in Sachsenhausen. Goethe: „Gegen Frankfurt liegt ein Ding über, heißt Sachsenhausen", sähe er es heute, er würde sich, ganz im Gegensatz zu den Sightseeing-Gästen aus Übersee, mit Grausen abwenden. Frankfurt ist die Mittelstadt, die ganz erheblich hinter ihrem wirtschaftlichen Zuwachs zurückgeblieben ist. Aber damit geht es nun immer schneller zu Ende, seitdem die Bürotürme in den Himmel wachsen, die U-Bahn sich unters Pflaster wühlt und die unheilige Allianz aus Spekulanten, Baulöwen und magistralen Städteplanern ihr Werk vollendet hat. Denn was die Bomber nicht vermochten, haben die Bulldozer gründlich nachgeholt. Das gilt besonders für das geschundene Frankfurter Westend, in dessen Einzugsgebiet die Universität liegt, die von eben jenem Großbürgertum gestiftet worden war, dessen Jugendstilvillen und Rothschild-Palais den Bürotürmen der Spekulanten weichen mußten. In den kümmerlichen Resten des einstmals eleganten Wohnviertels haben sich nun Studenten und Gastarbeiter eingemietet, Kommunen und Wohngemeinschaften bezogen hier Quartier. Das ganze Gebiet, vom Bürgertum weitgehend aufgegeben, vom Investitionskapital noch nicht ganz erobert, ist zum eigentlichen Frankfurter

Uni-Viertel geworden, mit der Bockenheimer Landstraße, die das Stadtzentrum mit der Universität verbindet, als Achse.

Frankfurt – eine Stadt ohne Studentenmilieu, eine Universität ohne Campus

Diese Universität ist ein Unikum. Im Gegensatz zu traditionellen Universitätsstädten, die sich schon auf dem Ortsschild als solche zu erkennen geben, ist Frankfurt eine Stadt ohne Studentenmilieu mit einer Hochschule ohne Campus. Daß mehr als 20 000 Studenten unter ihnen weilen, fällt den Frankfurtern immer nur dann auf, wenn es auf der Zeil zu „Krawallen" kommt. Dann sind's wieder die „Studende" gewesen, von deren Existenz man ansonsten nichts weiß. Und doch könnte man gerade in Frankfurt sehr viel über die aktuellen Bedingungen des Studierenden lernen.

Das Studentenleben – in Frankfurt existiert es schon lange nicht mehr. Das Quartier latin ist hier nur der Titel eines alljährlichen studentischen Faschingsvergnügens. Im Umkreis der Uni gibt es kaum eine Studentenkneipe, kein Ort, kein Schauplatz, wo dauerhafte Kommunikation stattfände. An die Zeiten, als Adorno noch blonde Studentinnen ins „Uni-Café" ausführte, zwei Studentenbühnen Theater machten und fast jeden Abend irgendwo eine Fete mit Uni-Prominenz stattfand, erinnert sich niemand mehr. Und es sieht so aus, als würde diesen Zeiten auch niemand nachtrauern.

In Frankfurt ist man auf anschauliche Weise „evident" geworden, in welchem Maße der Student, der immer schon ein exotisches Wesen innerhalb der Gesellschaft war, nun auch exotisch wurde im Verhältnis zu seiner eigenen Universität. Der Campus ist nicht mehr das Feld, auf dem er sein Außenseitertum als Vergünstigung erfahren könnte. Was Entfremdung ist, lernen die Studenten jetzt nicht mehr nur im Marxismus-Seminar kennen, sondern in schöner Unmittelbarkeit am eigenen Leib. Wer etwa im neuen supermodernen Hochhaus der Abteilung für Erziehung auf den dysfunktionalen Gedanken kommt, eine Kaffeepause zu machen, muß erleben, daß für die 3000 Studenten, die sich hier tagsüber aufhalten, nur eine einzige winzige Cafeteria eingerichtet wurde, mit ein paar armseligen Getränkeautomaten.

Klein wie der einzige Freizeitraum sind auch die Seminarräume, was an sich sehr fortschrittlich ist, weil man dabei an moderne Kleingruppenarbeit gedacht hat. In Wirklichkeit sind aber nur die Räume klein, während die Gruppen groß sind. Ergebnis: um eine Veranstaltung abhalten zu können, muß man die Stühle aus drei, vier Nachbarräumen zusammentragen, wo sie dann natürlich fehlen, so daß die einen Räume mit sitzenden und die anderen Räume mit stehenden Studenten überfüllt sind.

Warum sollen die Studenten ihre Pausen unter besseren Bedingungen zubringen als ihre Arbeitszeit? Zum Beispiel die Mittagspause! Die Mensa ist ungefähr so gastlich wie eine Pommes-frites-Bude an einem amerikanischen Highway. Sie hat eine Kapazität von 3000 bis 4000 Essen am Tag, bei 20 000 Studenten. (1975 soll mit dem Bau einer neuen Großmensa begonnen werden.)

Die äußeren Bedingungen des Frankfurter Uni-Lebens empfinden viele, aber schon längst nicht mehr alle Studenten, als deprimierend. Hinzu kommt die innere Anarchie der Studiengänge, von der selbst eingefleischte Humboldtianer nicht behaupten können, sie sei kreativ. Man braucht nicht über das feine Instrumentarium der „Psychotherapeutischen Beratungsstelle“ zu verfügen, um da einen resignativen Zug in der Studenten-Psyche festzustellen.

Ein Blick auf die hohen Studienabbruchquoten genügt da schon. Ein anderes Indiz für wachsende Studienunlust ist der ungewöhnliche Anteil von AfE-Studenten. Im Sommersemester 1974 gab es in Frankfurt insgesamt 7500 Lehrerstudenten, das ist mehr als ein Drittel aller Studenten! Schnell studieren, keine Extravaganzen, Examen nach sieben Semestern und dann ab ins Berufsleben und Beamter werden – es wird wieder mehr auf Sicherheit geachtet und auf den Beruf hin studiert. Das stimmt überein mit dem aktuellen Studenten-Typ, der in den Vorlesungen bereitwilligst alles mitschreibt und es sich nie herausnehmen würde, ohne anzuklopfen das Vorzimmer eines Professors zu betreten.

Allenfalls „Spontis“ prägen noch das Bild dieser Universität

Rein äußerlich bietet die Uni Frankfurt das Bild einer von linken Gruppen bestimmten Szene. Und so gesehen stimmt es auch. Überall die revolutionären Graffiti und die Grußadressen für die Dritte Welt. „Jürgen Krahl lebt“ da immer noch und auch die RAF (Rote Armee Fraktion) existiert in großen Lettern weiter. In richtiger Einschätzung ihrer Wirkung verzichtet der Präsident darauf, die Inschriften entfernen zu lassen. Nur noch wenige Bangemacher nehmen diese Sorte von Sprühdosen-Radikalität ernst. Zwar steht der Frankfurter AStA traditionell links, aber seine politischen Aktivitäten wurden in letzter Zeit durch Gerichtsbeschlüsse, die ihm jede außeruniversitäre Betätigung untersagen, stark eingeschränkt. Störungen des Studienbetriebes sind seit dem Vorlesungsboykott gegen den bürgerlichen Wirtschaftswissenschaftler Engels nicht mehr vorgekommen. Der Einfluß der linken Kader-Gruppen auf den überhaupt noch mobilisierbaren Teil der Studentenschaft hat stark abgenommen. „Kader“, strammorganisierte Partei-Studenten sind out, das Bild wird allenfalls noch von den „Spontis“ geprägt, einem Typus, der den Endpunkt der antiautoritären Studentenbewegung markiert. Sicher ist: so, wie es 1969 war, als Hans Jürgen Krahl, der Frankfurter Rudi Dutschke, im besetzten „Institut für Sozialforschung“ die „Kritische Universität“ ausrief und sich's dabei in Adornos Lehrstuhl bequem machte – so ist es gegenwärtig nicht und wird es auch künftig nicht mehr sein. Denn erstens gibt es an der Frankfurter Universität weit und breit keine Studentenautorität, und zweitens hat sich das studentische Interesse für „Kritische Universitäten" weitgehend verflüchtigt. An die „Karl-Marx-Universität" vom Sommer 1969 erinnern sich die wenigsten und kaum einer mit Nostalgie.

Das Warten auf die Studienreform

Außer den üblichen NC-Fächern ist in Frankfurt vor allem der Fachbereich Erziehungswissenschaften vom Numerus clausus betroffen. 1974 gab es Zulassungsbeschränkungen für Diplom-Pädagogen und für Lehrer der Fachrichtungen Biologie und Chemie. Man muß aber damit rechnen, daß früher oder später der ganze Lehrerausbildungsbereich dichtgemacht wird. Die Überfüllung hat hier ein unerträgliches Stadium erreicht. Ähnliche Verhältnisse herrschen im Sozialwissenschaftlichen Fachbereich, der noch offen ist und unter Warteliste-Studenten als beliebtes Ersatzstudium gilt. Auch hier muß man sich langsam auf den NC gefaßt machen. Aufs Ganze gesehen gehen die Studentenzahlen nicht über die Höhe hinaus, die das Kultusministerium erwartet hat. Nach Ansicht der Frankfurter Hochschulplanungsgruppe liegt das daran, daß diese Universität einen relativ festumrissenen Einzugsbereich hat. Weit über die Hälfte der Studenten kommt aus dem Rhein-Main-Gebiet, und der Zustrom aus diesem Bereich läßt sich ziemlich genau vorausberechnen. Die Prognose erwartet für 1977 insgesamt 24 500 Studenten. Stärkste Fächergruppe werden die Sprach- und Kulturwissenschaften sein, mit rund 7000 Studenten.

Die Sozialwissenschaften erwarten für 1977 3200 Studenten. Weitaus die meisten von diesen gut 10 000 Studenten werden Lehrerstudenten sein. In diesem Sektor dürften sich für die nächsten zehn Jahre die größten Probleme der Frankfurter Universität einstellen.

Zur Lösung dieser Schwierigkeiten bedarf es dringend der vielbeschworenen Studienreform, aber in dieser Hinsicht tut sich wenig. Man wartet auf das Hochschulrahmengesetz und weiß doch recht gut, daß der Reformwind, der aus dieser Ecke kommt, den Universitäten ins Gesicht blasen wird. Regelstudium, begrenzte Studienzeit – solche Reform-Restriktionen sollte man sich lieber ersparen. Andererseits kommen die eigenen Initiativen über Entwürfe auf Fachbereichsebene nicht hinaus. Ausgefeilte, neue Studienordnungen fehlen gerade da, wo die Studiengänge am unübersichtlichsten sind: in den Sprach-, Kultur- und Sozialwissenschaften. Auch das Problem der zu sehr auf die Studienfächer bezogenen und zuwenig an Didaktik und Berufspraxis orientierten Lehrerausbildung ist ungelöst.

Der bisher einzige konkrete Reformvorschlag kam aus dem Fachbereich Jura. Dieses Modell sieht die einphasige Juristenausbildung vor, mit verstärkter Koppelung an die Berufspraxis und mit sozialwissenschaftlichen Schwerpunkten im theoretischen Teil der Ausbildung. Der Entwurf stammt aus dem Hessischen Justizministerium und ist vom Fachbereich akzeptiert worden. Start der sechsjährigen Erprobungszeit sollte das Wintersemester 1974/75 sein, aber nach dem Einspruch der CDU im Landtag ist das Projekt erst mal wieder auf Eis gelegt. Nicht ausgeschlossen, daß ein Teilstück der Jurareform dennoch verwirklicht wird: die Begrenzung der Ausbildungsplätze.

Bessere Studienberatung – vorerst nur Papier

Die Universitätsleitung ist sich im klaren darüber, daß die Studienberatung in Frankfurt „in den meisten Studiengängen, besonders für Studienanfänger, weit hinter den hochschuldidaktischen Erfordernissen zurückbleibt". (Uni-Report). Die hohen Quoten der Studienabbrecher-, -wechsler und Langzeitstudenten, die verbreitete Desorientierung, nicht nur unter den Erstsemestern, sind deutliche Hinweise auf dieses Defizit. In Zukunft soll es deshalb an der Frankfurter Uni eine ständige „Orientierungsveranstaltung für Studienanfänger" geben, die den Studenten über Studieninhalte und den Studiengang informieren und ihn auf die Berufspraxis vorbereiten soll. Leider steht dieses Modell einer studienbegleitenden, berufsorientierten und quasi-obligatorischen Studienberatung nur auf dem Papier. Bis es funktioniert, müssen die Anfänger sich mit dem begnügen, was die Fachbereiche anbieten.

Einst weltberühmt: Die Frankfurter Schule

An der Spitze der Fachbereiche rangieren in Frankfurt die Erziehungswissenschaften, die Rechts- und die Gesellschaftswissenschaften. Die Universitätskliniken spielen eine besondere Rolle. Sie genießen in der Bundesrepublik einen guten Ruf und stellen innerhalb der Wissenschaften und der räumlichen Universität einen eigenen Komplex dar.

Auch die Frankfurter Gesellschaftswissenschaften haben bislang in der deutschen Soziologie einen führenden Rang behauptet. Das einst weltberühmte „Institut für Sozialforschung" (Die Frankfurter Schule, Kritische Theorie) büßte jedoch nach dem Tode Adornos, dem Ausscheiden Horkheimers und dem Exodus an Wissenschaftlern: Pross, Habermas, Friedeburg u. a. viel von seinem Ruf ein. (Habermas kehrt allerdings an das „Institut" zurück.) Eine zunehmende Bedeutung gewinnen dagegen die Erziehungswissenschaften in Frankfurt, die auch zahlenmäßig den Schwerpunkt dieser Hochschule bilden. Wer sich für „Vorschul-Didaktik", „Sozialisation und Sprache" oder „Begabung und Lernen" interessiert, findet hier die entsprechenden Arbeitskreise und Forschungsgruppen. Neuerdings hat die Frankfurter Universität ein sogenanntes Didaktisches Zentrum, das besondere Forschungsaufgaben im Rahmen übergreifender Forschungsansätze wahrnehmen soll. Themen: Lehrerbildung und Hochschuldidaktik.

Wohnungsprobleme – so gravierend wie fast überall

Die Aussichten, in Frankfurt ein wohnliches und bezahlbares Zimmer zu finden, werden immer kleiner, während die Zahl der zimmersuchenden Studenten wächst. Die meisten Buden befinden sich in Bockenheim und im Westend, beide Stadtteile liegen in Uni-Nähe, außerdem in Sachsenhausen, Nordend und Bornheim. Alles Alt-Frankfurter Viertel, wo die Wohnungen noch groß genug sind, um auch Wohngemeinschaften Platz zu bieten, vorausgesetzt, man findet einen Vermieter, der sich vor Studenten selbst dann nicht fürchtet, wenn sie im Kollektiv auftreten. Wer in eines der vielen Wohnheime ziehen will, muß Wartezeiten in Kauf nehmen.

Zimmer und Wohnungen, soweit verfügbar, vermittelt das Wohnungsamt des Frankfurter Studentenwerks (Studentenhaus, Jügelstraße 1, Seiteneingang). Die Zimmerpreise liegen, je nach Lage und Ausstattung zwischen 90 und 200 Mark. Die Vermittlung von Zimmern und Wohnungen erfolgt kostenlos. Die Sprechstunden des Wohnungsamtes sind Montag bis Freitag 9 bis 12 Uhr. Schriftliche Anfragen können wegen der großen Nachfrage und des beschränkten Wohnungsangebotes nicht beantwortet werden.

Noch ein Wort über das Leben in Frankfurt? Überflüssig zu sagen, daß es sündhaft und teuer ist. Die Vergnügungen dieser Stadt sind nicht auf Studenten-Brieftaschen zugeschnitten. Kaum Kneipen mit Uni-Milieu, es fehlt die studentische Subkultur, die Kino-Provinz in Frankfurt ist seit Jahren sprichwörtlich. Das Gescheiteste, was man als Student hier noch anfangen kann, ist studieren. Wer nicht aus Hessen kommt, kann sich sowieso keine Verzögerungen leisten, weil mit Überschreiten der Studienzeit die Studiengeldfreiheit wegfällt. Wer über Gebühr studiert, wird gebührend bestraft.

Johann Wolfgang Goethe-Universität Frankfurt
20 000 Studenten (SS 1974)

Anschrift:
6000 Frankfurt am Main,
Mertonstraße 17–25

Fachbereiche:
FB 1 Rechtswissenschaften
FB 2 Wirtschaftswissenschaften
FB 3 Gesellschaftswissenschaften
FB 4 Erziehungswissenschaften
FB 5 Psychologie
FB 6 Religionswissenschaften
FB 7 Philosophie
FB 8 Geschichtswissenschaften
FB 9 Klassische Philologie und Kunstwissenschaften
FB 10 Neuere Philologien
FB 11 Ost- und Außereuropäische Sprach- und Kulturwissenschaften
FB 12 Mathematik
FB 13 Physik
FB 14 Chemie
FB 15 Biochemie und Pharmazie
FB 16 Biologie
FB 17 Geowissenschaften
FB 18 Geographie
FB 19 Humanmedizin

Albert-Ludwigs-Universität Freiburg

Stephan Bohnke

Freiburg – an der Spitze der Beliebtheit bei den Landesuniversitäten

Sie gehört zu dem exklusiven Kreis der zwölf deutschen Traditionsuniversitäten und liegt im hochschulreichsten Land der Bundesrepublik: die Albert-Ludwigs-Universität zu Freiburg. Neben dem mittelalterlichen Freiburger Münster mit dem „schönsten Turm der Christenheit" zählt sie zu den markantesten Wahrzeichen der Breisgau-Hauptstadt, der Westpforte zum Südschwarzwald. Von dem Landesherrn Erzherzog Albrecht VI. 1457 gegründet und von Papst Caltixt III. mit den notwendigen Privilegien versehen, steht die Freiburger Universität heute von allen neun baden-württembergischen Landesuniversitäten an der Spitze der Beliebtheit – das jedenfalls ergab eine bei allen Abiturienten des Jahrgangs 1972 in Baden-Württemberg durchgeführte Umfrage.

Als ein Indiz für die Attraktivität dieser Universität kann die Entwicklung der Zahl der Studierenden gelten: Vor und während des Zweiten Weltkrieges lag die Studentenzahl nur wenig über 3000. Obwohl nach Kriegsende der Gebäudebestand der Hochschule zu fast 80 Prozent zerstört war, waren 1950 bereits über 4000, 1960 rund 10 000 Studenten immatrikuliert. Zu Beginn des Sommersemesters 1965 wurde erstmals mit der Zahl von 12 000 Studierenden eine Art „Schallmauer" durchbrochen. Eine rapide und gleichzeitig beängstigende Entwicklung für eine Universität, deren Aufnahmekapazität einst auf gut 5000 Studenten veranschlagt worden war.

Um diesen expandierenden Studentenzahlen wenigstens in räumlicher Hinsicht Herr zu werden, wurde neben dem Wiederaufbau ein forcierter Ausbau der Universität erforderlich, wollte man nicht – wie zu Gründerzeiten – die Vorlesungen in Bursen und Klöstern abhalten. Da verständlicherweise keinerlei Neigung zu solchen und ähnlichen Ausweichquartieren bestand, wurden bereits in den ersten zwei Nachkriegsjahrzehnten mehr als 210 Millionen Mark in Neubauten investiert. Von den Wiederaufbaumaßnahmen abgesehen, wurden unter anderem die folgenden Neubauten errichtet: das geisteswissenschaftliche Zentrum der Universität – die international bekannten Philosophen Husserl und Heidegger lehrten hier –, das im Herzen der City liegt und seit dem Ende des 18. Jahrhunderts in einem Kollegiengebäude der Jesuiten untergebracht ist (heute „Alte Universität"), wurde um die Kollegiengebäude II und III sowie das Mensagebäude auf der Hochallee erweitert.

In der Nordstadt, dem Institutsviertel für die Naturwissenschaftlich-Mathematischen Fakultäten, wurden beispielsweise die Institute für Chemie, Pharmazie, Physiologie und Hygiene, Physik, Biochemie, Humangenetik und Gerichtsmedizin neu erbaut. Heute sind in diesem Gebiet etwa dreißig Institute angesiedelt – eine beachtliche Zahl, hält man sich vor Augen, daß sich erst 1900 unter Abzweigung von der Philosophischen Fakultät die Naturwissenschaftlich-Mathematische als fünfte Fakultät etablierte. Trotz dieser relativ kurzen Zeit können sich die Naturwissenschaften in Freiburg bereits auf eine ehrwürdige Tradition berufen: Der Biologe Spemann und der Chemiker Staudinger – beides Nobelpreisträger – lehrten an der Albert-Ludwigs-Universität.

Der Neubau eines Institutskomplexes für Botanik-Genetik-Pharmakognosie am Botanischen Garten sowie die Neubauten für die Neurochirurgische Klinik, die Hals-, Nasen-, Ohren- und Augenklinik, die Zahn- und Kieferklinik im Westen der Stadt, wo das Universitätsklinikum untergebracht ist, sind ein weiterer Ausdruck des Bestrebens, der Entwicklung der Studentenzahlen gerecht zu werden. Weitere Universitätsanlagen befinden sich im Osten der Stadt. Hier liegt das Sportzentrum der Universität mit dem Universitätsstadion und zahlreichen Sportplätzen.

Trotz reger Bautätigkeit – die Universität Freiburg ist und bleibt überfüllt

Obwohl die Universitätseinrichtungen über die ganze Stadt verstreut sind, sind sie – dank eines ziemlich gut ausgebauten städtischen Nahverkehrssystems – ohne größere Umstände schnell zu erreichen. Hierin liegt also kein Problem. Problematischer dagegen ist die Tatsache, daß diese Universität trotz der regen Bautätigkeit bereits wieder an die Grenzen ihrer räumlichen Kapazitäten gestoßen ist. So moniert der Pressesprecher des Freiburger AStA, Hans-Dieter Hehnel: „In den Massenfächern an den Philosophischen Fakultäten sind die Studienbedingungen schlichtweg katastrophal. Die für die Massensprachfächer eingerichteten Bibliotheken, speziell im Deutschen Seminar, sind meistens hoffnungslos überfüllt. Auch fehlen uns insbesondere Räume für studentische Arbeitsgruppen." Für die Mediziner und Naturwissenschaftler weiß der Pressesprecher ähnlich Negatives zu berichten: „Neben den Medizinern haben besonders die Biologen und Chemiker schlechte Studienbedingungen, speziell was die Praktika-Plätze betrifft. Die Laborplätze sind nicht nur unzureichend ausgerüstet, sie sind außerdem nur in unzureichender Zahl vorhanden."

Diese Engpässe der im Wintersemester 1973/74 mit rund 15 500 Studenten stark überlasteten Freiburger Universität werden in absehbarer Zukunft sicherlich nicht behoben werden können. So vertrat die Landesrektorenkonferenz bereits 1972 die Auffassung – die sich übrigens auch auf die Universitätsstädte Heidelberg und Tübingen bezog –, daß diese Universitäten eine Größe erreicht haben, „die aus Gründen der inneren Organisation, vor allem aber auch im Hinblick auf die unzureichende infrastrukturelle Ausstattung der Standortstädte, mit gutem Gewissen nicht mehr überschritten werden kann". So sieht dann auch Helmut Englers, Professor für Bürgerliches Recht und Zivilprozeßrecht und seit 1. August 1973 Rektor der Universität Freiburg, seine Universität zwar „im Brennpunkt des Bedarfs" in bezug auf die Nachfrage nach Studienplätzen, da sie „eine traditionelle Universität mit einem umfassenden Angebot in den Geistes- und naturwissenschaftlichen Fächern ist", auf der anderen Seite aber konstatiert er für die Albert-Ludwigs-Universität das Erreichen „der Grenze des Wachstums".

Was die Ausstattung mit Lehrenden betrifft, hat die Freiburger Universität jedoch bei weitem noch nicht diese Grenze erreicht. Hierzu wiederum Rektor Engler: „Das Hauptproblem sehe ich zur Zeit darin, daß das Zahlenverhältnis von Lehrenden zu Lernenden ganz ungünstig ist. Das Schlimme ist, daß wir für die dauernd kräftig ansteigenden Studentenzahlen nicht mehr die notwendige Personalausstattung bekommen. So bewilligte uns der Landtag für 1974 8,5 neue Lehrstellen, kürzlich wurde diese Zahl jedoch durch einen neuen Landtagsbeschluß noch um die Hälfte reduziert." Die Folgen dieser Entwicklung sind in Freiburg dieselben wie anderswo: permanente Verschlechterung der Studienbedingungen, da der Lernerfolg in mit Hunderten von Studenten hoffnungslos überfüllten Lehrveranstaltungen minimal ist. Ein besonders krasses Beispiel für diese Misere ist in Freiburg die Juristische Fakultät. Hier ist das Mißverhältnis zwischen Professoren und Studenten besonders eklatant: Auf einen Lehrstuhl kommen etwa 114 Studenten. Zum Vergleich: In Heidelberg ist das Verhältnis 1 : 84, in Tübingen 1 : 83.

Praktiken wie auf dem Rummelplatz: ein Los entscheidet über einen Studienplatz

Personal- und Raummangel einerseits und steigende Studentenzahlen andererseits führen in ihrer Addition zwangsläufig zum Problem des Numerus clausus. Dank der politischen Einwände und Bedenken der Universitätsrektoren ist der Plan des baden-württembergischen Kultusministers, Wilhelm Hahn, einen totalen Numerus clausus für sämtliche Studienfächer an allen Universitäten des Landes Baden-Württemberg einzuführen, vorerst gescheitert. Doch im Zusammenhang mit den Zulassungsbeschränkungen wird in Freiburg ein Novum praktiziert werden: Da die Zahl der vorklinischen Studienplätze größer ist als die der klinischen Studienplätze, wird an der Universität Freiburg zukünftig ein Losentscheid den Studiengang von Medizinstudenten beeinflussen. Aufgrund des Druckes der begrenzten Aufnahmekapazität im klinischen Bereich haben die zuständigen Freiburger Universitätsgremien den Beschluß gefaßt, daß erstmals vom Wintersemester 1974/75 an die zur Verfügung stehenden 160 Studienplätze am Krankenbett unter den 237 zur klinischen Ausbildung anstehenden Studenten verlost werden sollen. Die nicht zugelassenen Bewerber erhalten Vorrang im darauffolgenden Semester. Diese Losregelung, von den Freiburger Medizinstudenten als „innerer Numerus clausus“ vehement kritisiert, löste erhebliche Unruhen aus. So beschlossen die Medizinstudenten auf einer Urabstimmung, mit großer Mehrheit einen dreitägigen Streik. Die Medizinstudenten begründen ihre Ablehnung dieses Verfahrens vor allem damit, daß betroffene Studienplatzbewerber nicht nur ein, sondern sogar bis zu drei Semester verlieren könnten. Mittlerweile ist der Losentscheid erneut zur Diskussion gestellt worden. Ob die Mediziner allerdings ihre Forderungen: „Aufnahme aller klinischen Erstsemester in Pflichtkurse! Weg mit dem Losverfahren! Freier Zugang zu allen Lehrveranstaltungen!“ werden durchsetzen können, erscheint unwahrscheinlich. Stellte der Studiendekan der Medizinischen Fakultät II, Professor Dr. Christoph Büchner, doch bereits fest, daß unter den gegebenen Bedingungen der Losentscheid als die „gerechteste Möglichkeit“ angesehen und akzeptiert werden müsse.

Die hochschulpolitische Szene ist „gemütlicher“ geworden

„Straff organisierte Minderheiten, die ihre revolutionäre Gesinnung unverhüllt zur Schau stellen, den Marsch in die Institutionen angetreten“ haben, wie sie Baden-Württembergs Ministerpräsident Filbinger als Tendenzen an einigen Universitäten erkennt, sind in Freiburg kaum mehr vorhanden. So erlitt bei den letzten Freiburger Studentenratswahlen (Wintersemester 1973/74) die von der Kommunistischen Hochschulgruppe und von Basisgruppen gebildete „Liste Demokratischer Kampf“, die bis dahin den AStA gestellt hatte, eine deutliche Niederlage. Seit diesem Zeitpunkt bilden mehrere gewerkschaftlich orientierte Hochschulgruppen eine AStA-Koalition, die eine Hochschulpolitik verfolgt, wie sie in den 23 Thesen des Deutschen Gewerkschaftsbundes zur Hochschulpolitik niedergelegt sind. „In Abgrenzung zu den ultralinken Kräften“ – so AStA-Sprecher Hehnel – „haben nun die etwas gemäßigteren Gruppen an der Freiburger Universität ganz entscheidend an Boden gewonnen.“ In dieselbe Richtung zielt die Aussage von Rektor Engler, angesprochen auf seine Zusammenarbeit mit dem AStA: „Die Situation hat sich deutlich entschärft, sie war zuvor erheblich schärfer.“

Freiburg also eine Universitätsstadt ohne hochschulpolitische Probleme und Auseinandersetzungen? Keineswegs! Ein AStA-Mitglied: „Ich schätze den Rektor als recht liberal ein. Ich glaube sogar, daß er uns einige Sympathien entgegenbringt, insofern, als daß er sich durch uns wohl einen gewissen Ordnungseffekt erhofft. Auf der anderen Seite ist er jedoch nicht bereit – obwohl er auch mit den Stimmen der gewerkschaftlich orientierten Gruppen gewählt worden ist –, auch nur in Ansätzen etwa auf unsere Mitbestimmungsforderungen einzugehen.“ Politisch also stehen die Fronten hart, denn „in den Kollegialorganen der Universität (Senat, Großer Senat etc.) dominiert eine rechte Clique, die bisher noch jede Veränderung in Richtung Fortschritt bereits im Keim abgewürgt hat. Nicht einmal Mittelbau, ,Personal'angehörige und Studenten zusammen können ... den festgeschmiedeten Block rechter Ordinarien durchbrechen" (Aus: asta inform, April 1974). Diese Mitbestimmungsfrage – auch in Freiburg ein hochbrisantes Thema mit viel politischem Zündstoff – sieht Rektor Engler in etwas anderem Licht: Im Kleinen Senat, was die Entscheidungskompetenz anbetrifft, das wichtigste Gremium der Universität, sieht auch er, „daß der Einfluß der Studenten sehr gering ist". Und zum Großen Senat: „Zwar ist auch hier eine Mehrheit der Professoren, Dozenten, der Akademischen Räte, aber es ist ja nicht so, daß Professoren und Dozenten immer gemeinsam am konservativen Strang ziehen. Wir versuchen ja auch, uns zu überzeugen und nicht bloß abzustimmen."

Hierfür spricht nicht zuletzt auch die vom AStA nicht geleugnete Tatsache, daß es in Freiburg durchaus auch sogenannte linke Professoren und Angehörige des Mittelbaus gibt, die „fast unbehelligt fortschrittlichen Forschungs- und Lehrinhalten" nachgehen können (Aus: asta inform, April 1974). In derselben Publikation wird dann allerdings festgestellt: „Aber ihre Freiheit ist nicht mehr als die Freiheit, die absolutistische Fürsten ihren Hofnarren zukommen ließen."

Wenngleich in der Mitbestimmungsfrage Uneinigkeit zwischen den verschiedenen universitären Gruppen besteht, so besteht doch Einigkeit in der Beurteilung der Verhältnisse zwischen den Freiburger Bürgern und „ihren" Studenten. Rektor Engler: „Die Kontakte zwischen den Studenten und den Bürgern dieser Stadt sind etwas abgeschwächt." Und AStA-Pressesprecher Hehnel weiß hierfür den Grund zu nennen. „Die Tatsache, daß hier jahrelang ein maoistischer AStA bestand, hat ziemlich viel verdorben. Die Bürgerschaft assoziiert AStA und Kommunisten sehr stark miteinander." Trotzdem glaubt Hehnel, daß das Verhältnis „wahrscheinlich besser ist als in vielen anderen Universitätsstädten, vielleicht deshalb, weil in letzter Zeit militante Störaktionen nicht mehr stattgefunden haben".

„Stadtagitation zur Wohnraumnot" – eine Aktion über die Wohnverhältnisse

Die Betonung liegt hier auf „militant", denn Aktionen fanden auch in jüngster Zeit statt, so zum Beispiel die „Stadtagitation zur Wohnraumnot", eine Aktion, bei der der AStA die Freiburger Bevölkerung über die Wohnraumpolitik im allgemeinen und die Wohnsituation der Studenten im speziellen aufklären wollte. Die vor langer Zeit von dem Kosmographen Sebastian Münster getroffene Feststellung über den Breisgau: „Ein guts kleins Land, hat alle notturft", trifft heute sicherlich nicht mehr auf Freiburgs Wohnraumangebot zu. Denn in Freiburg wird, wie in anderen Universitätsstädten auch, die Wohnversorgung der Studenten wegen des Wohnraummangels zu einem immer größer werdenden Problem. Und nicht nur für sie! Deshalb fanden Hausbesetzungen und Mietstreiks, von Studenten initiiert, auch in Freiburg das Interesse, die Sympathie, ja sogar die „solidarische Unterstützung" der Bürger dieser Stadt. Die Mietpreise für eine Privatbude liegen in Freiburg mittlerweile zwischen 150,– und 180,– Mark, wobei in den von Studenten bevorzugten Wohngebieten Freiburgs (Wiehre, Herden, Zähringen) die Zahl der angebotenen Zimmer ständig abnimmt. Der Trend aus Freiburg heraus ist für die meisten Studenten die bittere Konsequenz aus dieser Entwicklung. Zeitverlust wegen der längeren Anfahrtswege und erhöhte Kosten für die Benutzung der öffentlichen Verkehrsmittel oder des eigenen Autos sind die unliebsamen Begleiterscheinungen der Wohnraumnot. Für die studentische Zimmervermittlung ist das Studentenwerk (Universitätsstraße 5, Pforte) zuständig. Außerdem besteht die Möglichkeit, sich an die kommunale Wohnraumvermittlungsstelle in der Schloßbergstraße 15 zu wenden. Zu Beginn des Semesters sind hier die Erfolgschancen allerdings gering.

Außerdem gibt es in Freiburg momentan sieben Wohnheime für Studenten, die entweder studentenwerkseigen sind oder von privaten Trägern unterhalten werden. Zimmer in den Studentenwohnheimen werden grundsätzlich nur an Bewerber vermietet, die mindestens zwei Semester in Freiburg studieren wollen. Die Preise für Einzelzimmer liegen derzeit um 123 Mark, für Doppelzimmer um 90 Mark. Die Aufnahmekriterien sind in der Regel sozialer Art, manchmal wird auch noch das Losaufnahmeverfahren praktiziert. Alle Wohnheime haben Gemeinschaftseinrichtungen wie Fernseher, Tischtennis, Gemeinschaftsräume. In den meisten werden Tutorate angeboten, die von Foto und Sport bis zu Marxismus oder pädagogischer Psychologie reichen. Auf Härteantrag oder Warteliste (sehr lang) bekommt man vom Studentenwerk Billigstwohnraum. Es handelt sich hierbei um Wohnungen, die von der Stadt zum Abriß bestimmt sind, aber im Regelfall noch durchaus gut bewohnbar sind.

Falls man wegen erfolgloser Zimmersuche auf der Straße sitzt, kann man die Notunterkunft in der Studentensiedlung für zwei Mark pro Nacht in Anspruch nehmen.

Etwas preiswerter gestaltet sich die Studentenspeisung: Das Studentenwerk betreibt zwei Speisungsbetriebe, sprich: Mensen, von denen die eine (Mensa I) im Universitätszentrum, die andere (Mensa II) im Institutsviertel der Naturwissenschaftlichen Fakultäten liegt. Gewählt werden kann zwischen dem Stammessen (1,50 Mark) und einem Eintopf (0,90 Mark). Während beim Mittagessen ein Nachschlag (kostenlos) geholt werden kann – Fleisch und inklusive alles, was damit Ähnlichkeit besitzt, ausgenommen –, besteht diese Möglichkeit beim Abendessen nicht. Dafür wird es in der Zeit von 17.45 bis 19.30 Uhr nur in der Mensa II ausgegeben und kostet 1,10 Mark. Neben den Mensen stehen noch Cafeterias und Erfrischungsräume zur Verfügung. Auch sonntags, wenn die Speisungsbetriebe der Universität geschlossen haben, brauchen Freiburgs Studenten nicht zu hungern: Der AStA hat ein paar heiße Adressen, denn „es gibt in Freiburg einige Lokale, die vertretbare Preise mit genießbarem Essen verbinden" (asta inform, April 1974).

Ein Anschlag am schwarzen Brett der Universität Konstanz: „Papa hat jetzt viel Zeit für mich. Er kriegt keinen Studienplatz, und ich kriege keinen Platz im Kindergarten", ist für Freiburg nicht notwendig, zumindest, was den Kindergartenplatz betrifft, denn das Studentenwerk unterhält hier eine Krabbelstube und eine Kindertagesstätte. Die Krabbelstube ist für Kinder von Studentenehepaaren im Alter von eins bis drei Jahren vorgesehen, die Kindertagesstätte für Kinder im Alter von drei bis sieben Jahren. In der Krabbelstube entfallen auf maximal 35 Kinder, in der Kindertagesstätte auf maximal 45 Kinder sechs ausgebildete Kräfte. Für eine regelmäßige ärztliche Betreuung ist gesorgt. Aufnahmeanträge können beim Studentenwerk, Universitätsstraße 5, gestellt werden. Die Aufnahme erfolgt nach einer Warteliste. Soziale Härtefälle werden dabei nach Möglichkeit berücksichtigt. Der monatliche Beitrag in der Krabbelstube beträgt 150 Mark, in der Kindertagesstätte 140 Mark. Halbtägige Aufnahme ist begrenzt möglich. Des weiteren unterhält das Studentenwerk eine Psychotherapeutische Beratungsstelle. Sie ist mit drei hauptamtlich tätigen Psychotherapeuten besetzt. Eine Gruppenberatung kostet 6 Mark.

Eine „Freizeituniversität" mit fröhlichen jungen Leuten?

Wenn das Merian-Brevier vom Südschwarzwald in bezug auf die Universitätsneubauten feststellt, daß sich in ihnen „der Architekturwille unserer Gegenwart gegenüber dem gemütvoll traditionsbewußten Erbe klein-großstädtischer Prägung durchsetzt", so gilt dies in abgewandelter Form auch insgesamt für Freiburg als Universitätsstadt. Obwohl in dieser Hinsicht traditionsbeladen, sucht man hier vergeblich das spezifische Studentenmilieu. Vielleicht liegt dies daran, daß in Freiburg der Anteil der Studenten an der Gesamteinwohnerzahl nur zehn Prozent beträgt. Zum Vergleich: Heidelberg 14 Prozent, Tübingen 21 Prozent. Pressesprecher Hehnel: „In Freiburg gibt es nur einige Studentenklubs, nämlich die Diskotheken. Sie arbeiten auf privatwirtschaftlicher Basis und werden daher von bestimmten Studenten besucht, denen, die es sich finanziell leisten können. Daneben gibt es noch einen ausländischen Studentenklub und die Burschenschaften, die in Freiburg traditionell stark verankert sind. Aber auch die haben mittlerweile Nachwuchssorgen." Ansonsten gilt, daß die Lokale, die einigermaßen gut zu Fuß von der Universität zu erreichen sind, abends überfüllt sind, denn sie werden nicht nur von Studenten besucht, sondern auch die Freiburger selbst gehen gern ihren Wein in einem Lokal trinken. So hofft Hehnel denn auch: „Während der Semesterferien werden wir wohl von so manchem alteingesessenen Bürger ein wenig vermißt."

Außer den Studentenwohnheimen gibt es aus besagten Gründen keine typischen studentischen Wohnviertel mehr. Ausnahme: die Gerberau, die etwas abseits der großen Verkehrsadern liegt. Hier konzentriert sich das Wohngemeinschafts- und Kommuneleben. Ansonsten spielt sich die Kommunikation hauptsächlich in politischen Gruppen und deren Sympathisanten und in den Arbeitsgruppen ab. Über ein mangelndes Freizeit- und Kulturangebot jedoch können sich Freiburgs Studenten nicht beklagen. Zwei Studentenkinos, fünf Theater, zahlreiche Konzertveranstaltungen mit Musikangeboten aller Richtungen, Freiluft- und Hallenbäder sowie Trimm-Dich-Pfade sorgen für geistige und körperliche Ertüchtigung und Abwechslung. Nicht zu vergessen der Schwarzwald selbst mit seinen zahlreichen Ausflugs- und Wintersportmöglichkeiten. Der Erholungscharakter der Stadt und ihrer Umgebung haben der Freiburger Universität nicht umsonst zu ihrem Etikett „Ferienuniversität" verholfen. So meint denn auch eine Studentin, angesprochen auf die Vor- und Nachteile der Universität Freiburg, unter Beifallsbezeugungen einiger Kommilitonen: „Die Studienbedingungen sind hier in einigen Studiengängen durchaus nicht ideal, aber wo findet man denn das heute auch noch – nirgends. Deshalb: Die Vorteile überwiegen, überwiegen bei weitem." Somit hat Universitätsrektor Engler sicherlich nicht falsch beobachtet, wenn er feststellt: „Wenn ich die jungen Leute hier sehe, die aus der Universität kommen, das sind alles fröhliche und zufriedene Leute, die hier rumlaufen."

Albert-Ludwigs-Universität
Freiburg i. Br.
15 600 Studenten (WS 1973/74)

Anschrift:
78 Freiburg i. Br.,
Werthmannplatz

Fakultäten:
Theologische Fakultät
Rechtswissenschaftliche Fakultät
Wirtschaftswissenschaftliche Fakultät
Medizinische Fakultät I (theoretische Medizin)
Medizinische Fakultät II (klinische Medizin)
Philosophische Fakultät I (Philosophie, Psychologie, Pädagogik und Kunstwissenschaften)
Philosophische Fakultät II (Sprach- und Literaturwissenschaften)
Philosophische Fakultät III (Sprach- und Literaturwissenschaften: Germanistik, Anglistik)
Philosophische Fakultät IV (Geschichte, Politikwissenschaft und Soziologie)
Mathematische Fakultät
Fakultät für Physik
Fakultät für Chemie und Pharmazie
Fakultät für Biologie
Geowissenschaftliche Fakultät
Forstwissenschaftliche Fakultät

Justus-Liebig-Universität Gießen

Brigitte Bohnke

Heftige Auseinandersetzungen prägten die Aufbauphase der Universität

„Hier ist kein Berg, wo die Aussicht frei sei. Hügel hinter Hügel und breite Täler, eine hohle Mittelmäßigkeit in allem; ich kann mich nicht an diese Natur gewöhnen, und die Stadt ist abscheulich." Das schrieb Georg Büchner, einer der berühmten Studenten der Gießener Universität, Ende 1833 aus Gießen an seine Braut. Seinen Eindruck von dieser Stadt mit ihrer Universität, die heute als „Vogelsberguniversität" bezeichnet wird, teilte ein anderer berühmter Sohn, der einen wesentlichen Einfluß auf die Entwicklung der Universität hatte und dessen Namen heute diese Hochschule trägt, nicht: nämlich Justus Liebig.

Die Justus Liebig-Universität blickt auf eine sehr wechselhafte Geschichte zurück. Sie ist die dritte Universität in Gießen. Die erste Universität, nach ihrem Stifter, dem Landgrafen Ludwig V. von Hessen-Darmstadt benannt, entstand 1607, als die lutherischen Professoren die calvinisierte Philipps-Universität in Marburg verließen. So etablierte sich in Gießen eine Konfessionsuniversität mit kaiserlichem Privileg. Diese Hochschule wurde jedoch bereits 1624 wieder nach Marburg verlegt, aber nun als Hessen-Darmstädtische Universität.

26 Jahre vergingen, bis die zweite Ludwigs-Universität eröffnet wurde, diesmal als Landesuniversität für das untere Maingebiet. Die dritte Gießener Universität schließlich entstand in drei Stufen, wobei die jeweiligen Entwicklungsphasen durch außerordentliche Schwierigkeiten gekennzeichnet waren. Die Auseinandersetzungen begannen nach dem Zweiten Weltkrieg, weil weder der Regierungspräsident in Darmstadt noch der Finanzminister in Wiesbaden, noch der amerikanische Universitätsoffizier in Marburg den Gießener Universitätslehrern und Universitätsangestellten die Weiterführung ihrer Tätigkeit zugestehen wollten. Als Gründe wurden angeführt, „daß Hessen nicht vier Hochschulen unterhalten könne, daß man kein akademisches Proletariat züchten wolle, daß man Gießen opfern müsse, um Frankfurt und Marburg zu retten". (Aus: Die Justus Liebig-Universität, ein Bericht von Professor Dr. Clemens Heselhaus.)

Die am 1. März 1946 eingereichte Verfassung für die Ludwigs-Universität mit sechs Fakultäten (Evangelische Theologie, Rechts- und Staatswissenschaften, Medizin, Veterinärmedizin, Philosophie, Naturwissenschaften) wurde vom amerikanischen Universitätsoffizier E. Y. Hartshorne ungenehmigt mit der Bemerkung zurückgegeben: „Die Universität werde in eine Hochschule mit einer Landwirtschaftlichen und mit einer Tierheilkundlichen Fakultät, erweitert um fünf Naturwissenschaftliche Lehrstühle mit kleinen Instituten, reduziert." Der Kultusminister Dr. Schramm gab der reduzierten Hochschule nur noch die vage Aussicht auf eine Forstwissenschaftliche Fakultät. Daraufhin legte der Rektor (Dr. Bechert) mit der Begründung: „Die Universität Gießen wird in eine Hochschule für Bodenkultur und Tiermedizin umgewandelt werden" sein Amt nieder. (Aus: Die Justus Liebig-Universität, ein Bericht von Professor Dr. Clemens Heselhaus.)

Doch die Befürworter der „alten" Ludwigs-Universität gaben sich nicht geschlagen. Senat und Fakultäten legten einen „Gießener Entwurf" vor, in welchem die ministerielle Bezeichnung „Biologisch-Medizinische Hochschule" durch den „Namen „Justus Liebig-Universität" ersetzt, die geforderte Betonung der Landwirtschaft und Veterinärmedizin abgeschwächt und die Beschränkung der Naturwissenschaften weggelassen wurde. Dieser Entwurf war der erste Schritt dafür, daß die als „Morgenthau-Hochschule" konzipierte Universität nach zwölfjähriger Pause in etwas veränderter Form ihre Erneuerung als Universität feiern konnte. Kein Anlaß hätte dazu besser geeignet sein können als die 350-Jahr-Feier im Sommer 1957. Die langwierigen und harten Auseinandersetzungen hatten dazu geführt, daß die Justus Liebig-Universität die letzte bundesdeutsche Hochschule war, die nach dem Zweiten Weltkrieg ihren Lehrbetrieb wiederaufnehmen konnte.

Er prägte diese Hochschule: Justus Liebig

Landwirtschaft und Naturwissenschaften spielten und spielen in Gießen eine herausragende Rolle, denn weltweites Ansehen gewann die Gießener Universität durch das Wirken Justus Liebigs, der 1824 als Einundzwanzigjähriger zum Professor der Chemie an der Ludoviciana ernannt wurde. Liebig blieb fast dreißig Jahre in Gießen und machte diese Universität „praktisch zur Geburtsstätte der modernen Chemie" (aus: JLU-Forum, Nr. 36, April 1973). Sein Hörer- und Schülerkreis war international, und zu seinen „geistigen Söhnen" gehören 42 Nobelpreisträger. Doch Liebigs Name ist nicht nur mit der modernen Chemie unlösbar verbunden, sondern mit seinen Forschungen und Erkenntnissen begann auch für die Landwirtschaft und die Ernährungswissenschaft eine neue Ära.

Über seine Gießener Jahre schrieb Liebig später, daß es „wie eine höhere Fügung (war), die mich an die kleine Universität führte. An einer großen Universität oder an einem größeren Orte wären meine Kräfte zerrissen und zersplittert und die Erreichung des Zieles, nach dem ich strebte, sehr viel schwieriger, vielleicht unmöglich geworden, aber in Gießen konzentrierte sich alles in der Arbeit, und diese war ein leidenschaftliches Genießen . . ." (aus: JLU-Forum, Nr. 36, April 1973).

Justus Liebig war es nicht alleine, der das unbekannte Gießen zu einem Begriff werden ließ. Auch der Physiker Konrad Röntgen, der 1901 für die

Entdeckung der nach ihm benannten Strahlen den Nobelpreis erhielt, wurde an die Ludoviciana berufen und blieb fast ein Jahrzehnt. Den Schlußpunkt in dieser Aufzählung von Berühmtheiten soll Johann Caspar Goethe bilden, der Vater Johann Wolfgang Goethes. Vater Goethe studierte Jurisprudenz an der Ludoviciana und kehrte nach einem Studienaufenthalt in Leipzig nach Gießen zurück, wo er die Doktorwürde der Jurisprudenz erlangte.

Auch heute sind die Naturwissenschaften das „Markenzeichen" dieser Universität

Die Justus Liebig-Universität ist insofern ihrer Tradition eng verbunden, als auch heute noch die Naturwissenschaften, die Medizin sowie Landwirtschaft und Ernährungswissenschaften die „Markenzeichen" dieser Universität sind. Gießen beherbergt eine der insgesamt vier Veterinärmedizinischen Fakultäten der Bundesrepublik und die „Qualität" dieser Fakultät ist ebenso bekannt wie die der Humanmedizinischen. Letzteres wird auch durch die vielen Sonderforschungsbereiche belegt. Einer der bekanntesten ist der Sonderforschungsbereich „Nervenheilkunde und Psychosomatische Medizin". „Schuld" daran ist Horst-Eberhardt Richter, der – nicht nur – aufgrund seiner Publikationen sich und die Arbeit dieses Sonderforschungsbereiches weit über Gießen hinaus bekannt und fast schon populär macht. Einen zahlenmäßigen Schwerpunkt nehmen die Lehrerstudenten an der Justus Liebig-Universität ein. Etwa 45 Prozent der Studierenden befinden sich in Ausbildungsgängen, die zum Lehrerberuf führen. Dieses zahlenmäßige Übergewicht der Studenten der Abteilung für Erziehungswissenschaften bringt vor allem ein Problem mit sich: wie können bei interdisziplinären Veranstaltungen Übungen und Seminare inhaltlich derart gestaltet werden, daß sie sowohl dem Anspruch des Lehrer- als auch des Hauptfachstudenten gerecht werden? Dazu Professor Franz Neumann, Dekan des Fachbereichs Gesellschaftswissenschaften: „Die unterschiedliche Motivation der Teilnehmer an manchen Veranstaltungen bringt es mit sich, daß die jeweiligen Hauptfachstudenten das Angebot als ‚unter Niveau' bezeichnen. Hinzu kommt, daß auch die Überfüllung der Übungen und Seminare – etwa in meinem Fachbereich – zu mehr schlechten als guten Arbeitsbedingungen führt. Dieses Niveau-Gefälle und zahlenmäßige ‚Mißverhältnis' von Lehrer- zu Hauptfachstudenten wird erst in den Veranstaltungen höherer Semester ausgeglichener, was bessere bis gute Arbeitsbedingungen ermöglicht."

Trotz baulicher Erweiterungen werden „Engpässe" nicht ausgeschlossen

An einem chronischen Raummangel leiden alle Universitäten, so auch die Gießener. Eine einheitliche Planung für den Auf- und Ausbau der Universität wurde erst Anfang der sechziger Jahre und dann gesondert nach Fakultäten in Angriff genommen. Vorher traf man standortgebundene Lösungen, was im Rahmen einer Gesamtplanung zur Folge hat, daß die Naturwissenschaftliche Fakultät in zwei Komplexe geteilt werden wird, die eine halbe Stunde Weg auseinanderliegen. Dadurch wird wohl deutlich, daß sich bei der baulichen Planung der Gießener Universität von morgen zwei Prinzipien entgegenstehen: „Die Erweiterung im Anschluß an die alte Ludwigs-Universität und die vollständige Neuplanung auf neuem Gelände... Bisher ist dabei eine Institutsansammlung im Stadtzentrum herausgekommen, umgeben von geschlossenen Fakultätskomplexen vom südlichen bis zum nordöstlichen Stadtrand, aber durchschnitten vom Gießener Industrieviertel: auf der einen Seite Veterinärmedizin, Medizin I und II, Naturwissenschaftliche Fakultät (Chemie, Physik, Zoologie, Mathematik), auf der anderen Seite Erziehungswissenschaften, Philosophische Fakultät, Rechts- und Wirtschaftswissenschaftliche Fakultät. Das führt zu einer Zweiteilung: im Norden ein Block der theoretischen Seminare, im Süden ein Block der Kliniken und der naturwissenschaftlichen und medizinischen Institute" (aus: Die Justus Liebig-Universität, ein Bericht von Professor Clemens Heselhaus).

Nachdem 1972 einige wesentliche Bauten (zum Beispiel für die Medizin und die geisteswissenschaftlichen Fachbereiche) fertiggestellt wurden, trat eine Entspannung in der Raumsituation ein. Dennoch: „Die Studentenzahlen werden voraussichtlich dem Bau neuer Studienplätze besonders in den Fachgebieten Naturwissenschaft, Rechts- und Wirtschaftswissenschaft, Haushalts- und Ernährungswissenschaft vorauseilen. Auch im geisteswissenschaftlichen Bereich sind bei Anhalten der Zuwachsraten trotz der neuen Gebäude Engpässe nicht auszuschließen" (Rechenschaftsbericht des Präsidenten vom 4. Juli 1973).

Von der Nennung des Wortes „Engpaß" ist kein weiter Schritt zum Numerus clausus. Die Justus Liebig-Universität ist von diesem Übel in besonderem Maße befallen, denn die „Paradedisziplinen" dieser Universität gehören zu den klassischen Numerus-clausus-Fächern. Zusätzlich bestanden im Wintersemester 1973/74 Zulassungsbeschränkungen für Studienanfänger in Pädagogik und Haushalts- und Ernährungswissenschaften. Zum Sommersemester erfolgt in Gießen keine Aufnahme von Studienanfängern in Humanmedizin, Tiermedizin, Psychologie und Sonderschulpädagogik, denn in diesen Fächern existiert das Studienjahr.

Neben dem Numerus clausus ist für einen Studienanfänger, der nach Gießen kommt, besonders die Zimmersuche problematisch, denn für rund 12 000 Studenten stehen nur rund 1000 Wohnheimplätze zur Verfügung. Im Laufe des Jahres 1974 soll das Studentendorf II mit circa 750 Plätzen fertiggestellt sein, das Studentendorf III ist in Planung, mit seinem Bau wird voraussichtlich noch 1974 begonnen werden. Im Studentendorf II hat man dem „Bedürfnis der Studierenden nach neuen Wohnformen" Rechnung getragen und Gruppenwohnungen erstellt. Inwieweit diese neue Form des Wohnens den Gießener Studenten zusagt, muß abgewartet werden.

Die durchschnittliche Miete für ein Zimmer des freien Wohnungsmarktes liegt bei 140 Mark. In den Studentenwohnheimen kostet das teuerste Zimmer 120 Mark, wobei in diesem Preis die Reinigung des Zimmers (einmal die Woche) miteingeschlossen ist. Eine Erhöhung dieser Mieten um durchschnittlich 20 Prozent zum 1. April 1973 (aufgrund eines Erlasses des Kultusministers) brachte viele Studenten auf die Barrikaden. Sie traten in einen unbefristeten Mietstreik, das heißt, sie zahlten weiterhin die alte Miete. Mit dieser Aktion standen die Studenten nicht alleine da, denn sowohl der Konvent als auch der Präsident der Justus Liebig-Universität, Professor Meimberg, solidarisierten sich mit den Streikenden. Präsident Meimberg schrieb einen Brief an den Kultusminister, in dem es unter anderem heißt: „Die Studenten sind stärker als die meisten anderen Bevölkerungsteile von der inflationären Entwicklung der Lebenshaltungskosten betroffen. Ihre schlechte finanzielle Situation wird noch dadurch unhaltbar verschärft, daß bei seit Sommer 1971 auf 420 Mark eingefrorenen BAföG-Sätzen und bei gleichzeitiger allgemeiner Teuerung von fast 15 Prozent die unvermeidlich steigenden Kosten des Studentenwerks allein auf sie abgewälzt worden sind: Die Beiträge zum Studentenwerk wurden auf 80 Mark, die Essenspreise um 0,30 Mark angehoben, ab 1. April 1973 wurden die Mieten in den Studentenwohnheimen um circa 25 Prozent erhöht. Von diesen Erhöhungen und der sich durch die ständig steigenden Studentenzahlen verschärfenden Situation auf dem Wohnungssektor sind alle Studenten in gleicher Weise betroffen."

Weder dieser Brief noch die Aktionen der Studenten führten zu einer Wende des kultusministeriellen Erlasses: der Mietpreis wurde erhöht.

Soll besonders Studienanfängern gezielt helfen: das Gießener Beratungsmodell

Eine gezielte und umfassende Hilfe für Studienanfänger ist der Kern eines Modellvorhabens, das gegenwärtig an der Justus Liebig-Universität läuft und das durch die Bund-Länder-Kommission für Bildungsplanung gefördert wird. Auf der Grundlage dieses Modellversuches wurde im Sommer 1973 das Büro für Studienberatung eingerichtet, das als erste Anlaufstelle für den ratsuchenden Studenten gedacht ist. In Gießen hat man sich seit 1972 gezielt mit dem Problem der Studentenberatung befaßt. Ein erstes Resultat liegt vor, nämlich ein eigenes Studienberatungsmodell.

Die Beratung soll vor allem den Studienanfängern Hilfen geben, und aus dieser Zielsetzung ergeben sich die Funktionen, die die Studienberatung zu erfüllen hat:
„1. Studienvorbereitende Beratung für Schüler in Zusammenarbeit mit der Bundesanstalt für Arbeit (Berufs- und Studienwahl).
2. Studieneingangsberatung für Studienanfänger (Orientierungshilfe, Studienaufbau, Fächerkombinationen, Abschlüsse).

3. Studienbegleitende Beratung (Schwierigkeiten im persönlichen und fachlichen Bereich, Studienwechsler).
4. Berufsbezogene Studienberatung in Zusammenarbeit mit der Bundesanstalt für Arbeit (Berufswahl, Stellenvermittlung für Absolventen und Abbrecher)."

(Entnommen einer Broschüre der Justus Liebig-Universität über: Modellversuch, Entwicklung eines Leit- und Informationssystems für Studierende, Teilversuche im Rahmen des hessischen Kooperationssystems Studienberatung.)

Ein weiteres Kennzeichen dieses Beratungsmodells ist, daß ein lokales dreistufiges Studienberatungssystem errichtet werden soll, wobei folgende Stufen auf lokaler Ebene vorgesehen sind:

1. Fachberatung durch Hochschullehrer und wissenschaftliche Mitarbeit in den Fachbereichen.
2. Fächerübergreifende (hauptamtliche) Beratung in fachbereichsübergreifenden Studiengängen.
3. Zentrales Beratungsbüro.

Im zentralen Beratungsbüro laufen alle Stränge der einzelnen Beratungsaktivitäten im Gießener Hochschulbereich zusammen und werden koordiniert. Die Laufzeit dieses Versuches begann am 1. Juli 1973 und beträgt fünf Jahre. Diesem Versuch, der im regionalen Beratungsverbund des Landes Hessen eingeordnet werden soll, kommt eine besondere Bedeutung zu, da zum erstenmal erprobt wird, wie innerhalb eines Bundeslandes die komplexen Aufgaben der Studienberatung im Zusammenwirken der einzelnen Stellen erfüllt werden können. Die ersten Erfahrungen mit dem „Gießener Modell" zeigen, wie groß das Informationsbedürfnis gerade der Studienanfänger ist und wie dankbar sie für eine Stelle sind, die die einzelnen Phasen der Beratung unter einem Dach bietet. Zum Wintersemester 1973/74 nahmen rund 80 Prozent der Studienanfänger diese Beratung in irgendeiner Form in Anspruch.

Das Grundprinzip dieser Universität ist: Einheitlichkeit

„Ein breites Spektrum unterschiedlicher Auffassungen ist Voraussetzung für eine dynamische Fortentwicklung." Mißt man diese Aussage Präsident Meimbergs aus seinem Rechenschaftsbericht vom 4. Juli 1973 an der Realität, so kommt man zu dem Ergebnis, daß es mit einer „dynamischen Fortentwicklung" in Gießen nicht weit her ist, denn ein breites Spektrum unterschiedlicher Auffassungen ist weder unter der Professoren- noch unter der Studentenschaft zu finden. Die Professoren in Gießen haben sich nie stark politisch betätigt, und eine Aufspaltung in Gruppen, die mit den Schlagworten „rechts" und „links" nur grob charakterisiert werden, erfolgte erst in jüngster Zeit. Die Mehrheit der Professoren ist sich einig und bildet – gemäß ihrer politischen Anschauung – eine konservativ-homogene Gruppe. Nur die Angehörigen des Fachbereichs Gesellschaftswissenschaften stellen sich gegen diese „Einheitsmeinung", was ihnen auch zugestanden wird, weil sie sich ja schließlich vom Selbstverständnis ihrer Wissenschaft her kritisch gebärden müssen. Da sie als „Enfants terribles" der Universität eine gewisse „Narrenfreiheit" haben, wird ihnen dies auch nicht besonders angekreidet. So hat die Kritik der Angehörigen dieses Fachbereichs, der ohnehin nur eine bescheidene Rolle spielt, da er schließlich nicht zu den „Glanzstücken" der Hochschule gehört, auch keinen Einfluß auf das Grundprinzip dieser Universität, das Professor Focko Weberling, Vizepräsident der Justus Liebig-Universität folgendermaßen umschreibt: „Das Grundprinzip dieser Universität ist Einheitlichkeit, denn im Grunde sind wir alle Pragmatiker. Das Gros der Hochschullehrer arbeitet hochschulpolitisch zusammen, sachlich und tolerant."

Diese „Einigkeit" und Ruhe herrscht auch unter der Studentenschaft, die sich zwar ab und an zu Aktivitäten aufrafft, im großen und ganzen jedoch unpolitisch ist und nur in geringem Maße bereit ist, die eigenen Probleme zu artikulieren, geschweige denn auch noch durch Taten zu vertreten. „Nach Gießen kommt man, um zu studieren", meint Lothar Albrecht von der Liberalen Hochschulgruppe und stellvertretender AStA-Vorsitzender. „Das wirkt sich eben dann auch im Verhalten der Studenten aus." Obwohl die kommunistischen Gruppen, wie KSV-SG Dem Volke dienen (Kommunistischer Studenten-Verband), Marxistischer Studentenbund Spartakus (MSB Spartakus) und KSO (Kommunistische Studenten-Organisation) neun der insgesamt dreißig Sitze im Studentenparlament innehaben (Stand: Mai 1973), spielen sie keine herausragende Rolle. Gewinner dieser Wahlen zum Studentenparlament war die Juso-AG, die auch den AStA-Vorsitzenden stellt. Der RCDS, der aufgrund des Wahlergebnisses sechs Vertreter ins Studentenparlament entsandt hat, spielt nach Aussage Lothar Albrechts in Gießen keine Rolle.

„An dieser Vogelsberg-Universität ist eben alles Durchschnitt"

Die Justus Liebig-Universität war und ist eine relativ ruhige Universität, eingebettet in eine Kleinstadt und in ein Umland, das seine Kinder eben zu „seiner" Universität schickt.

Gießen ist nicht geprägt durch seine Universität, und der Eindruck Georg Büchners wird von vielen Studenten geteilt, jedoch drastischer formuliert: „Die Stadt und ihre Universität sind stinklangweilig, und wer aus einer anderen Universitätsstadt kommt, fühlt sich in Gießen lebendig begraben."

Am Wochenende und während der Semesterferien ist die Stadt leer, „denn die meisten Studenten fahren für diese Zeit nach Hause, denn es gibt ja nichts, was sie in Gießen hält" (Lothar Albrecht). Die wenigen Studentenkneipen und Treffpunkte, die es gibt – ein Café in der Nähe des Theaters, eine Bierstube und einige Diskotheken –, sind auch nur während des Semesters überfüllt. Da viele Studenten sowieso zu Hause bei den Eltern wohnen, trifft man auch werktags, besonders abends, nur selten auf Studenten, beispielsweise während eines Bummels über den Seltersweg, „Promenade" dieser Kleinstadt. Die studentischen Verbindungen, die früher einmal das Bild dieser Stadt prägten, führen heute ein Randdasein. „An dieser Vogelsberg-Universität ist eben alles Durchschnitt", meint ein Student, der schon einige Semester an der Justus Liebig-Universität verbracht hat. Auch Vizepräsident Weberling fand Gießen zunächst nicht anziehend, „doch wenn man länger hier lebt, gewöhnt man sich ein und findet gute, enge Kontakte".

Justus Liebig-Universität Gießen
11 775 Studenten (SS 1974).

Anschrift:
63 Gießen, Ludwigstraße 23

Fachbereiche:
Rechtswissenschaften
Wirtschaftswissenschaften
Gesellschaftswissenschaften
Erziehungswissenschaften
Sportwissenschaft und Kunsterziehung
Psychologie
Religionswissenschaften
Germanistik
Anglistik
Sprachen und Kulturen des Mittelmeerraumes und Osteuropas
Mathematik
Physik
Chemie
Biologie
Angewandte Biologie
Angewandte Genetik und Leistungsphysiologie der Tiere
Veterinärmedizin
Ernährungswissenschaften
Nahrungswirtschafts- und Haushaltswissenschaften
Umweltsicherung
Geowissenschaften und Geographie
Humanmedizin

Georg-August-Universität Göttingen

Helmut Fritz

Landschaft mit Verwirrung

„Liebst Du die ganze Wahrheit, heißt es,
So öffne hier das Maul des Geistes:
Nur aufgesperrt, mein lieber Sohn,
Das andre gibt sich selber schon."

Möglich, daß im Jahre 1769, als Georg Christoph Lichtenberg, der berühmte Ordinarius aus Göttingen, dieses Spottgedicht auf die Georgia Augusta verfaßte, der akademische Lernprozeß wirklich so reibungslos vonstatten ging: heute geht kaum noch etwas und von selber schon gar nicht.

Einst Student in Göttingen: Heinrich Heine

Die Georg-August-Universität wurde 1733 gegründet. Damals war Göttingen eine vom Dreißigjährigen Krieg stark zerstörte Kleinstadt mit 1000 Einwohnern. Im selben Jahr beginnt der Gründungsdirektor Adolph von Münchhausen, ein Vetter des bekannten Lügenbarons, mit den notwendigen Vorarbeiten: Verbesserung des Straßenpflasters, der öffentlichen Hygiene, Einführung der Straßenbeleuchtung etc. Ein Jahr später wird das erste Universitätsinstitut eingeweiht: eine Reitbahn. Sie ermöglicht die Immatrikulation als „stud. art. equestr.". 1737 nimmt die Universität den vollen Studienbetrieb auf, mit zwanzig Professoren und vierhundert Studenten. Bereits um 1770 gilt die Georgia Augusta als Deutschlands bedeutendste Universität. Sie war die Wirkstätte einer ganzen Galerie berühmter Gelehrter. Gauß (Mathematik), Wöhler (Chemie), Pütter (Staatsrecht), Haller (Medizin), Gebrüder Grimm (Germanistik), Planck, Born (Physik) und zahlreiche andere Koryphäen, vornehmlich aus dem Bereich der Naturwissenschaften. Von Göttingens Studenten seien hier nur zwei genannt: Heinrich Heine, den die Universität verstieß (Heine: „Die Stadt selbst ist schön und gefällt einem am besten, wenn man sie mit dem Rücken ansieht") und Otto von Bismarck, der so lange in Göttingen studierte, bis er vor seinen Gläubigern fliehen mußte. Die Georg-August-Universität, entstanden im Geist der Aufklärung und an der Schwelle des Jahrhunderts der Naturwissenschaften, war Deutschlands erste moderne Hochschule. Die großen Universitäten der Humboldt-Ära (Berlin 1811, München 1826) sind in Göttingen vorgeformt. Humboldt hat in Göttingen studiert. Ein Detail aus der Göttinger Frühzeit illustriert den liberalen, aufgeklärten Geist der Universität: Zu ihrem 50. Jubiläum kürte sie die 17jährige „schlehenäugige" Dorothea Schlözer, geschmückt mit Rosen und weißem Musselin, zur Doktorin der Philosophie. Sie war die erste Vollakademikerin in Deutschland. Dem Ruhm ihrer Hochschule bewahrt die Stadt ein nostalgisches Andenken: an vielen Altgöttinger Häusern ließ sie Plaketten anbringen mit den Namen der Berühmtheiten, die hier einmal gewohnt haben; bis heute gibt es mehr als zweihundert solcher Ehrentafeln.

Göttingen lebt mit und von seiner Universität

Seine „Harzreise", geschrieben 1824, beginnt Heine mit dem Satz: „Die Stadt Göttingen, berühmt durch ihre Würste und Universität..." – Dem wäre einiges hinzuzufügen, aber unverändert seit Heine gilt, daß diese Stadt nie mehr, aber immer etwas weniger ist als ihre Universität. Bestenfalls geht sie mit ihr bruchlos auf, als Rest bleibt – außer den Würsten – die feinmechanische Industrie, und selbst die ist noch ein tertiäres Nebenprodukt der Naturwissenschaftlichen Fakultät. Seit nunmehr bald dreihundert Jahren lebt Göttingen von seiner Alma mater. Sie gibt der Stadt Arbeit, Ansehen und Auskommen. Sie ist Göttingens größter Arbeitgeber, ein krisenfester, weil subventionierter Wirtschaftsfaktor, und der stetig wachsende Studentenstrom (1974: 16 500 Studierende) bringt zusätzlich noch Geld in kleiner Münze. Heute schon ist jeder siebte Einwohner ein Student. In drei Jahren wird die Studentenschaft auf 20 000 angewachsen sein. Mit dem weiteren Ausbau der Universität (Bausumme: zwei Milliarden Mark) werden bis Ende der achtziger Jahre 5000 zusätzliche Arbeitsplätze in der Universitätsverwaltung entstehen: mit seiner Uni wird Göttingen weiter florieren.

Seit Heines Feuilletons über das flotte Studentenleben gilt Göttingen durchaus als bewohnbares Gemeinwesen, sogar für BAföG-Empfänger. Immerhin logiert knapp die Hälfte der Studentenschaft in separaten Einzelzimmern, die Studentenwirtin, in vielen Städten schon beinahe ausgestorben, ist in Göttingen also noch aktiv. 27 Prozent der Studenten, so hat das Studentenwerk ermittelt, leben in eigener Wohnung, knapp 17 Prozent kommen in den zahlreichen Studentenheimen unter. Zur Zeit (Stand 1974) bietet das Studentenwerk 1210 Wohnheimplätze an, plus 120 Zimmer in angemieteten Abbruchhäusern. Hinzu kommen die Verbindungshäuser und zahlreiche Wohnheime anderer Vereine und Institutionen. Zwei Drittel aller Studentenwohnungen liegen in Citynähe, ein charakteristischer Vorzug der „Universitätsstädte".

Fast 40 Prozent der Göttinger Studenten, so wurde ermittelt, erreichen die Uni zu Fuß, die Stammkneipe ebenfalls. Im Baedeker durch die Studentenlokale wären circa 15 Etablissements aufzuführen. Das Angebot reicht vom „Club" in der Burgstraße 5, einer linken Kneipe, über den Juso-Treff im Keller des Jungen Theaters und dem „Trou" bis hin zu den beliebten „Gutenbergterrassen", ein von Studenten bewirtschaftetes Unternehmen mit Küche und Diskothek.

Die größte Studentendichte wird im „Studentendorf“ am Ostrand des Klinikviertels erreicht, einer großzügig angelegten Campus-Siedlung. Am besten lebt es sich neuerdings in der „Studentensiedlung“, einem Wohnkomplex für mehr als 500 Studenten in unmittelbarer Nähe zur Uni und zur Innenstadt. Die Preise für ein Einzelzimmer liegen etwa bei 120 Mark. Wartezeit: durchschnittlich zwei bis drei Semester. Die Lage auf dem privaten Zimmermarkt ist äußerst gespannt. Viel mehr als 16 000 Studenten passen beim besten Willen nicht mehr in die Stadt rein. Und auch nicht in die Universität.

Ein vollwertiges Pädagogikstudium kann Göttingen nicht bieten

Die Georgia Augusta ist eine der Universitäten in der Bundesrepublik mit dem breitesten Fächerspektrum. Insgesamt 140 Fachrichtungen können in Göttingen studiert werden, mit Abschluß. Im folgenden eine kurze Übersicht über ausgewählte Fachbereiche und die dort herrschenden Studienbedingungen.

Jura: eine der Göttinger Traditionsfakultäten. Eine Reform der Studiengänge, etwa nach dem Modell der einphasigen Juristenausbildung, wurde nicht durchgeführt, ist auch nicht geplant. Vorzüge: sehr gut ausgearbeitete Studienpläne; zwei Raritäten werden angeboten: Völkerrecht und Atomrecht. Kritik: hoffnungslose Überfüllung. „Der Fachbereich Jura ist vom Erstickungstod bedroht, der Tag ist abzusehen, an dem ein sinnvoller Unterricht nicht mehr möglich ist“ (Rektor Professor Stackmann).

Medizin: Für 1976 ist der Fakultätsumzug in das neue moderne Klinikum geplant. Die Medizin in Göttingen gilt als ausgesprochen forschungsintensiv. Spezialgebiete: Nervensystem und Kardiologie. Die Forschungen sind langfristig angelegt und mit Bundes- und Ländermitteln ausgestattet.

Mathematik und Naturwissenschaften: Neben der Medizin die alte Domäne Göttingens. In Physik und Chemie sind sehr weitgehende Fachspezialisierungen möglich. Spezialität: Metall-Physik. Infolge der Spezialisierung gibt es kaum noch einheitliche Studiengänge. In der Chemie werden dennoch gut durchgearbeitete Studienpläne angeboten.

Philosophie und Kulturwissenschaften: Gehören als Fachbereich 7 zur Philosophischen Fakultät. Die Zugehörigkeit ist aber mehr formaler Natur. Der Struktur nach kann der FB 7 als eigenständiger Fachbereich gelten. Er umfaßt ein Konglomerat aus alten Einzelinstituten am Rande der total überfüllten Phil.-Fakultät. „Die Institute sind blendend besetzt und eingerichtet, zum Beispiel das archäologische Seminar, das sogar ein eigenes Museum besitzt. Ein Juwel auch das Ur- und Frühgeschichtliche Seminar, das den Ruf Göttingens auf dem Gebiet der Altertumsforschung fortsetzt“ (Professor Stackmann).

Forstliche Fakultät: Eine Göttinger Besonderheit. Klare Studiengänge und Regelungen. Neuerdings stark überlaufen durch NC-Wanderer und Studenten, die sich ein Umweltschutz-Studium versprechen. Die Einrichtung eines solchen Studienganges ist aber auf absehbare Zeit noch nicht vorgesehen.

Wirtschafts- und Sozialwissenschaftliche Fakultät: Befindet sich seit längerem in einer schwierigen Situation. Von Semester zu Semester steigt die Flut der Studenten, aus den Fachbereichen kommen regelmäßig Land-unter-Meldungen. Als Pegel dient die Pflichtvorlesung für Statistik. Letzter Stand: mehr als tausend Hörer.

Philosophische Fakultät: Mit fast 4000 Studenten das Ballungsgebiet der Universität. In diesem Zentrum sind die Fachbereiche 1 bis 7 bunt durcheinandergewürfelt, „eine Landschaft, in der viel Verwirrung herrscht" (Professor Stackmann). Die Vielfalt der philosophischen Fächer täuscht darüber hinweg, daß eigentlich quer durch die Fachbereiche die Lehrerausbildung verläuft. Mehr als 90 Prozent der Phil.-Studenten sind in Wirklichkeit Lehramtsanwärter. Die Studienorganisation läßt dies nicht auf den ersten Blick erkennen. Es wird fast ausschließlich Fachwissenschaft betrieben, ein strukturierter Praxisbezug ist nur im obligatorischen pädagogischen Begleitstudium vorhanden. Der Effekt dieses Studiums gilt als umstritten.

Der Literaturwissenschaftler Professor Wagenbach, vorwiegend mit der Ausbildung zukünftiger Deutschlehrer beschäftigt, ist der Meinung, „daß die pädagogische Ausbildung der Lehrerstudenten nur auf dem Papier steht". Es herrscht ein eklatanter Mangel an Lehrpersonal, Räumen und Lernmitteln. Besonders schlecht sind die Verhältnisse im Seminar für deutsche Philologie (Seminar für Deutschlehrer), in der Romanistik und in der Linguistik. Der organisatorische Zustand der gesamten Phil.-Fakultät, soweit sie die Lehrerausbildung betrifft, gilt als „chaotisch". Reformen sind nicht erkennbar, nach der Panne mit dem niedersächsischen Vorschaltgesetz wartet man in Göttingen vorerst einmal das Hochschulrahmengesetz ab. Bis dahin improvisiert man. Rektor Stackmann: „Es ist mehr der gute Wille, als daß man zeitgemäße praxisbezogene Studiengänge schon gefunden hätte. Das Ganze ist in einem erheblichen Umfang noch im Experimentierstadium, wo es das nicht ist, ist das Alte noch im Gange." Reformierte Studiengänge sind im Ansatz nur im Grundstudium erkennbar, danach folgt eine überwiegend fachbezogene, isolierte Ausbildung ohne Kontakt zur Schulpraxis. Ein vollwertiges Pädagogikstudium kann Göttingen nicht bieten. Das „pädagogische Begleitstudium" ist personell viel zu unterbesetzt, um ein Ersatz sein zu können. Pressesprecher Dr. Fröhlich: „Eines der philosophischen Massenfächern zu studieren, kann man niemandem mit gutem Gewissen empfehlen."

Die Studenten „sehnen“ sich nach strafferen Studiengängen

Seit die norddeutschen Universitäten weitgehend dichtgemacht haben, wächst der Studentendruck auf Göttingen, das seinerseits nur beschränkte NC-Handhabe besitzt, um sich gegen den Zuzug der Abgewiesenen zu wehren. So konnte es dahin kommen, daß selbst das Institut für Leibesübung eine geordnete Ausbildung nur noch im Schichtwechsel und bei freiwilliger Lernbeschränkung realisieren kann.

Die zunehmende Verschlechterung der Studienbedingungen in allen Fachbereichen schlägt sich immer häufiger an einem Ort nieder, der auch an anderen Universitäten als Meßstelle für Hochschulkrisen gilt: in der Psychotherapeutischen Beratungsstelle. In Göttingen ist sie mit sieben promovierten Helfern besetzt, die 600 Studenten in Behandlung haben, jährlich werden 200 bis 300 Neuzugänge registriert. Die Patientenstatistik weist aus, daß die Phil.-Fakultät das größte Kontingent stellt, also der Bereich, dessen Studiengänge vielen Studenten, besonders den Anfängern, sehr labyrinthisch vorkommen müssen. Bei einer Erhebung der Beratungsstelle gaben 50 Prozent der befragten Germanistik-Studenten an, daß „ihr Selbstbild im Studium stark erschüttert“ worden sei, 85 Prozent hielten die „Organisation des Studiums“ für schlecht. Ein wichtiges Fazit der Studie lautet: die meisten Drop-outs kommen aus den am wenigsten strukturierten Studiengängen. Die mangelnde Organisation – genauer: Kontrolle des Studiums – führt offensichtlich bei vielen Studenten zu einer Irritation ihres Lernmotivs und macht sich als „Störfaktor“ bemerkbar. Es überrascht nicht, daß die Mehrheit der Studenten sich in derselben Studie für straffere Studiengänge und mehr Leistungskontrollen aussprachen.

Diesen vor Jahren noch kaum vorstellbaren studentischen Bedürfnissen kann die Universität Göttingen, solange die Studienreform noch aussteht, nicht nachkommen. Der verbindliche Studienplan, anderenorts schon lange zum eisernen Rüstzeug des Studenten gehörend, zählt an der Georgia Augusta noch zur Ausnahme. Akademische Freiheit kostet ihren Preis: die Hälfte der befragten Göttinger Studenten trägt sich mit dem Gedanken, das Studium abzubrechen. Die Wirklichkeit sieht so aus, daß gut ein Drittel aller Studenten das gesteckte Studienziel nicht erreicht.

Georg-August-Universität Göttingen
16 528 Studenten (WS 1973/74).

Anschrift:
34 Göttingen, Wilhelmsplatz 1

Fakultäten/Fachbereiche:
Theologische Fakultät
Juristische Fakultät
Medizinische Fakultät
Fachbereiche der Philosophischen Fakultät (Fachbereiche 1–7)
Fachbereiche der Mathematisch-Naturwissenschaftlichen Fakultät (Mathematik, Physik, Chemie, Biologie, Geowissenschaften)
Forstliche Fakultät
Landwirtschaftliche Fakultät
Wirtschafts- und Sozialwissenschaftliche Fakultät

Universität Hamburg

Brigitte Bohnke

„Die Hamburger haben sich nur deshalb für eine Universität entschieden, weil sie befürchteten aufzufallen, wenn sie keine haben"

„Der fünfzigste Geburtstag der Universität fällt in eine Zeit ernster Auseinandersetzungen der Mitglieder der Universität untereinander, aber auch der Universität mit der Außenwelt. Auf dem Geburtstagstisch der nunmehr ein halbes Jahrhundert alt Gewordenen liegt die neue Universitätsverfassung als Geschenk des Gesetzgebers. Die Zukunft wird zeigen, ob man den Neugründern unserer Universität – denn so weit geht die Reform – den gleichen Weitblick bescheinigen kann wie ihren Vorgängern."

Professor Werner Ehrlicher, Rektor in den Amtsjahren 1967/68 und 1968/69 der diese Worte zum 50. Gründungstag der Universität Hamburg im Mai 1969 sprach, bezeichnet das Hamburger Universitätsgesetz als „Geschenk des Gesetzgebers" auf dem Gabentisch des Geburtstagskindes. Die Freie und Hansestadt Hamburg verabschiedete als zweites Land der Bundesrepublik – nach Baden-Württemberg – ein neues Universitätsgesetz (25. April 1969). Dieser frühe Zeitpunkt und die offensichtliche Bewährung dieses Gesetzes trugen Hamburg den Ruf einer „Reformuniversität" ein. Diese Reform dokumentiert sich im Ausbau der akademischen Selbstverwaltung auf ihren drei Ebenen (Senat, Fachbereichsräte, Institutsräte) und in der Schaffung einer kontinuierlichen Zentralinstanz, der Präsidialverwaltung. Die alten sechs Fakultäten wurden in 15 Fachbereiche aufgegliedert, und die komplizierte Frage der Mitbestimmung aller an der Universität tätigen Gruppen (Professoren, Dozenten, Assistenten, Studenten, technisches und Verwaltungspersonal) ist durch dieses Gesetz relativ gut geregelt, da nach dem Willen des Gesetzgebers in den jeweiligen Gremien keine Gruppe ein absolutes Übergewicht haben darf.

Dieses Geburtstagsgeschenk sorgte erst in seinem vierten Lebensjahr für hitzige Auseinandersetzungen und Diskussionen im Kreise der mittelbar und unmittelbar Betroffenen. Anlaß war das Urteil des Bundesverfassungsgerichtes zum niedersächsischen Vorschaltgesetz. Der Zündstoff dieses Urteiles – das für alle Universitäten der Bundesrepublik gültig ist – liegt in den Ausführungen zur Mitbestimmung in den akademischen Selbstverwaltungsgremien, wonach die Hochschullehrer in Fragen der Lehre und Forschung mindestens die Hälfte der Stimmen, in Angelegenheiten der Forschung und Berufung die Mehrheit der Stimmen erhalten müssen.

Studenten und Dozenten verteidigten das Hamburger Universitätsgesetz und pochten auf das dort verankerte Recht, daß alle Gruppen der Universität in allen Angelegenheiten gleichberechtigt mitwirken dürfen. Dieses „Recht" – vom Bundesverfassungsgericht anders festgelegt – rief einige Professoren auf den Plan, vor allem aus den Fachbereichen Medizin und Rechtswissenschaft, die Verfassungsbeschwerde gegen das Hamburger Universitätsgesetz erhoben. Für Reinhard Philipp, Senator für Wissenschaft und Kunst, war die Sachlage vorerst nicht dramatisch. Er ließ wissen, daß die hamburgischen Hochschulgesetze „zunächst unverändert anzuwenden sind".

Das Buch der Geschichte der Hamburger Universität weist erst wenige Seiten auf – im Vergleich zu anderen Universitäten –, denn Hamburg beherbergt eine der jungen Hochschulen der Bundesrepublik. Ihre Errichtung wurde in einem Gesetzblatt der Freien und Hansestadt Hamburg vom 31. März 1919 verkündet. Bereits einige Wochen später, am 10. Mai, wurde sie in der Musikhalle mit Ansprachen des Bürgermeisters Werner von Melle und des ersten Rektors, Professor Karl Rathgen, feierlich eröffnet. Die Geburtsstunde dieser Universität darf jedoch nicht losgelöst gesehen werden von einer anderen bildungspolitischen Einrichtung, die bis in das 17. Jahrhundert zurückreicht. 1613 wurde in Hamburg das „Akademische Gymnasium" gegründet, das als Zwischenstufe zwischen Schule und Universität gedacht war. In zwei Semestern sollten dort allgemeinbildende Vorlesungen gehört werden, bevor sich die Schüler einem Spezialstudium zuwandten.

Das 19. Jahrhundert brachte in Hamburg zahlreiche wissenschaftliche Institute hervor: den Botanischen Garten (1810), die Sternwarte (1830), das Chemische Staatslaboratorium (1878), das Physikalische Staatslaboratorium (1885), das Laboratorium für Warenkunde (1887), das Institut für Schiffs- und Tropenkrankheiten (1900). Als das Akademische Gymnasium 1883 aus Mangel an Zuhörern geschlossen werden mußte, wurden die Direktoren dieser neuen Einrichtungen verpflichtet, die öffentlichen Vorlesungen weiterzuführen. Die Gründung der Hamburger „Wissenschaftlichen Stiftung" im Jahre 1907 und des Kolonialinstituts ein Jahr später waren zwei wichtige weitere Stationen auf dem Weg zu einer Universität. Die von Bürgermeister Werner von Melle ins Leben gerufene und von Hamburger Kaufleuten getragene Stiftung kam der Aufgabe nach, „Gelehrte anzuwerben, Forschungsreisen zu unterstützen und wissenschaftliche Publikationen zu fördern". Im Kolonialinstitut wurden Beamte und Kaufleute zwei Semester lang auf die Anforderungen und Besonderheiten ihrer Laufbahn vorbereitet. Eine Verknüpfung zwischen den Wissenschaftlichen Anstalten und dem Kolonialinstitut wurde dadurch erreicht, daß die Mitglieder des Professorenkonvents der Wissenschaftlichen Anstalten gleichzeitig den Professorenrat des Kolonialinstituts bildeten. Einen weiteren Baustein für die künftige Universität steuerte der Kaufmann Edmund Siemers bei, der ein Vorlesungsgebäude stiftete, das 1911 seiner Bestimmung übergeben wurde und noch heute zur Universität gehört. Der Erste Weltkrieg und ein gewisser Widerstand in der Bürgerschaft zögerten die Universitätsgründung noch hinaus. Viele Bürger wollten Hamburg auf seine dominierende Rolle als

Handelsmetropole beschränkt wissen und alle Mittel lieber dem Hafen zukommen lassen als einer Universität. Doch die Vorarbeiten für eine Hochschule waren schon zu weit fortgeschritten, und die Befürworter setzten sich durch. „Die Hamburger", so ein alteingesessener Bürger dieser Stadt, „haben sich nur deshalb für eine Universität entschieden, weil sie befürchteten aufzufallen, wenn sie keine haben."

Die bisherige Nutzfläche der Universität reicht nicht mehr aus

Mit vier Fakultäten – Rechts- und Staatswissenschaften, Medizin, Philosophie, Naturwissenschaften – und 1729 Studenten begann das universitäre Leben in Hamburg. Die Zahl der Fakultäten erhöhte sich im Laufe der Zeit, und zwar durch Neugründung einer Evangelisch-Theologischen Fakultät im Jahre 1952 und durch Abtrennung der Wirtschafts- und Sozialwissenschaften von der Rechtswissenschaftlichen Fakultät 1954.

Der Zweite Weltkrieg zerstörte Teile des alten Universitätsgebäudes im Herzen der Stadt. Einen Wiederaufbau dieses alten Zentrums wollte man nicht, sondern die „neue" Universität entstand in der Nähe des Dammtorbahnhofes. Vier Jahre vor dem 50. Gründungstag der Universität hatte das Campus-Gelände im ehemaligen Von-Melle-Park im wesentlichen seine Gestalt angenommen. Parallel zu diesem Aufbau wurden von 1950 an die Universitätskliniken in Eppendorf erweitert. Doch die 122 000 Quadratmeter Nettonutzfläche im Universitätsviertel reicht nicht mehr aus, um der steigenden Studentenzahl gerecht zu werden. Das Ausbauprogramm sieht bis 1975 eine Erweiterung der Nutzfläche um 50 000 Quadratmeter vor. „Im Bereich der baulichen Erweiterung der Universität ... mußte die Universität wesentliche Abstriche in bezug auf die geplanten Fertigstellungstermine hinnehmen. Diese Entwicklung veranlaßte den Baubeauftragten der Universität, Herrn Professor Sinn, sein Amt im Mai 1972 niederzulegen. Da mehr als 90 Prozent des bis 1975 zugesagten Ausbauvolumens bis Mai 1972 noch nicht einmal begonnen wurden, muß das Ausbauprogramm für die Universität jedenfalls hinsichtlich seines zeitlichen Ablaufes als gescheitert bezeichnet werden." Diese Bankrotterklärung – was die baulichen Maßnahmen betrifft – ist im Jahresbericht des Präsidenten Fischer-Appelt über die Zeit vom 16. Februar 1971 bis 15. Mai 1972 zu finden.

Die „Landeskinder" sollen vor dem sich ausbreitenden Numerus clausus geschützt werden

Unter Raummangel leiden fast alle Universitäten der Bundesrepublik, doch gerade für Hamburg wurde dies ein nicht gerade ruhmreiches Blatt in seiner kurzen Geschichte: Zum Wintersemester 1972/73 und Sommersemester

1973 hatte der Senat der Freien und Hansestadt Hamburg den totalen Numerus clausus über die Universität Hamburg verhängt. Der Senat ging dabei von einer Obergrenze von 25 800 Studenten aus. Tatsächlich waren zum Sommersemester 1973 26 959 Studenten an der Hamburger Universität immatrikuliert, jedoch 2084 von ihnen waren beurlaubt, so daß die Gesamtzahl der Studierenden „nur" 24 875 betrug, also unter dem Limit des Senates lag. Da in den Jahren 1973 und 1974 die Raumkapazität nicht erhöht wird, weil keine Bauvorhaben in diesem Zeitraum abgeschlossen werden, soll nach den Vorstellungen des Hochschulamtes auch in den folgenden Jahren die Obergrenze von 25 800 gelten.

Um die Wogen des Unmutes und des ohnmächtigen Zornes der betroffenen Studierwilligen etwas zu glätten, wurden erstmals zum Wintersemester 1973/74 folgende Fächer vom Zulassungsverfahren ausgenommen (es hatte sich nämlich gezeigt, daß hier die Nachfrage weitaus geringer war als die Zahl der freien Studienplätze): Afrikanistik, Ägyptologie, Austronesische Sprachen und Kulturen, Deutsche Altertums- und Volkskunde, Finnisch-Ugrische Philologie, Griechisch, Indologie, Iranistik, Islamkunde, Japanologie, Keilschriftkunde, Latein, Musikwissenschaft, Neugriechisch/Byzantinisch, Phonetik, Semitistik, Sprachen und Kulturen Südostasiens (Thailändische Philologie, Birmanisch, Laotisch, Vietnamesisch), Tibetologie und Turkologie.

Wenn diese Aufzählung kein Beweis dafür ist, daß man in Hamburg wirklich etwas tut, um dem Ungeheuer Numerus clausus die Zähne zu ziehen! Die Freigabe dieser sogenannten „Orchideenfächer" wird Hamburg den Geruch des totalen Numerus clausus sicherlich nicht nehmen.

Der Senat der Freien und Hansestadt Hamburg will in dieser Numerus-clausus-Not vor allem die Landeskinder beschützen, das heißt, die Ausbildungskapazität der Universität Hamburg soll primär Hamburger Studenten zugute kommen. Das ist jedoch ein schwieriges Unterfangen, und Vertreter der Universität haben bereits darauf hingewiesen, daß durch die Befriedigung der Nachfrage der Wirtschaftsregion Hamburg „für die Freie und Hansestadt Hamburg den abgewiesenen Bewerbern gegenüber die Verpflichtung entsteht, sich im regionalen und überregionalen Rahmen für die Einrichtung von Studienplatz-Verteilungsverfahren einzusetzen und dafür, daß die benachbarten Bundesländer ihre aus ihrem Studentenaufkommen erwachsenden Ausbildungspflichten erfüllen. Durch diese Maßnahmen allein kann auch der Anteil Hamburger Studenten an der Universität Hamburg vergrößert werden". (Peter Otten in „uni hh", herausgegeben von der Pressestelle der Universität.)

Senator Philipp teilte in einem Schreiben dem Präsidenten der Universität mit, daß die weitere Entwicklung der Studentenzahl auf die Bedürfnisse der Hamburger Region abgestimmt werden sollte. Die Bedürfnisse dieser Region werden nach einer Prognose des Hochschulamtes (Stand: April 1972) bereits im Jahre 1976 bei 19 800 Studienplätzen liegen. Sollte eintreten, was Studenten und Vertreter des AStA befürchten, daß nämlich die Gesamtstudentenzahl der Universität Hamburg bei 20 000 „eingefroren" werden soll, so hätten in einigen Jahren Bewerber aus anderen Bundesländern kaum noch eine Chance, in Hamburg zu studieren.

In Hamburg trifft man auf alle Übel einer Massenuniversität

Bei einem Besuch der Universität Hamburg, der zweitgrößten Hochschule der Bundesrepublik, wird man an allen Ecken und Enden mit den Auswüchsen einer Massenuniversität konfrontiert: überfüllte Lehrveranstaltungen, eine Mensa, die aus allen Nähten platzt, weite Wege zwischen den einzelnen Instituten und die Anonymität des einzelnen, der in der Masse verschwindet. Die Möglichkeiten, Kontakt aufzunehmen, sind gerade für Studienanfänger ungünstig, denn besonders die Übungen und Seminare für Anfänger sind zu Massenveranstaltungen ausgewuchert, in denen weder Beziehungen unter den Studenten, geschweige denn zu den Dozenten und Professoren möglich sind. Besonders schlecht seien – nach Aussagen von Studenten – die Studienbedingungen in allen Veranstaltungen der Soziologie und teils auch der Politologie. Dort drängen sich in den Anfängerveranstaltungen 300 bis 400 Teilnehmer, so daß ein sinnvoller Lehrbetrieb gegenwärtig ausgeschlossen sei.

Die Hauptveranstaltungen der Wirtschafts- und Rechtswissenschaften sind ebenfalls überfüllt. „Im Fachbereich Wirtschaftswissenschaften studieren zur Zeit (1970) circa 3500 Studenten (Volkswirtschaft, Betriebswirtschaft, Handelslehre). Nach allgemeingültigen Maßstäben dürften es bei den tatsächlich vorhandenen Studienplätzen nur 900 sein. Das bedeutet eine Überbelastung von circa 400 Prozent (das Doppelte der bundesdurchschnittlichen Überlastung)." (Entnommen einer Informationsschrift, die von der Universität Hamburg, Akademischer Senat, herausgegeben wurde.)

Hinzu kommt, daß der Lehrkörper durch Prüfungsaufgaben derart überbelastet ist (pro Studienjahr 600 Diplomarbeiten, 2700 schriftliche Klausuren und rund 2000 mündliche Prüfungen), daß andere Aufgaben, wie Forschung, Betreuung der Examenskandidaten und Doktoranden, wissenschaftliche Weiterbildung, Arbeit an Reformen, gar nicht oder nur in Ausnahmefällen erfüllt werden können. Ebenso katastrophal ist die Situation im Fachbereich Rechtswissenschaft. Unfruchtbare Massenveranstaltungen, drangvolle Enge und Überbelastung der Lehrenden sind auch hier an der Tagesordnung. In den Fächern Biologie, Pharmazie und teilweise auch Medizin und Zahnmedizin besteht zusätzlich zu dem externen Numerus clausus noch ein interner, das heißt, immatrikulierte Studenten müssen oft lange auf Aufnahme in verschiedene Kurse warten. Wer es jedoch einmal geschafft hat, soll in den Kursen gute Arbeitsbedingungen vorfinden.

Auch der Bereich Lehrerausbildung soll nicht unerwähnt bleiben, denn dort wird mit unverhältnismäßig vielen Lehrbeauftragten gearbeitet (Verhältnis „ordentliche Lehrer" [Professor/Dozent]: Lehrbeauftragte = 2 : 1). Zur Verdeutlichung noch einmal ein Zitat aus der Informationsschrift des Akademischen Senats: „Der Fachbereich Erziehungswissenschaft ist weder personell noch apparativ und materiell so ausgestattet, daß er den Grunderfordernissen einer zeitgemäßen Lehrerbildung geschweige der Forschung in der Erziehungswissenschaft gerecht werden kann."

Reformen und Modelle sollen die untragbaren Studienbedingungen beseitigen

Soweit der Bericht über den Status quo, doch auch in Hamburg wird an Reformen und neuen Modellen gearbeitet:

- Reform der Prüfungsordnungen im Hinblick auf Entzerrung, Gruppenarbeiten, studienbegleitende Leistungskontrollen und Wahl neuer Fächer,
- Reform der Studieneingangsphase in: Theologie, Chemie, Physik (geplant), Volkswirtschaftslehre, Sportlehrerausbildung, Geschichte.
- Und als neue Modelle: Einstufige Juristenausbildung, Projektstudium Geschichte, Sportlehrerausbildung.

Außerdem ist ein Tutorenprogramm zur intensiven Anfängerbetreuung, für Kleingruppenarbeit und für hochschuldidaktische Experimente im Stadium der Planung. Geplant ist weiterhin die Einrichtung eines Fachbereiches Rechtswissenschaft II (zur Durchführung der einstufigen Juristenausbildung) und die Ausgliederung und Verselbständigung der Psychologie, die sich gegenwärtig noch im Fachbereich Philosophie, Psychologie, Sozialwissenschaften befindet. Diesen eigenen Fachbereich Psychologie soll es ab 1. April 1974 geben. Ihm sollen drei psychologische Institute angeschlossen sein mit den Schwerpunkten Allgemeine Psychologie, Pädagogische und Entwicklungspsychologie und Klinische Psychologie.

An der Praxis orientiert: die Ausbildung zum Psychotherapeuten

Eine an der Praxis orientierte Ausbildung kann ein Psychologiestudent am Psychologischen Institut der Universität Hamburg in der Heinrichstraße 14 genießen. Dort besteht seit etwa fünf Jahren eine Psychotherapeutische Beratungsstelle, die aufgrund der Privatinitiative von Professor Tausch, seinen Mitarbeitern und Studenten ins Leben gerufen worden ist. „Wir standen vor der Aufgabe, Psychologiestudenten für eine psychotherapeutische Tätigkeit auszubilden. Dazu brauchten wir eine praktische Tätigkeit, und so gaben wir durch Aushänge bekannt, daß Klienten mit persönlichen Schwierigkeiten zu uns kommen könnten. Mit der Zeit kamen immer mehr, und ehe wir uns versahen, hatte sich die Psychotherapeutische Beratungsstelle etabliert" (Professor Tausch). Die Beratungsstelle bekommt keinerlei Zuschuß von der Universität und ist – ähnlich wie eine Klinik – eine Einrichtung, die der Ausbildung und Forschung dient und zugleich in begrenztem Umfang der Dienstleistung.

Wie bei allen Psychotherapeutischen Beratungsstellen, so wurde auch in Hamburg die Warteliste immer länger. Die Klientenzahl war so erheblich angewachsen, daß mit Wartezeiten von neun Monaten und mehr gerechnet werden mußte. Professor Tausch und seine Mitarbeiter sahen sich deshalb gezwungen, eine feste Regelung zu finden, die die Wartezeit auf maximal vier Monate begrenzt. „So haben wir uns vor zwei Monaten entschlossen, bis auf unbegrenzte Zahl nur diejenigen Klienten aufzunehmen, die keine sogenannte höhere Schulbildung haben, sondern den Abschluß der Hauptschule. Wir fühlen uns dieser Personengruppe in erster Linie verpflichtet, weil sie unserer Hilfe besonders bedarf." Professor Tausch befürwortet diese „nicht völlig gerechte Lösung" auch noch aus einem anderen Grund: „Bis zu 80 Prozent unserer Klienten waren Studenten oder Akademiker. Die Studierenden lernten also nur Angehörige einer bestimmten Schicht, nämlich ihrer akademischen, kennen, obwohl sich diese Leute in der Regel besser helfen können als unsere jetzigen Klienten. Die getroffene Umstellung hat die Arbeit für unsere Studenten härter gemacht. Wir haben uns jedoch gesagt; wenn Psychotherapie Menschen Hilfe bringen soll, dann soll sie der Mehrzahl der Menschen Hilfe bringen."

Studenten der Psychologie können nach dem Vorexamen die Ausbildung zum Gesprächstherapeut anstreben. Jeder Student wird von einem erfahrenen Psychologen betreut. Das eingehende Geld – zwischen zehn und zwanzig Mark je Kontakt, je nach Einkommen des Klienten – wird dafür verwandt, erfahrene Psychologen von außen zur Betreuung der Studenten heranzuziehen.

Den strengen Numerus clausus für das Fach Psychologie beurteilt Professor Tausch folgendermaßen: „Wir könnten meiner Meinung nach in Hamburg 150 Bewerber zulassen, haben jedoch gegenwärtig eine Zulassungsquote von 100 bis 120. Ich glaube, wir wären leistungsfähiger, wenn wir in unserem Institut gut organisiert wären, denn dann könnten wir ökonomischer arbeiten und mehr Studenten aufnehmen. Ich glaube, daß alle unsere Studenten eine Anstellung finden werden. Wir brauchen Schulpsychologen, Psychologen an Kliniken. Wenn unser Studium besser organisiert wäre und wir noch intensiver Forschung betreiben könnten, wäre es angemessen, die Zulassungsquoten zu erhöhen."

Eine „Paradedisziplin" der Hamburger Universität: die Informatik

Einen Schwerpunkt in der Lehre bildet in Hamburg das Studium der Informatik. 1969 begannen die Vorarbeiten für dieses Institut, das im Oktober 1971 offiziell eröffnet wurde. Die ersten Fachwechsler aus benachbarten

Disziplinen nahmen bereits 1970 ihr Studium auf, die erste Zulassung für Anfänger erfolgte 1971. Das Hamburger Hochschulgesetz sieht vor, daß man neue Institute, die nicht eindeutig einem Fachbereich zuzuschreiben sind, dadurch in die Universitätshierarchie eingliedert, indem man einen speziellen Senatsausschuß schafft, der die Aufgaben des Fachbereiches wahrnimmt. Diese Konstruktion hat sich nach Aussage von Dr. Joachim Schmidt, Dozent am Institut für Informatik, bisher bewährt. „Die vermittelnde Tätigkeit dieses Senatsausschusses zwischen dem Institut und dem akademischen Senat klappt."

Der Studiengang Informatik wurde von Anfang an vom Numerus clausus begleitet. Man war in Hamburg bestrebt, sich auf kleine Gruppen zu beschränken (im Sommersemester 1972 waren 150 Informatikstudenten immatrikuliert, darunter 19 Frauen), um ein durchdachtes und sich den jeweiligen Veränderungen leicht anzupassendes Studium zu bieten und zu gewährleisten. „Die Studienbedingungen im Fach Informatik sind in Hamburg gut. Uns stehen genügend Räume zur Verfügung und eine ausgezeichnete Bibliothek, die auch ausgiebig besucht wird", meint Joachim Schmidt. Zwei Kriterien werden bei diesem Studiengang in Hamburg besonders hervorgehoben, nämlich: anwendungsnah zu sein und interdisziplinär. Der Punkt der „Anwendung" spielt während des ganzen Studiums eine besondere Rolle. So ist das Anwendungsfach – bisher kann man Jura, Medizin, Wirtschaftswissenschaften, Pädagogik, Psychologie, Linguistik und Soziologie wählen – Gegenstand der Vor- und Hauptdiplomprüfung, wodurch eine intensive Arbeit in diesen Fächern unumgänglich wird.

Bezüglich der Forschung haben sich in Hamburg folgende Schwerpunkte gebildet: Meeresforschung, Schiffsbau, Weltwirtschaft, Endokrinologie, Psychosomatik (als Sonderforschungsbereich), Orientalistik, Umweltschutz und Umweltgestaltung. Ein weiterer Sonderforschungsbereich ist in Planung: Tropenmedizin. In diesem Katalog der Forschungsschwerpunkte darf die Hamburger Sternwarte nicht fehlen, die seit 1833 besteht, damals aber in der Nähe des Hafens lag und mit der Seefahrtschule verbunden war. Das charakterisierte ihre ganz praktischen, auf die lokalen Bedürfnisse Hamburgs bezogenen Aufgaben: die astronomische Orts- und Zeitbestimmung, eine wichtige Grundlage der Nautik. Der Wandel zu einem großen Forschungsinstitut kam 1910, als die Hamburger Sternwarte auf ihr heutiges Gelände in Bergedorf verlegt wurde. 1919 wurde die Sternwarte der damals gegründeten Universität angeschlossen. Ein Dozent an der Hamburger Sternwarte wurde über Nacht berühmt. Sein Name: Lubos Kohoutek. Er hatte (im Frühjahr 1973) zwei bisher unbekannte Kometen entdeckt, die nun seinen Namen tragen.

Hohe Mietpreise für Zimmer und Wohnungen

In den Sternen steht auch besonders zu Semesterbeginn für eine große Zahl von Studierenden, wo sie in der Millionenstadt Hamburg wohnen sollen. „Die soziale Lage der Studentenschaft hat sich im zurückliegenden Jahr keineswegs gebessert, sondern vielmehr in Teilbereichen eine bedrohliche Zuspitzung erfahren, die einen erneuten Appell an die Öffentlichkeit und die Regierungen in Bund und Land notwendig macht." (Jahresbericht des Präsidenten der Universität Hamburg vom Mai 1972.)

Eine der Ursachen dieser beklagenswerten sozialen Lage der Studentenschaft sind die hohen Mietpreise für Zimmer oder Wohnungen, die über den freien Markt angeboten werden. Bis zu 200 Mark muß ein Student für ein mehr oder weniger ansprechendes Zimmer, das nicht zu weit außerhalb liegt, auf den Tisch legen. Das Angebot an Wohnheimplätzen ist in der Relation zur Studentenzahl lachhaft gering. So unterhält das Studentenwerk Hamburg e. V. sieben Studentenwohnheime mit insgesamt 1220 Plätzen. (Insgesamt sind für alle Studentenarten in Hamburg 3400 Wohnheimplätze vorhanden.) Der Mietpreis beträgt im Einzelzimmer 110 Mark, im Doppelzimmer kostet der Platz 85 Mark im Monat. Die Miete für ein Ehepaar-Appartement beträgt 220 Mark. Neben dem Studentenwerk haben die großen Parteien und die beiden Konfessionen Unterkünfte für Studierende geschaffen. Alle gemeinsam beteiligen sich an dem zentralen Aufnahmeverfahren, das 1972 eingeführt wurde. Die Bewerbungen sind demnach an die Wohnraumzentrale des Studentenwerks, 2 Hamburg 13, Von-Melle-Park, und nicht an die einzelnen Wohnheime zu richten.

„Die Wohnsituation der Studentenschaft hat sich in dem zurückliegenden Jahr weiterhin verschlechtert. Der Rückgang des privaten Zimmerangebots geht einher mit einer Stagnation im Bau von Studentenwohnheimen. Die Wohnraumvermittlungsstelle des Studentenwerks hat im ersten Halbjahr 1971 nur noch 379 Zimmer des privaten Wohnungsmarktes vermitteln können, während im Jahre 1966 den Studenten noch circa 2200 Zimmer angeboten werden konnten. Dieser Rückgang des privaten Zimmerangebotes wird begleitet von einem Ansteigen der Studentenzahlen und einer Änderung ihrer Sozialstruktur, die es immer mehr erforderlich macht, den Studenten neben einem Studienplatz auch einen Wohnplatz zur Verfügung zu stellen." (Jahresbericht des Präsidenten der Hamburger Universität vom Mai 1972.)

In dieser Notsituation ergriff der AStA die Initiative und entwickelte ein eigenes Altbauprogramm. Er mietete Altbauten – zum Teil auch Abbruchhäuser – an und vermietete sie zum Selbstkostenpreis an Studenten weiter. Doch nach einiger Zeit wurde dem AStA vom Hochschulamt und von der Behörde dieser „eigene Gewerbebetrieb" verboten. Daraufhin wurde, in Absprache mit dem AStA, das Altbauprogramm vom Studentenwerk übernommen. Auch die Bewerbungen für diese recht preisgünstigen Wohnungen (in der Regel 50 Mark pro Bewohner), die jedoch oft nur vorübergehend bewohnt werden können, werden von der Wohnraumzentrale angenommen.

Das Studentenwerk registriert eine „merklich entlastete Wohnsituation"

Ein wesentlich positiver Eindruck der Wohnsituation entsteht dagegen durch die Stellungnahme des Studentenwerkes „zur Wohnsituation der Studenten an den Hamburger Hochschulen zum Wintersemester 1972/73". Dort heißt es unter anderem: „Die ursprünglich sehr angespannte Wohnsituation der Studenten in Hamburg war zum Wintersemester 1972/73 merklich entlastet. Das ist im wesentlichen auf folgende Faktoren zurückzuführen:

1. Einführung des totalen Numerus clausus an der Universität Hamburg und Eingangsbeschränkungen an den anderen Hamburger Hochschulen. Dadurch vermindert sich der Zuzug auswärtiger Studenten, die sich sonst in sehr starkem Umfang um Wohnheimplätze bemühen, erheblich.

2. Durch die Einrichtung der Wohnraumzentrale im Studentenwerk und der zentralen Annahme der Bewerbungen werden Doppelbewerbungen sowie Bewerbungen von Studenten, deren Wohnzeit in einem anderen Heim bereits abgelaufen ist, seit dem Wintersemester 1972/73 erkannt und ausgeschlossen.

3. Strengere Auswahl der Bewerber nach sozialer und wirtschaftlicher Bedürftigkeit. Auszubildende mit unterstützungsfähigen Eltern oder mit eigenen Einkünften, die über den BAföG-Sätzen liegen, haben kaum noch eine Aufnahmechance.

Diese Faktoren haben zum Wintersemester 1972/73 bewirkt, daß erheblich mehr freie Plätze vorhanden waren, denen eine erheblich geringere Anzahl von Bewerbern gegenüberstand."

Diese vom Studentenwerk belegte „merklich entlastete Wohnsituation" ist sicher für diejenigen Stellen ein erfreuliches Nebenprodukt des Numerus clausus, die Gelder für Wohnheimbauten zur Verfügung zu stellen haben. Das rosige Bild sollte jedoch nicht den Blick vor folgender Tatsache verschleiern: Da durch die angestrebte Politik des Hamburger Senats in Zukunft überwiegend Landeskinder die Hamburger Universität besuchen sollen, wird natürlich, bedingt durch die hohen Mieten auf dem freien Markt und abgeschreckt durch die niedrige Zahl an Wohnheimplätzen, die überwiegende Zahl der Studierenden zu Hause bei den Eltern wohnen bleiben. Die Konflikte, die für einen Jugendlichen entstehen, der schon allein durch sein Studium vom Elternhaus abhängig ist und dann auch noch dort wohnen muß, sind nicht zu unterschätzen. Zu dem zukünftigen Zwang von seiten der Universität, möglichst schnell das Studium zu beenden, kommt der gleichgerichtete Zwang des Elternhauses hinzu.

Eine entlastete Situation sieht Manfred Klee, Geschäftsführer des Studentenwerkes, auf die Mensa der Universität zukommen, denn „bis zu 50 Prozent der Studenten wohnen bei ihrer Familie oder bei Verwandten und wollen gar nicht in der Mensa essen". Doch der Platz für diejenigen, die essen wollen, reicht dennoch schon seit Jahren nicht mehr aus. Voraussichtlich ab Sommersemester 1974 werden die Studierenden in der bis dahin umgebauten Mensa nicht nur über etwas mehr Bewegungsfreiheit verfügen, sondern auch zwischen vier und fünf Essen wählen können. Zur Zeit müssen sich die Eßwilligen täglich zwischen einem Stammessen (1,45 Mark), einem Eintopf (1,– Mark) und einem Gedeck zu zwei Mark entscheiden. Der Mensa-Umbau wird zwar 4,7 Millionen Mark kosten – so Klee –, dafür aber nicht nur eine Verbesserung der Art des Essens bringen, sondern auch mit einem etwa zwölf Meter langen Selbstbedienungsbüfett dafür sorgen, daß auch eine Zwischenmahlzeit appetitlich und abwechslungsreich zusammengestellt werden kann.

Der AStA möchte den „künstlichen Graben zwischen Studenten und Bevölkerung“ überbrücken

Der Alltag an der Universität Hamburg wird nicht entscheidend durch politische Gruppierungen und deren Exponenten geprägt. Die Uni Hamburg wird seit langem als relativ „ruhige“ – von vielen auch als „unpolitische“ – Universität bezeichnet. Die Zusammensetzung von AStA und Studentenparlament gibt in etwa die Verteilung der politischen Richtungen der „aktiven“ Studenten wieder. So setzt sich der AStA – Stand Juli 1973 – aus folgenden Vertretern zusammen: sieben Mitglieder des Sozialistischen Hochschulbundes (SHB), sechs Vertreter des Marxistischen Studentenbundes Spartakus (MSB) und einem Unabhängigen. Das Studentenparlament vereint 30 Vertreter des SHB, 29 des MSB Spartakus und 20 Vertreter des Liberalen Hochschulverbandes (LHV) und einen Unabhängigen.

Der AStA dieser zweitgrößten Universität der Bundesrepublik sieht sein Selbstverständnis nicht darin, möglichst oft und laut über die Straße „zu fegen“, sondern in dem Bemühen, den isolierten Studentenkampf von einst zu überwinden und die politische Arbeit auf eine breitere Basis zu stellen. Dazu gehört nach Aussage eines AStA-Sprechers das Bündnis mit den Gewerkschaften. „Wir Studenten müssen davon wegkommen, nur immer in spontanen Empörungen auf die verschiedenen Maßnahmen der staatlichen Instanzen zu reagieren, wir müssen wegkommen von der Abwehrpolitik.“

Der Hamburger AStA möchte seine Informationstätigkeit und seinen Bewußtmachungsprozeß nicht auf den Campus der Universität beschränkt wissen, „sondern ‚wir wollen den künstlichen Graben zwischen Studenten und Bevölkerung abbauen und breite Bündnisse aller Interessierten und Engagierten schaffen“.

Diese breitere Basis konnte zum Beispiel im Kampf der Studenten gegen die „Rahmenprüfungsordnung“ geschaffen werden. „Mehr als 4000 Studenten drängten sich im Audimax, als am 12. Dezember 1972 mit überwältigender Mehrheit ein dreitägiger Warnstreik der Studentenschaft beschlossen wurde; 10 000 Studenten marschierten drei Tage später durch die Straßen der Hamburger Innenstadt. In 40 Informationsständen in zahlreichen Stadtteilen und auf mehr als 50 000 Flugblättern informierte die Studentenschaft die Bevölkerung über Anlaß und Ziel dieser Aktionen: Es ging um die ‚Allgemeinen Grundsätze für Prüfungsordnungen' der Hamburger SPD-Bürgerschaftsfraktion, kurz RPO genannt." („uni hh", Januar/Februar 1973, herausgegeben von der Pressestelle der Universität.)

Die Kernpunkte dieses SPD-Entwurfes waren auch zugleich die Streitpunkte, wie zum Beispiel: Verkürzung des Studiums durch die Einführung einer sechs- bis achtsemestrigen Regelstudienzeit, Koppelung der Genehmigungspflicht von Prüfungsordnungen mit der Vorlagepflicht für Studienordnungen, Klausurenpflicht, kein verbindliches Wahlrecht hinsichtlich des Prüfers für den Studenten, Begrenzung der Wiederholbarkeit der Prüfung auf zweimal.

Nach einiger Zeit griff auch die Behörde für Wissenschaft und Kunst in die Debatte ein. Am 21. Dezember 1972 legte sie einen „Entwurf Allgemeiner Grundsätze (Thesen) für das Prüfungswesen an den Hamburger Hochschulen" vor, die im wesentlichen die Elemente des SPD-Entwurfes enthielten. Die Bilanz dieses heißen Winters lautete jedoch: Verabschiedung der Rahmenprüfungsordnung durch den Hamburger Senat. Wer nach diesem verlorenen Kampf erwartete, daß die aktiven Studenten resignieren würden, hatte sich getäuscht. Man ging konstruktiv vor, zog die Lehren aus der Bewegung und setzte sich ein neues Ziel: „Was heißt es nun, die Lehren der Studentenbewegung zu beherzigen? Was die den AStA bildenden Hochschulgruppen anbetrifft, so tragen sie den Erfahrungen und Erkenntnissen der Studentenbewegung Rechnung mit einer Politik, die Politik der gewerkschaftlichen Orientierung genannt wird. Zusammengefaßt sind die Prinzipien dieser Politik unter anderem:

Studenten müssen auf der Grundlage ihrer gemeinsamen Interessen organisiert und solidarisch handeln. Dazu brauchen sie quasi gewerkschaftliche Organisationen wie AStA und Fachschaftsräte, wählbare und kontrollierbare Organe, die den Kampf, wenn nötig, initiieren, koordinieren und vereinheitlichen" (aus: Informationen für Erstsemester, Wintersemester 1973/74, herausgegeben vom AStA).

Diese Prinzipien sind für den AStA keine leeren Phrasen und auch nicht für den (relativ) objektiven Betrachter. Die Arbeit des Allgemeinen Studentenausschusses beweist es. Die Universität wird als Plattform gesehen, von der aus informiert, kritisiert und agiert wird, und zwar für die allgemeine Bevölkerung und nicht allein beschränkt auf Studenten.

Der AStA der Universität Hamburg versteht sich als echte Vertretung der Studentenschaft und möchte diese Vertreterstelle auch dazu benutzen, den Studierenden nützliche „Alltags-Tips" zu geben. Zum Beispiel darüber, wo Alkoholiker Hilfe finden. Eine Liste der Abholtermine für Sperrmüll gibt Auskunft darüber, wo man vielleicht einige brauchbare Möbel preiswert ergattern kann, nennt Adressen, wo man preiswert fotokopieren kann, welche Fahrschule günstige Tarife anbietet und welche Wäschereien und chemische Reinigungen Sondertarife für Studenten anbieten. Solche Tips sind gerade in einer Großstadt Gold wert, denn sie helfen, Geld zu sparen.

Sind die Auseinandersetzungen auch noch so hart – gewisse Umgangsformen werden von allen Beteiligten gewahrt

Im Leben dieser Großstadt nimmt die Universität keine besondere Stelle ein. Hamburg ist als Wirtschafts- und Hafenstadt im Denken der Bürger verwurzelt. Die Universität versucht, die Bürger auf ihre Hochschule aufmerksam zu machen, durch Tage der offenen Tür, Ausstellungen, Presseinformationen, ständige Information der Bürgerschaft, Deputation und Persönlichkeiten aus Wirtschaft und Politik über das Universitätsleben, die Forschung und Lehre. Das zurückhaltende und von vielen auch als „unterkühlt" bezeichnete Wesen des Norddeutschen und – in besonders ausgeprägter Form – des Hamburgers spiegelt sich auch im universitären Leben wider. Auch bei noch so harten Auseinandersetzungen – gewisse Umgangsformen und ein gewisser Ton werden gewahrt. Das ausschließlich Emotionale fehlt, man ist eben tolerant und läßt das Gespräch nicht abreißen. Auf dieser mehr sachlichen Ebene ist auch das Verhältnis der Bürger zu „ihrer" Universität angesiedelt. Dazu der Student Benno: „Ab und zu stößt man bei den Bürgern noch auf etwas Verwunderung darüber, daß auch der Student ein ganz normaler Mensch sein kann, aber im großen und ganzen kommen Bürger und Studierende in Hamburg gut miteinander aus."

Universität Hamburg
24 880 Studenten (WS 1973/74).

Anschrift:
2000 Hamburg 13,
Edmund-Siemers-Allee 1

Fachbereiche:
Evangelische Theologie
Rechtswissenschaft
Wirtschaftswissenschaften
Medizin
Philosophie und Sozialwissenschaften
Erziehungswissenschaft
Sprachwissenschaften
Geschichtswissenschaft
Kulturgeschichte und Kulturkunde
Orientalistik
Mathematik
Physik
Chemie
Biologie
Geowissenschaften
Interdisziplinäres Zentrum für Hochschuldidaktik
Institut für Informatik
Sozialpädagogisches Zusatzstudium
Institut für Schiffbau

Hannover: Medizinische Hochschule Tierärztliche Hochschule Technische Universität

Brigitte Bohnke

Hannover – ruhige Hochschulen, an denen gearbeitet wird

Fragt man in der Hauptstadt des Bundeslandes Niedersachsen nach dem Weg zur Universität, so kommt prompt die Frage: „Ja, wo wollen Sie denn hin? Zu den Ärzten, den Tierärzten oder zur richtigen Universität?" Mit der „richtigen" Universität ist die Technische Universität gemeint, die – wie die übrigen Technischen Hochschulen des Landes Niedersachsen – 1968 in „Universität" umbenannt wurde. Diese drei eigenständigen Hochschuleinrichtungen – Medizinische Hochschule, Tierärztliche Hochschule und Technische Universität – sollen mit einer neu zu formierenden Erziehungs- und Staatswissenschaftlichen Hochschule, bestehend aus der Geisteswissenschaftlichen Fakultät der jetzigen TU und aus der Pädagogischen Hochschule Niedersachsen nach den Vorstellungen des ehemaligen niedersächsischen Kultusministers Peter von Oertzen in nicht allzu ferner Zeit zur „Gesamthochschule Hannover" zusammengefaßt werden. Doch dieser Plan stößt bei der einen Gruppe der Betroffenen – den Professoren – auf wenig Gegenliebe. Otfried Siegmann, Rektor der Tierärztlichen Hochschule (TiHo), ist einer der Gegner dieser „Gesamtuniversität Hannover". In einem Interview mit der Zeitschrift „Hannoversches Leben" (Ausgabe vom September 1973) äußerte Professor Siegmann seine „erheblichen Bedenken" gegen diesen Oertzen-Plan. Er meint, daß jeder Betrieb – und auch Hochschulen seien betriebliche Einrichtungen – eine optimale Größe habe. „Zu klein ist genauso unwirtschaftlich wie zu groß. Eine undifferenziert zusammengeleimte Gesamthochschule Hannover ist mit Sicherheit zu groß. Bis zum Jahr 1980 werden mehr als 20 000 Studenten erwartet. Allein die Verwaltung einer solchen Massenuniversität wird um vieles teurer sein als ein kooperatives Modell, basierend auf den bestehenden Einrichtungen. Der Steuerzahler muß die Suppe auslöffeln. Dieser ökonomische Gesichtspunkt wird von den Verfechtern für eine Gesamtuniversität Hannover genauso ignoriert wie die mit Gewißheit vorhersagbaren Schwierigkeiten, die sich aus dem Konglomerat unterschiedlichster Fachrichtungen ergeben müssen."

Kooperation ja – Zusammenschluß nein, das ist auch die Meinung von Professor Fabel, Rektor der Medizinischen Hochschule. Nur Lothar Hübl, mit seinen 33 Jahren jüngster Rektor der Bundesrepublik (seit Herbst 1973 Rektor an der TU), plädiert für die Errichtung einer Gesamthochschule. Dieses Eintreten für die Gesamtuniversität wird von einigen seiner Kollegen – wie aus gut unterrichteten Kreisen zu erfahren ist – in der Art interpretiert, daß er (Hübl) wohl erfreut darüber sein würde, wenn die Fakultät 4 (Geisteswissenschaften) aus der TU ausgegliedert würde, denn dann sei er den Herd für die immer wieder ausbrechenden studentischen Unruhen los. Daraufhin angesprochen, gab Lothar Hübl, selbst Angehöriger der Fakultät 4, eine knappe, aber dennoch klare Antwort: „Das ist Quatsch!"

Betreibt man in Hannover keine „Zukunftsforschung" und läßt man somit das wenig geliebte Kind Gesamthochschule unerwähnt, so erfährt man die Geschichte eines Hochschulmärchens, das sich dadurch auszeichnet, daß sich alle gut verstehen, in Ruhe und Frieden arbeiten und daß diese Idylle meist nur dann gestört wird, wenn der obligate Märchen-Bösewicht auftaucht, und das war bis zum Amtswechsel in diesem Fall Kultusminister Peter von Oertzen.

Die vielfältigen Ideen und Änderungswünsche des Kultusministers werden in den Hochschulen der Landeshauptstadt eher skeptisch als erfreut betrachtet, denn der „Reformeifer" von Oertzens war nicht gerade von einer klaren Linie gekennzeichnet und rief oft ein Durcheinander hervor. Man wird sehen, wie die Aktivitäten seines für die Hochschulen zuständigen Nachfolgers aufgenommen werden. Als Beispiel für seinen Übereifer wird immer wieder das Niedersächsische Vorschaltgesetz genannt. (Im Mai 1973 hatte das Bundesverfassungsgericht in Karlsruhe nach einer Verfassungsbeschwerde von etwa 400 niedersächsischen Professoren und jahrelangen Auseinandersetzungen das Urteil gegen das Niedersächsische Vorschaltgesetz gefällt. Wesentliche Teile dieses Gesetzes wurden dabei für verfassungswidrig erklärt, auch die Forderung nach drittelparitätischer Besetzung aller Hochschulgremien. Anmerkung der Redaktion.)

Dazu Professor Ivar Trautschold, Medizinische Hochschule: „Dieses Vorschaltgesetz und die sich darum rankenden Querelen haben uns erheblich zurückgeworfen. In Fragen der Mitbestimmung und Mitbeteiligung aller Gruppen waren wir vorher weiter. Erst dieses Gesetz führte zu der alten Gruppenbildung."

Vorstellung nach dem Alphabet

Die Aufgabe, die drei Hochschulen Hannovers vorzustellen, bringt die Qual der Wahl mit sich, denn mit welcher soll man beginnen? Um bei dem Leser nicht den Eindruck aufkommen zu lassen, daß die Reihenfolge der Vorstellung zugleich eine Rangfolge der Qualität der einzelnen Hochschulen bedeutet, wurde die Buchstabenfolge des Alphabets Kriterium der Auswahl.

Die Medizinische Hochschule Hannover

Die jüngste Universität der Stadt

Die Medizinische Hochschule Hannover (MHH) ist die jüngste Universität dieser Stadt. Die Geburtsstunde dieser Hochschule schlug, als sich die Landesregierung die Aufgabe stellte, in Niedersachsen eine neue Ausbildungsstätte für Medizinstudenten zu schaffen, um insbesondere die Überlastung der Universität Göttingen zu lindern. Hannover bot sich für die Erfüllung dieser Aufgabe an, da man dort sowieso ein Schwerpunktkrankenhaus plante und mit dem Anfang der sechziger Jahre errichteten städtischen Oststadtkrankenhaus bereits über eine geeignete Ausbildungseinrichtung verfügte. So wurde die MHH 1965 vom damaligen Niedersächsischen Ministerpräsidenten Diederichs im Krankenhaus Oststadt eröffnet. Mit den Bauarbeiten für die Lehrgebäude wurde Anfang 1966 begonnen, und vier Jahre später konnten die meisten Theoretischen Institute aus dem Forschungstrakt am Krankenhaus Oststadt in die Räume auf dem Roderbruchgelände übersiedeln. Sukzessive folgte die Umsiedlung eines großen Teils der Verwaltung und die Inbetriebnahme der weiteren Gebäude auf diesem Gelände. Im Juli 1971 wurde der erste Patient im Zentralklinikum aufgenommen, was einen wesentlichen Abschnitt der ersten Aufbauphase der MHH darstellte.

Die Medizinische Hochschule befindet sich nach wie vor im Aufbau. So wird derzeit am zweiten Bauabschnitt der Kinderklinik gearbeitet, die Poliklinik für Zahn-, Mund- und Kieferheilkunde wird errichtet, außerdem ein Appartementhaus für Krankenschwestern und Krankenpfleger und ein Kindergarten für die Bediensteten der MHH. Hinzu kommt der Neubau der Theoretischen Institute II, und für die spätere Zukunft sind Einrichtungen der Arbeitsmedizin, der Gewerbe- und Umwelthygiene und der angewandten Ernährungswissenschaften geplant.

Im Jahr der Eröffnung der MHH wurden 40 Studenten am Krankenhaus Oststadt aufgenommen, wobei man von Anfang an das Studienjahr einrichtete. Die Zahl der Studenten stieg von Jahr zu Jahr, und zum Wintersemester 1973/74 hatte die Aufnahmekapazität ihren vorläufigen Endpunkt erreicht: nämlich 200 Studienanfänger. Für Studierende der Zahnmedizin, die erstmals 1969 aufgenommen wurden, beginnt das Studienjahr im Sommersemester. Unter den 1230 Studenten der MHH (Stand Sommersemester 1974) befinden sich 150 Studierende der Zahnmedizin. Ihr zahlenmäßiger Anteil an der Gesamtstudentenschaft wird jedoch größer werden, denn ab dem Sommersemester 1974 werden pro Studienjahr 60 Bewerber aufgenommen.

Die Arbeitsbedingungen werden als „optimal" bezeichnet

Sowohl Studenten als auch Professoren bezeichnen die Arbeitsbedingungen als „optimal". „Die technische Ausrüstung ist ausgezeichnet, und was die Arbeitsbedingungen angeht, so ist die MHH unschlagbar." Dieses Lob aus dem Munde des AStA-Mitgliedes Siegfried Sonneck bezieht sich jedoch nur auf die Arbeitsbedingungen, denn „sonst ist hier überhaupt nichts los. Das Studium ist derart verschult, daß man zur Arbeit regelrecht angehalten wird, und da es am Roderbruchgelände nichts gibt als die Hochschule, kann man eben auch nichts anderes tun, als zu arbeiten."

Die Lage der Hochschule, am Rande der Stadt, behagt weder den Studenten noch der Mehrheit der Professoren. Dazu Wolfgang Picket-Huchzermeyer vom AStA: „Wir befinden uns hier in einer Wüste, fernab von der Stadt. Die Verkehrsverbindungen sind miserabel und das Gefühl, in einem Getto zu leben, wird noch dadurch verstärkt, daß das Hochschulgelände von einem Zaun umgeben ist." Der Dekan, Professor Alexander, drückt dieses Empfinden der Studenten mit anderen Worten aus. Er „beklagt" die räumliche Distanz zu den anderen Hochschulen. Der Rektor der MHH, Professor Fabel, teilt das Empfinden der Studenten in diesem Punkt nicht. Er sieht zwar, daß „seine" Hochschule aufgrund der Lage „ein bißchen isoliert sei", doch das tue den guten Beziehungen zu den beiden anderen Universitäten keinen Abbruch. Außerdem müsse man bedenken, daß auf dem Gelände am Roderbruch noch genügend Platz für weitere Bauten sei.

Auch diese noch junge Hochschule hat sich – bedingt durch die steigenden Studentenzahlen und die Nachfrage gerade nach Studienplätzen für Medizin – bereits zu einer größeren Hochschule gemausert. Dazu Professor Fabel: „In der Zeit der Gründungsphase war der Hochschulbetrieb, bedingt durch die geringe Studentenzahl, fast familiär. Heute ist das Leben an der Hochschule bereits anonymer geworden." Diese Anonymität beklagen auch die Studenten, „denn man kennt fast nur die Leute aus dem Praktikum. Vertikal, das heißt Kontakte zwischen Anfangs- und Fortgeschrittenensemestern, geschieht so gut wie nichts. Gerade diese Kontakte wären aber für Studienanfänger sehr hilfreich. Im Gespräch mit älteren Kommilitonen könnten sie so manch wertvollen Tip erhalten. Mit den Kommilitonen der beiden anderen Hochschulen trifft man sich während der Freizeit eigentlich nur beim Sport. Wer jedoch nicht gerne aktiv Sport betreibt, für den sieht die Basis für eine verstärkte Kommunikation schon schlechter aus."

„Der geistige Horizont der Studenten ist auf Medizin beschränkt"

Die Besonderheiten dieser „Monofakultät" beschreibt Professor Ivar Trautscholt, der dieser Hochschule seit ihrer Gründung angehört. Die, besonders von den Studenten, kritisierte Verschulung des Studienganges sieht Professor Trautschold durch folgende Tatsachen bedingt: zum einen durch die bestehenden Prüfungsordnungen, die eben verlangen, daß ein Student bis zum soundsovielten Semester bestimmte Leistungsnachweise erbracht hat, und zum anderen durch den in Hannover erarbeiteten Lernzielkatalog, der genaue Vorschriften für den Studiengang enthält. „In den ersten vier Semestern können wir den Stoff mit den Studenten nicht gerade intensiv durcharbeiten, sondern ein gewisses Angebot muß eben durchgezogen werden. An unserer Hochschule wird Blockunterricht angeboten, das heißt, ein spezieller Bereich wird von verschiedenen Seiten beleuchtet. Das hat zur Folge, daß genau angegeben und damit auch vorgeschrieben wird, wann, wer, was, wo liest." Die MHH strebt den Unterricht in kleinen Gruppen an, doch die steigenden Studentenzahlen erschweren dieses Vorhaben. „Zunächst war die Zahl der jährlich aufzunehmenden Studenten auf 144 limitiert. Jetzt beträgt sie 200 pro Studienjahr."

Die MHH vermittelt dem Besucher mehr den Eindruck, ein großes, modernes Klinikum zu betreten als eine Universität. Hochschulpolitische Auseinandersetzungen unter der Studentenschaft gibt es fast überhaupt nicht, denn die meisten sind zufrieden, weil die Arbeitsatmosphäre ja „optimal" ist. Viel Zeit für politische Betätigungen läßt der Studiengang nicht, „das wird jedoch nicht als großes Manko angesehen, denn die große Familie der Studenten ist sowieso unpolitisch" (Siegfried Sonneck). „Der geistige Horizont ist auf Medizin beschränkt", meint Professor Trautschold, „und ich sehe auch keine Bemühungen von seiten der Studenten, aus dieser Monofakultät auszubrechen,' das heißt, etwa das geisteswissenschaftliche Lehrangebot der TU wahrzunehmen."

Tierärztliche Hochschule Hannover

Betont praxisorientierter Unterricht

Ebenso bekannt und „berühmt" für ihre Qualität wie die MHH ist die Tierärztliche Hochschule Hannover. Sie gehört zu den ersten Einrichtungen dieser Art in der Welt und ist in Deutschland die älteste und einzige selbständige tierärztliche Bildungsstätte. 1778 als „Königliche Roßarzney-Schule" gegründet und sehr bald zur „Königlichen Thier-Arzney-Schule" erweitert, entwickelte sich diese Einrichtung so erfolgreich, daß sie 1887 zur „Tierärztlichen Hochschule" erhoben wurde. Im Gegensatz zu anderen Lehrstätten der Veterinärmedizin in der Bundesrepublik und im Ausland sind die Kliniken der Tierärztlichen Hochschule Hannover nicht nach Disziplinen, wie zum Beispiel Chirurgie, Innere Medizin usw., eingeteilt, sondern nach Tierarten. So gibt es an dieser Hochschule heute zwei Kliniken für Rinder und je eine Klinik für Pferde, kleine Klauentiere und kleine Haustiere sowie ein Institut für Geflügelkrankheiten. Eine Ambulatorische Klinik ist der Klinik für kleine Klauentiere angeschlossen.

Diese Aufgliederung im klinischen Bereich in Tierartenkliniken hat einen betont praxisorientierten Unterricht zur Folge. Dazu die Pressestelle der TiHo: „Die Studenten, die später die Ausübung einer Großtierpraxis planen, nutzen gerne die Gelegenheit des besondes großen Patientenangebotes, das heißt einer breitgefächerten Ausbildung am Patienten, die die hannoverschen Kliniken ermöglichen. Aus dem gleichen Grund bestehen mit den vorrangig an klinischen Fragen interessierten ausländischen Tierärzten intensive Kontakte."

Auch die Arbeitsbedingungen an der TiHo können als ausnehmend gut bezeichnet werden, obgleich auch die Studenten der Tiermedizin über die straffe Verschulung ihres Studienganges klagen. Die bis ins einzelne festgelegten Studienpläne sind verbindlich, und das Lehrangebot an obligatorischen Fächern fordert einen intensiven fachlichen Einsatz jedes Studenten. Diese „Arbeitsatmosphäre" wird vielleicht etwas angenehmer durch die Tatsache, daß sich die Studierenden untereinander kennen, so daß die Fülle des zu bewältigenden Stoffes nicht auch noch dazu führt, daß jeder nur noch in seinem Kämmerlein über den Büchern sitzt und zusätzlich zur Arbeitsbelastung auch noch unter der an fast allen Universitäten vorhandenen Isolierung leidet.

Die größte Vorlesung, zu der etwa 200 bis 300 Hörer erscheinen, wird in der Aula abgehalten. Ansonsten arbeiten die derzeit rund 1230 Studenten der TiHo (Stand: Wintersemester 1973/74) in relativ kleinen Gruppen. Die noch überschaubare Zahl an Studenten ermöglicht auch noch einen gewissen persönlichen Kontakt zwischen Lehrenden und Lernenden, was von beiden Gruppen sehr begrüßt wird.

Ebenso wie das Klinikum der MHH für die Bevölkerung in und um Hannover eine große Rolle in der ärztlichen Versorgung spielt, sind die Einrichtungen der TiHo bei der Bevölkerung bestens bekannt. „Die zentrale Lage des geschlossenen großen Geländes hat die Existenz der Tierärztlichen Hochschule Hannover auch den wenigen Bürgern Hannovers ins Bewußtsein gerückt, die noch nicht mit ihrem Haustier die Dienstleistungen ihrer Hochschule als wertvolle Hilfe in Anspruch genommen haben." (Eine Aussage der Pressestelle.)

Der AStA arbeitete lange Zeit nur provisorisch

Herausragende politische Aktivitäten sind auch an dieser Hochschule nicht zu verzeichnen. Die Arbeit des AStA lag lange Zeit mehr oder weniger brach, da sich keine Interessenten für die anfallenden Arbeiten fanden. Dazu Willi Henkemeyer, vier Semester lang „Übergangsvorsitzender" und seit dem 6. Februar 1974 gewählter Erster Vorsitzender des AStA: „Die Studierenden an der TiHo sind viel zu träge. Sie schlucken in der Regel einfach alles, denn das ist ja das Bequemste. Hinzu kommt natürlich, daß die meisten die Studiensituation an der TiHo als gut empfinden und deshalb wenig Gründe sehen, aufzumucken. Sie wollen ihr Studium rasch hinter sich bringen, und für dieses Vorhaben erhalten sie von der Hochschule jede nur erdenkliche Hilfe."

„Natürlich gebe es hin und wieder kritische Stimmen", meint Professor Siegmann, angesprochen auf die Atmosphäre an der TiHo, „aber wir haben ein gutes Verhältnis zu unseren Studenten, und wer Hilfe braucht, kann sich jederzeit an die Professoren und Dozenten wenden. So werden Probleme nicht verschleppt, sondern ausgesprochen und – wenn möglich – beseitigt."

Technische Universität Hannover

Studienbedingungen: „drei bis vier"

Über eine solch „phantastische technische Ausstattung" (Rektor Hübl) wie die Medizinische und Tierärztliche Hochschule verfügt die dritte Universität der Stadt Hannover nicht. Deshalb bewertet Lothar Hübl die Studienbedingungen an der TU nur mit drei bis vier.

Die Hilfe für die „schwer leidende Wirtschaft" im Königreich Hannover nach der napoleonischen Zeit war der entscheidende Anlaß, den Grundstein für die heutige Technische Universität zu legen. „Eine durch königliche Verordnung 1829 eingesetzte Gewerbekommission äußerte die Überzeugung, die Hauptursache des unbefriedigenden Betriebes wichtiger Industriezweige und der geringen Neigung im Bürgertum für gewerbliche Berufe liege im Mangel an zweckmäßigen Lehranstalten. So entschloß man sich, in der Haupt- und Residenzstadt Hannover eine Polytechnische Schule zu begründen, wie es deren nun schon mehrere in Deutschland gab." (Aus: Die Gründung der Technischen Hochschule Hannover.) So ging man also in Hannover daran, eine „Gewerbeschule" ins Leben zu rufen. Als Organisator und Leiter dieser Anstalt holte man sich nicht einen Hannoveraner, sondern einen jungen Österreicher, der entscheidend den Weg dieser Schule geprägt hat und fast ein halbes Jahrhundert an der Spitze seiner „eigenen Gründung" stand: Karl Karmarsch.

Mit 64 eingeschriebenen Schülern wurde die Anstalt am 2. Mai 1831 eröffnet. Bereits drei Jahre später zählte man 150 Schüler, und im zehnten Jahr ihres Bestehens konnte die „Gewerbeschule" auf die stattliche Zahl von 214 Schülern verweisen. Die allgemeine Entwicklung der Technik führte auch zur Blüte der hannoverschen Schule. 1879 erhielt die Anstalt, die inzwischen zur „Polytechnischen Schule" umgewandelt worden war, die amtliche Bezeichnung „Königliche Technische Hochschule" und damit die Rektoratsverfassung und die volle Anerkennung als wissenschaftliche Lehr- und Forschungsstätte.

Als vorerst letztes wichtiges Datum in der Geschichte dieser Bildungseinrichtung ist der 1. April 1968 anzusehen. An diesem Tag wurde die Fakultät V für Geisteswissenschaften „geschaffen", was zur Folge hatte, daß die Hochschule noch am gleichen Tag die Bezeichnung „Technische Universität" erhielt.

Die Fakultät V – ein Herd für Unruhen?

Die Einrichtung der Fakultät V hätten sicherlich einige gerne als Aprilscherz angesehen, brachte sie doch etwas unruhigere Zeiten für die TU mit sich. Nicht nur die studentischen Aktivitäten vermehrten sich und nahmen ein anderes Gesicht an, sondern man begann auch, sich über „Strukturprobleme der Technischen Universität Hannover" Gedanken zu machen, und diese Gedanken führen hin zur Gesamthochschule.

Daß diese Entwicklung nicht nur von Geisteswissenschaftlern gesehen wird, sondern auch von Vertretern einer „klassischen" Disziplin der Technischen Hochschule, wird in einem Aufsatz von Professor Rolf Kracke (Dr.-Ing.) deutlich, der im Heft 16/1973 der Hannoverschen Hochschulgemeinschaft abgedruckt ist. Professor Kracke schreibt unter anderem: „Grundgedanke aller zur Zeit erfolgten Studienplanverbesserungen, wie sie vom Wissenschaftsrat entwickelt worden sind, ist der Wunsch, überall dort, wo es möglich ist, das Studium in einen Kurzzeit- und einen Langzeitstudiengang aufzuteilen. Das gilt für die Wirtschafts- und Rechtswissenschaften (für die im Frühjahr 1974 zwei neue Fakultäten eingerichtet wurden, Anmerkung der Redaktion) in gleicher Weise wie für die Natur- und Ingenieurwissenschaften. Voraussetzung hierfür ist die Zusammenfassung der bisherigen Fachhochschulen und Universitäten zu Gesamthochschulen."

Ein weiteres Mitbringsel der Fakultät V ist die Tatsache, daß sich die Zahl der Studierenden an der TU seit 1968 praktisch verdoppelt hat (Stand Wintersemester 1973/74: circa 11 000 Studenten). Dazu Rolf Kracke: „... Vereinfacht kann man das so ausdrücken, daß die Ingenieurwissenschaften praktisch ihre alte Stärke beibehalten haben, während dagegen die geistes- und naturwissenschaftlichen Bereiche sehr große Zuwachsraten aufweisen. Praktisch haben wir neben der Technischen Universität in den letzten fünf Jahren eine neue geisteswissenschaftliche Universität mit insgesamt 4500 Studenten gebildet, ohne mit finanziellen und personellen Mitteln in dem Umfang unterstützt worden zu sein, wie es für eine neuzugründende Universität dieser Größe erforderlich gewesen wäre."

Die steigende Studentenzahl: größtes Problem der TU

Diese ungeheure Zuwachsrate ist mit das größte Problem der TU Hannover. Aufgrund der steigenden Studentenzahlen in einzelnen Bereichen der Geistes- und Naturwissenschaften ist die Universität praktisch gezwungen, möglichst viele Zuweisungen an Personal- und Sachmitteln in diese Bereiche, insbesondere in die Geistes- und Staatswissenschaftliche Fakultät zu pumpen. Das hat natürlich zur Folge, daß die übrigen Bereiche zu kurz kommen, was insgesamt gesehen eben zu den von Lothar Hübl mit der Note drei bis vier bewerteten Studienbedingungen führt.

Doch für Hübl, als Volkswirtschaftler Angehöriger der Fakultät V, sind die Geisteswissenschaften „eben das Salz in der Suppe. Die TU ist trotz allem eine ausgesprochen ruhige Universität, an der ein liberaler Geist herrscht. Der rasche Anstieg der Studentenzahl führt zwar dazu, daß nahezu alle Fächer mit Numerus clausus belegt sind, doch damit stehen wir in Hannover schließlich nicht allein da."

Wohnungssuche auch in Hannover problematisch

Die strukturelle Expansion der drei Hochschulen, die natürlich auch mehr Studenten nach Hannover lockt, bringt nicht nur Raumprobleme für die Universitäten selbst mit sich, sondern auch Unterbringungsschwierigkeiten für die Studenten. So ist bereits heute die Suche nach einem Zimmer oder einer Wohnung – wie in allen Universitätsstädten – äußerst schwierig. Das Studentenwerk bietet für alle Studenten rund 1450 Wohnheimplätze an, und zwar überwiegend Einzelzimmer. Die Miete beträgt monatlich bis zu 100 Mark. Inbegriffen in diesem Preis sind Heizungs- und Stromkosten, eine Zimmerreinigung wöchentlich und einmal im Monat frische Bettwäsche.

Freie Träger, wie etwa Rotes Kreuz und die beiden Kirchen, bieten etwa 280 Wohnheimplätze an.

Auf dem freien Wohnungsmarkt werden für ein Zimmer durchschnittlich 140,– bis 160,– Mark verlangt. Im Stadtgebiet selbst wird es immer schwieriger, ein Zimmer oder gar eine größere Wohnung zu annehmbaren Preisen zu finden, dagegen steigen die Wohnraumangebote aus den Randgebieten der Stadt.

Besonders beschwerlich gestaltet sich die Zimmersuche für Studierende der MHH. „Zimmer in der Nähe sind rar und teuer, deshalb ziehen viele weiter weg. Das hat jedoch zur Folge, daß man oft lange Anfahrtswege in Kauf nehmen muß, da ja die Verbindungen mit öffentlichen Verkehrsmitteln zu unserer Hochschule besonders schlecht sind. Wer kein Auto hat, ist meiner Meinung nach aufgeschmissen." (Ein Vertreter des AStA.)

Diese Erschwernis der unzureichenden öffentlichen Verkehrsverbindungen stellt sich für die Studenten der beiden übrigen Universitäten nicht, denn beide liegen im Bereich des Stadtzentrums. So werden von diesen Zimmersuchenden auch Angebote von außerhalb, vorausgesetzt sie können mit Straßenbahn, Bus oder Zug gut erreicht werden, auch nicht als so „problematisch" angesehen. Im großen und ganzen habe sich, so ein Vertreter des Studentenwerks, der Wohnungsmarkt für Studenten in und um Hannover etwas entspannt. „Engpässe treten besonders zum Wintersemester auf, da zu diesem Zeitpunkt an den beiden medizinischen Universitäten das Studienjahr beginnt."

Ein weiterer kritischer Punkt jeder Hochschule ist die Mensa. Besonders für die TU reichen die bestehenden Mensaplätze nicht aus. Der Neubau einer Mensa in diesem Bereich ist im Gespräch. Die Humanmediziner werden durch den Großküchenbetrieb des Klinikums versorgt, und die Studierenden der Tierärztlichen Hochschule können eine Mensa, fünf Minuten von der Hochschule entfernt, aufsuchen. Das preiswerteste Essen kostet 1,40 Mark und steigt bis auf 1,80 Mark. Ab Sommersemester 1974 wird in der Mensa der TU täglich ein Wahlessen zum Preis von 2,20 Mark angeboten. Für kleinere Mahlzeiten und Kaffeepausen zwischendurch gibt es an allen drei Hochschulen Erfrischungsräume.

Sonstige Treffpunkte sind dünn gesät, obwohl die Nachfrage groß ist. So kann beispielsweise „nur" jeden Donnerstagabend im „Silo" im Studentenwohnheim in der Dorotheenstraße getanzt werden. „Da es viel zuwenig Veranstaltungen solcher Art gibt, ist es nicht verwunderlich, daß das ‚Silo' immer total überfüllt ist", meint ein Student. Ein weiterer studentischer Treffpunkt ist die „Destille" im 10. Stockwerk eines Studentenwohnheims und gelegentlich der „Ratskeller" an der Tierärztlichen Hochschule, der jedoch nur einmal in der Woche geöffnet ist. „Ansonsten gibt es fast keine sogenannten Studentenkneipen. Hannover hat auf diesem Gebiet eben keine Tradition, es ist eben eine Messe-Stadt." (Ein Student der TU.) Die Pressestelle der TiHo meint: „Das Freizeitangebot der Stadt pauschal zu beurteilen, wird keine individuell zufriedenstellende Antwort geben können. Es ist schlechter als das Münchens, es ist besser als das Clausthals."

Technische Universität Hannover
11 000 Studenten (WS 1973/74).

Anschrift:
3000 Hannover, Welfengarten 1

Fakultäten:
Fakultät I:
Abteilung für Mathematik
Abteilung für Physik
Abteilung für Chemie
Abteilung für Erdwissenschaften
Fakultät II:
Abteilung für Architektur
Abteilung für Bauingenieurwesen und Vermessungswesen
Fakultät III:
Abteilung für Maschinenbau
Abteilung für Schiffstechnik
Abteilung für Elektrotechnik
Fakultät IV:
Abteilung für Gartenbau
Abteilung für Landespflege
Abteilung für Biologie und Meteorologie
Fakultät V:
Philologisch-Historische Abteilung
Erziehungswissenschaftliche Abteilung
Wirtschafts- und Sozialwissenschaftliche Abteilung

Medizinische Hochschule Hannover
1012 Studenten (SS 1974).

Anschrift:
3000 Hannover-Kleefeld,
Karl-Wiechert-Straße 9

Tierärztliche Hochschule
Hannover
1233 Studenten (SS 1974).

Anschrift:
3000 Hannover,
Bischofsholer Damm 15

Ruprecht-Karl-Universität Heidelberg

Klaus Schrode

Die ersten Fakultäten sind die der Artisten, Theologen und Mediziner

„Alt Heidelberg, Du feine", „Heidelberg, Du Jugendbronnen", „Wo zwischen grünen Bergen munter" – Klänge aus einer vergangenen Zeit, einer anderen Welt. Noch immer „schmettern", modernem Zeitgeist zum Trotz, sangesfreudige Studiosi abseits dem hochschulpolitischen Geschehen auf Kommersen ihrer Korporationen oder in den traditionellen Studentenkneipen „fröhliche Gesänge", und im Sommer sind Couleurstudenten noch immer nicht völlig aus dem Stadtbild verschwunden. Ansonsten aber, so klagen Heidelberg-Besucher nicht selten, habe die im Jahre 1386 von Kurfürst Ruprecht I. von der Pfalz gegründete „Alma mater heidelbergensis" von ihrer einstigen Würde, von ihrem unvergleichlichen Fluidum reichlich eingebüßt. In der Tat: Manche Vorreiter der „antiautoritären" Studentenrevolte der auslaufenden sechziger Jahre findet man heute in diversen kommunistischen Hochschulgruppen wieder, beim Flugblattverteilen in der Hauptstraße, bei Aufrufen zu den verschiedensten Aktivitäten. Ein „Aufhänger" findet sich stets. So wird gegen alles mögliche polemisiert, protestiert, „gestreikt". Berichte über „Go-ins", gewaltsame Rektoratsbesetzungen, geplatzte Gremiensitzungen trugen seit 1968 dazu bei, das Image der ältesten Universität Deutschlands zu verändern, und von all dem hört und spürt auch der Besucher von auswärts etwas.

Und doch: Die Alternative „Heidelberg – Universität zwischen Reform und Revolution", wie noch 1971 eine Schweizer Tageszeitung ihr Uni-Feature in roten Lettern überschrieb, ist im ersteren Sinne beantwortet worden. Die Universität hat sich, wenn auch unter schweren Geburtswehen, für eine behutsame „Politik" sinnvoller funktionaler Struktur- und Studienreformen entschieden und wird, so steht zu hoffen, diesen Kurs auch beibehalten können. Die Universität befindet sich in einer neuen Phase innerer Konsolidierung, und man sollte es ruhig sagen, denn es ist keine Übertreibung: Es lohnt sich heute wieder, in der Stadt eines Viktor von Scheffel, eines Hölderlin und Bunsen, eines Friedrich Ebert und Gustav Radbruch zu studieren.

Am 23. Oktober 1385 wird Kurfürst Ruprecht I. von der Pfalz die Erlaubnis erteilt, ein „Generalstudium" in Heidelberg zu errichten; sein territorialfürstlicher Ehrgeiz war hierfür die entscheidende Antriebskraft, außerdem sein enger Kontakt zu Karl IV. Der Rat Ruprechts I. faßt am 26. Juni 1386 den Beschluß: Es wird eine Universität gegründet. Bald beginnen Vorlesungen, am 17. November wird Marsilius von Inghen erster Rektor. Die ersten Fakultäten sind die der Artisten, Theologen, Mediziner sowie eine Abteilung für Kirchenrecht.

Unter Friedrich I. erhält die Universität 1452 eine Verfassung, die bis zur Reformation Gültigkeit hat. Weitere Daten bis heute: 1498 gründet Philipp der Aufrichtige eine Juristenburse und versammelt bedeutende Humanisten um sich (Agricola, Reuchlin); 1518, Martin Luther disputiert im Augustinerkloster; 1626 Auflösung der Universität, 1629 Wiederherstellung als katholische Hochschule; 1632 erneut aufgelöst und 1652 unter dem Rektorat Karl Ludwigs wiedereröffnet, 48 Jahre später erhält Heidelberg seine „alte" Universität zurück. Am 1. April 1945 schließen US-Militärbehörden die Universität, nur die Kliniken bleiben geöffnet. Doch bereits vier Monate später kann die Hochschule wieder ihre Pforten öffnen, und am 7. Januar 1946 nehmen alle Fakultäten ihre Arbeit wieder auf.

Universität und Studenten mit der Stadt eng verwachsen

Die Gebäude der Heidelberger Universität haben sich auf zwei Schwerpunkte konzentriert. Zum einen erstrecken sie sich über das Gebiet zwischen dem Stadtteil Bergheim und dem Karlstor auf der linken Neckarseite und zum anderen rechts des Neckars im Neuenheimer Feld. Dort liegt das neue Universitätsviertel, das einen in sich geschlossenen Komplex bildet. Im ersten Bereich, der Heidelberger Altstadt, sind vor allem die geisteswissenschaftlichen Disziplinen angesiedelt. Dagegen beherbergt das Neuenheimer Feld, neben Sport, ausschließlich Einrichtungen der Medizin und der Naturwissenschaften; einzelne „Reste" dieser Fakultäten befinden sich noch im Zentrum der Stadt, sollen aber allmählich in das Neubaugebiet verlegt werden.

Die Idee einer „Campus-Universität", der Gedanke also, die Hochschule als Ganzes samt Verwaltung an der Nordwestperipherie Heidelbergs anzusiedeln, wurde oft diskutiert, aber ebenso häufig aus guten Gründen wieder fallengelassen. Universität und Studenten sind mit der Stadt zu eng verwachsen, ja sie sind kulturell und wirtschaftlich integriert – es wäre widersinnig, sie aus diesem Organismus abzutrennen. Negative Auswirkungen auch auf die Stadtentwicklung wären nicht zuletzt die Folge: Die Bevölkerungsstruktur der in einem ständigen Sanierungsprozeß steckenden Altstadt ist ohnehin überaltert, und so befürchten die kommunalen Planungsexperten bei einem Auszug der Uni nach Neuenheim eine weitere „Entleerung" und Verödung oder gar den wirtschaftlichen Niedergang dieses Stadtteils.

Markantes Zeichen dieser Universität: der N.C.

Im Wintersemester 1973/74 waren an der Heidelberger Universität insgesamt 16 730 Studenten (14 558 Deutsche, 2172 Ausländer) immatrikuliert. Damit ist sie die zahlenmäßig größte in Baden-Württemberg.

Diese alte Stadt, für viele „der" Inbegriff einer Universitätsstadt, übt eine solche Faszination auf Studierwillige aus, daß der Numerus clausus das Gesicht dieser Hochschule in besonderem Maße geprägt hat. Viele wollen nach Heidelberg, aber nur für wenige wird dieser Wunsch auch Wirklichkeit. Einige Beispiele: Für angehende Mediziner und Zahnmediziner gilt, daß ab dem 2. Fachsemester – im Fach Medizin bis zur bestandenen ärztlichen Vorprüfung, im Fach Zahnmedizin in allen höheren Semestern – nur so viele Studierende aufgenommen werden können, wie Studienplätze freigeworden sind. Ein Universitätswechsel im Tauschwege ist möglich.

In Psychologie werden vorerst keine Studienanfänger angenommen. Ab dem 2. Fachsemester können nur so viele Bewerber aufgenommen werden, wie Studienplätze frei geworden sind, wobei ab dem 6. Fachsemester Immatrikulationen nur nach bestandenem Vordiplom möglich sind.

Biologie im Hauptfach ist für Studienanfänger zulassungsbeschränkt. Die Zulassungsquote wird jeweils im Sommer festgelegt. Bewerber zum 2. bis. 4. Fachsemester (vor Zwischen- bzw. Vordiplomprüfung) können nur im Tauschwege zugelassen werden. Für Studierende, die das Vordiplom bzw. die Zwischenprüfung im Fach Biologie abgelegt haben, besteht keine Zulassungsbeschränkung, jedoch kann ein Arbeitsplatz in den Hauptpraktika nicht garantiert werden.

Für Pharmazie werden ebenfalls Studienbewerber vom 2. Semester an aufwärts entsprechend der Zahl frei werdender Studienplätze zugelassen. Die Zulassung zum 1. Fachsemester erfolgt über die Zentralstelle für die Vergabe von Studienplätzen in Dortmund, zum 2. und höheren Semester direkt durch die Universität Heidelberg.

Auch für Heidelberg stellt sich die Frage: Wie soll es weitergehen? Wie kann man der anrückenden Lawine Studierwilliger Herr werden? Dazu ein Auszug aus dem Rechenschaftsbericht des Rektors, Professor Hubert Niederländer, für die Zeit vom 19. Dezember 1972 bis zum Wintersemester 1973/74 (aus: unispiegel 5/74): „Bei der Frage, ob – vor allem in den Geisteswissenschaften – der Zustrom ungehemmt weitergehen kann oder ob nicht Maximalzahlen für alle Fächer festgelegt werden müssen, sollte bedacht werden, daß eine der Zahl der Studenten entsprechende Vergrößerung des Lehrkörpers unwahrscheinlich ist. Nach der Finanzplanung des Landes bestehen ferner auch auf dem Bausektor enge Grenzen für die Vermehrung der Studienplätze. Hinzu kommen die Grenzen, die durch die Aufnahmefähigkeit und Infrastruktur der Uni-Städte und ihres engeren Umlandes gesetzt sind. Bei dieser Lage müssen die vorhandenen Studienplätze so effektiv wie möglich genutzt werden. Aus dieser Sicht müssen die vorgesehenen Regelstudienzeiten als notwendiger Versuch verstanden werden. Sie können freilich erst nach gewisser Zeit zu einer Entschärfung des Numerus clausus beitragen. Das gleiche gilt für die nunmehr vorgeschriebenen Zwischenprüfungen ..."

Ein mühsames Unterfangen: die Suche nach einem Zimmer

Wer einen Studienplatz hat, möchte auch gerne ein Zimmer haben, in dem es sich studieren und leben läßt. Die Suche nach einer solchen Unterkunft wird auch in Heidelberg – oder vielmehr ist schon – schwierig. Für ein Zimmer, angeboten auf dem freien Wohnungsmarkt, muß ein Student im Durchschnitt 140 Mark auf den Tisch legen. Die Mietpreise in den Wohnheimen liegen um die 100 Mark (je nach Ausstattung).

Doch mit den Wohnheimen hapert es in Heidelberg. Dazu noch einmal ein Auszug aus dem Rechenschaftsbericht des Rektors: „Eine vordringliche und besonders schwierige Aufgabe des Studentenwerks ist es, eine ausreichende Zahl von Wohnheimplätzen zu schaffen. Schwierigkeiten macht vor allem die Beschaffung von Baugrundstücken. Da das Studentenwerk nicht bei allen Projekten Bauträger sein kann, müssen öffentliche und gemeinnützige Bauträger gesucht werden; die Mietstreiks der letzten Jahre wirken auf potentielle Bauträger abschreckend."

Sicherlich hatte Rektor Niederländer bei seiner Schilderung der Lage den Mietstreik der Studierenden in den Studentenheimen am Klausenpfad im Auge. Die Studenten protestierten (zum letztenmal im Sommer 1973) mit dieser Aktion gegen die geplante Mieterhöhung für ein Einzelzimmer von 102 auf 120 Mark. Doch „Abschreckung potentieller Bauträger" hin oder her, die wachsende Studentenwohnungsnot muß auch in Heidelberg gebannt werden. So hatte beispielsweise Niederländers Vorgänger, Rektor Rendtorff, aufgrund dieser Misere an die Öffentlichkeit appelliert, soweit wie möglich Zimmer für Studenten zur Verfügung zu stellen. Doch der private Wohnungsmarkt ist bald ausgeschöpft, denn in den vorwiegend Dreizimmerwohnungen der Neubauten ist kaum Platz für einen Untermieter.

Hochschulpolitische Situation – heute entspannter

Bei aller Kritik am baden-württembergischen Hochschulgesetz in seiner Neufassung vom 27. Juli 1973 kann festgestellt werden, daß sich, betrachtet man die Entwicklung jedenfalls in Heidelberg, die Novellierung eher positiv ausgewirkt hat. Allen Befürchtungen zum Trotz haben sich Konflikte an der Hochschule seitdem nicht weiter gehäuft, die Fronten nicht noch stärker verhärtet. Im Gegenteil: Auseinandersetzungen werden (sieht man vom linksextremen Lager ab) wieder mit weniger Emotionen, ja oft betont argumentativ ausgefochten.

Im Großen Senat bilden diejenigen Gruppierungen die „Mehrheitsfraktion", welche dieses oberste Beschlußorgan nicht als Arena für ideologische Streitereien und politische Schaugefechte, sondern als Gremium sachbezogener Selbstverwaltung arbeiten sehen möchten.

Bei den Studenten schließlich gewann im Sommer 1973 das linksliberal bis linkssozialistisch orientierte Hochschulpolitische Kollektiv (HoPoKo) die absolute Mehrheit im Studentenparlament und löste die Kommunistische Hochschulgruppe (KHG) im AStA ab. So ist die Studentenvertretung seit fünf Jahren erstmals nicht mehr kommunistisch. Die Sitzverteilung: HoPoKo 29, KHG 19, Aktion Demokratische Hochschule (ADH) 9, MSB Spartakus 3, Sozialistischer Heidelberger Studentenbund (SHS) 2, Demokratisches Zentrum 1 Sitz. Während das HoPoKo etwa die Linie der Jungsozialisten verfolgt, propagiert die KHG, eng angelehnt an die „neue" KPD und den Kommunistischen Bund Westdeutschlands, bedingungslos den „Klassenkampf" gegen „die Herrschenden". Ihre Mitglieder sind wiederholt bei strafrechtlich relevanten gewalttätigen Aktionen in Erscheinung getreten. Die ADH als drittstärkste Fraktion vertritt einen mehr liberal-konservativen Kurs; in ihr sind Mitglieder der SPD, CDU und FDP aktiv.

Ruprecht-Karl-Universität Heidelberg
16 370 Studenten (WS 1973/74).

Anschrift:
69 Heidelberg, Grabengasse 1

Fakultäten:
Theologische Fakultät
Juristische Fakultät
Fakultät für Naturwissenschaftliche Medizin
Fakultät für Theoretische Medizin
Fakultät für Klinische Medizin I
Fakultät für Klinische Medizin II
Philosophisch-Historische Fakultät
Fakultät für Orientalistik und Altertumswissenschaft
Neuphilologische Fakultät
Wirtschafts- und Sozialwissenschaftliche Fakultät
Fakultät für Mathematik
Fakultät für Chemie
Fakultät für Physik und Astronomie
Fakultät für Biologie
Fakultät für Geowissenschaften
Fakultät für Klinische Medizin Mannheim
Fakultät für Pharmazie

Universität Fridericiana Karlsruhe (Technische Hochschule)

Wulf Zitzelsberger

Vergleichbar mit einem großen Industriebetrieb

Kein freundlicher Empfang für Autofahrer, die Schranke bleibt geschlossen, Lieferanten und Besucher bitte auf Spur eins. Ohne Codekarte keine Einfahrt. Zäune, Gitter, Hecken und Bäume verhindern allzu neugierige Blicke ins geräumige Gelände. Ein Unternehmen also, das auf Ordnung achtet, Betriebsgeheimnisse eingeschlossen. Für Unberechtigte Eintritt verboten!

Das ist die eine Seite – mit kritisch-nüchternen Augen gesehen –, die andere – wohlwollend-badisch betrachtet – sieht etwa so aus:

Ein von der Stadt abgeschlossenes Gebiet, dessen motorisierte Durchfahrt nur mit speziellen Einfahrtausweisen möglich ist. Mehrstöckige, moderne Neubauten, gläserne Betontürme und efeuberankte Sandsteinmauern aus dem 19. Jahrhundert, verwinkelte Plätze mit dichten Laubbäumen und schnurgerade Straßenzüge gesäumt von Wiesen, bilden auf dem Campus ein zwar eigenwilliges, aber nicht unschönes Bild. Neu und alt – so auch Skulpturen und Plastiken – geben sich ein friedliches Stelldichein.

Mit seinen insgesamt 56 Hektar Gesamtfläche ist der Campus der Universität Karlsruhe etwa so groß wie die beliebte Bodenseeinsel Mainau. Aber damit endet bereits der Vergleich. Maschinen- und elektrotechnisch ist die Universität Karlsruhe jedoch weit höher installiert als ein normales Wohn- und Gewerbegebiet. Unter diesem Aspekt betrachtet, ist der Campus mit seinen Instituten einer Stadt von 30 000 bis 50 000 Einwohnern gleichzusetzen.

In dieser „Stadt" gibt es derzeitig über 2400 technische Anlagen, darunter 27 Hochspannungsstationen, 121 Aufzüge und Kräne, 15 Notstromerzeuger, 32 zentrale Warmwasserbereitungsanlagen, 190 Lüftungsanlagen, 447 Laborablüfter und 115 Klimaanlagen. Der Gesamtanlagewert dieser Einrichtungen beträgt heute etwa 300 Millionen Mark.

Daten und Zahlen, die zum Bild einer Technischen Hochschule gehören, die in manchen Dingen mehr einem großen Industriebetrieb gleicht, als der gewohnten Vorstellung einer klassischen Bildungsanstalt entspricht.

Vorbild war die Ecole Polytechnique

Die Entwicklung der modernen Technik ist eng verknüpft mit der Geschichte des technischen Hochschulwesens. Und hier kommt der Gründung der ersten deutschen Technischen Hochschule eine besondere Bedeutung zu. Ein Blick auf diese Gründungsgeschichte verdeutlicht deshalb nicht nur einige Besonderheiten und Eigenentwicklungen dieser Einrichtungen bis in die heutigen Tage, sondern beleuchtet auch die Rolle, die Technik und Naturwissenschaften im Hinblick auf ihre industriellen und gesellschaftlichen Wirkungen in den vergangenen 150 Jahren gespielt haben.

Am 7. Oktober 1825 wurde die Polytechnische Schule in Karlsruhe gegründet. Mit diesem Datum beginnt die Geschichte der heutigen Universität, die daher im Jahre 1975 auf ihr 150jähriges Bestehen zurückblicken wird. Sie ist die älteste Technische Hochschule in Deutschland. Die erste Hochschule dieser Art in Europa war die Ecole Polytechnique in Paris, die seit 1794 besteht und für Karlsruhe beispielgebend wurde. Die Anregungen, die man in Karlsruhe der Ecole Polytechnique verdankte, waren grundsätzlicher Natur. Sie lagen vor allem in der Erkenntnis der überragenden Bedeutung, die die Mathematik für alle technischen Disziplinen hatte. Allerdings unterschieden sich die beiden polytechnischen Schulen in Paris und Karlsruhe in ihrer Ausrichtung und ihren Zielen. In Paris ging es besonders darum, Ingenieure für militärische Aufgaben zu gewinnen und Techniker für den Staatsdienst auszubilden. Die fachlichen und personellen Bedürfnisse der Privatindustrie spielten im Gegensatz zu Karlsruhe noch keine Rolle, nur der Staat sollte unmittelbar Nutznießer der neuen Anstalt sein. Diese Zielsetzung erklärt sich aus der politischen Lage Frankreichs 1795: Carnot begründete nicht nur die Ecole Polytechnique, sondern organisierte auch die französischen Revolutionsheere.

Anders die Karlsruher Gründung: Hier stand die Förderung des Bürgertums und der gewerblichen Wirtchaft als dominierender Aspekt im Vordergrund. Man war zu der Erkenntnis gelangt, daß es nicht mehr möglich war, ohne wissenschaftlich ausgebildete Techniker den steigenden Anforderungen an Gewerbe und Industrie gerecht zu werden. Schon seit Beginn des Jahrhunderts hatte man sich mit dem Projekt einer Polytechnischen Schule in Baden beschäftigt, hatte ihre Verbindung mit der Universität Heidelberg oder Freiburg erwogen, ihren bestmöglichen Standort erörtert und sich schließlich für die Residenzstadt Karlsruhe entschieden.

Im Gründungsdekret von 1825, das Großherzog Ludwig von Baden unterzeichnete, heißt es deshalb auch, die Polytechnische Schule entspringe „der Sorge für die Bildung Unsres lieben und getreuen Bürgerstandes und überhaupt eines jeden, der sich den höheren Gewerben widmen" wolle. Ferner solle allen eine Ausbildungsstätte gegeben werden, „welche sich mathematische und naturwissenschaftliche Kenntnisse nicht nur zu ihrer wissenschaftlichen Ausbildung aneignen, sondern diese Wissenschaften zum heutigen Gebrauch im Leben und für das Leben studieren wollen". Auf dieses Ziel hin, auf Praxisnähe und Anwendung, sollten die

Studien ausgerichtet sein – dieser Leitspruch hat bis heute seine Gültigkeit behalten.

Von der Polytechnischen Schule zur Universität

Für die Entwicklung der neuen Schule war entscheidend, daß damals in allen Abteilungen bedeutende Vertreter ihrer Fachrichtungen als Lehrer wirkten. Professoren wie Ferdinand Redtenbacher, der Begründer des wissenschaftlichen Maschinenbaues, Franz Grashof, der Gründer des Vereins Deutscher Ingenieure, und der Chemiker Carl Weltzien führten die Anstalt zu Ansehen und internationaler Anerkennung.

Bereits sieben Jahre nach ihrer Gründung hatte die Schule 15 Lehrstühle, die 380 Studenten zu betreuen hatte. 1865 erhielt die Karlsruher Schule mit einem neuen Organisationsstatus die volle Hochschulverfassung mit selbständiger Verwaltung und Habilitationsrecht und damit die Ranggleichheit mit den Universitäten. Der bisherige Name wurde beibehalten, erst seit 1885 heißt sie offiziell „Technische Hochschule".

Im Jahre 1902, zum fünfzigjährigen Regierungsjubiläum des Großherzogs Friedrich I., erhielt sie den Namen Technische Hochschule Fridericiana. Eine weitere Namensänderung trat 1967 ein: In Analogie zu anderen Hochschulen in Baden-Württemberg wurde die Technische Hochschule in Universität Fridericiana Karlsruhe (TH) umbenannt.

Von den zahlreichen Wissenschaftlern, die durch ihr Leistungen den Ruf der Karlsruher Universität begründet haben und deren Lebenswerk die allgemeine Entwicklung der Wissenschaft und Technik nachhaltig beeinflußt hat, sollen hier nur wenige Namen als Beispiele stehen: die Chemiker Carl Engler und Hans Bunte, die Nobelpreisträger Fritz Haber und Richard Willstätter; der Entdecker der elektromagnetischen Wellen, Heinrich Hertz; die Architekten Heinrich Hübsch, Adolf Weinbrenner, Hermann Billing und Egon Eiermann; die Bauingenieure Max Honsell, Friedrich Engesser und Theodor Rechbock; Rudolf Plank, der Direktor des renommierten Kältetechnischen Instituts und des ehemaligen Reichsinstituts für Lebensmittelfrischhaltung.

Natur- und Ingenieurwissenschaften sind zwar immer noch Schwerpunkte in Forschung und Studien, jedoch ist die Universität in den letzten Jahren über den Rahmen einer nur technisch orientierten Hochschule hinausgewachsen. Dies geht besonders deutlich aus dem Anwachsen der Fakultät für Wirtschaftswissenschaften hervor, die mit 2200 Studenten den traditionsreichen technischen Fakultäten den Rang abgelaufen hat. Auch die Geistes- und Sozialwissenschaftliche Fakultät spielt als disziplinübergreifende Einrichtung, eine zusehends wichtigere Rolle bei der Überwindung der traditionellen Kluft zwischen Natur- und Geisteswissenschaften. Dabei kann sich die Universität auf Ansätze stützen, die von Gelehrten, wie dem Historiker Franz Schnabel, der in den dreißiger Jahren in Karlsruhe lehrte, entwickelt wurden.

Ein Auftrag für die Zukunft: die Bildung einer Gesamthochschule

Ein Bericht über die Situation der Universität Karlsruhe wäre unvollständig, wenn nicht wenigstens in geraffter Form auf den Stand der Neugliederung der Hochschule und ihr Bemühungen um die Hochschulreform hingewiesen würde.

Durch das Hochschulgesetz von Baden-Württemberg von 1968 wurden die Universitäten des Landes verpflichtet, sich eine Verfassung, die Grundordnung, zu geben. Dies gelang in Karlsruhe nach vielen Marathonsitzungen und -verhandlungen schon im Frühjahr 1969. Die rasche Verabschiedung der neuen Verfassung machte deutlich, daß alle beteiligten Gruppen sehr ernsthaft und sachbezogen mitgearbeitet hatten, vor allem auch bereit waren, sich mit den Argumenten der Beteiligten auseinanderzusetzen und somit die Grundlage für eine breite Zustimmung zu schaffen. Damit war die Basis für die hochschulpolitische und wissenschaftliche Erneuerung gegeben.

Wenn sich die Grundordnung bisher bewährt hat, so offenbar deshalb, weil es gelungen ist, eine Ordnung zu schaffen, die praktikabel ist. Die Universität hat nicht die früher vielfach beklagte Konzentration in zu große, unbewegliche und zerstrittene Fakultäten mit der heute oft zu beobachtenden Zergliederung der Hochschule beantwortet, die der egoistischen Interessenvertretung Vorschub leistet, sondern sich darum bemüht, auf allen Ebenen starke, entscheidungsfähige Organe zu bilden. Dabei wurde für die Beteiligung der Gruppen und die Transparenz für alle gesorgt — Voraussetzungen einer arbeitsfähigen und auf Interessenausgleich bedachten Universität.

Die von der Landesregierung im Sommer 1973 durchgesetzte — und von der Universität Karlsruhe einhellig abgelehnte — Novellierung des Hochschulgesetzes droht allerdings die fruchtbaren Ansätze zu zerstören und die Universität in Resignation und Gleichgültigkeit erstarren zu lassen.

Einen bedeutsamen Beitrag zur Hochschulreform wird die Universität Karlsruhe in den kommenden Jahren trotzdem leisten: die Bildung einer Gesamthochschule.

Im Hochschulgesamtplan II von Baden-Württemberg, dem Entwicklungsplan für den in Gesamthochschulen gegliederten Hochschulbereich, wurde die Region Karlsruhe—Pforzheim beauftragt, das Modell einer integrierten Gesamthochschule zu erproben, „weil die räumlichen Verhältnisse für eine

Integration geradezu als ideal bezeichnet werden können". Der Auftrag beinhaltet die Entwicklung konkreter Vorschläge für

- die Durchlässigkeit der differenzierten Studiengänge,
- den wissenschaftlichen Charakter der Studiengänge,
- die Angleichung der Lehrkörper- und Personalstruktur sowie der Berufungs- und Einstellungsverfahren,
- die Angleichung der Studentenschaften,
- die Angleichung der kooperierenden Institutionen.

Neben Versuchen mit integrierten Studiengängen für die Bereiche Lehrerbildung, Ingenieur-, Natur- und Wirtschaftswissenschaft sollen auch ein Zentrum für Lehrerbildung, ein hochschuldidaktisches Zentrum und ein Kontaktstudieninstitut geschaffen werden.

Im Wintersemester 1973/74 waren fast 11 000 Studenten an der Universität Karlsruhe immatrikuliert. Damit hatte die Hochschule das vom Wissenschaftsrat für das Jahr 1975 anvisierte Planziel bereits erreicht. Im Unterschied zu den klassischen Universitäten ist Karlsruhe ein Herrenklub – denn nur zehn Prozent der Studierenden sind Mädchen. Genauso hoch ist übrigens die Ausländerquote.

Heute sind auch die Technischen Hochschulen „gefragt"

Bislang machten Abiturienten einen großen Bogen vor allem um ingenieurwissenschaftliche Fächer, denn sie galten und gelten als schwierig, trocken und einseitig. Dabei waren die Studienmöglichkeiten an den Technischen Hochschulen bis vor wenigen Jahren durchweg besser als an „klassischen" Universitäten. Durch den zunehmenden Numerus-clausus-Druck hat sich das allerdings in einigen Bereichen geändert. So gibt es heute keine Technische Hochschule, die nicht in einigen wichtigen Fächern überlaufen ist.

Welche Berufe finden an der Universität Karlsruhe ihre wissenschaftliche Ausbildung? Der Katalog der Möglichkeiten ist weitgespannt und reicht vom Architekten bis zum Wirtschaftsingenieur – dazwischen alphabetisch aufgereiht: Bauhistoriker, Denkmalpfleger, Biologen, Bauingenieure, Chemieingenieure, Chemiker, Elektroingenieure, Geologen, Geophysiker, Informatiker, Kunsthistoriker, Lebensmittelchemiker, Lebensmittelingenieure, Maschineningenieure, Mathematiker, Meteorologen, Mineralogen, Pharmazeuten, Physiker, Technische Betriebs- und Volkswirte, Verfahrensingenieure, Vermessungsingenieure und Volkswirte.

Kandidaten des Wissenschaftlichen Lehramts an Gymnasien können in den Hauptfächern Mathematik, Physik, Chemie, Biologie, Geographie und Leibesübungen ihre Ausbildung an der Universität erhalten. Als Nebenfach kann außer diesen Fächern auch das Fach Deutsch gewählt werden.

Kandidaten des Künstlerischen Lehramts an Gymnasien mit dem Hauptfach Musik oder Kunsterziehung können an der Universität Karlsruhe eines der genannten Fächer und außerdem Musikwissenschaft bzw. Kunstgeschichte als wissenschaftliches Nebenfach studieren und abschließen.

Die überwiegende Mehrheit der Karlsruher Studenten arbeitet zielstrebig und bleibt bei der Stange

Um die Studenten vor Mißgriffen in der Wahl der Unterrichtsfächer „zu bewahren" und ihnen die Aneignung der nötigen Fachkenntnisse bei bester Zeitausnützung zu ermöglichen, wurden Studienpläne aufgestellt. Daß Studienplan und Studienjahr auch ihre guten Seiten haben, wird wohl von niemandem ernsthaft bestritten, am wenigsten von den Studenten, die zügig ihr Studium beenden wollen – und das ist an einer Technischen Hochschule allemal die große Mehrheit. Sie arbeitet zielstrebig und bleibt bei der Stange, eine Befragungsaktion bestätigt dies mit Zahlen: 71 Prozent der Befragten würden die gleiche Studienwahl noch einmal treffen, 14 Prozent würden es nicht tun und 15 Prozent waren unentschlossen.

Und die kleine Minderheit, die sich der straffen Leitung entwinden will, tut sich schwer, ein fröhliches Studentenleben in „Einsamkeit und Freiheit" zu führen – denn ein solches findet nicht statt. Es fehlen Tradition und Neigung einer Stadt, die selbst nur etwas über hundert Jahre älter ist als ihre Hochschule. Auch mag der Sog der Nachbarstädte Heidelberg und Freiburg so groß gewesen sein, daß nur die bodenständigen, braven Wissenschaftsadepten hiergeblieben sind. Und selbst diese waren noch großen Gefahren ausgesetzt, wie ein besorgter Vater vor fünfzig Jahren fand: „Auch in Karlsruhe ist das Studium kein Kinderspiel. Wie überall strauchelt an der Fridericiana mancher an den Hürden des Vor- und Hauptexamens. Ein intensives Studium von dem ersten Semester an, bietet indes die Gewähr eines erfolgreichen Abschlusses. Nicht immer fällt es leicht, den Verführungen Karlsruhes zugunsten harter Arbeit zu widerstehen. Vor allem die herrliche Umgebung lockt: der Schwarzwald, die Pfalz, das Elsaß, alle zum Greifen nahe und gleichermaßen anziehend. Doch auch Karlsruhe hat seine Reize, deren Entdeckung mancher Abend im Laufe des Studiums – wohlbedacht – gewidmet wird."

Das Essen in der Mensa gilt als Geheimtip

In Karlsruhe gehen die Uhren anders – aber die meisten Studenten finden das gut so und haben sich darauf eingestellt. Während in den vergangenen Jahren in benachbarten Universitäten auf allen Ebenen Unruhe und Streit herrschten, vollzog sich in Karlsruhe vergleichsweise unbemerkt ein Wandel, der alle Bereiche erfaßte. Dank der Aufgeschlossenheit der Universität für die bildungspolitischen Notwendigkeiten, die sich unter anderem in der Bereitschaft zur Errichtung eines Modells einer integrierten Gesamthochschule niederschlug, bot sich den Studenten die Möglichkeit der Mitarbeit an reformbetonten Plänen. Von dieser Chance, ein Stück Bildungspolitik mitzugestalten, wurde Gebrauch gemacht – man überließ sie nicht der Gegenseite. Wen wundert's noch, daß sich die Universität stets gegen alle Pläne, die verfaßte Studentenschaft zu beseitigen, sehr energisch gewehrt hat. Die Studenten honorierten dies; selbst der fast vier Jahre lang amtierende Spartakus-AStA verhielt sich zahm und widmete sich mehr der stillen Basisarbeit als spektakulärem Muskelzeigen. Politisch hat sich für ihn dieses Wohlverhalten freilich nicht ausgezahlt: Im Frühjahr 1974 wurde er gestürzt und durch eine Rechtskoalition eretzt. Heute setzt sich der AStA folgendermaßen zusammen: 1. Vorsitzender – RCDS, 2. Vorsitzender und Außenreferent – SLH, Innenreferent – RCDS, Sozialreferent – SLH, Finanzreferent – RCDS.

Vorausgegangen waren Studentenwahlen, die eine Änderung der Stimmenverhältnisse im Studentenparlament zur Folge hatten. Der RCDS hatte im bundesweiten Rechtstrend auch in Karlsruhe beide Beine auf den Campusboden gebracht und war mit zwölf Sitzen ins Studentenparlament gezogen. Der Rest verteilt sich auf SLH (Sozial-Liberaler Hochschulverband) mit 6, LiLi (Linke Liste: SHB und Unabhängige) mit 6, AGDS (Aktionsgemeinschaft Demokratischer und Sozialistischer Studenten: MSB Spartakus und Unabhängige) mit 5, Fachschaftsliste mit 5 und Liste Demokratischer Kampf mit einem Sitz.

Wer in Karlsruhe eine Studentenbude sucht, wird sich etwas leichter tun als in Heidelberg oder Tübingen. Die Preise unterscheiden sich allerdings kaum vom Preispegel in anderen Universitätsstädten. Sie lagen im Sommersemester 1974 im Durchschnitt zwischen 135,– Mark für möblierte Einzel- und 180,– Mark für Doppelzimmer, Leerzimmer waren für etwa 110,– Mark zu bekommen. In einer Untersuchung des AStA aus dem Jahre 1972 bezeichneten rund 80 Prozent der Karlsruher Studenten ihre Wohnverhältnisse als „qualitativ genügend" – daran wird sich inzwischen kaum etwas geändert haben.

Übrigens leben 19,2 Prozent der Studenten in der eigenen Wohnung, 15,8 Prozent wohnen in Studentenheimen, 59,3 Prozent bevorzugen die Studentenbude und 5,7 Prozent haben Unterschlupf bei ihren Eltern oder Verwandten gefunden.

Das Mensa-Essen in Karlsruhe gilt unter Studikern als Geheimtip, mindestens zwei Sterne wert! Das Stammessen für 1,50 Mark wird ergänzt durch einen Eintopf für eine Mark, das Wahlessen läßt sich mit vielfachen Kombinationsmöglichkeiten für einen Preis bis zu fünf Mark zusammenstellen. Wem das noch nicht reicht, der kann sich in der Bierklause oder der mehrräumigen Cafeteria einen Imbiß einverleiben.

Die öffentlichen Verkehrsmittel gelten als ausreichend und praktisch, zumal die Universität dank ihrer zentralen Lage von nahezu jeder wichtigen Linie angesteuert wird. Für Studenten ermäßigt sich der Fahrpreis um rund 50 Prozent.

Die breite Palette studentischer Treffpunkte und Kneipen, wie sie klassische Universitätsstädte bieten, kann Karlsruhe nicht vorweisen. Hier geht es badisch-friedlich zu: ein paar Pinten in der Altstadt, dazu das mehr oder weniger organisierte Angebot an universitären Veranstaltungen, wie Studentenkino, Vereine, Politgruppen, Korporationen, studentische Gemeinden, Sportgruppen usw. Die Kommune bietet ebenfalls Überschaubares: verbilligten Kino- und Theater-/Konzertbesuch, Sportplatz, Museen, Schloßpark und Zoo. Summa summarum: Wer brav seinen Diplom-Ingenieur bauen will, ist hier gut aufgehoben!

Universität Fridericiana Karlsruhe (TH)
10 820 Studenten (WS 1973/74).

Anschrift:
75 Karlsruhe, Kaiserstraße 12

Fakultäten:
Fakultät für Mathematik
Fakultät für Physik
Fakultät für Chemie
Fakultät für Bio- und Geowissenschaften
Fakultät für Geistes- und Sozialwissenschaften
Fakultät für Architektur
Fakultät für Bauingenieur- und Vermessungswesen
Fakultät für Maschinenbau
Fakultät für Chemieingenieurwesen
Fakultät für Elektrotechnik
Fakultät für Informatik
Fakultät für Wirtschaftswissenschaften

Gesamthochschule Kassel

Brigitte Bohnke

Der Wunsch nach einer Hochschule bewegte die Kasselaner schon lange

„Ein zweijähriges Kind wird im Normalfall die ersten tastenden Schritte hinter sich haben, im Zweifel ganz der Papa sein und im übrigen zu den schönsten Erwartungen berechtigen. Etwas Längenwachstum und Zielgerichtetheit der Aktivitäten wird man noch bemängeln müssen, aber mit elterlichem und/oder patenschaftlichem Schutz wird das junge Wesen seinen Weg schon in die rauhe Wirklichkeit finden. Das ‚Kleinkind GHK' hat zweifellos erste Schritte der Integration zurückgelegt oder ist im Begriff, sie zu gehen."
(Gründungspräsidentin Vera Rüdiger zur Eröffnung der Kasseler Hochschulwoche am 14. Mai 1973.)

Die Geburt dieser ersten Gesamthochschule des Landes Hessen geht auf ein Gesetz zurück, das der Hessische Landtag im Juni 1970 verabschiedete und das die Errichtung einer Gesamthochschule in Kassel vorsieht. Der Wunsch nach einer Hochschule bewegte die Kasselaner jedoch schon lange. Bereits 1958 trug der damalige Bürgermeister und heutige Oberbürgermeister Karl Branner der Öffentlichkeit seine Gedanken über Kassel als Standort einer Hochschule vor: Da der nordhessische Raum mit Bildungseinrichtungen unterversorgt sei, setze zwangsläufig eine Abwanderung bildungswilliger junger Menschen ein. Durch Hochschuleinrichtungen in unmittelbarer Nähe könnte diese Wanderbewegung sicher aufgefangen werden.

Angeregt durch diese Gedanken begann die Diskussion darüber, wie denn diese Hochschule aussehen solle. Einige plädierten dafür, in Kassel eine medizinische Akademie aufzubauen, andere wollten in ihrer Stadt eine naturwissenschaftlich-technische Universität errichtet sehen. Ende 1968 nahm diese mehr allgemeine Diskussion konkretere Formen an: Die Stadt beauftragte im Januar 1969 einen ihrer Mitarbeiter, die Möglichkeit des Standorts einer Universität innerhalb der Stadtgrenzen zu untersuchen. Als Mikrostandorte kamen zunächst einmal die sogenannte „Dönche" und das „Lange Feld" in Frage. Dieser erste offizielle Schritt wurde von der Öffentlichkeit nicht nur bereitwillig aufgenommen, sondern führte darüber hinaus zu der Gründung des Arbeitskreises Universität Kassel.

Die Aktivitäten dieses Arbeitskreises und die Initiativen der Stadt führten zu einer konstruktiven Zusammenarbeit. In diese Phase der konkreten Arbeit für die Errichtung einer Hochschule fiel die Regierungsumbildung in Hessen, die Professor Ludwig von Friedeburg als Kultusminister in das Kabinett brachte. Ein Gespräch zwischen von Friedeburg und Oberbürgermeister Branner führte zu einem ersten Gedanken- und Meinungsaustausch und war wohl die Vorstufe für eine Tagung des Kabinetts in Kassel, die eine positive Beurteilung der Kabinettsvorlage über die Gründung einer Gesamthochschule in Kassel zum Resultat hatte.

Den Abschluß des Entstehungskapitels GHK brachte eine Sitzung in Berlin, wo der Wissenschaftsrat am 17. Juli 1970 den von Kultusminister von Friedeburg vorgelegten Plan zur Errichtung einer integrierten Gesamthochschule in Kassel billigte.

Die GHK – nicht organisch gewachsen, sondern zusammengewürfelt?

Nachdem die äußeren Voraussetzungen für die Errichtung dieser Hochschule geschaffen waren, begann man, den Komplex GHK mit Inhalt zu füllen. Kultusminister von Friedeburg hatte im Mai 1970 einen Rahmenplan vorgelegt, der auf der Überlegung basierte, daß die Reformmodelle der Gesamthochschulen „so flexibel angelegt werden, daß sie den zukünftig zu erwartenden Anforderungen an den Hochschulen gewachsen sind und Fehlentwicklungen korrigiert werden können".

Die Gesamthochschule in Kassel wurde nicht aus dem Nichts hervorgezaubert, sondern baute auf den in Kassel vorhandenen Bildungsstätten auf wie:

Staatliche Hochschule für bildende Künste,
Werkkunstschule,
Staatliche Ingenieurschule für Maschinenwesen,
Staatliche Ingenieurschule für Bauwesen,
Höhere Wirtschaftsfachschule,
Pädagogisches Fachinstitut,
Kirchliche Höhere Fachschule für Sozialarbeit,
Ingenieurschule für Landbau und
Deutsche Ingenieurschule für Landwirtschaft, Witzenhausen.

Falls man wieder einmal den Wunsch äußern sollte, in Kassel auch einen medizinischen Fachbereich zu gründen, so bieten sich die vorhandenen städtischen Kliniken als Grundlage für einen solchen Aufbau an.

In der Vereinigung der vorhandenen Bildungseinrichtungen liegt die Wurzel des allgemeinen Unbehagens über diese Gesamthochschule: Sie ist nicht organisch gewachsen, sondern ein zusammengewürfeltes Gebilde, das nach wie vor in die Bereiche Universität, Fachhochschule und Kunsthochschule auseinanderfällt. Eine Integration wird zwar angestrebt, aber sie ist einem zermürbenden Kampf mit den derzeit bestehenden Strukturen ausgesetzt.

„Die inhaltliche Ausgestaltung des Rahmens Gesamthochschule durch reformierte Studiengänge bedarf des Engagements aller, die an dieser neuen Hochschule arbeiten. Die Beratungen des letzten Jahres in der Projektgruppe, im Gründungsbeirat wie in den Berufungskommissionen, aber auch ganz besonders die Beratungen in den Klausurtagungen mit den neuberufenen Hochschullehrern haben deutlich gemacht, daß das Projekt Gesamthochschule Kassel auf ein solches bildungspolitisches Engagement rechnen kann. Mein Dank für die bisher geleistete Arbeit kann sich daher am Tage der Eröffnung mit der Hoffnung und Erwartung verbinden, daß die Gesamthochschule Kassel auch weiterhin dieses Engagements sicher sein kann und es in kritischer Kooperation aller Beteiligten gelingen wird, in Kassel die Universität der Zukunft zu verwirklichen."
(Kultusminister Ludwig von Friedeburg zur Eröffnung der GHK.)

Tendenz zur Solidarisierung und gemeinsamen Arbeit

Am Engagement und an der Bereitschaft zur Kooperation mangelt es in Kassel nicht, denn nach Aussage der AStA-Vorsitzenden Rosemarie Marckhoff ist unter der Studentenschaft die Tendenz zur Solidarisierung und zur gemeinsamen Arbeit an der Reform der Studiengänge stark ausgeprägt. Diese Zusammenarbeit wird jedoch schon durch die räumliche Entfernung zwischen den einzelnen Bereichen erschwert, denn die ehemaligen Fachhochschulen sind in ihren alten Gebäuden verblieben und die Verbindung mit öffentlichen Verkehrsmitteln klappt mehr schlecht als recht. Hinzu kommt, daß sich im sogenannten Aufbau- und Verfügungszentrum (AVZ) in der Heinrich-Plett-Straße – das gewissermaßen als äußeres Zeichen dafür angesehen wird, daß es in Kassel nun eine Universität gibt – eben auch die universitären Ausbildungsgänge (Lehrerausbildung, Diplomstudien) untergebracht sind. Diese Verteilung der einzelnen Organisationseinheiten über das Stadtgebiet bis hin nach Witzenhausen sind auch eine Ursache dafür, daß gegenwärtig weder unter der Studentenschaft noch unter den Professoren ein ausgeprägtes Bewußtsein darüber vorhanden ist, Mitglieder einer integrierten Gesamthochschule zu sein. Dieses Bewußtsein muß erst Schritt für Schritt und unter Beteiligung aller Hochschulmitglieder erzeugt werden.

Ein weiterer Punkt, der die inhaltliche Integration erschwert, ist die Personalstruktur. Die für die Lehrerbildung neu berufenen Lehrkräfte haben den Status von Universitätsprofessoren. Die Dozenten der ehemaligen Fachhochschulen sind nach wie vor Fachhochschullehrer, was schon durch die ungleich höhere Pflichtstundenzahl belegt ist. Die Tatsache, daß Professoren sechs bis acht Wochenstunden, die Fachhochschullehrer jedoch 18 Wochenstunden Lehre zu erbringen haben, trägt sicherlich nicht zur Integration der verschiedenen Bereiche bei.

Trotz aller Probleme: Man hält an dem Reform-Modell fest

Gerade die Bewältigung solcher Probleme sieht die Gründungspräsidentin Vera Rüdiger als eine der Hauptaufgaben ihres Amtes an. Sie packt diese Dinge sehr vorsichtig, manchmal aber auch etwas unglücklich an, denn manche Neuerung, die auf den ersten Blick als ein Fortschritt erscheint, entpuppt sich bei genauerem Hinsehen lediglich als ein Austausch von Etiketten. So wurden – laut einer Pressemitteilung der GHK vom 13. September 1973 – „nach einer gewissen Angleichung in bezug auf Lehrverpflichtung und Besoldung im Prozeß der Integration der Personalstruktur der GHK" 39 Fachhochschullehrern die Amtsbezeichnung „Professor an einer Fachhochschule in einer Gesamthochschule" verliehen. Die Frage ist nur, wo da die Integration ist, denn der Fachhochschulbereich wird ja wieder aus dem Gesamthochschulbereich herausgehoben.

Ein weiteres Indiz dafür, daß die Idee der GHK noch in den Anfängen laboriert, ist die deutliche Abgrenzung durch die unterschiedliche Studiendauer, die unterschiedliche Wochenstundenzahl und die unterschiedlichen Studienabschlüsse.

„Alle Maßnahmen der curricularen Integration, die zur engeren Verflechtung zwischen diesen Bereichen führen, werden daher Priorität genießen. Die dabei notwendig werdenden organisatorischen Regelungen werden von Fall zu Fall durch das zentrale Beschlußorgan, den Gründungsbeirat, zu treffen sein. Alle Regelungen stellen Schritte auf dem Wege zur integrierten Gesamthochschule dar, so daß in diesem Integrationsprozeß weiterhin vorläufige Strukturen neben endgültig fixierten Strukturen bestehen werden." (Aus einer Schrift der Projektgruppe/Studienberatung.)

Dennoch: Trotz dieser Hindernisse und Ungereimtheiten hält die überwiegende Zahl der Studenten und Professoren – allen voran Vera Rüdiger – am weiteren Auf- und Ausbau dieses Reformmodells GHK fest, denn man ist sich einig, daß man auf keinen Fall in Resignation verfallen darf und die Annahme der Meinung, daß etwas, was heute nicht geht, überhaupt nicht gehe, tödlich für diese Gesamthochschule sei.

Bemerkenswert: das Kasseler Modell

Trotzdem, das Wort „Reform" wird in Kassel ernst genommen, eine Behauptung, die sich am „Kasseler Modell" belegen läßt. Die Merkmale dieses Modelles sind:

1. Das Grundstudium, das für alle Studenten obligatorisch ist und zur Orientierung über die Studien- und Berufssituation dient. In dieser Phase wird je nach Hochschulzugangsqualifikation differenziert, damit die unterschiedlichen Defizite vor Beginn des gemeinsamen Kernstudiums ausgeglichen werden.
2. Das Kernstudium, das in der Regel vier Semester dauert und ein problem- und praxisorientiertes Studium, vorwiegend in Projekten, beinhaltet. Nach erfolgreicher Beendigung des Kernstudiums erwerben alle Studierenden einen ersten berufsqualifizierenden Studienabschluß (Diplom).
3. Die Berufspraxis, die für alle Studenten, auch für diejenigen, die ihr Studium fortsetzen wollen, vorgesehen ist. Diese berufliche Tätigkeit soll mindestens ein Jahr dauern.
4. Das Vertiefungsstudium, das in der Regel zwei bis vier Semester betragen soll und nach Studienschwerpunkten differenziert ist. Teile des Vertiefungsstudiums sollen als Kontaktstudium durchgeführt werden können. Sie sind so zu konzipieren, daß auch den Studenten, die vorwiegend in der Praxis bleiben möchten, eine Weiterbildung mit qualifiziertem Abschluß ermöglicht wird. Mit dem erfolgreichen Abschluß des Vertiefungsstudiums erwirbt der Studierende den zweiten berufsqualifizierenden Abschluß (Diplom).

Integrierte Studiengänge geplant

In diesen Kanon der Reformen an der GHK gehören außerdem die Integrierten Studiengänge für Architekten, die Ausbildung für sozialpädagogische Berufe und die Stufenlehrerausbildung. Die bestehenden unterschiedlichen Studiengänge im Bereich der Architekturausbildung, die zwar teilweise schon aufeinander bezogen sind, im wesentlichen jedoch noch unverbunden nebeneinander herlaufen – nämlich zwei parallele Studiengänge im Ingenieur- und im Kunsthochschulbereich –, sollen in einem neuen Studiengang integriert werden. Dem grundständigen Fachstudium für Architekten und Planer, das 1975 beginnt, soll im Hauptstudium eine Praxisphase eingegliedert werden. Als Abschlüsse sind das berufsqualifizierende Diplom I und darauf aufbauend ein Diplom II geplant. Das Studium soll vier Schwerpunkte haben: Gebäudeplanung, Bauproduktion, Landschaftsplanung und Stadtplanung.

Bei der Reform der Ausbildung für sozialpädagogische Berufe geht es darum, zwei bislang völlig selbständige Ausbildungsgänge – nämlich Sozialarbeit/Sozialpädagogik – im Rahmen einer wissenschaftlichen Hochschule zu integrieren, um dadurch die Entwicklung aufeinander bezogener und abgestufter Studiengänge weiter voranzutreiben. Dieser integrierte Studiengang wird ab Herbst 1974 angeboten. Schwerpunkt soll die Ausbildung von Psychagogen, Sozialtherapeuten, Supervisoren, Institutionsberatern und sozialpädagogischen Schulerziehungsberatern sein, die Lehrangebote sowohl im Grund- wie in einem Aufbaustudium erhalten. Diese Reform soll auch mit sich bringen, daß erstmalig ein universitärer Studiengang für Nicht-Abiturienten zugänglich wird, denn Sozialarbeiter können während des

Studiums eine dem Abitur entsprechende Qualifikation erwerben. Nach dem Grundstudium kann ein Diplom als „Berater" und nach einem Aufbaustudium ein Grad als „Diplom-Sozialtherapeut" beziehungsweise als „Diplom-Psychagoge" erreicht werden.

Seit dem Wintersemester 1971/72 wird in Kassel die integrierte Lehrerausbildung praktiziert, das heißt, die zukünftigen Lehrkräfte werden nicht mehr für Schularten, sondern für Schulformen ausgebildet. Für die Zukunft bedeutet dies, daß ein an der Integrierten Gesamthochschule ausgebildeter Lehrer den Anforderungen einer integrierten Gesamtschule entsprechen kann.

Dieser „Paradestudiengang", der als eine echte Alternative dafür angesehen werden kann, bestehende und festgefahrene Ausbildungsstrukturen sinnvoll zu reformieren, sorgte in den Februartagen des Jahres 1974 für stürmische Tage. Der Anlaß: die ministeriellen Entwürfe der Verordnungen für die Ersten Staatsprüfungen für die Grundstufe, die Mittelstufe und die Oberstufe. Die Hochschule selbst hatte bereits Entwürfe, die gemeinsam von Studenten und Professoren erarbeitet worden waren, vorgelegt. Diese Entwürfe waren stufenspezifisch angelegt, verbürgten Durchlässigkeit und Flexibilität und nahmen eine gründliche stoffliche Entrümpelung vor. Die vorerst endgültige Antwort auf diese geleistete Arbeit kam dann im Februar 1974 aus Wiesbaden. „Das mindeste, was man von ihnen (den Verordnungen) sagen kann, ist, daß sie die meisten der Kasseler Entwürfe schlicht ignorieren, ja unmöglich machen. Bleibt es dabei, so täte man gut daran, in Wiesbaden öffentlich zu bekennen, daß man von der Gesamthochschule Kassel keine reformerischen Impulse mehr erwartet und damit das ursprüngliche Konzept zu Grabe getragen hat." (Frankfurter Rundschau vom 21. Februar 1974.)

Für den Ausbau wird auch Geld benötigt

Dieser Zwist mit Wiesbaden wird sicherlich neue Nahrung erhalten, wenn der Kultusminister zu der Forderung des Gründungsbeirates Stellung beziehen muß, der für den Ausbau der Gesamthochschule 20,1 Millionen Mark mehr als im Rahmenplan 1975/76 vorgesehen ist, beansprucht. Statt der eingeplanten 32,9 Millionen Mark sind nach Auffassung des Gründungsbeirats insgesamt 53 Millionen Mark für den dringenden Aus- und Aufbau der GHK notwendig. Die Entwicklung der Gesamtstudentenzahl wird bis 1975 auf 6500 (Wintersemester 1973/74: 4769) und bis 1980 auf 11 500 geschätzt, so daß mit wachsender Studentenzahl auch größere zentrale Einrichtungen wie Mensa und eine Hochschulbibliothek benötigt werden. Mit diesem Geld sollen – neben den Bereichen Lehrerbildung und Diplom-Studiengänge in Mathematik und Physik – vor allem die Kapazitäten der sozialpädagogischen Studiengänge erweitert werden, die derzeit die höchste Anmeldungsquote und dadurch den schärfsten Numerus clausus haben. Ansonsten spielt der Numerus clausus besonders im ehemaligen

Fachhochschul- und Kunsthochschulbereich eine Rolle. Da in Kassel Erstsemester überwiegend im Wintersemester aufgenommen werden, bieten sich für Studienanfänger zum Sommersemester „nur" die Studiengänge Architektur, Bauingenieurwesen, Elektrotechnik, Maschinenbau, Wirtschaft und Landwirtschaft an. (Stand: Sommersemester 1974.)

Neu und erst seit dem Wintersemester 1973/74 im Angebot, ist das einjährige Ergänzungsstudium „Umweltsicherung", das Ingenieuren der Landwirtschaft, des Gartenbaus und der Forstwirtschaft die Möglichkeit bietet, sich auf Tätigkeiten in umweltrelevanten Berufsfeldern vorzubereiten. Achtzehn Interessenten mit unterschiedlicher Vorbildung nahmen vorerst dieses Ergänzungsstudium auf. Auch die Errichtung dieses Studienganges zeigt, daß man sich in Kassel bemüht, nicht nur die vorhandenen Kapazitäten voll auszuschöpfen und auszulasten, sondern die vorhandenen Möglichkeiten zum Grundstein für „auf- und weiterbauende" Studiengänge zu machen.

„Kassel muß sich erst an seine Gesamthochschule gewöhnen"

Die Errichtung einer Gesamthochschule stellt die Stadt Kassel vor die Aufgabe, auch für diejenigen Einrichtungen zu sorgen, die ebenso wie Hörsäle, Labors und Seminarräume Teil einer Universität sind: nämlich Studentenwohnheime und Mensen.

Eine Mensa und eine Cafeteria für kleine Zwischengerichte brachte der Bau des AVZ mit sich, doch – wie fast immer bei solchen Bauten – hat man zu klein geplant, denn die für die Ausgabe von etwa 800 Essen konzipierte Mensa platzt in Spitzenzeiten, wenn rund 1400 Essen verlangt werden, aus allen Nähten. Weitere Mensen befinden sich in den Organisationseinheiten in Witzenhausen, und die Studenten der Organisationseinheiten Pädagogik und Wirtschaft erhalten ein vorgefertigtes Essen, das auf Vorbestellung geliefert wird. Der Preis für die vom Studentenwerk ausgegebenen Stammessen beträgt 1,50 Mark.

Mit Cafeterias ist die GHK schon besser bestückt, denn zu der im AVZ kommen noch die in den Außenstellen Menzelstraße (ehemalige Hochschule für bildende Künste), Wilhelmshöher Allee (ehemalige Ingenieurschule) und im Haus des Studentenwerks am Königstor hinzu.

Wesentlich schlechter ist es um die Wohnheimplätze in Kassel bestellt, denn es gibt so gut wie keine. Die Organisationseinheit Landwirtschaft in Witzenhausen hat 30 Wohnheimplätze zur Verfügung, und weitere 42 Plätze hat das Studentenwerk dadurch geschaffen, daß es ein kleineres Hotel in Kassel anmietete. Weitere Wohnheime befinden sich erst im Stadium der Planung.

So sind die Studenten fast ausschließlich auf das Angebot des freien Wohnungsmarktes angewiesen. „Die Wohnungssituation für Studierende ist im großen und ganzen ausgeglichen. Ein Zimmer kostet zwischen 110,– und 140,– Mark, doch die Angebote aus dem Stadtkern sind recht spärlich. Viele weichen deshalb auf die Dörfer des Landkreises Kassel aus“, meint Dieter Bäuermann, Geschäftsführer des Studentenwerks. Rosemarie Marckhoff sieht die Lage etwas anders: „Es wird immer schwerer, ein Zimmer zu bekommen. Zu Beginn des Wintersemesters 73/74 war es katastrophal. Die Studierenden im AVZ-Bereich weichen auf die dortige Umgebung aus, so daß dieser Bereich fast zum Getto wird, denn die Verbindungen vom und zum AVZ sind sehr schlecht.“ Diese Wohnungsnot – ein Problem, das jede Universitätsstadt kennt – brach etwas schnell, bedingt durch die steigenden Studentenzahlen (in einem Zeitraum von zwei Jahren stieg die Zahl der Studierenden um fast 2000 an), über die Stadt Kassel herein, denn „Kassel muß sich heute erst an seine Gesamthochschule gewöhnen und die Studenten an Kassel als ihre Hochschulstadt“. (Aus einem Magistratsbericht über die Besonderheiten der Stadt Kassel.)

Der endgültige Standort der GHK ist noch ungeklärt

Dieser Gewöhnungsprozeß geht sicher recht geruhsam vonstatten, denn die Gesamthochschule hat sich nicht durch spektakuläre oder lautstarke Krawalle in das Bewußtsein der Bürger gedrängt. Grundlegende Reformen und inhaltliche Veränderungen, die viel Arbeit im Detail verlangen und deshalb langwierig sind, hinterlassen oft erst nach längerer Zeit einen nachhaltigen Eindruck.

Die Entwicklung ist in Kassel im Gange, und an dem ursprünglichen Konzept, eine Reformhochschule zu werden (und teilweise auch schon zu sein), wagt niemand mehr ernsthaft zu zweifeln. Zwar ist der endgültige Standort der GHK noch nicht geklärt – was bedeutet, daß kein langfristiger Bauplan vorgelegt werden kann –, doch in Wiesbaden drückt man sich, aus welchen Gründen auch immer, vor der Entscheidung. In Kassel nimmt man zwar an, daß die bisherigen Standorte auch die endgültigen sein werden und daß das bisherige Aufbau- und Verfügungszentrum immer weiter ausgebaut wird. Dennoch wartet man auf das Wort des Kultusministers.

Mit Abschluß der Entwicklungsphase zur Gesamthochschule wird vielleicht auch ein studentisches Leben in Kassel einziehen, was man heute noch vergeblich sucht. Es gibt zwar einige Lokale und Diskotheken, in denen vorwiegend Studenten anzutreffen sind, doch diese Begegnungen scheinen mehr zufällig zu sein. Regionalpolitische Überlegungen mit dem Ziel, „gleichwertige Lebensbedingungen in allen Teilräumen des Landes Hessen zu erreichen“, führten unter anderem dazu, Kassel als Standort einer neuen Hochschule auszuwählen. Aufgrund dieser regionalpolitischen Überlegungen ist das Gerüst der Gesamthochschule Kassel entstanden. Das Leben in und mit diesem „Gerüst“ wird sich hoffentlich im Laufe der Zeit noch einstellen.

Gesamthochschule Kassel
4770 Studenten (WS 1973/74).

Anschrift:
35 Kassel,
Friedrich-Ebert-Straße 35

Organisationseinheiten:
OE Gesellschafts- und Erziehungswissenschaften
OE Sprache und Literatur
OE Naturwissenschaften und Mathematik
OE Kunst
OE Architektur
OE Graphic Design
OE Industrial Design
OE Bauingenieurwesen
OE Maschinenbau
OE Elektrotechnik
OE Wirtschaft
OE Sozialwesen
OE Pädagogik
OE Landwirtschaft
OE Internationale Agrarwirtschaft
OE Mathematik, Naturwissenschaften und Datenverarbeitung
OE Sozial- und Kulturwissenschaften

Christian-Albrechts-Universität Kiel

Brigitte Bohnke

Die Christiana Albertina – ein Stück Geschichte Schleswig-Holsteins

„Wie überall in Deutschland war auch in Kiel das studentische Leben im 17. Jahrhundert recht roh. Das wirkte sich auf das Verhältnis zwischen den Studenten und den Bürgern aus. Zwischen ihnen bestand zeitweilig eine Art Kriegszustand, der in Händeln und Schlägereien seinen Ausdruck fand. Daß der Rat der Stadt dabei dem wüsten Treiben der Studenten völlig machtlos gegenüberstand, da diese seiner Gerichtsbarkeit entzogen waren, mußte die Mißstimmung auf seiten der Bürger verstärken. Auch zwischen den Professoren und der Bürgerschaft ergaben sich immer wieder Differenzen. Die Stadt kam ihrer Verpflichtung, die Universitätsgebäude instand zu halten, nur unvollkommen nach. Dazu kamen die Streitigkeiten über Etikettefragen und über die wirtschaftlichen Privilegien der Professoren, die etwa Bier und Wein in bestimmten Mengen zollfrei nach Kiel einführen konnten. Erst die allmähliche Beseitigung der rechtlichen Sonderstellung der Hochschule im Laufe des 19. Jahrhunderts hat den Frieden zwischen Stadt und Universität gebracht."

(Karl Jordan, Christian-Albrechts-Universität Kiel, 1665–1965.)

So roh wie im 17. Jahrhundert geht es heute nicht mehr zu in Kiel, was weder ein Verdienst der Bürger noch der Studenten, sondern überwiegend darauf zurückzuführen ist, daß die Studenten im Kiel des 20. Jahrhunderts keine dominierende Rolle mehr spielen, daß sie nahezu untergehen im mehr nach wirtschaftlichen Gesichtspunkten orientierten Leben dieser Stadt. Doch mit Dank vermerkt Professor Hans Hattenhauer, ehemaliger Rektor der Christian-Albrechts-Universität, „daß das Image der Universität in der Stadt wieder blanker geworden ist". Kein Wunder, wenn man bedenkt, daß die Differenzen um die zollfreie Einfuhr von Wein und Bier längst ausgestanden sind, so daß die Beziehungen der Bürger und ihrer gewählten Vertreter zu „ihrer" Universität als wichtige Ausbildungsstätte auf einem gereinigten Boden wesentlich gedeihlicher sprießen konnten.

Seit ihrer Gründung ist die Christiana Albertina aufs engste verbunden mit den Geschicken des Landes, dessen einzige Hohe Schule sie in den drei Jahrhunderten ihres Bestehens gewesen ist. Die wechselvollen Schicksale Schleswig-Holsteins seit der Mitte des 17. Jahrhunderts haben auch den Weg der Kieler Alma mater bestimmt. Herzog Christian Albrecht von Schleswig-Holstein-Gottdorff fiel schließlich die Ehre zu – nachdem vor allem sein

Vater, Herzog Friedrich, geistiger und auch organisatorischer Initiator dieser Hohen Schule gewesen war –, am 5. Oktober 1665 mit einem Festakt in der Kieler Nikolaikirche die neue Hochschule zu eröffnen. Als Trägerin des aus dem Mittelalter überkommenen Generalstudiums bot die Christiana Albertina von Anfang an ein Lehrangebot in den vier klassischen Fakultäten an, nämlich der theologischen, der juristischen, der medizinischen und der philosophischen. Im ersten Semester ließen sich 140 Studenten in Kiel immatrikulieren.

Im ersten Jahrhundert ihres Bestehens war die Universität im ehemaligen Franziskanerkloster in der Nähe des Marktes untergebracht. Die Ruinen dieses Klosters sind heute als theologisches Studienhaus „Kieler Kloster" ausgebaut worden. Erst in der zweiten Hälfte des 18. Jahrhunderts wurde beim Schloß ein neues Universitätsgebäude errichtet. Unter preußischem Regiment – nach 1867 – begann für die Kieler Universität eine neue Zeit. Bereits einige Jahre später wurde am Schloßgarten ein neues Universitätsgebäude eingeweiht und auch der Aus- und Aufbau von Instituten und Kliniken ließ nicht mehr lange auf sich warten.

Nach dem Zweiten Weltkrieg konnte die Universität, trotz Zerstörung und Verwüstung, bereits am 27. November 1945 wieder ihre Pforten öffnen. Dieser frühe Start wurde deshalb möglich, weil einige Werkshallen der Electro-Acustic, die während des Krieges errichtet worden waren, zur Verfügung standen und in kurzer Zeit zu Institutsräumen und Hörsälen umgebaut werden konnten. Mehrere Schiffe, die man vorübergehend charterte, boten vielen Professoren und Studenten eine erste Bleibe. Auf diesen Schiffen wurden im Winter 1945/46 auch viele Vorlesungen durchgeführt.

Dieser hoffnungsvolle Wiederaufbau wurde von einer Maßnahme begleitet, die heute zum Schreckgespenst studierwilliger Jugendlicher geworden ist: dem Numerus clausus. Dieser Numerus clausus, eingeführt durch die britische Militärregierung, beschränkte die Zahl der Studenten zunächst auf 2500 und erhöhte sie allmählich auf 3250.

Der Standort der neuen Universität ist sehr umstritten

Das Leben auf dem riesigen Universitätsgelände, das zum großen Teil noch unbebaut ist, spielt sich heute noch in und um die Bauten der „neuen Universität" ab, dem Hochhaus an der Olshausenstraße, dem Audimax, der Mensa und dem Gebäude des Studentenwerks. Doch das Raumangebot in diesen modernen, flachen und ineinander geschachtelten Bauten, die bei einem Fremden zunächst einmal Verwirrung hervorrufen, reicht nicht mehr aus. Die nötige „Luft" soll durch Neubauten auf dem 40 Hektar großen Gelände jenseits des Mühlenweges (im Norden der neuen Universität) geschaffen werden. Mit der baulichen Verwirklichung dieses Gesamtmodelles wird es noch einige Jahre dauern, denn die Frage der Finanzierung wird manchen Bagger erst wesentlich später als geplant auf das Gelände rufen.

Diese bauliche Ausdehnung nach Norden hin, wo die bereits errichteten Fakultätenblocks einen kleinen Vorgeschmack auf das geben, was Kiels künftige Studenten einmal erwartet, findet nicht bei allen Betroffenen Zustimmung. Universitätsverwaltung und Rektorat beispielsweise begrüßen es, daß so ein weitläufiges Gelände zum weiteren Ausbau zur Verfügung steht. Der AStA dagegen sieht in dieser Standortwahl die Tendenz, „die Universität zu einem Getto am Rande der Stadt zu machen".

Dieses Gefühl der Abgeschiedenheit, des Abgetrenntseins vom Leben der Stadt verursacht besonders bei den Studenten Unbehagen. Manche fühlen sich unwohl in ihrer Haut, weil sie merken, daß das Verhältnis der Kieler Bürger zu „ihren" Studenten – der norddeutschen Mentalität entsprechend – zwar interessiert, aber doch vor allem distanziert ist. Und diese Distanz zu den Bürgern werde – nach Auffassung einiger Studenten – durch die stadtferne Lage des Universitäts-Campus noch verstärkt.

Heftige Auseinandersetzungen um das Landeshochschulgesetz

Ein weiterer Grund für dieses „Unwohlsein" liegt sicher auch darin begründet, daß nach einem „heißen" Sommer 1972 und nach einem hitzigen Wintersemester 1972/73 im Sommer 1973 wieder Ruhe in die Kieler Alma mater eingekehrt ist. Quell dieser Unruhen, die den Lehrbetrieb im Juni 1972 für einige Tage fast vollständig zum Erliegen brachten, war der vorgelegte Entwurf des Landeshochschulgesetzes (LHG). Dieses Landeshochschulgesetz, das den damaligen Prorektor der Christian-Albrechts-Universität, Professor Gerhard Geisler, veranlaßte, aus Protest gegen diesen Regierungsentwurf von seinem Amt zurückzutreten, ließ den AStA bereits im Mai 1972 zu einer „Aktionswoche gegen die Anwendung des Landeshochschulgesetzes" aufrufen. Daß die Entrüstung über dieses Gesetz nicht nur ein Strohfeuer war, bewiesen die Aktionen im Wintersemester 1972/73. Aus der Chronik dieser Monate einige Auszüge:

31. Oktober: Rücktritt von Professor Gerhard Geisler.
20. bis 23. November: Nach erfolgter Urabstimmung führt der AStA einen auf drei Tage begrenzten Warnstreik der Studenten durch.
28. November: Die für diesen Tag geplante Senatssitzung wird wegen der studentischen Unruhen auf den 13. Dezember verschoben.

Auf dem Höhepunkt dieser Kampagne gegen das LHG führte eine Demonstration, an der sich nach Angaben des AStA über 10 000 Leute beteiligten, „die Gegner dieses Gesetzes noch einmal demonstrativ zusammen. Weit über die Hälfte der Beteiligten waren Studenten, doch das war wohl ein Ausnahmefall, daß sich so viele auch einmal prraktisch engagierten".

Dieser „Ausnahmefall“ war das letzte heftige Aufflackern gegen das LHG, das am 1. Mai 1973 in Kraft trat. Die engagierte Kritik von einst ist heute bei vielen Studenten in Resignation umgeschlagen, „denn die Verfügungen dieses Gesetzes werden uns scheibchenweise vorgesetzt, so daß viele gar nicht merken, was eigentlich gespielt wird“.

Für die Vertreter der Studentenschaft sieht das Resümee dieser Auseinandersetzungen folgendermaßen aus: Konflikte im Verhältnis Professoren – Studenten, „die still vor sich hinschwelen und durch mehrere Anzeigen des Rektors gegen Studenten, die an ‚Störaktionen‘ beteiligt waren, Nahrung erhalten“.

Für das Rektorat war nach dem 1. Mai alles ausgestanden. In einem offenen Brief, veröffentlicht am 15. Juni 1973, schreibt der damals amtierende Rektor Hattenhauer: „... ist es an unserer Universität so ruhig wie seit Jahren nicht mehr. Es herrscht eine zufriedene Arbeitsruhe und intensive Lern- wie Lehrbereitschaft, von der wir vor einem Jahr nicht einmal zu träumen gewagt hätten“.

Weiterer Zündstoff liegt in einer Festlegung des LHG, wonach die bisherige verfaßte Studentenschaft über das Wintersemester 1973/74 hinaus nur dann fortbestehen kann, wenn sich mehr als die Hälfte der immatrikulierten Studenten dafür aussprechen. Andernfalls werden der öffentlich rechtliche Status von Studentenparlament und AStA sowie die Zwangsmitgliedschaft in diesen Gremien aufgehoben. Die Entscheidung ist inzwischen gefallen. Rund 66 Prozent der Studenten beteiligten sich an dieser Abstimmung, die ein volles „Ja“ für die verfaßte Studentenschaft brachte.

Was hochschulpolitisch wird in Kiel, weiß keiner genau

Professor Hattenhauer: „In Kiel hat sich – wie überall anders auch – der Trend gezeigt, daß eine gewisse Sättigung dieses Neo-Marxismus eingetreten ist. Die Studenten in der breiten Masse können das nicht mehr gut hören. Wir haben einen festen Kern gläubiger Marxisten, der bei etwa 300 liegen dürfte. Dieser Kern ist jedoch in sich noch in viele Gruppen gespalten. Diese Leute haben im Moment das Echo bei den Studenten nicht mehr.“

Jedoch die Gruppen sind im Moment in Bewegung. „Was wird, weiß keiner so genau.“

Eine im Anschluß an die Auseinandersetzungen um das LHG ins Leben gerufene hochschulpolitische Gruppe soll noch erwähnt werden. Ihr Name: „Studenten für das Grundgesetz“. Diese studentische Vereinigung, vom AStA als „Truppe des Rektors“ bezeichnet, sorgt, im Verein mit den anderen Gruppierungen dafür, daß an der Christiana Albertina nach Meinung des Rektors „heute ein breiteres Spektrum an politischen Meinungen vorzufinden ist, als früher. Wir können aber mit großer Wahrscheinlichkeit sagen, daß es an unserer Universität nicht zur Totenstille oder Resignation kommt, daß es aber andererseits nicht weiter zu den uns bisher bekannten Äußerungen der neomarxistischen Erweckungsbewegung kommen wird. Die ist gelaufen."

Ein Ansatz für eine Reform: Aus den Fakultäten wurden Fachbereiche

Die Studienreform weiter voranzutreiben, im Landeshochschulgesetz zu einer Hauptaufgabe erklärt, ist auch das vordringliche Ziel des Rektors Hattenhauer gewesen. Die erste Phase zu diesem Ziel hin, bestand für ihn darin, vorerst einmal einen Reformbericht zu erstellen. „Allein diese Arbeitsphase ist schwieriger als wir gedacht haben. Studienreform – das sagt sich leicht daher, doch die Arbeit im Detail ist sehr kompliziert." Rektor Hattenhauer meint weiter, daß sich eine solche Aufgabe gar nicht mehr mit den Mitteln der traditionellen Honoratiorenuniversität lösen lassen könne, denn man könne nicht ehrenamtlich nebenbei Studienreform betreiben. „Wir werden, um diese Aufgabe zu bewältigen, wahrscheinlich einen eigenen, verwaltungsmäßigen Unterbau im Bereich der Universität ins Leben rufen müssen. Das Wesentliche wird die Einrichtung der Studienreformkommission sein, in der die verschiedenen Kräfte der Gesellschaft zu Wort kommen werden." Ein Steinchen auf diesem langen Weg der Reformen ist die „Umbenennung" der bestehenden sieben Fakultäten in Fachbereiche. Diese „Umbenennung" wird jedoch erst dann zur echten Reform, wenn die Umwandlung der Fakultäten in Fachbereiche mit einer strukturellen und curricularen Veränderung einhergeht.

Unter dem Gesichtspunkt der Reform ist auch ein Abkommen zu verstehen, daß der Rektor der Christiana Albertina mit der Bundesanstalt für Arbeit in Nürnberg schloß, um die Zusammenarbeit auf dem Gebiet der Studien- und Berufsberatung zu fördern. Diese Vereinbarung sieht vor, daß das Landesarbeitsamt Schleswig-Holstein/Hamburg als Vertreterin der Bundesanstalt für Arbeit ab Frühjahr 1974 eine Beratungsstelle im Hochhaus der Universität errichtet. Damit wurde die bisherige Berufsberatung für Abiturienten und Hochschüler, die ein Berater des Arbeitsamtes montags von 14 bis 16 Uhr in einem Raum im Pavillon Süd des Studentenwerkes der Universität abhielt, durch eine Beratungsstelle ersetzt, die sicher in größerem Umfang als bisher eine individuelle Beratung in allen ausbildungs- und berufswahlbezogenen Fragen, insbesondere auch für Studienanfänger, Studienfachwechsler und Studienabbrecher durchführen kann. Hinausgehend über die rein beratende Tätigkeit soll diese Beratungsstelle auch über die Lage am Arbeitsmarkt informieren und Studienabbrechern helfen, in nichtakademische Ausbildungsgänge oder Arbeitsverhältnisse überzuwechseln.

Ein Zimmer auf dem freien Wohnungsmarkt kostet bis zu 250 Mark Monatsmiete

Daß das Wohlbefinden eines Studierenden auch entscheidend von der Art und Weise des Daches über seinem Kopf bestimmt wird, ist unbestritten. In Kiel vollzieht sich diese Suche nach einem Zimmer oder einer Wohnung im großen und ganzen nicht entscheidend anders als in den übrigen Universitätsstädten. Ausnahmen bestätigen natürlich auch hier die Regel. Das Wohnraumangebot ist nach Aussage von Günther Schulz-Gärtner, Geschäftsführer des Studentenwerks, zwar ausreichend, aber die Qualität lasse oft zu wünschen übrig. Dazu ein Student: „Theoretisch kann in Kiel jeder ein Zimmer finden, wenn er bereit ist, kilometerweite Anfahrten in Kauf zu nehmen. Wer zum Beispiel am Ostufer wohnt, der ist so ziemlich weg vom Fenster. Der fährt mit dem Bus etwa eine dreiviertel Stunde bis zur Uni und mit dem Auto ist er auch nicht viel schneller."

Zimmer und Wohnungen in der Innenstadt sind auch in Kiel Mangelware geworden. Auch hier hat die sogenannte Altstadtsanierung dafür gesorgt, daß alte, geräumige Wohnhäuser modernen Bürobauten Platz machen müssen. Und die noch vorhandenen großen Wohnungen werden nur allzu gerne von ihren Besitzern derart umgebaut, daß selbst eine Küche und ein Bad gewinnbringend vermietet werden können, und zwar in der Regel an ausländische Arbeitnehmer. „Der Aufbau des zerstörten Kiels brachte mit sich, daß in den modernen Wohnblocks kleinere Wohnungen überwiegen, so daß eine Untervermietung schon allein aus Platzgründen nicht möglich ist" (Günther Schulz-Gärtner).

Die Zahl der Wohnheimplätze – gegenwärtig stehen rund 1000 zur Verfügung – reicht bei weitem nicht aus. Drei Bewerber drängeln sich um einen Wohnheimplatz, der vor allem durch die Höhe der Miete – 120 Mark im Monat – attraktiv ist. Auf dem freien Wohnungsmarkt muß man für ein Zimmer im Schnitt 120 bis 200 Mark im Monat auf den Tisch legen, manchmal auch 250 Mark. Besonders prekär ist die Wohnsituation nach Aussage der Pressestelle der Universität für verheiratete Studenten mit kleinem Budget und für Ausländer.

Neue Wohnheime sollen zwar gebaut werden, „aber", so Schulz-Gärtner, „zur Zeit gibt es Prioritäten im Landeshaushalt und unter diese Prioritäten fällt nicht der Bau von Studentenwohnheimen".

Ein unzumutbares Gedrängele in der Mensa um die Mittagszeit

Das Referat 5 des Studentenwerks ist verantwortlich für die Mensa an der Kieler Universität. Von Montag bis Freitag stehen dort täglich drei Gerichte zur Auswahl: ein Eintopf für 90 Pfennig, ein Tagesgericht für 1,30 Mark und ein Gedeck für zwei Mark. Diese Preise können nach Angaben des Studentenwerks nicht mehr lange gehalten werden, denn die Zuschüsse des Landes für diese Essen seien seit einigen Jahren konstant geblieben, so daß die Steigerung der entstehenden Unkosten eine Erhöhung der Essenspreise mit sich bringen werde. Dazu ein Vertreter des AStA: „Es ist eine Schande, daß man für dieses Essen bald auch noch mehr Geld bezahlen muß, denn was da auf dem Teller liegt, ist oft von unverantwortlicher Qualität." Erquickend und labend kann sich die Essensaufnahme für Kiels Studenten in der Mensa sicher nicht vollziehen, denn ein Sitzplatz um die Mittagszeit ist Mangelware und ein ruhiger Stehplatz wird auch immer rarer.

„Gebaut wurde die Mensa für eine Ausgabe von rund 3000 Essen. Dafür ist sie auch räumlich ausgestattet. Tatsächlich ausgegeben werden aber täglich rund 5500 Essen. Eine Nachfrage würde jedoch nach etwa 7000 Essen bestehen, wenn man bedenkt, daß sich circa 65 Prozent der Studenten in der Mensa verköstigen wollen." Diese Schilderung von Geschäftsführer Schulz-Gärtner gewinnt noch durch die Tatsache an Brisanz, daß in absehbarer Zeit mit dem geplanten Bau einer Mensa im Neubaugebiet nicht gerechnet werden kann. Aus Finanzierungsgründen natürlich. So wird das Gedränge und Geschubse noch einige Jährchen anhalten und die Mensa als Ort der Kommunikation weiterhin ausscheiden, „denn Kontakte lassen sich in diesem Gewirr von Düften, Menschen und Stimmen wahrlich nur schwer knüpfen", meinte ein Student.

Eine Einrichtung des Studentenwerks verdient jedoch besonders hervorgehoben zu werden. Bereits vor zwanzig Jahren hatte man in Kiel begonnen, einen Betätigungsbereich für Studenten auf kulturellem Gebiet zu schaffen. Man gründete sogenannte studentische Arbeitsgemeinschaften für Funk, Film, Fernsehen, Foto und Theater, die von Fachkräften betreut werden. Etwa 200 Studenten, die auf künstlerischem und publizistischem Gebiet theoretische Kenntnisse und praktische Erfahrungen erwerben wollen, verbringen einen Teil ihrer Freizeit in diesen Arbeitsgemeinschaften. „Doch", so Schulz-Gärtner, „der Freizeitspielraum des Studenten wird immer mehr durch die Anforderungen des Studiums eingeengt".

Numerus clausus – eine Tatsache, über die man kaum noch spricht

Der Numerus clausus ist auch in Kiel ein Tagesordnungspunkt geworden, über den man kaum noch spricht. Über die Zentralstelle für die Vergabe von Studienplätzen in Dortmund laufen folgende Fächer: Biologie, Chemie, Pharmazie, Medizin, Psychologie sowie Zahnmedizin. Für weitere sieben Fächer wird die Universität Kiel den Zugang für Studienanfänger über die Zulassungsstelle der Universität regeln (Stand: Zulassungsquoten für das Sommersemester 1974): Geschichte, Germanistik, Anglistik, Trophologie.

Eine weitere Ausdehnung des Numerus clausus wird für Kiel vorerst nicht erwartet. „Wir haben den Numerus clausus in Kiel auch nicht angedreht, sondern Hamburg ist vorangegangen. Um dem dadurch zu erwartenden Ansturm etwas vorzubeugen, haben wir uns in Kiel gesagt: dann machen wir eben rechtzeitig die Schotten dicht, soweit es geht" (Professor Hattenhauer).

Zwei „Berühmtheiten" Kiels: das Institut für Meereskunde und das Institut für Weltwirtschaft

Der Schwerpunkt der Forschung liegt in Kiel – was bei seiner Lage nicht besonders verwunderlich ist – auf dem Gebiet der Meereskunde. Das Institut für Meereskunde läßt einen Interessenten allein schon durch seine Lage ins Träumen geraten. Es liegt direkt am Kieler Hafen und aus den Fenstern dieses Neubaues schaut man auf das Wasser und auf die Schiffe des Institutes, die Reisen in ferne Meere verheißen.

„Ein solcher Anblick mag viele Bewerber in ihren falschen Vorstellungen von der Ozeanographie noch bestärken, wenn sie sich nämlich bereits wie ein zweiter Cousteau fühlen", meint Gunther Krause, Wissenschaftlicher Assistent am Institut. Aufgrund dieser oft falschen Vorstellungen entscheiden sich seiner Meinung nach zu viele Studienanfänger für das Fach Ozeanographie, ohne etwas Genaueres über diesen Studiengang zu wissen. „Gerade die ersten Semester beinhalten ein intensives Studium der Mathematik und Physik, was natürlich in den Filmen von Cousteau so nicht zum Ausdruck kommt. Viele Studenten revidieren deshalb nach einigen Semestern ihren Entschluß und wechseln das Hauptfach."

Das Institut für Meereskunde ist kein Institut der Universität, sondern ein Institut *an* der Universität. Dieses „an" bedeutet bare Münze, das heißt, das Institut wird zur Hälfte vom Bund und zur Hälfte vom Land Schleswig-Holstein finanziert, denn Meeresforschung ist eine teure Angelegenheit. Nutznießer dieses „an" sind die Studierenden, die Diplomanden und Doktoranden. Sie finden in dieser Ausbildungsstätte nicht nur alle Disziplinen dieses Studienganges vereint unter einem Dach vor, sondern sie können auch davon profitieren, „daß sich Lehre und Forschung in einem positiven Maße gegenseitig befruchten". So ist es auch nicht verwunderlich, daß es Studenten aus allen Teilen der Bundesrepublik an dieses Institut zieht.

Weit über die Grenzen Kiels und Deutschlands hinaus ist ein weiteres Institut *an* der Universität bekannt geworden: das Institut für Weltwirtschaft. Ein Besuch dieses Institutes lohnt sich aus zwei Gründen: zum einen wegen der malerischen Kulisse des Jachthafens, vor dem das Institut liegt, und zum anderen – dem wohl gewichtigeren Grund – weil die Bibliothek dieses Instituts zu den bestbestückten wirtschaftswissenschaftlichen Bibliotheken der Welt zählt.

Bernhard Harms gründete 1914 das Institut und unter seiner Leitung und der seiner Nachfolger Andreas Predöhl, Fritz Baade und Erich Schneider wuchs das Institut zu einem Zentrum weltwirtschaftlicher Forschung mit einem umfangreichen Archiv und der bereits erwähnten Bibliothek. Seit Mitte 1969 leitet Herbert Giersch das Institut, der somit aufgrund der „Konstruktion" dieses Institutes auch an der Universität lehrt und so die Verbindung zur Hochschule darstellt. Außerdem steht den Studenten (wie Besuchern) die Bibliothek mit ihren Schätzen offen. Seine Aufgabe sieht das Kieler Institut darin,„mit eigenen Untersuchungen und durch die Bereitstellung von Materialien zur Erforschung weltwirtschaftlicher Zusammenhänge beizutragen. Es pflegt enge Beziehungen mit Wirtschaftswissenschaftlern und Wirtschaftsforschungsinstituten im In- und Ausland" (entnommen einer Broschüre des Institutes).

Früher kam man nach Kiel, um zu segeln. Warum kommt man heute?

Früher kamen Studenten aus aller Welt nach Kiel, um Erich Schneider zu hören, einen der „großen Söhne" der Christiana Albertina, und um zu segeln. Warum kommen sie heute nach Kiel?

„Heute ist das alles ganz anders geworden. Heute kommt man nicht so sehr wegen des Segelns oder wegen eines berühmten Mannes à la Erich Schneider nach Kiel. In Schleswig-Holstein ging man mit der einzigen Landesuniversität immer besonders sorgfältig um. Man hat in bildungspolitischen Dingen immer die Mitte eingehalten, man ist nie stockkonservativ gewesen, man war auch nie um jeden Preis progressiv, sondern man hat die Linie eingehalten, die einmal ein württembergischer König die der ‚besonnenen Reformen' genannt hat. Das hat zur Folge, daß Kiel heute sehr attraktiv für Hochschullehrer ist, einmal von den relativ guten Arbeitsbedingungen her, zum anderen von dem honorigen Stil her, der zwischen der Regierung und Verwaltung einerseits und der Universität andererseits herrscht, und zum dritten, weil wir weder eine knallhart linke noch eine knallhart rechte Universität sind."

Diese, von Professor Hattenhauer beschriebene Attraktivität der Kieler Universität, wird sicher nicht die Zustimmung des derzeitigen AStA finden und derjenigen Gruppen, die sich engagiert kritisch mit der Universität von heute auseinandersetzen. „Kiel liegt eben in Norddeutschland", meinte ein Student, „und dort ist man in vielen Dingen eben etwas vorsichtiger."

Diese gewisse Vorsicht fand auch in der „Regierungsart" des ehemaligen Rektors Hattenhauer seinen Niederschlag. Auf die Frage, wie er denn zu studentischen Störaktionen in Vorlesungen und Seminaren stehe, antwortete er: „Ich habe den Lehrenden nahegelegt, im Falle, daß lehrfremde Inhalte in Lehrveranstaltungen behandelt werden sollen, den Raum zu verlassen. Wir wollen keine Polizei im Hörsaal. Kiel ist ja bisher eine Universität ohne Polizei gewesen, und das war weder ein Versehen, noch lag es an der norddeutschen Kaltblütigkeit, sondern da steckt sehr viel politischer

Aufwand, sehr viel Phantasie dahinter und natürlich auch ein bißchen Glück. Wir sind nicht die fürsorglichen Väter unserer Studenten. Wir bieten ein Lehrangebot dar, und wenn es wahrgenommen wird, tun wir unser Bestes, wenn es allerdings nicht akzeptiert wird, verlassen wir den Raum. Das hat sich sehr gut bewährt. Im Sommer 1973 wurde eine einzige Veranstaltung, eine Ringveranstaltung in Psychologie abgesetzt. Da hat der Minister anschließend auf Antrag der Universität die Lehrenden von der Lehrverpflichtung entbunden. Im übrigen ist die Lehre im Sommersemester völlig ungestört durchgeführt worden."

(Diese Aussage machte Rektor Hattenhauer im Oktober 1973. Zu diesem Zeitpunkt konnte er noch nicht wissen, daß er knapp zwei Monate später seinem Vorsatz untreu werden sollte und doch die Polizei zu Hilfe rufen würde. Die Ursache: Eine Klausur für Erstsemester im Chemiestudium wurde dreimal innerhalb einer Woche verhindert. Schließlich verlegte Hattenhauer die Klausur in die Räume eines Museums in Kiel-Tannenberg außerhalb des Universitätsgeländes. Vor dem Räumen kam es zu einem Handgemenge zwischen Polizei und Studenten.)

Trotz dieser Rangeleien verläuft in Kiel die Lehre „völlig ungestört", so ungestört wie das studentische Leben, denn es findet so gut wie keines statt. Etwa ein halbes Dutzend Kneipen in der Umgebung der alten Neuen Universität sind zu studentischen Treffpunkten geworden. „Kiel ist eben Kiel", meinte ein Taxifahrer, „und da spielt die Marine nun mal eine größere Rolle als die Studenten."

Christian-Albrechts-Universität Kiel
10 400 Studenten (WS 1973/74).

Anschrift:
23 Kiel, Olshausenstraße 40–60

Fachbereiche:
FB Theologie
FB Rechtswissenschaften
FB Wirtschafts- und Sozialwissenschaften
FB Medizin
FB Philosophie
FB Mathematik-Naturwissenschaften
FB Agrarwissenschaften

Universität zu Köln

Ernest W. B. Hess-Lüttich

Humanismus und Reformation führten die Hochschule in eine ernste Krise

Die Geschichte der Universität reicht weit zurück ins Mittelalter, was gelegentlich zum Anlaß genommen wird, sicherlich unberechtigterweise, ironisch die Frage zu stellen („Köln? – Tiefstes Mittelalter!"), ob sich seither viel geändert habe. Andererseits ist wahr: Köln ist eher traditionsgesättigt als geschichtslos-radikal, eher verwaltender Pflege des Bewährten als theoretisierender Zukunftsverplanung zugewandt.

Am 21. Mai 1388 – es ist die Zeit der ersten Universitätsgründungen des spätmittelalterlichen Deutschland (Prag 1348, Wien 1365, Heidelberg 1386, Erfurt 1392, Würzburg 1402, Leipzig 1409) – unterzeichnet Papst Urban VI. in Perugia die Stiftungsurkunde für die Universität zu Köln. Nicht ein Regent oder Kirchenfürst trachtet sich hier ein Denkmal als „Freund und Förderer der Wissenschaft" zu setzen, hier sind es der Rat der Stadt und einflußreiche Kölner Familien, die die enge Verbindung der Hochschule mit der Stadt, die diese Universität bis auf den heutigen Tag kennzeichnet, begründen.

Der Ruhm der Fakultäten – der Theologischen, Juristischen, Medizinischen und Artistischen – erreicht ihren Höhepunkt im 15. Jahrhundert: Neue Universitäten werden von Köln aus gegründet (Trier 1453, Mainz 1476), Kölner Professoren als Gründungsrektoren berufen (wie Löwen 1426); überragende Bedeutung erlangen die Theologische und die Juristische Fakultät, die als erste in Deutschland neben dem Kirchenrecht bewußt das Kaiserrecht lehrte. Humanismus und Reformation führen die Hochschule in eine erste Krise, die Gelehrten wandern ab, die Studentenzahlen sinken, Abstieg zu wissenschaftlicher Provinzialität ist die Folge. 1798 ist fürs erste Schluß: Köln von Franzosen besetzt, die Universität der Pariser Unterrichtsreform geopfert und in eine Zentralschule umgewandelt.

Erst 1901 wird unter bescheidensten Umständen die alte Universität als Deutschlands erste selbständige, nur von der Stadt und ihren reichen Kaufleuten getragenen Handelshochschule wiederbelebt. Diese Vergangenheit als Handelsschule kann sie bis heute nicht verleugnen: die Wirtschafts- und Sozialwissenschaften sind heute noch die wichtigsten Fächer. Konrad Adenauer, Kölns Oberbürgermeister seit 1917, betrieb mit Energie die Neugründung (1919), nach der ein rascher Aufstieg erfolgte. 1934 ist

Umzug: ein Neubau von markanter Häßlichkeit wird bezogen, der auch heute noch das Hauptgebäude der Universität bildet. In rascher Folge werden weitere Neubauten hinzugefügt, bei denen man sich des Eindrucks einer architektonischen Verbeugung vor dem Monumentalstil vergangener Epochen nicht erwehren kann.

Erst vor zehn Jahren wurde aus der Bürger-Universität eine Landes-Universität, was aber die enge Verklammerung von Stadt und Hochschule nicht abschnitt; vielmehr wird sie weiterhin in einem eigens geschaffenen Honoratioren-Klub, dem „Kuratorium", dem neben Rector magnificus und Spectabiles, Oberbürgermeister, Regierungsdirektor und Ratsmitglieder angehören, aufs Beschaulichste gepflegt.

Inzwischen – fast drohte durch neue Hochschulgesetze, Satzungskonvente, Kommissionsentwürfe, Gesamthochschulentwicklungsgesetze und dergleichen ein wenig Unruhe aufzukommen – hat das Urteil des Bundesverfassungsgerichts (zum Niedersächsischen Vorschaltgesetz vom 21. Mai 1973) zu einer Stagnation in der Arbeit des Konvents geführt, die den reformerisch ohnehin nicht beeindruckenden Elan endgültig einschläferte. „Erst mal abwarten, was wird" – so ist die Stimmung.

Der Campus in Köln-Lindenthal – kompakt und von Grün umgeben

Verglichen mit den universitären Schlössern Bonns wirken die Fassaden der Kölner Uni eher ernüchternd: groß und grau das Hauptgebäude und der Trakt der Wirtschafts- und Sozialwissenschaftlichen Fakultät (WiSo), gegenüber die klotzigen Betonblöcke von Bibliothek, Seminar und Philosophikum, dessen unverputzte Fläche durch gelbgespritzte Politparolen aufgelockert wird. Ein Vorteil allerdings ist unverkennbar: alles ist in erreichbarer Nähe, da fast alle Institute, auf eine Vielzahl von Gebäuden verteilt, in einem begrenzten, zu Fuß auch für Studenten bequem durchstreifbaren Viertel liegen, „Quartier Lindenthal" sozusagen.

In der Nähe des Hauptkomplexes liegen Tiefgarage und Parkgebäude, von denen aus alles andere nicht mehr weit ist. Dies ist günstig für Studenten, die nicht, und das sind die meisten, in den wenigen Wohnheimen auf dem Gelände Unterkunft zu finden das Glück hatten. Was den Münchner Studenten ihr Englischer Garten, den Bonnern ihr Hofgarten, ist den Kölnern ihr „Aachener Weiher" – er liegt nicht weit, auf der anderen Seite des Hauptgebäudes, nach Norden zu, mit lieblichem Park, in dem man sich angenehm, und nicht nur im Sommer, ergehen kann.

Bis dorthin dringt auch nicht der Baulärm auf dem Uni-Gelände. Inzwischen sind Bibliothek (Bestand: über eine Million Bände) und Hörsaalgebäude fertig, das große Philosophikum (mit 14 000 Quadratmeter Nutzfläche) wird es sicherlich auch bald sein; außerdem wurde die Planung für ein neues Seminargebäude der WiSo-Fakultät, ein multifunktionales Verfügungszentrum mit Rechenanlage, Chemische und Biochemische Institute der Mathematisch-Naturwissenschaftlichen Fakultät abgeschlossen, das neue Zentralklinikum steht vor der Vollendung, die Bauarbeiten für die neue Mensa wurden begonnen.

Die Vielfalt dieser Expansionsvorhaben bedeutet mitnichten, daß die Studenten nun etwa genügend Platz hätten und die Studienbedingungen gut seien. Die neuen Gebäude lindern allenfalls dort, wo die Situation unerträglich wurde. Auch die Relation von Lehrenden und Lernenden ist nicht besser, meist eher schlechter (zumal in den Massenfächern) als an anderen Universitäten. Vergleicht man zum Beispiel die Studentenzahl pro Planstelle in Philosophie (14,2) oder Pädagogik (15,8) mit Durchschnittswerten in Nordrhein-Westfalen (7,9 bzw. 7,4), schneidet die Kölner Uni, die mit 24 000 Studenten und einem Haushaltsvolumen von 438 385 600 Mark (1973) zu den größten der Bundesrepublik gehört, sogar ziemlich schlecht ab. Das gleiche gilt für die großen geisteswissenschaftlichen und die naturwissenschaftlichen Fächer. Die kleinen Fächer, zum Beispiel Klassische Philologie (4,6 vs. 5,4), haben es da besser, und natürlich auch die Sozialwissenschaften, Kölns „Paradedisziplin", mit einem Verhältnis von 7,8 zu 11,4 in NRW (Quelle: Jahrbuch der Universität Köln 7, 1972).

Die WiSo-Fakultät ist das Aushängeschild der Universität

Die Wirtschafts- und Sozialwissenschaftliche Fakultät (WiSo) ist es denn auch, die so ein wenig als Aushängeschild der Universität gilt und in allen Publikationen, sei es Vorlesungsverzeichnis, Jahrbuch oder „Leitfaden für Studienanfänger", an erster Stelle genannt wird. Dies ist besonders für jene Soziologie-Interessenten günstig, die sich vom allgemeinen Ruf der Bonner Uni haben anziehen lassen und dann finden, daß man Sozialwissenschaften dortselbst ernsthaft zu studieren nicht beginnen sollte, aber nicht gern nach Köln umziehen möchten: Eine Zweiteinschreibung in der Kölner WiSo-Fakultät kostet nichts extra (ein entsprechendes Abkommen wurde unter den beiden Hochschulen getroffen) und über die Autobahn ist man in weniger als einer halben Stunde von der einen Hochschule zu der anderen gefahren.

Hier, an der seinerzeit größten WiSo-Fakultät Europas, die Kernzelle überhaupt der jetzigen Kölner Uni, lehrten und lehren renommierte Wissenschaftler: Schmölders, Müller-Armack, Gutenberg, Münstermann, Rittershausen, um einige derer zu nennen, die den jetzigen Ruf begründeten. Auch die Soziologie ist gut vertreten: René König hat hier überfüllte Hörsäle, Erwin K. Scheuch, ebenso kompetent wie konservativ, kämpft verbissen für die „Freiheit der Wissenschaft", die er allenthalben bedroht findet, CDU-

Burgbacher lehrt ein wenig zwischen den Bundestagssitzungen, Edeltrud Meistermann-Seeger analysiert einem, wenn man nicht mehr weiter weiß, die Persönlichkeitsstruktur, streng nach Freud allerdings und ohne weiterführende Therapie, der inspirierende Clan um Alphons Silbermann macht nicht nur in Mediensoziologie von sich reden, und der trotz seiner vielen Doktortitel (zur Zeit noch mindestens drei) so sympathische Demosthenes Savramis versucht, zwischen Bonn (wo er auch einen Lehrauftrag hat) und Köln hin und her hetzend, sein Spezialgebiet zwischen Theologie, Kultur, Sexualität und Soziologie zu finden.

Die Studienreformarbeit stagniert, allerdings konnten vor kurzer Zeit noch neue Prüfungsordnungen verabschiedet werden und auch in dem Bereich der Lehrerausbildung hat sich einiges getan (neue Studiengänge wirtschafts- und sozialwissenschaftlicher Fächer für das Lehramt an Gymnasien und Realschulen). Aber trotz der Neueinrichtung einiger Lehrstühle (Wirtschaftliche Staatswissenschaft, Betriebswirtschaftslehre, Informatik, Politologie, Sozialpolitik, Soziologie und Warenlehre) und der Ernennung von sieben Dozenten zu Wissenschaftlichen Räten und Professoren sind die Seminare überfüllt. Infolge der Anziehungskraft der Fakultät liegt die „Zahl der Studierenden immer noch weit über der Kapazitätsgrenze, die unter Berücksichtigung pädagogisch vertretbarer Größenordnungen bei Lehrveranstaltungen gesetzt werden müßte“ (Professor Schäffer).

Ähnlich ist es in der Juristischen Fakultät, in der jetzt sogenannte „integrierte Übungen“ erprobt werden, bei denen Vorlesung und die entsprechende Übung zusammengefaßt und nicht, wie früher in Köln üblich, voneinander unabhängig abgehalten werden. Von ausgesprochenen „Mammutveranstaltungen“ wird zwar ungern gesprochen (Assistent Schlegel, Pressestelle: „Ausnahmefälle!“), aber Lehrern wie Studenten ist es immer noch zu ungemütlich voll.

Die Studienreform ist bei den Juristen schon relativ weit gediehen und der Studienberatung der Studenten wurde ebenfalls besondere Aufmerksamkeit geschenkt. Noch ist Jura kein „Fachbereich“, denn die Uni ist immer noch in die fünf klassischen Fakultäten gegliedert, aber die Umstrukturierung ist absehbar, da sie nach dem neuen Hochschulgesetz in NRW notwendig geworden ist.

Die Medizinische Fakultät ist vor allem mit den Planungsarbeiten für den Neubau des Zentralklinikums beschäftigt, aber dennoch mußte, infolge des Inkrafttretens der neuen Approbationsordnung für Ärzte, der Studiengang im Fach Allgemeinmedizin neu geplant werden. Außerdem sind Biologie, Medizinische Psychologie und Medizinische Soziologie als neue Lehr- und Prüfungsfächer eingeführt worden. Auch hier erscheint es „fraglich, ob die räumlichen Gegebenheiten, die Anzahl der Krankenbetten und die Anzahl der Hochschullehrer für den geforderten Unterricht in kleinen Gruppen für die vorgesehenen Studentenzahlen ausreichen werden“ (Professor Stammler).

Hilfestellungen für Studienanfänger

Ausgesprochen gut organisiert ist die Beratung für Studienanfänger durch die studentische Fachschaft in der WiSo-Fakultät: Der Ratsuchende wird nicht nur durch ein persönliches Gespräch eingeführt (montags bis freitags 10 bis 18 Uhr im Studentenhaus hinter der Mensa, 1. Etage), sondern erhält noch eine Reihe kostenloser Informationsschriften zur häuslichen Lektüre: Informationsschrift für Studienanfänger (Grundstudium: Aufbau und Studienplan; Informationen zu Propädeutik, Versicherungen, Uni-Einrichtungen, Hochschulpolitik etc.), stipendien-info (alles über BAFöG und andere Stipendien), Zwischenprüfungs-Info, Informationsschrift zum Staatsexamen für Wirtschaftspädagogen, Leitfaden zum Examen an der WiSo-Fakultät (Prüfungsordnungen und Ausführungsbestimmungen, die legalen und illegalen Anforderungen der einzelnen Lehrstühle, Informationen zu den Wahlfächern etc.), WiSo-Mitteilungen zu Semesterbeginn (AGs und Tutorien).

Um Studenten zu helfen, die unter seelischen Störungen leiden, wurde die Psychologische Beratungsstelle eingerichtet, deren Existenz nun schon wieder bedroht ist, da das Ministerium ausgerechnet an dieser Stelle meint, sparen zu müssen. Gerade für Studienanfänger ist die psychologische Stützung oft eminent wichtig, denn die vielen, durch den Übergang von Schule zur Universität bedingten, zum gleichen Zeitpunkt aktualisierten sozialen und familiären Probleme stellen höchste Anforderungen an Selbständigkeit und Entscheidungsfähigkeit.

Hier kann die Psychologische Beratungsstelle, deren Arbeit auch therapeutische und sozialpräventive Aufgaben im Sinne einer prophylaktischen Initiative umfaßt und auf einem pragmatisch-ökonomischen Behandlungsansatz basiert, unter Umständen entscheidend sein. Es werden Methoden der Gesprächspsychotherapie und Verhaltenstherapie angewandt, durchgeführt in Einzelberatung, Partner- und Gruppentherapie, Kontaktgruppen und themenzentrierten Gruppen, und die Hilfe erstreckt sich von der Unterstützung bei allgemeinen Studienproblemen wie Arbeitsstörungen, inadäquaten Studientechniken, Sprechangst, Prüfungsvorbereitung und -versagen, Prüfungs- und Autoritätsangst, bis zur Hilfe bei persönlichen Problemen wie Selbstunsicherheit, Kontaktschwierigkeiten, sexuelle Probleme und Präferenzen, Partnerprobleme, Entscheidungsschwierigkeiten und Verhaltensstörungen.

An der Polit-Front nichts Neues

Wenn im Fernsehen über studentische Demonstrationen und Streiks berichtet wird, ist meist von Berlin oder Frankfurt, gelegentlich auch von einem Sternmarsch nach Bonn die Rede – in Köln jedoch ist die Welt noch in Ordnung, so scheint es dem Außenstehenden. Aufmerksame Freiheitsbündler unter den Professoren, wie der Soziologe Scheuch, der vor lauter

Einsatz für die Freiheit der Wissenschaft seine Gutachtenaufträge nicht mehr erfüllen kann, lassen sich dadurch nicht einlullen: sie sehen auch hier bereits alles von den Hauptmannschen „Ratten" unterminiert, die „Plage der Sozialdemokratie" ist bis in den AStA vorgedrungen.

Was den Rechten als „zumindest gefährdet" (E. K. Scheuch: „Höchste Wachsamkeit ist am Platze"), den Linken als wenigstens „tiefste politische Provinz" (Fluglatt), wenn nicht „Brutstätte übelster faschistischer Reaktionäre" (Wandzeitung) erscheint, stellt sich dem Unbefangenen als „gemäßigte hochschulpolitische Situation" (Pressestelle) dar: die meisten der 50 Sitze im Studentenparlament hat die Jungchristen-Truppe des RCDS (14) inne; es folgen sogenannte „Unabhängige" (8 Sitze); sodann der SHB (7), UHI (Jungsozialisten: 5) und SLH (Sozial-Liberale: 5) und MSB Spartakus (4); KSV und „Rote Liste" fallen kaum mehr ins Gewicht. Den Ersten AStA-Vorsitzenden, der kommissarisch weiter im Amt blieb, da bisher nicht die erforderliche absolute Mehrheit zur Wahl eines neuen Vorsitzenden erreicht werden konnte, stellen die Jungsozialisten der UHI.

Das Service-Angebot des AStA hilft sparen

In einer Millionenstadt wie Köln findet man immer noch irgendwo eine Bude, vielleicht nicht in Uni-Nähe, vielleicht nur zusammen mit Freunden, vielleicht auch recht teuer, aber es ist zumindest nichts verloren, wenn man nicht in einem der Wohnheime untergekommen ist. Die Mieten dort variieren zwischen 75 und 225 Mark, je nachdem, ob man sich in einem der kleinen älteren Heime mit einem Kommilitonen die Bude und vier anderen die Etagendusche teilt oder ob man ein fast schon luxuriöses Apartment (großer Raum, Kochnische, Diele, Bad, WC) in einer der riesigen neuen Wohnmaschinen in der Luxemburger Straße bekommt. Dort gibt es auch Doppelzimmer für Ehe- oder Freundespaare. Für Ausländer (in Köln sind derzeit circa 1400 immatrikuliert) sind circa 350 Wohnheimplätze reserviert.

Mit der Studentenspeisung stand es bisher nicht zum besten, da die alte Mensa zu klein und die neue Zentralmensa (mit circa 3000 Sitzplätzen) noch nicht fertig war; sie wird aber bis zum Sommersemester 1974 in Betrieb genommen sein. In der alten Mensa (1200 Sitzplätze) werden vier verschiedene Gerichte für anspruchslose und gehetzte Zeitgenossen zu Preisen zwischen 0,90 Mark (Eintopf) und zwei Mark ausgegeben. Das Mittagessen kann montags bis freitags von 11 bis 14.30 Uhr, samstag bis 13.30 Uhr eingenommen werden (empfehlenswert sind die Randzeiten, da es in den Spitzenzeiten, 12.30 bis 13.15 Uhr, unerträglich voll ist). Verwöhnteren Gourmets ist ohnehin anzuraten, sich lieber selbst etwas zuzubereiten.

Da der AStA weniger Demonstrationen organisieren und Vietnam-Resolutionen verfassen muß, hat er mehr Zeit (und Geld) zu einem recht guten Service-Angebot, wie verbilligte Fahrschulen, Benzingutscheine, Kurzdarlehen, Informationsmappen, Kommissionsantiquariat, Steno- und Schreibmaschinen-Kurse, Theaterkarten-Ermäßigung etc. (Auskunft über die Vergünstigungen am AStA-Service-Schalter, Studentenhaus, 5 Köln 41, Universitätsstraße 16, 1. Stock).

Den Studenten und allen anderen Angehörigen der Universität steht ein breites Angebot von 24 Sportarten offen. (Auskünfte: Akademisches Sportamt, 5 Köln 1, Zülpicher Wall 1). Bessere Anlagen zu ihrer Ausübung kann man sich kaum wünschen, denn Köln ist der Sitz der weltberühmten Deutschen Sporthochschule, deren Ausstattung vorzüglich ist und aus der nicht nur viele Sportgrößen hervorgegangen sind, sondern an der man auch zum Dr. Sport-Wiss. promovieren kann.

Die fast 40 000 Studenten in Köln, die an Uni, Pädagogischer Hochschule, Sporthochschule, Fachhochschule, Bibliothekar-Lehrinstitut etc. studieren, gehen in der Großstadt unter; sie bilden nicht eine eigene studentische Subkultur oder prägen ein Stadtviertel in prägnanter Weise. Die natürlich vorhandene „Scene" – und sie ist zum Teil dufte (nur e i n „undergroundiger Tip": der Lovers Club am Ring) – wird wohl kaum von den eher biederen, karrierebewußten Studenten der „arbeitsamen" WiSo- und Rechtswissenschaftlichen Fakultät beherrscht.

Aber eine Großstadt, und dies ist ihr Vorteil, bietet für jeden Geschmack etwas, man wird nicht lange brauchen, bis man das den eigenen Interessen Gemäße gefunden haben wird. Und nette Leute trifft man ja nicht nur unter Kommilitonen . . .

Universität zu Köln
22 425 Studenten (WS 1973/74).

Anschrift:
5 Köln 41, Albertus-Magnus-Platz

Fakultäten:
Wirtschafts- und Sozialwissenschaftliche Fakultät
Rechtswissenschaftliche Fakultät
Mathematisch-Naturwissenschaftliche Fakultät
Philosophische Fakultät
Medizinische Fakultät

Universität Konstanz

Wolfram Vogel

Mit Blick auf den Bodensee

Ralf Dahrendorf prägte einst das große Wort vom „Klein-Harvard am Bodensee"; das ist Vergangenheit der sechziger Jahre, als die Universität Konstanz noch alle Chancen hatte, anglo-amerikanische Verhältnisse im deutsch-schweizerischen Grenzraum zu verwirklichen. Das ist eigentlich fast schon Geschichte, und geblieben ist allein die Erinnerung an die Ereignisse.

Universitätsgründung im Eiltempo

Schon im September 1959 spricht Kurt Georg Kiesinger – damals Ministerpräsident im Lande Baden-Württemberg – in kleinem Kreis von einer möglichen Hochschulgründung in Konstanz. Seine Rede schlägt Wellen – am Bodensee. Der Konstanzer Gemeinderat nimmt befürwortend Stellung.

In der Folgezeit häufen sich Vorschläge und Denkschriften, wird in Konstanz ein von Bürgern initiiertes „Kuratorium Universität Konstanz" gegründet. Im Vertrauen auf das Gelingen aller Bemühungen gibt die Konstanzer Heimatzeitung schon im Oktober 1963 das erste Heft der „Konstanzer Blätter für Hochschulfragen" heraus.

Es dauert jedoch bis zum 27. Februar 1964, ehe der baden-württembergische Landtag beschließt, in Konstanz und Ulm Universitäten zu errichten. Mit diesem Votum versehen, handelt die Landesregierung geradezu blitzschnell. Mit Gerhard Hess (Präsident der Deutschen Forschungsgemeinschaft) gelingt es, einen der profiliertesten Hochschulexperten, nicht nur in Deutschland, für den Vorsitz des am 21. März konstituierten Gründungsausschusses zu gewinnen. Ihm zur Seite stehen in der Gründerphase Leute wie Ralf Dahrendorf, Hansjochen Autrum, Waldemar Besson, Helmut Bredereck Adam Falkenstein, Herbert Nesselhauf, Ludwig Raiser, Emil Tonutti, Theodor Eschenburg und Ludwig Heilmeyer. Der Ausschuß arbeitet sehr intensiv. Schon im Juni 1965 kann er seinen Bericht der Landesregierung vorlegen, und im Januar des darauffolgenden Jahres stimmt der Ministerrat des Landes dem Bericht zu. Dann geht es in einem für die eher verschlafene Bodenseemetropole ungewohnten Tempo weiter. Eine Grundordnung wird beschlossen. Gerhard Hess wird erster Rektor der noch fiktiven Universität, und im März 1966 besteht ein Lehrkörper aus acht Professoren. Im geschichtsträchtigen Konstanzer Inselhotel, einer früheren Dominikanerabtei, beginnt im Oktober 1966 das erste Studienjahr.

Mit wenigen Studenten werden Forschung und Lehre aufgenommen – so merkwürdig das auch klingen mag –, doch ein Prinzip der Konstanzer Gründer war und ist es auch noch heute, Lehre aus Forschung zu entwickeln.

Mit steigenden Studentenzahlen kamen neue Konzeptionen mehr und mehr zum Tragen. Der Umzug aus der Dominikanerabtei auf den Sonnenbühl setzte im Herbst 1967 erste Zeichen für die Universität von morgen. Während in der Gewanne Gießberg der Grundstein für eine neue Universität gelegt war und erste Erdarbeiten begonnen hatten, versuchte man auf dem Sonnenbühl eine neue Art des Studierens zu verwirklichen. Beschränkt auf Geistes-, Sozial- und Naturwissenschaften wurde der im Gründungsbericht festgelegte Kleingruppenunterricht praktiziert.

Die Konstanzer Studenten der ersten Generation trafen optimale Arbeitsbedingungen an, die jedoch durch folgende Tatsache leicht versalzen wurden: Nach dem Willen der Gründer mußte ein Studium – gleich welcher Art – in maximal neun Semestern absolviert werden. Im Jahre 1967 wurde akzeptiert, was heute als Regelstudienzeit heftig umstritten ist. An dieser zeitlichen Beschränkung hat sich bis heute nichts geändert. Im Gegenteil, für Studiengänge wie Physik, Biologie und Chemie wird das Achtsemesterdiktat aufrechterhalten – immerhin Studiengänge, die an anderen Universitäten auch heute noch zwischen zwölf und sechzehn Semester gehandelt werden. Dasselbe gilt für Studiengänge der Geistes- und Sozialwissenschaften.

„Alte Zöpfe" – ersetzt durch pragmatische Maßnahmen

Ein „Klein-Harvard am Bodensee" ist die Universität Konstanz bis heute nicht geworden, aber sie bietet Vorteile wie kaum eine andere Neugründung der letzten Jahre, von den traditionsbeladenen Universitäten ganz zu schweigen. Entgegen herkömmlicher Strukturen hatten die Konstanzer Gründer den Unsinn von Instituten und Fakultäten mit all ihrer Kostspieligkeit erkannt und am Bodensee die erste bundesdeutsche Universität der Fachbereiche konzipiert. Im Einklang damit stand der Gedanke, „alte Zöpfe" durch sehr pragmatische und kostensparende Maßnahmen zu ersetzen. So wurde aufgeräumt mit der vielschichtigen und verzweigten Verwaltung von Instituten. An ihre Stelle trat eine zentrale Verwaltung (das Rektorat) mit angeschlossener zentraler Beschaffungsabteilung.

Dirigistisch mag anmuten, daß in Konstanz fächerübergreifende Forschung in Zentren und Sonderforschungsbereichen zusammengefaßt wurde. Tatsache ist, daß sich diese Koordination wissenschaftlichen Arbeitens mittlerweile auch an anderen Universitäten durchgesetzt hat. Ebenfalls wegweisend für andere Universitäten waren die in Konstanz erarbeitete Fachbereichsstruktur und der Aufbau einer zentralen Verwaltung. Hier hat Konstanz ohne jeden Zweifel nachhaltige Impulse vermittelt.

Beispielhaft wurde darüber hinaus die Organisation der Universitätsbibliothek. Zentral geleitet, im Aufbau dezentralisiert, vom System her jedoch räumlich koordiniert, stellt sich die Universitätsbibliothek als integrierender Faktor dar. Dies wurde zu Zeiten der Vorstufe weniger spürbar. Nach dem Umzug vom Sonnenbühl auf den Gießberg im Sommer 1972 kam die Funktion der Bibliothek als zentrale Einrichtung voll zum Tragen. Wie überhaupt die Gedanken der Gründer von einer Universität der Zukunft in den Neubauten auf dem Gießberg sichtbar werden: zentrale Einrichtungen, kurze Wege, der Wechsel zwischen Unterrichts- und Ruheräumen, Freiräume und angesichts der Bauweise auch Möglichkeiten der Freizeitbeschäftigung. Von allen Neugründungen der letzten Jahre dürfte die Universität Konstanz bei weitem Deutschlands schönste sein. Nach Osten blickt man auf den Bodensee, nach Süden bei Föhn auf ein unvergleichliches Alpenpanorama, nach Westen immerhin noch auf landeseigene Wälder, die vom Herrn der Insel Mainau, Graf Lennart Bernadotte, für teures Geld erstanden werden mußten.

Kaum zu glauben: Es fehlen Studenten

Der schönen Aussicht entsprechen die Studienbedingungen. Keine bundesdeutsche Universität kann sich so idealer Verhältnisse zwischen Lehrenden und Lernenden rühmen.

Auf einen Lehrenden der Naturwissenschaften entfallen mit Mühe vier Studenten; der Geisteswissenschaftler tut sich mit acht pro Kopf etwas schwerer, während die Sozialwissenschaften ein Verhältnis von zehn zu eins zu „bewältigen" haben. Angesichts der drangvollen Enge anderer Universitäten – nicht nur im Lande Baden-Württemberg – wahrhaft paradiesische Zustände.

Bisher nur zu einem Drittel fertiggestellt, verfügt die Universität Konstanz über ein Angebot von rund 2500 Studienplätzen. Immatrikuliert waren zu Beginn des laufenden Studienjahres im Oktober 1973 allerdings nur rund 1900 Studenten. Gründe für das Ausbleiben Studierwilliger sind bisher nicht bekannt. Bei allen Vor- und Nachteilen der Region, über die noch zu sprechen sein wird, ist dieser Tatbestand unverständlich und wird noch unverständlicher, wenn man bedenkt, daß trotz des sich ausweitenden Numerus clausus kaum mehr Studenten nach Konstanz kommen. So waren bei der Zentralstelle für die Vergabe von Studienplätzen in Dortmund für das Studienjahr 1973/74 von den Fachbereichen Biologie und Chemie jeweils 80 Studienplätze gemeldet worden. Besetzt wurden davon bis Ende Februar 1974 wenig mehr als die Hälfte. Eine Ausnahme bildete lediglich der Teilfachbereich Psychologie, der schon vorher ausgebucht war.

Das Ausbleiben der Studenten wird um so bedauerlicher, wenn man bedenkt, daß Konstanz derzeit noch selten günstige Wohnverhältnisse aufzuweisen hat. Für immerhin 70 Prozent der Immatrikulierten bietet das Konstanzer Studentenwerk Wohnraum an, entweder in Gruppenhäusern oder in Appartements. Durch ein Abkommen mit dem benachbarten Schweizer Grenzort Kreuzlingen ist darüber hinaus ein erhebliches Wohnraumangebot erschlossen worden.

Die Bürger der Stadt Konstanz allerdings sind weniger bereit, Studenten aufzunehmen. Dies hat mit Sicherheit eine Ursache in der Mentalität der Bevölkerung wie auch in der Randlage der Universität. So gern sich Konstanz als Universitätsstadt bezeichnet, so ungern sind seine Bürger größtenteils bereit, Zimmer zu annehmbaren Preisen an Studenten zu vermieten.

Sie dürften auch kein großes Interesse daran haben, mit den vom Studentenwerk geforderten Mieten zwischen 95 und 115 Mark zu konkurrieren, da Feriengäste trotz schwindender Attraktivität der Freizeitstadt Konstanz immer noch für höhere Preise gut sind. Für einen Umschwung kann hier bestenfalls ein Nachlassen des Fremdenverkehrs sorgen. Entgegen der Bereitschaft ihres Oberbürgermeisters ist die Stadt auch ansonsten kaum bereit, die Universität einzugliedern. Dies zeigte sich unter anderem, als es darum ging, die Polizeistunde für den einzigen Konstanzer Studentenclub zu verlängern. Quer durch die Fraktionen wurde dieses Ansinnen abgelehnt. Empfohlen wurde die Einrichtung von Klubräumen auf der „grünen Wiese".

Tage der offenen Tür sollen Brücken zur Stadt schlagen

Es war und ist Sache der Universität, solchen Vorurteilen wie Aversionen entgegenzutreten. Mit Tagen der offenen Tür wurden erste Brücken vom Gießberg zur Stadt geschlagen, und das dabei überraschend gezeigte Interesse der Bevölkerung gibt Mut zu weiteren Aktionen, wie Gemäldeausstellungen, Dichterlesung, Konzertabenden und Theateraufführungen.

Damit wird die Universität zwar verstärkt in das Bewußtsein der Konstanzer Bevölkerung eindringen, ihr Problem wird jedoch bleiben, so viele Studenten nach Konstanz zu ziehen, wie auf dem Gießberg Plätze vorhanden sind. Nach dem Hochschulgesamtplan der Landesregierung wird Konstanz an Stelle der von den Gründern geplanten 3000 Studienplätzen spätestens 1980 gut 6000 Studenten beherbergen müssen. Bis zu diesem Zeitpunkt wird aller Voraussicht nach das Projekt Universität Konstanz, von dem bisher erst ein Drittel zur Verfügung steht, fertiggestellt sein. Die Baukosten werden bis dahin ebenfalls die Schwelle einer halben Milliarde Mark überschritten haben. Ob die angepeilten Studentenzahlen dann Realität geworden sind, darf angesichts derzeitiger Umstände mit Fug und Recht bezweifelt werden.

Wer dennoch nach Konstanz kommt und sich dem dortigen „Studien-Streß" unterziehen will, dem wird als Ausgleich zum Studium bei Verzicht auf studententypische Lokalitäten allerdings einiges geboten werden. Im Frühjahr 1974 wurde der Bau umfangreicher universitätseigener Sportanlagen in Angriff genommen, zu denen neben Tennisplätzen, einer Schwimmhalle, einem Fußballplatz auch ein Jachthafen gehört. Doch diese Vorzüge, wie auch die der Wohnsituation, der Einkaufsmöglichkeiten in der benachbarten Schweiz und des hohen Freizeitwertes waren bis heute keine ausreichenden Gründe, die Universität mit Seeblick als Ort der Studien zu wählen.

Die Phase der Zwangsregierung hat der Universität geschadet

Bei allen Vor- und Nachteilen hat der noch jungen Universität ohne Zweifel ein vermeidbarer Eklat geschadet. Die fast drittelparitätische Mitbestimmung war in Konstanz verwirklicht – und funktionierte. Konstanz galt in der Phase studentischer Rebellion als ruhige Universität. Konstanz hätte ruhige Universität bleiben und, um der Schwaben liebstes Wort zu gebrauchen, auch weiterhin „Muster-Universität" sein können. Aber es sollte anders kommen dank eines auch von Parteifreunden als politisch unklug bezeichneten Kultusministers. Seinem Starrsinn hat die Universität die Rücktritte von Gerhard Hess und seinem Stellvertreter Horst Sund zu danken.

Es wäre allerdings unfair, Hess-Freund Hahn allein verantwortlich zu machen. Die Universität war über eine Lappalie gestolpert. Ihre vorläufige Grundordnung hätte von der Landesregierung nicht nur genehmigt, sondern erlassen werden müssen. Diesen Formfehler nahm der Konstanzer Erziehungswissenschaftler Brezinka zum Anlaß, der Hochschule ihre erste Krise zu bescheren; auf dem Wege eines Normenkontrollverfahrens. Der Norm (das heißt dem Gesetz) nach mußte er recht bekommen, und so geschah es auch. Die Landesregierung, zuvor noch für Konstanz eingenommen, hätte das Verfahren abkürzen können, durch Umwandlung der Genehmigung in einen Erlaß.

Sie hat nichts dergleichen getan. Im Gegenteil, sie hat an einem Hochschulgesetz gezimmert, das an Deutlichkeit nichts zu wünschen übrig läßt und Konstanz selbst in der vom Ministerrat im Oktober 1972 verordneten Uni-Verfassung noch weiter zurücksetzt. Es ist nur den zu geringen Studentenzahlen zu verdanken, wenn in diesem Zusammenhang spektakuläre Studentenaktionen ausblieben. Es ist typisch für Konstanz, daß der Kampf gegen Oktroi und Hochschulgesetznovelle mit Vehemenz betrieben wurde. Typischer ist, daß der Gründungsrektor ganz massiv zur Amtsniederlegung aufgefordert, und als er, unbeeinflußt von diesem Votum, sein Amt tatsächlich niederlegte, gefeiert wurde.

Der Biologe Horst Sund, als Prorektor an allen Differenzen mit Stuttgart beteiligt, wartete mit seinem Rücktritt nur so lange, bis der Oktroi Gesetzeskraft hatte und Gerhard Hess zum ersten Ehrenbürger der Universität ernannt war. Der Herbst 1972 brachte für den Kleinen Senat, der als einziges Leitungsgremium noch halbwegs funktionsfähig war, die vergebliche Suche nach einem neuen Prorektor.

Dieser Mißerfolg bescherte der Konstanzer Neugründung den ersten Staatskommissar an einer baden-württembergischen Universität nach dem Krieg. Die Wahl der Landesregierung fiel auf den langjährigen Landtagsabgeordneten und ehemaligen Oberbürgermeister der Stadt Singen, Theopont Diez. Der CDU-Mann Diez hatte schon vorher gegen die Konstanzer Pläne von Kultusminister Hahn gearbeitet. Zur allgemeinen Überraschung tat er es auch als Landesbeauftragter. In kürzester Zeit wurde inneruniversitär unterschieden zwischen dem Landesbeauftragten und der Person Diez.

Diese war es denn auch, der es schaffte, die einphasige Juristenausbildung als Modellstudiengang nach Konstanz zu holen.

Ein gutes Jahr dauerte die Phase der Zwangsregierung für Konstanz. Im nachhinein muß festgestellt werden, daß es auch dem taktischen Geschick dieses Politikers vom Hohentwiel zugeschrieben werden muß, wenn Konstanz heute wieder über eine selbstgewählte Uni-Spitze verfügt. Bezeichnend für die Situation ist, daß es nicht der von Diez und der Professorenschaft favorisierte Horst Sund war, der das Rennen um den Rektorsessel machte, sondern mit einer Stimme Vorsprung der Politologe Frieder Naschold. Mit 33 Jahren ist er Deutschlands jüngster Rektor und darf der Linken zugerechnet werden. Ein zweiter Rendtorff allerdings wird er kaum werden, denn wenn auch Heidelberger Zustände für die Schärfe der baden-württembergischen Hochschulgesetznovelle vom Sommer 1973 verantwortlich sind, Konstanz ist nicht Heidelberg.

Dennoch, kaum im Amt, hat Naschold Ideen entwickelt, die Konstanz weiterbringen können; aus Konstanz wieder zu machen, wofür es einst geplant war: eine Reformuniversität. Allen Ärgernissen zum Trotz sind in der Vergangenheit neue Studiengänge und Studienmodelle entwickelt worden. Uraltuniversitäten wie Neugründungen haben gewaltig davon profitiert. Die Konstanzer „Geschichten“ wurden umgesetzt, verwirklicht und „verkauft“. Es ist ein Konstanzer Versäumnis, bislang nicht genügend darauf hingewiesen zu haben, welche Akzente eigentlich in Konstanz gesetzt wurden.

Universität Konstanz
1827 Studenten (WS 1973/74).
Anschrift:
7750 Konstanz, Postfach 733
Fachbereiche:
Biologie
Chemie
Physik
Mathematik
Psychologie/Soziologie
Politische Wissenschaft
Rechtswissenschaft
Wirtschaftswissenschaft und Statistik
Philosophie und Geschichte
Literaturwissenschaft
Erziehungswissenschaft
Sprachlehrinstitut

Johannes-Gutenberg-Universität Mainz

Marlies Stieglitz-Klein

Mainz bleibt – nicht nur im Karneval – Mainz

Es war, als die Professoren noch Talare trugen. Anläßlich der Rektoratsübergabe zog eine Prozession von der Universität durch die Stadt zum Theater. Mainzer Bürger säumten die Straßen und beobachteten das Schauspiel – einige von ihnen kommentierten das Ereignis auf ihre Weise, sie grüßten die Professoren mit einem fröhlichen „Helau".

Inzwischen hat sich zwar der „Muff unter den Talaren" verzogen, jene feierlichen Prozessionen finden auch in der Stadt am Rhein nicht mehr statt, aber Mainz bleibt eben – nicht nur im Karneval – Mainz. Noch hält sich das Gerücht von dem Taxifahrer, der nicht weiß, daß seine Heimatstadt überhaupt eine Hochschule besitzt, andererseits steht die Universität fast vor dem totalen Numerus clausus. Die Studentenzahlen stiegen im Verhältnis zur Ausbildungskapazität an der Johannes-Gutenberg-Universität derart unverhältnismäßig an, so daß alle Vorausschätzungen überholt sind. Bei der derzeitigen Haushaltsentwicklung erscheint die Einführung von Zulassungsbeschränkungen in allen Massenfächern unausweichlich. Daher ist zu befürchten, daß die abgewiesenen Studienbewerber auf andere Fächer ausweichen und es zu einem totalen Numerus clausus kommt.

Wird diese Universität – wie es ihr Präsident Peter Schneider mitunter befürchtet – von ihrem guten Ruf ruiniert?

Im allgemeinen wird die Johannes-Gutenberg-Universität als eine relativ junge Institution angesehen, die sich wie ein Phönix aus den Trümmerfeldern des Zweiten Weltkrieges erhoben habe. Trotzdem steht sie in der chronologischen Reihe der seit dem Spätmittelalter auf deutschem Boden gegründeten Universitäten an 14. Stelle: Mit einer Bulle vom 23. November 1476 hatte Papst Sixtus IV. dem Kurfürsten Diether von Isenburg die Errichtung eines Studium generale in der Residenzstadt am Rhein genehmigt.

Diese „hohe Schule" ist dann zwar – nach über drei Jahrhunderten – im Gefolge der Französischen Revolution faktisch erloschen, offiziell aber niemals aufgehoben worden. In der Realität sah es dennoch so aus, daß es in dem Gebiet, das heute Rheinland-Pfalz heißt, von 1789 bis 1946 keine Universität gab. Nach diesem über hundertfünfzigjährigen „Dornröschenschlaf" war es letztendlich der Besatzungspolitik der Franzosen zu verdanken, daß die Universität ermächtigt wurde, ihre Tätigkeit vom 1. März 1946 ab wieder aufzunehmen. Es war nur allzu natürlich, daß die „alte neue" Universität den Namen des „größten Sohnes der Stadt", Johannes Gutenberg, erhielt.

Mainz – eine typische Campus-Universität

War dem legendären Taxifahrer die Existenz der Mainzer Universität nicht bekannt – für den Fremden ist es relativ einfach, sie ausfindig zu machen. Die weißen Hinweisschilder zeigen den Weg hinaus aus der Stadt in Richtung Bretzenheim: Die Universität ist campusartig angelegt, etwa in fünfzehn Minuten zu Fuß vom Hauptbahnhof und der City aus zu erreichen. Für den, der den Fußmarsch scheut, führen mehr als zehn Buslinien vor die Tore der Stadt.

Gerät diese Campusuniversität in Gefahr, ein studentisches Getto zu werden? Nach Ansicht ihres Präsidenten überwiegen die Vorteile des Campus: „Wir haben ein relativ geschlossenes Gelände zur Verfügung, das wir bebauen können – somit müssen die Einrichtungen der Universität nicht zerstückelt werden." Im großen und ganzen befindet sich die Universität in einem Komplex – ausgenommen sind der Klinikbereich, die Fachbereiche Kunst- und Musikerziehung, die in der Stadt untergebracht sind, sowie der Fachbereich Angewandte Sprachwissenschaft, eher bekannt als „Dolmetscherinstitut", der tief drinnen in der Pfalz, in Germersheim angesiedelt ist.

Natürlich hat diese Zusammenballung wissenschaftlicher Stätten Vorteile: Ein Studium generale – wem dies nicht als alter Zopf erscheint – ist möglich, die Bibliothek ist mit ebensowenig Aufwand zu erreichen wie die Mensa und einige der Studentenwohnheime, die sich ebenfalls auf dem Campus befinden.

Präsident Schneider sieht die Nachteile nur hypothetisch: „Sicherlich könnte die Gefahr bestehen, daß die Universität zu sehr in sich geschlossen ist, die berühmte Campus-Atmosphäre als Getto-Atmosphäre entsteht, wo man sich ständig auf den Fuß tritt, nur Kollegen und Studenten sieht und sonst nichts; wo die Welt jenseits versinkt. Die Gefahr der Campus-Neurosen ist in Mainz sehr gering, da die Isolation von der Stadt mehr und mehr abgebaut wurde – nicht zuletzt durch die städtische Umbauung der Universitätsbereiche."

Die Stadt ist sozusagen nachgerückt – um die Mainzer trotzdem stärker ansprechen zu können, sollen „Außenstellen" der Universität eingerichtet werden, wie zum Beispiel Vortragsräume, mitten im goldigen Määänz gelegen, wo „man" – eben Bevölkerung und Studenten – sich trifft.

Semester für Semester: Improvisation von „Notprogrammen"

Weitaus größer als die Probleme der Kontaktfindung und -haltung sind jedoch derzeit die finanziellen Probleme, der sich die Universität Mainz ausgesetzt sieht. Während sich die Gesamtausgaben der Universität im Haushaltsjahr 1973 auf 98 Millionen Mark beliefen (die Gesamteinnahmen betrugen etwa 12 Millionen Mark, die Differenz trug das Land Rheinland-Pfalz), liegen die Bedarfsanmeldungen für den Haushaltsvoranschlag für 1974/75 bei über 150 Millionen Mark – doch das Land will diese Mittel nicht bereitstellen. Die Regierungsvorlage weist massive Kürzungen auf, so daß sich für den Präsidenten der Universität ernsthaft die Frage der Funktionsfähigkeit der Hochschule stellt: „Ich habe mich immer gegen die sogenannte Idylle Mainz gewehrt und gegen die Annahme, Mainz sei eine Friedensinsel", betont Peter Schneider und fragt sich, wie lange es noch erträglich ist, daß in Mainz die Studentenzahlen anwachsen, ohne daß der Ausbau entsprechend weitergetrieben wird. Semester für Semester werden nach seiner Aussage Notprogramme improvisiert – Notprogramme, die in hartem Widerspruch zu einer sinnvollen Planung stehen. Auch was die Personalstellen angeht, sieht er ernsthafte Schwierigkeiten auf Forschung und Lehre zukommen. Bei einer Bewilligung des gesamten Stellenzuwachses für die nächsten beiden Jahre von etwa 3,5 Prozent betrug der Anstieg der Studentenzahl im Wintersemester 1973/74 demgegenüber elf Prozent, bei den Erstimmatrikulierten der nicht zulassungsbeschränkten Fächer ergibt sich sogar eine Zuwachsrate von über 30 Prozent.

Diese finanziellen Engpässe wirken sich nicht zuletzt auf das Zahlenverhältnis Professoren–Studenten aus: Idealverhältnisse bestehen lediglich noch bei den Theologen, wo etwa 20 Professoren 200 Studenten zur Verfügung stehen. Das andere Extrem wird beispielsweise im Fach Publizistik deutlich, wo für 600 Studenten lediglich eine Professorin Lehrveranstaltungen durchführt – von wissenschaftlichen Mitarbeitern natürlich abgesehen.

Nach den Angaben des Vizepräsidenten und ehemaligen Prorektors der Universität, Professor Peter Beckmann, liegt derzeit der Mittelwert – außer in der Medizin – bei 15 Studienanfängern pro Professor und bei etwa sieben Studienanfängern pro Wissenschaftler. Man muß diese Zahlen mit vier oder fünf multiplizieren, um in etwa das Verhältnis Student zu Wissenschaftler zu erhalten. Dieser Mittelwert sagt aber noch nicht allzuviel über die wirkliche Situation aus: In einer Reihe von Fächern wie zum Beispiel in der Politikwissenschaft, der Pädagogik, der Psychologie und der Soziologie sehen die Relationen ganz anders aus – in der Politikwissenschaft beträgt das Verhältnis momentan 100 Studienanfänger zu 24 Wissenschaftlern.

Das bedeutet für die Studienbedingungen, wie sie speziell auch die Studienanfänger vorfinden, nach Ansicht des Prorektors: „Da im vergangenen Wintersemester 30 Prozent mehr Anfänger kamen als im Vorjahr, können die Studenten nicht mehr das studieren, was sie möchten und was ihnen laut Studienrichtlinien empfohlen wird. Besonders katastrophal sieht es in den Sozialwissenschaften aus – Pädagogik, Soziologie, Politik und auch Publizistik, aber es sind auch weitere Engpässe aufgetreten, beispielsweise im Bereich Mathematik für Naturwissenschaftler, einer Lehrveranstaltung für Chemiker und Biologen. Auch in der Physik, einem Ausweichfach für abgewiesene Medizinstudenten, sind die Anfängerpraktika überlaufen."

In der derzeitigen Situation ist es unter diesen Umständen auch nicht möglich, Pläne bezüglich der Studienreform zu entwickeln und zu realisieren. Selbst wenn die für 1974/75 geforderten finanziellen Mittel bereitgestellt werden, wird es nicht möglich sein, notwendige Reformen durchzuführen, den Numerus clausus abzubauen, sondern es wird lediglich die Wahrung und Sicherung des Bestandes zu erreichen sein, der in der Forschung schon längst nicht mehr gewährleistet ist.

Vom Numerus clausus sind zur Zeit an der Mainzer Universität die „NC-Standardfächer" betroffen. Zusätzlich bestehen Studienbeschränkungen in Pädagogik und Leibeserziehung. In diesen Fächern sind zwar vom Kultusministerium Zulassungshöchstzahlen festgesetzt worden, die aber trotzdem noch nicht in allen Fächern garantieren, daß eine vernünftige Ausbildung angeboten werden kann. So ist beispielsweise in den Erziehungswissenschaften (mit dem Studienziel Diplom-Pädagoge) die Ausbildung momentan nicht gewährleistet: Hier rechneten die Planer mit sieben bis zehn Studienanfängern pro Jahr – 100 bis 150 aber kamen. Da dadurch der ohnehin überfüllte Fachbereich Psychologie noch stärker belastet wird, ist es zur Zeit gar nicht möglich, Erziehungswissenschaften mit dem Studienziel Diplom-Pädagoge in vollem Umfang zu studieren und auch den Prüfungsordnungen gemäß abzuschließen.

Im Sommersemester 1974 gab es an der Mainzer Universität keine neuen Zulassungsbeschränkungen; in den folgenden Semestern werden dagegen wahrscheinlich weitere Sozialwissenschaften vom Numerus clausus betroffen sein – auch in den Massenfächern wie Germanistik, Anglistik, Jura, Volkswirtschaft, eventuell auch in Mathematik, ist ein Numerus clausus nicht auszuschließen. Vizepräsident Beckmann sieht deshalb recht pessimistisch in die Zukunft: „Wenn das Kultusministerium neue Zulassungsbeschränkungen einführt, werden die Studenten notgedrungenermaßen auf kleine Fächer wie beispielsweise Byzantinistik ausweichen – dann haben wir eines Tages den totalen Numerus clausus."

Als vor etwa drei Jahren der Numerus clausus akut wurde, entstand der Zwang für die Universität Mainz und ihre Mitarbeiter, Außenstehenden, denen der Universitätsbetrieb relativ unbekannt war, ihre Lage im einzelnen zu erklären; beispielsweise durch Angaben vor Verwaltungsgerichten, warum Lehrveranstaltungen so und nicht anders abgehalten wurden. Diese Belastung hat bei vielen, die ohnehin durch den Massenbetrieb kaum noch zu anderen Dingen kommen als zur Organisation und Durchführung von Lehrveranstaltungen, eine Verbitterung wachgerufen, weil sie das Gefühl hatten, daß die Öffentlichkeit wenig Verständnis für sie zeigte.

Peter Beckmann, Leiter des Ressorts Planung und Struktur, spürt deutlich Zeichen der Resignation, die wohl aus dem Gefühl resultieren, daß die gemachten Anstrengungen nicht honoriert werden: „Ich hoffe, daß die einheitlichen Grundsätze für die Kapazitätsermittlung, die derzeit aufgrund des Staatsvertrag entwickelt werden, zu größerer Klarheit führen – vor allem auch zu vergleichbaren Kapazitäten der verschiedenen Hochschulen."

Wer nicht zurechtkommt, dem hilft die Beratungsstelle für studentische Lebensfragen

In der Mensa erkennt man sie in Mainz wie wohl in jeder anderen Universität auf den ersten Blick: die Erstsemestler. Wenige Wochen nach Semesterbeginn sitzen sie entweder alleine an den riesigen Tischreihen der neu erbauten Mensa vor ihrem, übrigens recht guten Essen (Preis: 1,50 Mark); – trifft man sie in Gruppen (mit früheren Bekannten von der Schule oder schon neu entstandenen Kontakten), dann fallen sie durch rege Diskussionen, den ersten Erfahrungsaustausch, auf.

Horst W. ist einer dieser Studienanfänger. Er studiert Anglistik und Mathematik und will Lehrer werden. Er kommt aus der Nordpfalz, hätte also auch die Möglichkeit gehabt, in Trier-Kaiserslautern zu studieren, doch es zog ihn nach Mainz, einmal weg von zu Hause. Sein Zimmer hat er sich mit Hilfe von Inseraten gesucht. Nach vielen Fehlschlägen fand er zusammen mit einem Freund ein schönes Privatzimmer in Bretzenheim, also ganz in Uni-Nähe. Zu zweit leben sie auf 31 Quadratmetern, die Wohnung hat eine Dusche, eine eingerichtete Küche und kostet monatlich 240 Mark und 70 Mark Nebenkosten.

Horst W. stöhnt über den Massenbetrieb in seinen beiden Studienfächern; gerade im Fachbereich Mathematik gibt es zwar auf dem Papier das Modell kleiner Gruppen, doch seine Gruppe umfaßt 50 Studenten. Über mehrere Wochen war er für Mathematik auf der Suche nach einer privaten Arbeitsgruppe – jetzt endlich hat er zu einer Kontakt bekommen und wird wahrscheinlich dort mitarbeiten. Die Schulmathematik hat ihm weit mehr Spaß gemacht – und hin und wieder spielt er mit dem Gedanken, mit diesem Fach aufzuhören – doch die möglichen Alternativen helfen ihm auch nicht weiter. Horst W. will seinen Studienort bis zum Studienabschluß nicht wechseln, das Mensa-Essen hat er sich schlechter vorgestellt, übers Wochenende fährt er nach Hause. Er ist froh, daß ein paar ehemalige Klassenkameraden auch in Mainz sind – wenn sie auch andere Fächer studieren –, sonst wäre die Situation seiner Ansicht nach entsetzlich.

Wer mit seinen Schwierigkeiten nicht auf die Ratschläge von Freunden zurückgreifen kann, für den bietet sich die Möglichkeit, die „Beratungsstelle für studentische Lebensfragen" aufzusuchen. In einem der Neubauten zentral auf dem Campus gelegen, gibt diese Institution – unter Leitung von

Professor Dr. Hans Rohrbach – Rat und Auskunft bei allgemeinen Schwierigkeiten im Studium, wobei es sich nach Auskunft der dort tätigen Psychologin vor allem um Arbeitsschwierigkeiten, Mangel an Arbeitsmotivation bis hin zur Studienmotivation handelt, um Konzentrations- und Leistungsstörungen, Hilfe wird aber auch bei Kontaktschwierigkeiten ebenso wie bei Konflikten mit Angehörigen und bei Problemen der Sexualität angeboten.

Eine Juristin berät außerdem bei rechtlichen Fragen wie beispielsweise dem Mietrecht, und hilft ausländischen Studenten mit den sie speziell betreffenden juristischen Problemen fertig zu werden.

Jeder, der an der Mainzer Universität immatrikuliert ist, kann diesen Beratungsservice in Anspruch nehmen und sich im Schnellbau Nr. 2 im Sekretariat einen Termin für ein erstes Gespräch geben lassen. Diese erste Beratung erfolgt kostenlos, für die dann – wenn nötig – erfolgende Anfangsdiagnostik und die sich daran anschließenden Beratungsstunden wird inzwischen ein Unkostenzuschuß von zehn beziehungsweise fünf Mark erhoben.

„Studium generale" und „Mainzer Universitätsgespräche"

Nur wenige Schritte von der Beratungsstelle entfernt, trifft man auf ein kleines Institut, dessen wissenschaftliche Relevanz – unabhängig von Mainz – von Kritikern stark bezweifelt wird. Das Studium generale, über dessen Bezeichnung der Leiter, Professor Dr. Otto Saame, sagt, sie möge unzutreffend und antiquiert sein wie der Name der „Universität" selbst, ist an der Mainzer Universität nach wie vor eine zentrale wissenschaftliche Einrichtung: „Das Studium generale hat gerade bei der Neustrukturierung der Hochschule – und das heißt auch bei der Aufteilung in einzelne Fachbereiche – die Funktion, interdisziplinäre Zusammenarbeit zu fördern und einer Partialisierung von Problemen entgegenzuwirken."

Mit dem Studium generale soll der Versuch unternommen werden, konkrete Grundlagenprobleme bestimmter wissenschaftlicher Disziplinen fächerübergreifend zu bearbeiten. Da die Einzelwissenschaften bei fortschreitender Spezialisierung und Isolierung oft nicht in der Lage sind, ihre Beziehungen zu anderen Fachrichtungen oder ihren Platz im Gesamtkomplex der Wissenschaften zu reflektieren, ergibt sich als eine der Aufgaben des Studium generale, der wechselseitigen Verknüpfung und der weiterreichenden Bedeutung bestimmter Probleme nachzugehen. Otto Saame: „Dieses wissenschaftstheoretische und gleicherweise wissenschaftspraktische Bemühen wendet sich gegen ‚Scheuklappenstudium' beziehungsweise ‚Fachidiotie' ebenso wie gegen eine Universalwissenschaft oder eine unverbindliche Allgemeinbildung."

In Ringvorlesungen und begleitenden Arbeitsgemeinschaften werden und wurden beispielsweise Themen wie Umwelt, Hochschuldidaktik und Urbanistik aufgegriffen. Als Beispiel für Kooperation und Praxisbezug kann die Behandlung des Themas „Schulrecht" gelten: Dieses ursprünglich enge Spezialgebiet des öffentlichen Rechts, das heute von ziemlicher Bedeutung ist, wird seit etwa vier Jahren im Studium generale interdisziplinär von Pädagogen, Psychologen, Juristen und Bildungspolitikern behandelt, und es wurden Schulverfassungen im Zusammenwirken mit verschiedenen Fachvertretern und mit den betroffenen Gruppen (Lehrer, Schüler, Eltern) erarbeitet.

Die eigene Tradition des Mainzer Studiums generale besteht in den „Mainzer Universitätsgesprächen". Der Titel ist wörtlich zu verstehen: Die in der Universität vertretenen Fachrichtungen finden im Gespräch zusammen. Diese Universitätsgespräche, in denen Themen wie „Sinn und Möglichkeiten wissenschaftlicher Prognose", „Was heißt der heutige Stand der Wissenschaft?", „Wissenschaft und Ideologie" und „Interdisziplinäre Probleme der Sprache" diskutiert werden, sind auch als Broschüren erhältlich.

Die Mainzer Medizin, seit Jahren mit einem guten Namen versehen, wird unter den gegebenen Umständen ihren Ruf nicht mehr allzulange verteidigen können: Die Kapazitäten sind erschöpft, Notprogramme müssen auch hier eingerichtet werden, optimale Studienbedingungen sind nicht mehr vorhanden. Im Sommersemester 1973 standen für Studienanfänger noch 200 Plätze zur Verfügung, im Wintersemester dagegen bereits nur noch 120. Professor Uwe Wollert, Fachbereich Klinisch-Theoretische Medizin interpretiert die Situation – wenn der Haushalt so bewilligt wird, wie ihn die Regierungsvorlage vorschreibt – folgendermaßen: „Ich befürchte Schwierigkeiten bei den Studienmöglichkeiten der vorklinischen Fächer, weil die Ausbildung gemäß der neuen Approbationsordnung nicht möglich ist; beispielsweise kann das Lehrangebot an Psychologie und Biologie für Mediziner nicht in vollem Umfang angeboten und durchgeführt werden." Dieser ungünstigen Tendenz in den vorklinischen Fächern entspricht auch die Ausbildungssituation im klinischen Bereich: auch dort befindet sie sich bereits jenseits des Optimalen.

Die Schwerpunkte medizinischer Forschung liegen im vorklinischen Bereich bei einer Projektgruppe, die sich in der Biochemie mit der sogenannten „informationsgesteuerten Synthese" beschäftigt; Fragen der Hochdruckforschung werden in den klinischen Fächern behandelt; in einem Sonderforschungsbereich arbeiten klinische und theoretische Fachvertreter zusammen auf dem Gebiet der Immunologie.

Im medizinischen Unterricht werden seit etwa drei Jahren audiovisuelle Medien eingesetzt; beispielsweise unterstützt die VW-Stiftung die Erprobung dieser Medien im vorklinischen Bereich. Für das Lehrangebot in der Mikrobiologie wurden Spots hergestellt und im Unterricht verwendet – bisher liegen allerdings keine eindeutigen Erfahrungswerte vor, ob durch diese technischen Möglichkeiten Kapazitäten frei werden.

Die audiovisuellen Methoden sparen – nach Ansicht von Professor Wollert – mit Sicherheit keine Hochschullehrer ein, sie könnten lediglich den Stoff, der von den Fachkräften vermittelt wird, eingängiger machen und vertiefen. Deshalb definiert Uwe Wollert die „gute Mainzer Schule“ auch aus einem anderen Verständnis: „Natürlich haben wir gute Leute hier in der Medizin, aber die können sich nicht mit dem Studenten beschäftigen. Insofern nützt es nichts, daß ein Institut oder ein Fachbereich über die Landesgrenzen hinaus berühmt ist – in dem Augenblick, in dem das Verhältnis Lehrer–Studenten in einem kritischen Maße überschritten ist, bringt das nichts mehr.“

Berühmte Namen gibt es auch im Fachbereich 13 der Mainzer Universität. Allen voran Professor Edgar Lohner, einer der international führenden Komparatisten; er hält Vorlesungen und Seminare zu Grundproblemen der Vergleichenden Literaturwissenschaft. Was hat Edgar Lohner bewogen, nach 22jähriger Lehrtätigkeit in Amerika (unter anderem an den Universitäten New York und Stanford) den Ruf nach Mainz anzunehmen? Edgar Lohner gibt unumwunden zu: „Der einzige Ruf, um den es mir wirklich ging, war der an die Mainzer Universität. Hier kann ich endlich das tun, was ich mein Leben lang tun wollte, nämlich in diesem ‚Orchideenfach‘ arbeiten.“

Lohner bedauert den geringen Stellenwert, den die Komparatistik an den deutschen Hochschulen einnimmt und erläutert, was er für Möglichkeiten sieht, dies zu ändern: „Ich habe versucht, hier in Mainz die Komparatistik als Staatsexamensfach einzurichten. Dies ist bislang gescheitert, und zwar hauptsächlich wegen der Tatsache, daß bis heute noch niemand daran denkt, Literaturwissenschaft als Schulfach einzurichten. Und es scheitert an den nationalen Philologien: Die Studenten wollen meistens Lehrer werden – sie brauchen Scheine. Dadurch ist es schwierig, die anderen Philologien zu überzeugen, daß sie einen Schein von meinem Institut akzeptieren sollen.“

Obgleich sich Lohner dafür ausspricht, die Schüler der letzten Klassen der Gymnasien auf die theoretischen Grundlagen dessen, was Literatur und Literaturwissenschaft ist und sein sollte, vorzubereiten, sieht er andererseits ganz klar die schmalen beruflichen Perspektiven, die sich dem Komparatistik-Studenten bieten: Da das Fach an den Schulen nicht gelehrt wird, entfällt der Lehrerberuf. Also verbleiben lediglich geringe Berufsmöglichkeiten im publizistischen und Hochschul-Bereich.

AStA – in erster Linie Uni-weites Koordinierungsorgan der Fachschaften

Trotz dieser „Idylle“ in einem sogenannten Orchideenfach sollten die üblicherweise anzutreffenden Studienbedingungen nicht in Vergessenheit geraten. Und wenn auch ansonsten von der Universität Mainz keine politischen Schlagzeilen zu lesen und von keinen außergewöhnlichen studentischen Demonstrationen zu hören gewesen ist – der „süße Friede" wird gerade dann gestört, wenn es gilt, diese Studienbedingungen anzuprangern. Beispielsweise von dem Allgemeinen Studentenausschuß, der zur Zeit vom SHB (Sozialistischer Hochschulbund), MSB Spartakus, SF (Sozialistische Front) und der Juso-AG gestellt wird. Auch im Studentenparlament haben nach einer längeren Ägide der rechten Studentenfunktionäre die liberalen und sozialistischen Hochschulgruppen die Mehrheit. Der Mainzer AStA versteht sich in erster Linie als das uniweite Koordinierungsorgan der Fachschaften; sein Selbstverständnis und die Richtlinien seiner Politik sind im AStA-Aktionsprogramm festgelegt. Es umfaßt Bereiche wie Hochschulrahmengesetz, Studienreform, Numerus clausus, materielle und soziale Misere, aber auch die Aspekte des Abbaus demokratischer Rechte in Hochschule und Beruf sowie der Internationalismusarbeit und der Bündnispolitik. Vorsitzende wie Referenten des Studentenausschusses versuchen den Studenten bewußt zu machen, daß Veränderungen zum Teil nur von ihnen selbst herbeigeführt werden können, dann nämlich, wenn sie sich aktiv in den Fachschaften, in Arbeitsgruppen, bei Kampagnen usw. für eine Veränderung der Lehrinhalte, für ausreichend materielle Studienbedingungen, für die Berufung fortschrittlicher Fachkräfte u. ä. einsetzen.

Trotz dieses Versuchs der allmählichen Politisierung der Studenten wird das Mainzer Universitätsleben nicht von herausragenden hochschul- oder allgemeinpolitischen Aktivitäten geprägt. Achim Spanger, Pressereferent des AStA, sieht dies darin begründet, daß zum einen die soziale Herkunft und damit die tendentielle Politisierung der Schüler in Mainz (wie in Rheinland-Pfalz insgesamt) einen spezifisch anderen Charakter hat als in den meisten anderen Bundesländern: „Da das Gros der Studenten nun einmal aus dem rheinland-pfälzischen Hinterland kommt und nur ein sehr geringer Teil aus anderen Bundesländern, zum anderen die Uni Mainz vom Lehrangebot und vom Potential her nie eine große Tradition hatte, bestand nie ein großes Interesse an dieser Universität. Deshalb waren die Kapazitäten auch nicht überlastet – und es bedarf natürlich gerade solcher Anlässe, um den Studenten konkret aufzuzeigen, welche Ursachen für eine direkt erfahrbare Misere verantwortlich sind. Erst dann kommt es zu einer gewissen Mobilisierung."

Anlässe – wie eben sich ständig verschlechternde Studienbedingungen – sind nun auch seit einigen Jahren in Mainz gegeben und damit auch eher die Möglichkeit zu einer aktiv politischen Perspektive.

Schwierige Wohnraumsituation auch in Mainz

Auch die Wohnungssituation ist – wie in fast allen Universitätsstädten – für die Studenten außerordentlich angespannt. Allein im letzten Semester hatten zwei- bis dreitausend Studenten kein Zimmer gefunden und waren irgendwo notdürftig untergebracht.

Im Moment gibt es auch aus der Sicht des Studentenwerkes keine Möglichkeit, die Situation zu verbessern. Zwar werden zwei Projekte – der Erweiterungsbau des internationalen Wohnheimes mit 508 Betten und das Studentenwohnheim „Münchfeld" mit 260 Betten – im Laufe der nächsten Zeit fertiggestellt sein, doch das bedeutet dann immer erst eine Relation von 1760 (Wohnheim-)Betten zu rund 17 000 Studenten.

Auf die Stadt Mainz geht eine wahrscheinlich seltene Initiative zurück: Sie gewährt Privatleuten beim Wohnungsbau unter der Bedingung, daß sie später ein Zimmer an Studenten vermieten, zinslose Darlehen, die nach einer ununterbrochenen Vermietung von zehn Jahren in einen Zuschuß übergehen; natürlich ist die damit zusätzlich geschaffene Wohnraumkapazität nur ein Tropfen auf den heißen Stein.

Die Durchschnittsmieten betragen bei Privatzimmern etwa 180 Mark, in den Studentenwohnheimen liegt die höchste Miete für ein Einbettzimmer bei 104 Mark – inklusive aller Umlagen. Die Wohnsituation für Ausländer ist extrem schlecht. Von der Pressestelle der Mainzer Universität stammt die Auskunft, das Kürzel „KA" (kein Ausländer) sei inzwischen ein gängiger Begriff. Auch verheiratete Studenten wurden bisher kaum bei der Wohnraumplanung berücksichtigt: Bisher besteht lediglich für 19 Paare ein Heim; bis 1976 sollen im Erweiterungsbau des internationalen Wohnheimes 85 Appartements für Verheiratete ohne Kind und 40 Appartements für Ehepaare mit Kind geschaffen werden – dazu ein Kindergarten in unmittelbarer Nähe des Heimes.

Die Möglichkeiten der Kontaktaufnahme und der Kommunikation bewegen sich in dem üblichen Rahmen: Der AStA organisiert Filmabende, der Fachbereich Leibeserziehung offeriert Sportübungen für alle Interessierten, die konfessionellen Studentengemeinden veranstalten u. a. Einführungsabende für Studienanfänger, die Verbindungen warten mit dem üblichen Programm auf.

Das Freizeitangebot der Stadt ist gering: Die Städtischen Bühnen machen mit einigen Aufführungen Abstecher auf den Campus, im „Unterhaus" wechseln sich kabarettistische Programme mit Chansonabenden ab. In den Weinlokalen sitzt der Student neben dem Mainzer Bürger bei seinem „Viertel" – typische Studentenlokale gibt es nicht.

Die Studenten sind in dieser Stadt kaum sichtbar – mag es daran liegen, daß der Ruf der Arbeitsuniversität tatsächlich stimmt oder daß man sich eben lieber auf dem Campus in der Cafeteria von den „Müttern der Nation" – wie die rührigen Bedienungen von den Studenten getauft wurden – mit Kaffee und Kuchen verwöhnen läßt.

Der Stellenwert, den die Universität von offizieller Seite genießt, zeigt sich unter anderem darin, daß die Stadt anläßlich der 2000-Jahr-Feier beispielsweise die Mittel zur Errichtung eines Studentenwohnheimes bereitgestellt hat.

Im Bewußtsein der Bevölkerung dagegen haben sich Universität und Studenten nur schrittweise und zögernd etwas Beachtung geschaffen. Hier in Mainz herrscht nicht die selbstverständliche Verbundenheit wie etwa in den traditionsreichen Universitätsstädten Tübingen oder Marburg.

Noch immer beobachtet der Mainzer das universitäre und studentische Treiben mit leichtem Argwohn und toleriert „die da in der Uni" als einen ziemlich komischen Verein. Und alle Verständigungsbemühungen von seiten der Bevölkerung geschehen – nach dem Eindruck des Präsidenten Schneider – etwa in dem Ton, in dem man auch mit den Narren verkehrt – was allerdings in einer karnevalistischen Hochburg nichts Negatives bedeuten muß.

Und so ist denn auch nach wie vor – trotz bedrohlicher Überfüllung, verschlechterter Studienbedingungen und Wohnraumnot – die Grundtendenz: heiter.

Johannes-Gutenberg-Universität Mainz
Rund 17 000 Studenten.

Anschrift:
65 Mainz, Saarstraße 21

Fachbereiche:
FB 1 Katholische Theologie
FB 2 Evangelische Theologie
FB 3 Rechts- und Wirtschaftswissenschaften
FB 4 –
FB 5 Theoretische Medizin
FB 6 Klinisch-theoretische Medizin
FB 7 Klinische Institute
FB 8 Konservative Medizin
FB 9 Operative Medizin
FB 10 Zahn-, Mund- und Kieferheilkunde
FB 11 Philosophie/Pädagogik
FB 12 Sozialwissenschaften
FB 13 Philologie I
FB 14 Philologie II
FB 15 Philologie III
FB 16 Geschichtswissenschaft
FB 17 Mathematik
FB 18 Physik
FB 19 Chemie
FB 20 Pharmazie
FB 21 Biologie
FB 22 Geowissenschaften
FB 23 Angewandte Sprachwissenschaft
FB 24 Kunsterziehung
FB 25 Musikerziehung
FB 26 Leibeserziehung

Universität Mannheim (Wirtschaftshochschule)

Stephan Bohnke

„Konstanz war die Geliebte, der man Perlen um den Hals gehängt hat, Mannheim war die Hausfrau, der man das Haushaltsgeld gekürzt hat" (Professor Dr. Rudolf Wildenmann, Universität Mannheim).

Eine junge Universität mit Tradition

„Das freundliche Mannheim, das gleich und heiter gebaut ist" (Goethe), beherbergt eine der jüngsten Universitäten der Bundesrepublik. Obwohl erst seit 1967 Universitätsstadt, kann die Entwicklung der Universität Mannheim bis auf das Jahr 1763 zurückverfolgt werden. In diesem Jahr nämlich gründete Kurfürst Carl Theodor von der Pfalz die Kurpfälzische Akademie der Wissenschaften, eine Einrichtung, die die Geschichte in den Mittelpunkt ihrer wissenschaftlichen Arbeit stellte und bald zu ähnlicher Berühmtheit gelangte – Voltaire war einer ihrer begeisterten Anhänger – wie die zur damaligen Zeit weltbekannte Göttinger Akademie. Die Verbundenheit der Universität mit der Kurpfälzischen Akademie dokumentiert sich nicht nur darin, daß sich die Universität heute an demselben Platz befindet wie die damalige Akademie, sondern auch dadurch, daß die Devise, unter die die Kurpfälzische Akademie ihre Arbeit stellte, heute – in sprachlich abgewandelter Form – der Wahlspruch der Universität Mannheim ist: „Veritas suprema lex esto!"

Die Errichtung (1779) einer Handelsschule für Kaufmannssöhne in Mannheim, später „großherzogliche Handelsakademie" (bis 1871) und die 1907 erfolgte Gründung der Handelsschule in Mannheim waren zwei weitere wesentliche Schritte für Mannheim auf seinem Weg zu einer Universitätsstadt. Diese kontinuierliche Entwicklung wurde abrupt unterbrochen, als 1933 die Handelshochschule aufgelöst wurde zugunsten der Neuerrichtung einer Staats- und Wirtschaftswissenschaftlichen Fakultät an der Universität Heidelberg. Die Erkenntnis, daß Mannheim als der industrielle und wirtschaftliche Schwerpunkt des Rhein-Neckar-Raums geradezu prädestiniert sei, über eine eigene Stätte der Lehre und Forschung zu verfügen, führte 1946 zur Wiedereröffnung der Handelshochschule in Mannheim als „Staatliche Wirtschaftshochschule".

Mit 545 Studenten nahm sie ihren Betrieb auf und expandierte quantitativ wie qualitativ in den folgenden Jahren derart, daß ihr am 29. November

1967 offiziell der Rang einer Universität zuerkannt wurde. Im Sommersemester 1974 waren an ihren acht Fakultäten 6094 Studierende immatrikuliert, wobei die Fakultät für Betriebswirtschaftslehre mit 2840 Hörern die – der Tradition als ehemaliger Wirtschaftshochschule verpflichtet – mit Abstand größte war.

„Fürstlich" untergebracht – doch es fehlt an finanziellen Mitteln

Die Universität Mannheim liegt am Rande der City. Ihr „Hauptquartier" ist das Mannheimer Schloß, das unter anderem in früheren Zeiten der badischen Großherzogin Stephanie, einer Adoptivtochter Napoleons, als Witwensitz diente und in der Revolutionszeit gegen Ende des Ersten Weltkrieges zeitweilig in den Händen der Arbeiter- und Soldatenräte war. Heute gehört es dem Land Baden-Württemberg und kann sicherlich als eines der schönsten Universitätsgebäude in der deutschen Hochschullandschaft angesehen werden. Dieses „monumentale Denkmal fürstlicher Macht und Repräsentation" (Böhm) übertrifft mit seiner 450 Meter langen, zur Stadt hingewandten Front und mit sechs Hektar überbautem Raum und 1500 Fenstern sogar das Versailler Schloß und gilt als größte Barockanlage der Welt. Trotz seiner beinahe überwältigenden Größe aber reichte das Raumangebot des Schlosses bald nicht mehr aus. Ursprünglich als Hochschule für 2500 Studenten mit drei Fakultäten (für Wirtschafts- und Sozialwissenschaften, für Philosophisch-Philologische Wissenschaften und für Rechtswissenschaft) konzipiert, erforderte die Einrichtung fünf weiterer Fakultäten und die ständig wachsenden Studentenzahlen – das oberste Limit ist nunmehr mit 8000 Studierenden festgelegt – weitere Neubauten. Durch das neue Seminargebäude im Friedrichspark, unweit des Schlosses gelegen, hofft die Universitätsleitung, zumindest in räumlicher Hinsicht dem „Studentenboom" einigermaßen Herr zu werden.

Von den ausreichenden räumlichen Kapazitäten abgesehen, hat sich die Mannheimer Uni mit denselben Problemen auseinanderzusetzen wie derzeit alle bundesdeutschen Universitäten, das heißt, es fehlt auch hier an der erforderlichen Ausstattung mit Personal- und Sachmitteln. Die Universität Mannheim trifft dieser Tatbestand jedoch in mehrfacher Hinsicht besonders schwer: Zum einen hat sie in den letzten Jahren in Baden-Württemberg den relativ höchsten Zuwachs an Studenten zu verzeichnen. Zum anderen ist diese Universität eine Neugründung, „sie wird aber" – so der Professor für Politologie, Rudolf Wildenmann – „vom baden-württembergischen Kultusministerium so behandelt, als ob es sich um eine alte Universität handelt. Wir haben aber doch noch nicht den Fundus einer 500-jährigen Universität, die immer noch Ressourcen hat, die sie mobilisieren kann." Hinzu kommt, daß die Mannheimer Universität, obwohl ebenso Neugründung wie Konstanz, bei weitem nicht jene reichhaltigen Finanzmittel vom baden-württembergischen Kultusminister Hahn zur Verfügung gestellt bekam wie dessen „Ex-Lieblingsprojekt", die Uni Konstanz. Die Auswirkungen dieser Politik: „Die Kapazitätsformeln für alle Fächer an der Uni Mannheim sind schlechter als die anderer Universitäten, die Relation zwischen Studienplatzangebot und -nachfrage ist die schlechteste im Lande" (Wildenmann).

Bei Abiturienten begehrt: ein Studienplatz in Mannheim

Die sich aus der dargestellten Situation ergebenden schwerwiegenden quantitativen und qualitativen Ausbau- und Strukturprobleme der Mannheimer Universität finden ihren deutlichsten Ausdruck in den für Mannheim geltenden Zulassungsbeschränkungen: Für vier der acht Fakultäten sind durch Satzung Höchstzahlen festgelegt. In das zentrale Auswahlverfahren, das aufgrund des Staatsvertrages von der Zentralen Vergabestelle für Studienplätze (ZVS), Dortmund, durchgeführt wird, ist für die Uni Mannheim nur das Studienfach Psychologie einbezogen, das im Bundesgebiet generell zulassungsbeschränkt ist. Weiterhin bestehen an der Universität Mannheim Zulassungsbeschränkungen für Rechtswissenschaft, Betriebswirtschaftslehre und Volkswirtschaftslehre. Außerdem wurde unlängst auch der Numerus clausus für die Fakultät für Sozialwissenschaften beschlossen und beim Kultusministerium beantragt.

Wie begehrt Mannheim als Studienort ist, zeigt beispielsweise die Zahl der Bewerbungen für einen Studienplatz für das Wintersemester 1974/75: Ohne die Anmeldungen für Psychologie, die über die ZVS laufen, wurden 3400 Bewerber registriert. Das sind doppelt soviel wie zum Wintersemester des vorangegangenen Jahres. Allenfalls ein Fünftel der Bewerber kann nach Ansicht der Universitätsleitung davon angenommen werden.

Angesichts dieser Entwicklung versteht der Rektor und Ordinarius für Betriebswirtschaftslehre an der Uni Mannheim, Professor Eduard Gaugler, den Numerus clausus „als ein Instrument der Notwehr, auch und gerade zugunsten der höheren Semester". Und er hofft, daß an seiner Universität „durch den Numerus clausus nach und nach dort erträgliche Studienbedingungen in den nächsten Jahren geschaffen werden, wo sie heute nicht gegeben sind".

Nicht gegeben sind sie natürlich vor allem in den zulassungsbeschränkten Fächern. Hierbei wiederum ist „besonders in den Wirtschaftswissenschaften die Relation zwischen Lehrenden und Lernenden in den letzten zwei Jahren miserabel geworden" (Gaugler). Eine Feststellung, die nicht weiter verwundert, vergegenwärtigt man sich, daß gut die Hälfte aller Studierenden an der Universität Mannheim Wirtschaftswissenschaftler sind – bedingt nicht zuletzt durch die Geschichte dieser Universität. Die vom Wissenschaftsrat für die Wirtschaftswissenschaften geforderte Relation zwischen Lehrenden und Lernenden von 1 : 21 ist in Mannheim mit 1 : 29 längst überholt. Aber auch bei den Juristen ergeben sich in der Lehre zunehmend Engpässe, und in Soziologie gerät Mannheim in Gefahr, überlaufen zu werden. Als gut zu bezeichnen sind die Studienbedingungen in Mannheim in Mathematik und in den Sprach- und Literaturwissenschaften.

Das Studium der Erziehungswissenschaft ist gegenwärtig nur im Rahmen eines Wirtschaftspädagogischen Studiums zum Diplom-Handelslehrer möglich. Es unterliegt ebenfalls einer Zulassungsbeschränkung. Eine Studienkommission arbeitet zur Zeit an einer Studienordnung für das Studium der Erziehungswissenschaft als Hauptfach.

Eine Besonderheit aus dem Mannheimer Lehrangebot: In Zusammenarbeit mit der Bundesanstalt für Arbeit (BA) wird an der Universität Mannheim eine Akademie für Beratungsfachkräfte aufgebaut. Der erste Kurs begann im Wintersemester 1973/74. Die Kurse dauern jeweils vier Semester, wobei der Studiengang eine Kombination aus den Disziplinen Wirtschaftswissenschaften, Jura, Psychologie und Soziologie ist. Ein akademischer Abschluß ist nicht vorgesehen, wohl aber eine interne Abschlußprüfung. Die BA setzt die Absolventen dieses Studiengangs nach Abschluß ihrer Ausbildung als Beratungsfachkräfte in ihren Institutionen ein.

In Mannheim ist „man" nur an einem begrenzten Wachstum interessiert

Neben dieser Novität ist an der Mannheimer Uni in absehbarer Zukunft nicht an die Errichtung neuer Fakultäten gedacht. Dazu Rektor Gaugler: „Wir sind der Überzeugung, daß das Land Baden-Württemberg in den nächsten Jahren andere Hochschulprobleme zu lösen hat, als etwa in Mannheim eine neue Naturwissenschaftliche Fakultät einzurichten. Im übrigen glaube ich, daß sich in unserem Haus die Überzeugung durchgesetzt hat, daß Massenuniversitäten keine Lösung der bildungspolitischen Problematik darstellen, das heißt, daß wir unsererseits nur – wenn überhaupt – ein sehr begrenztes Wachstum anstreben, und zwar aus einer Verantwortung heraus gegenüber dem Gebilde Universität, der Wissenschaft und dem Studierenden."

So wenig die Mannheimer Universitätsspitze gewillt ist, Kapazitätsausweitungen zuzulassen, so sehr ist sie darum bemüht, durch Strukturänderungen in der Studiengestaltung einen Beitrag zur Reform der Hochschule zu leisten. Hierfür wurde eigens ein Institut für Reformstudien an der Universität Mannheim eingerichtet, dessen zentrale Aufgabe die Entwicklung neuer Studienformen und -gänge sowie die Erarbeitung neuer Methoden der Leistungskontrolle ist, um dadurch in Kooperation mit den Fakultäten den Studien- und Ausbildungsfunktionen der Universität neue Anregungen zu vermitteln. Auf Initiative dieses Instituts geht unter anderem das sogenannte Mannheimer Tutorenprogramm zurück, ein seit 1968 von der VW-Stiftung gefördertes Unternehmen, das Modellcharakter hat: In gruppendynamischen Blockseminaren werden studentische und wissenschaftliche

Tutoren sowie andere Lehrende auf ihre Aufgaben als Leiter von Lehrveranstaltungen vorbereitet beziehungsweise in Fortbildungsveranstaltungen weiter gefördert. Diese insgesamt bewährten Programme mußten mittlerweile aber wegen Finanzknappheit ganz eingestellt beziehungsweise erheblich gekürzt werden.

Neben dem Institut für Reformstudien bestehen an der Mannheimer Universität sieben interdisziplinäre Forschungsinstitute, die – ein Spezifikum dieser Uni – ausschließlich Forschungseinheiten sind, also keine Lehre betreiben. Auf eine intensive Forschungstätigkeit wird großer Wert gelegt, denn „wir haben Vorkehrungen dafür zu treffen, daß das wissenschaftliche Niveau der Lehre nicht durch eine Eliminierung der wissenschaftlichen Forschung permanent absinkt" (Gaugler).

Mannheimer Professoren haben für diese Forschungstätigkeit in der Regel etwas mehr Zeit als die meisten ihrer Kollegen an anderen Universitäten.

Der Mannheimer AStA versteht sich als Dienstleistungsbetrieb

Obwohl der „Marxistische Studentenbund (MSB) Spartakus" der Uni-Gruppe Mannheim „maßgeblich das politische Klima an der Universität Mannheim" bestimmt sieht durch „ein amtierendes Rektorat, dessen Mitglieder ausschließlich dem Bund Freiheit der Wissenschaft angehören, und eine reaktionäre Studentengruppe im AStA", ist die hochschulpolitische Situation in Mannheim ausgesprochen ruhig. War noch im Sommersemester 1969 im Mannheimer Studentenparlament die Linke praktisch unter sich, so änderte sich dies im Sommersemester 1970, als die „Demokraten '70", eine der CDU nahestehende studentische Gruppe, erstmals die absolute Mehrheit im Studentenparlament errang und den AStA bildete. Seit diesem Zeitpunkt konnten die „Demokraten '70" in Mannheim stets den AStA stellen und verfügten im Studentenparlament immer über eine einfache, häufig sogar über eine absolute Mehrheit. Linke Gruppen waren beispielsweise im Sommersemester 1974 überhaupt nicht im Mannheimer Studentenparlament vertreten. Ihre Parolen: „Kampf gegen den Numerus clausus, gegen die Berufsverbote, den Tutorenerlaß, das baden-württembergische Hochschulgesetz, das Bund-Freiheit-der-Wissenschaft-Rektorat und die Demo 70", erscheinen den Mannheimer Studenten offensichtlich weniger attraktiv als das Versprechen der „Demokraten '70": „eine hochschul- und sozialpolitische Interessenvertretung der Studenten – unter Respektierung unterschiedlicher politischer und ideologischer Meinungen innerhalb der Studentenschaft" – zu sein.

Ein (hochschul-)politisches „Reizklima" ist an dieser Universität (fast) überhaupt nicht aufzuspüren. Eine Wahlbeteiligung von nur 26 Prozent bei der letzten Wahl zum Studentenparlament ist ein Indiz hierfür – Resignation oder politisches Desinteresse? Gleichwohl: „Der AStA versteht sich hier praktisch als Dienstleistungsbetrieb mit Hauptaugenmerk auf dem sozialen Sektor", so ein Sprecher des AStA. Und Rektor Gaugler stellt zufrieden fest: „Unser AStA bemüht sich sehr intensiv darum, die existentiellen Bedürfnisse der Studentenschaft selber zu erkennen, sich also nicht in Papierproduktion zu erschöpfen, Pamphlete zu machen, Resolutionen und ähnliches Zeugs zu produzieren, sondern wirklich den Studenten dort Hilfe zu bringen, wo sie diese benötigen."

Um die Wohnsituation kümmern sich Studentenwerk und AStA

Eine solche benötigte Hilfe stellt in den meisten Universitätsstädten die „Budensuche" dar. In Mannheim ist es ähnlich, wenn auch nicht so problematisch wie anderswo, denn die vorhandenen Zimmerangebote reichen trotz des großen Andrangs von Neuimmatrikulierten aus. Glück muß man allerdings haben, will man eine Bude für weniger als 100,– Mark Monatsmiete sein eigen nennen. Ansonsten liegen die Mietpreise für ein Privatzimmer zwischen 130,– und 180,– Mark. Privatzimmer und Wohnungen werden sowohl von der Wohnungsvermittlung des Studentenwerks als auch vom AStA vermittelt. An beiden Stellen sind die Anschriften von potentiellen Vermietern zu erfahren. Außerdem liegt beim AStA ein Verzeichnis der Mannheimer Makler mit deren Gebührenordnungen vor. Wer privat nicht wohnen will oder kann, hat die begrenzte Möglichkeit, in einem der sechs Studentenwohnheime in Mannheim unterzukommen. Die Preise liegen hier für ein Einzelzimmer derzeit zwischen 90,– und 135,– Mark, für ein Doppelzimmer etwa bei 80,– Mark. Bewerbungen sind an die Heime selbst oder an das Studentenwerk zu richten.

Eine weitere Serviceleistung ist der gemeinsam vom AStA und dem Studentenwerk unterhaltene Kindergarten für die Kinder von Studenten und Studentinnen der Uni Mannheim. Er befindet sich in unmittelbarer Nähe der Universität und bietet Platz für 35 Kinder im Alter zwischen drei und sechs Jahren. Die Kinder erhalten täglich drei Mahlzeiten, und alles zusammen kostet 82,70 Mark im Monat. Eine frühzeitige Anmeldung für den Kindergarten ist empfehlenswert, da eine Warteliste besteht. Für die Mahlzeiten der Älteren und Eltern stehen zwei Mensen zur Verfügung, die beide der Universität angegliedert und somit gut erreichbar sind.

Auch für eine gut funktionierende Studienberatung scheint in Mannheim gesorgt zu sein: Jeder Neuimmatrikulierte erhält im Studentensekretariat ein Verzeichnis der Sprechstunden aller Professoren und Assistenten. Außerdem bietet der AStA Studienanfängern in der ersten Vorlesungswoche für die einzelnen Fachrichtungen Einführungsvorträge an, die meistens vom Dekan oder seinem Assistenten gehalten werden.

Eine Psychotherapeutische Beratungsstelle, die kostenlos beansprucht werden kann, sowie eine Arbeitsvermittlung für Jobs vervollständigen die Angebote an sozialen Einrichtungen durch das Studentenwerk und den AStA.

Mannheim bietet die Möglichkeiten, dem Streß des Studiums zu entfliehen

Das Angebot an Freizeit- und Kommunikationsmöglichkeiten ist in Mannheim gut. Das Nationaltheater, die städtische Kunsthalle, verschiedene Museen und Kinos, zahlreiche Sportmöglichkeiten inner- und außerhalb der Uni – Sport wird an Mannheims Universität großgeschrieben – sowie einige gemütliche und vor allem preiswerte Lokale bieten Möglichkeiten, dem Streß des Studiums zumindest zeitweise zu entfliehen.

Mannheim ist keine ausgesprochene Universitätsstadt, denn „neben mangelnder Mannheimer, aber übermächtiger Heidelberger Tradition wirkt sich vor allem die Struktur und Interessenlage einer durch die Industrie geprägten großstädtischen Bevölkerung aus" (Professor Gerhard Zeitel, ehemaliger Rektor der Uni Mannheim). Der „Versuch des Zusammenfindens" zwischen Bevölkerung und Alma mater wird durch „Tage der offenen Tür" an der Universität derzeit noch geprobt.

Universität Mannheim
6100 Studenten (WS 1973/74).

Anschrift:
68 Mannheim, Postfach 2428

Fakultäten:
Fakultät für Rechtswissenschaft
Fakultät für Betriebswirtschaftslehre
Fakultät für Volkswirtschaftslehre und Statistik
Fakultät für Sozialwissenschaften
Fakultät für Philosophie, Psychologie und Erziehungswissenschaft
Fakultät für Sprach- und Literaturwissenschaft
Fakultät für Geschichte und Geographie
Fakultät für Mathematik und Informatik

Philipps-Universität Marburg

Klaus Walter

„Andere Städte haben eine Universität, Marburg ist eine Universität

Dieser vielzitierte Slogan, der den Bewohnern des Marburger Landes stets flott von den Lippen fließt, besitzt heute mehr Berechtigung denn je. Marburg lebt fast ausschließlich von seiner Uni – und droht allmählich daran zu ersticken. Jeder fünfte Einwohner der industriearmen Verwaltungsstadt ist angehender Akademiker. 9200 Studierende zählte die Philipps-Universität im Sommersemester 1971, im Wintersemester 1973/74 waren es bereits 13 000–1500 mehr als das hessische Kultusministerium als Träger der Hochschule für die Endausbaustufe des Jahres 1985 (!) eingeplant hatte. Nach den noch 1970 publizierten Prognosen des Landesentwicklungsplans „Hessen '80" sollte sich die Zahl der Marburger Studenten bis 1975 bei gut 10 000 eingependelt haben. Für 1985 war ein – an der Größe der Gemeinde orientierter – Endstand von 11 440 Studierenden vorgesehen. 13 800 Studenten – so viele dürften es 1974/75 werden – sollte Marburg erst verzeichnen, wenn in den achtziger Jahren aus der jetzigen Universität eine Gesamthochschule mit zusätzlichen Fachhochschulzweigen für Ingenieurwissenschaften, Wirtschaft und Verwaltung geworden wäre. Vor diesem Hintergrund kann es nicht wundernehmen, wenn Marburgs Infrastruktur, kleinstädtisch zugeschnitten, dem unverhofft in die Höhe geschnellten Abiturientenstrom kaum mehr standzuhalten vermag. Eine mit Eröffnung der Integrierten Gesamthochschule Kassel erwartete Entlastung blieb bislang aus: Das Gros aller nordhessischen Studenten zieht es nach wie vor an die Philipps-Universität.

Älteste protestantische Hochschule in Deutschland

1527, kurz nach der Reformation, von Landgraf Philipp dem Großmütigen von Hessen gegründet, gilt die Marburger Universität als die älteste protestantische Hochschule in Deutschland. 1977, wenn die 450-Jahr-Feier ansteht, werden sich die Festgäste etlicher bedeutsamer Daten und Persönlichkeiten der Universitätsgeschichte zu erinnern haben. In den Annalen der Philipps-Universität werden besonders herausgestellt: Dénis Papin, Erfinder der Dampfmaschine (1688 nach Marburg berufen), Christian Wolff, der Philosoph (1724 berufen), der Rechtshistoriker Friedrich Carl von Savigny, der Chemiker Robert Bunsen, Emil von Behring (1895 berufen), der den ersten Nobelpreis für Medizin erhielt, sowie die Philosophen Edmund Husserl, Begründer der Phänomenologie, und Martin Heidegger, Existentialist. Aus dem Kreis Marburger Studenten seien hervorgehoben: Michael Lomonosov, Clemens von Brentano, die Brüder Grimm, Ortega y Gasset, Boris Pasternak und Gustav W. Heinemann. Lehrende aus neuerer Zeit zu benennen, die sich über die Mauern der Stadt hinaus einen Namen gemacht hätten, fällt schon schwerer. Zwei Wissenschaftler sollten dennoch erwähnt werden: Rudolf Bultmann, weltbekannter Vertreter der dialektischen Theologie, und Wolfgang Abendroth, seit 1972 emeritierte Nestor der „Marburger Schule" der Politologie. Am Rande vermerkt sei schließlich, daß sich in Marburg der Soziologe Jürgen Habermas habilitieren konnte, nachdem ihm andernorts die Möglichkeit, seine Qualifikation zum Hochschullehrer nachzuweisen, versagt worden war. Eine „Tradition", kritischen Wissenschaftlern den Weg in die Universitätslaufbahn zu ebnen, wurde mit diesem Ereignis freilich nicht eingeleitet. Marxisten haben es heute in Marburg nicht leichter als anderswo, sich gegen bürgerliche Kollegen durchzusetzen. Das zeigen zum Beispiel die Kontroversen um Reinhard Kühnl, Hans Heinz Holz und Horst Holzer. Ein Mann wie Abendroth war stets Außenseiter im Lehrkörper, andere sagen: Alibi.

„Göttingen *hat* eine Universität, Marburg *ist* eine, indem hier alles, vom Prorektor bis zum Stiefelwichser, zur Universität gehört", lautet die Originalversion jenes Schriftstellerzitats aus einem früheren Jahrhundert, dessen sich der Volksmund noch immer gern bedient. Durch Ricarda Huch erfährt man: „Die ganze Stadt . . . hat etwas von einer gotischen Kirche. Von allen Seiten her hebt sie sich aus dem Tal herauf, rückt und klettert, schwingt und stemmt sich und bezeichnet die erkämpften Stellen mit Giebeln und Türmen, bis sie endlich mit der Krone zusammenwächst . . . Die Schlankheit der Häuser und die Schwungkraft der Straßen, deren Stelle oft Treppen vertreten, geben der Stadt etwas Junges und Stürmisches." Man mag darüber streiten, ob winklige Häuserfronten und den Schloßberg emporstrebende Treppensträßchen einer Gemeinde wirklich den Anstrich von Sturm und Drang verleihen und zur Verwendung des Prädikats „jung" berechtigen. Richtig ist jedoch, daß das Marburger Stadtbild Züge des Romantischen aufweist, deren sich auch viele Studierende nicht zu entziehen vermögen. Marburg präsentiert sich als eine „junge" Stadt, orientiert man sich am Durchschnittsalter der Bevölkerung. Wie sehr das Leben an der Lahn vom akademischen Rhythmus bestimmt wird, bestätigt sich alle Jahre wieder, wenn im Sommer die Semesterferien anlaufen. In der vorlesungsfreien Zeit erscheinen die Straßen wie leergefegt, und in den fünf lokalen Lichtspielhäusern feiert die heile Welt des Heimatfilms fröhliche Urständ'.

Auf den Lahnbergen wächst ein zweiter Campus heran

Nicht, daß an der Philipps-Universität jene Harmonie von Lehrenden und Lernenden vorherrschen würde, die vor gar nicht langer Zeit noch in Festschriften über die Hochschule beschworen wurde, obwohl ein derart idyllisches Verhältnis nirgendwo je den Realitäten entsprochen hätte, eher das Gegenteil dürfte gelten. Als Vorteil wird gleichwohl gewertet, daß die Kleinstadt Marburg den Kommilitonen vergleichsweise günstige Arbeitsbedingungen bietet – auch was Fragen studentischer Kooperation und zwischenmenschliche Kontakte angeht. Hörsäle und Seminare der meisten Fachrichtungen konzentrieren sich auf einen relativ engen Bereich der Innenstadt, räumlich gruppiert um das Studentenhaus mit der Mensa. Seit 1967/68 residieren die Geisteswissenschaften in ihren neuen Türmen am Krummbogen, in unmittelbarer Nähe der zu gleicher Zeit vergrößerten Universitätsbibliothek. Die bauliche Erweiterung der Hochschule wird allerdings noch einige Jahrzehnte in Anspruch nehmen. Auf den Lahnbergen, sieben Kilometer vom Stadtzentrum entfernt, entstehen zur Zeit neue Arbeitsplätze für den Bereich der Naturwissenschaften. Hier, in herrlicher Umgebung mitten im Wald gelegen, wächst ein zweiter, auf dem Reißbrett entworfener Campus aus dem Boden. Chemiker, Mathematiker, Biologen und Geowissenschaftler arbeiten bereits vor den Toren der Stadt. 1974 soll dort außerdem mit dem Bau eines neuen Klinikums begonnen werden. Rund 1,5 Milliarden Mark sind für das gesamte Lahnberge-Projekt veranschlagt, mit dessen endgültiger Realisierung vermutlich nicht vor der Jahrtausendwende gerechnet werden kann. Schon in der Vergangenheit mußten bauliche Verzögerungen im Rhythmus konjunktureller Schwankungen hingenommen werden. Für 1974 will die Landesregierung einen Bauetat von 66,6 Millionen Mark bereitstellen. Das allgemeine Etatvolumen der Marburger Uni soll sich auf 81,8, das der Kliniken auf 97,6 Millionen belaufen.

Fest steht, daß die Philipps-Universität in der Phase der Teilung begriffen ist. Im Endstadium werden im Stadtzentrum fast ausschließlich die sogenannten Buchwissenschaften zurückbleiben, während die Naturwissenschaften sich auf den Lahnbergen konzentrieren – ein Schritt, der die von vielen erhoffte interdisziplinäre Zusammenarbeit verwandter Fachbereiche erleichtern könnte. Sorge bereitet augenblicklich allerdings die (noch) unzureichende Busverbindung zu den neuen Laborplätzen an der Peripherie Marburgs. Per Anhalter zwischen Studentenbude und Seminar zu pendeln, wird von den Betroffenen nicht unbedingt als Ausdruck romantischer Lebensart verstanden. Daß für die gleichsam ausgelagerten Fachbereiche bereits eine eigene Mensa existiert, die eine Fahrt in die Innenstadt überflüssig macht, sollte indes über sich eventuell einstellende Unmutsgefühle von Erstsemestern hinwegtrösten.

Das Schwergewicht des Lehrbetriebes liegt im Bereich der Geisteswissenschaften

Die wichtigsten Forschungsprojekte, die in Marburg durchgeführt werden, befassen sich mit dem breiten Arbeitsgebiet der „Adaptation und Rehabilitation" und mit Fragen von „Zellenergetik und Zelldifferenzierung". Ein weiterer Schwerpunkt liegt bei den Erziehungswissenschaften. Das Schwergewicht des Lehrbetriebs ist auf dem Gebiet der Geisteswissenschaften zu finden, die bezüglich Studentenzahlen stärker ausgeprägt sind als es im Schnitt aller bundesdeutschen Hochschulen der Fall ist. Die Naturwissenschaften und die Medizin liegen knapp unter dem Bundesdurchschnitt, während die Wirtschaftswissenschaften auffallend unterrepräsentiert sind. In seinem Jahresbericht für 1972 spricht der Präsident der Philipps-Universität, Rudolf Zingel, von teilweise katastrophalen Studienbedingungen, unter denen vor allem die Studienanfänger zu leiden hätten: „Das Anwachsen der Studentenzahl bei gleichzeitiger Stagnation in der Zahl der Lehrpersonen hat in einer Reihe von Fächern der Entwicklung der Studienreform Rückschläge gebracht, ja sie zum Teil sogar zusammenbrechen lassen. Um so verständlicher war es für die Universität, daß Kultus- und Finanzminister sie gezwungen haben, den Beschäftigungsstand an Tutoren und wissenschaftlichen Hilfskräften, für den infolge gestiegener Vergütungssätze die Haushaltsbeträge nicht mehr ausreichten, zu reduzieren."

Trotz dieser pessimistischen Einschätzung sollte nicht übersehen werden, daß an der Marburger Uni gleichwohl ein Tutorenprogramm verwirklicht werden konnte, das sich sehen lassen kann. Knapp 200 studentische und graduierte Tutoren wurden im Wintersemester 1973/74 an der Philipps-Universität beschäftigt, um Anfangssemester in Kleingruppenunterricht zu wissenschaftlichem Arbeiten anzuleiten und sie zu berufsfeldbezogenen Betrachtungen zu bewegen. In zwei Fachbereichen – Gesellschaftswissenschaften sowie neuere deutsche Literatur und Kunstwissenschaften – erfassen die Tutorien bereits den größten Teil der Studienanfänger. Im Fachbereich Gesellschaftswissenschaften arbeiten 85 Tutoren, die fast sämtliche im Vorlesungsverzeichnis angebotenen Grundarbeitskreise durchführen. Von den Erstsemestern wird dieses Angebot gern angenommen, denn Tutoren – fachlich qualifizierte Studenten höherer Semester oder solche, die gerade ihr Examen abgelegt haben – orientieren sich stärker als mancher etablierte Hochschullehrer an den konkreten Bedürfnissen und Problemen der Veranstaltungsteilnehmer, versuchen Autoritätsängste abzubauen und passen das Tempo der Lernschritte häufiger der individuellen Leistungsfähigkeit des einzelnen an. In Marburg wird übrigens zur Zeit ein von der Bund-Länder-Kommission für Bildungsplanung in Auftrag gegebener Modellversuch unternommen, der die Lehrbefähigung der Tutoren bundesweit verbessern soll. Was indes die inhaltliche Seite der Studienreform anlangt, hat auch die Philipps-Universität nur geringe Fortschritte zu vermelden. Präsident Zingel in seinem Jahresbericht: „Die Überprüfung der Studieninhalte ist an dieser Hochschule auf breiter Front ebensowenig in Gang gekommen wie an anderen Hochschulen."

Rund 1400 Stellen für wissenschaftliches Personal, von denen circa 600 mit Professoren und Dozenten besetzt sind, weist die jüngste Statistik der Uni aus. Wie sich die Relation Studenten : wissenschaftliches Personal auf die einzelnen Fächergruppen verteilt, sei am Stand des Sommersemesters 1973 verdeutlicht: In den Naturwissenschaften kamen auf eine Planstelle 6,5 Studenten, in den Sozialwissenschaften 42, in den Wirtschaftswissenschaften

11,8, in den Rechtswissenschaften 21, in den Sprach- und Kulturwissenschaften 11, in der allgemeinen Medizin 2,2, in der Zahnmedizin 8 und in den Disziplinen Pädagogik/Psychologie 27,5. Den größten Ansturm an Studienanfängern erlebte im Wintersemester 1973/74 der Fachbereich Gesellschaftswissenschaften mit über 800 Bewerbern. (Zum Vergleich: Für die Altertumswissenschaften bewarben sich zum selben Zeitpunkt nur zehn Abiturienten.) Angesichts des Massenandrangs in den vom Numerus clausus noch weitgehend verschont gebliebenen Gesellschaftswissenschaften – für ein erziehungswissenschaftliches Proseminar meldeten sich 400 Teilnehmer an – überlegt man bereits, ob eine Zweiteilung dieses Fachbereichs, der Überschaubarkeit wegen, nicht empfehlenswert wäre.

Neben den klassischen NC-Fächern ist in Marburg ab dem Wintersemester 1973/74 auch der Studiengang Diplom-Pädagogik zulassungsbeschränkt. Die Begründung des hessischen Kultusministeriums: Abgesehen von der Unklarheit über das Berufsfeld der Hauptfachpädagogen sei ein Numerus clausus hier auch deshalb erforderlich, um den jetzt Studierenden dieser Fachrichtung einen ordnungsgemäßen Lehrbetrieb zu ermöglichen. Diese Entscheidung stieß innerhalb der Philipps-Universität insofern auf erheblichen Widerstand, da ein 1972 vom Kultusministerium des Landes herausgegebener Studienführer („Studien- und Berufsmöglichkeiten für Studenten in Hessen") noch unterstrichen hatte, für Diplom-Pädagogen („wachstumsintensiver Berufsbereich") sei „mit einem hohen Bedarf und günstigen Berufsaussichten zu rechnen". Hingewiesen wurde in der ministeriellen Broschüre, die in den Schulen verteilt wurde, ausdrücklich auf Beschäftigungsmöglichkeiten „in der Vorschulerziehung, in der Jugend- und Erwachsenenbildung, an sonderpädagogischen Einrichtungen, in der Betreuung von sozialen Randgruppen ... sowie in der pädagogischen Forschung". Derart verlockende Ausführungen dürften viele Abiturienten in ihrem Entschluß bestärkt, wenn nicht erst bewogen haben, sich für die so gepriesene Disziplin zu entscheiden. Allein in Marburg schnellte die Zahl der Studenten, die sich mit Pädagogik als Hauptfach immatrikulierten, auf über 1000 empor. Da seitens der Landesregierung allerdings politische Anstrengungen ausblieben, die verheißenen staatlichen Arbeitsmöglichkeiten für Absolventen dieses Studiengangs tatsächlich zu schaffen, blieb nur die Flucht in Zulassungsbeschränkungen mit der Feststellung: der gesellschaftliche Bedarf an Pädagogen sei nicht verläßlich zu ermitteln.

Früher hielten sich die Marburger Bürger Schweine im Stall – heute nehmen sie sich einen Studenten ins Haus

„Andere Städte *haben* eine Universität, Marburg *ist* eine Universität", das wissen wir bereits. Doch von den Einheimischen erzählt man sich noch eine weitere Geschichte. Früher, sagt man ironisch, hielten sie sich zwei Schweine im Stall, heute nähmen sie sich einen Studenten ins Haus. Denn in der

Tat: Die Studenten nähren ihre Vermieter. Die Altstadt leidet unter akademischer Überbevölkerung. In den Sanierungsgebieten leben sie zusammen mit den Alten. Ganze Häuser sind zimmerweise an Studierende vermietet. Und mancher Bauwillige, der sich ein Häuschen ins Grüne stellen will, kalkuliert gleich eine Studentenbude ein, um die erforderlichen Kredite schneller abtragen zu können. Trotzdem ist der Wohnungsmarkt der steigenden Nachfrage seit langem nicht mehr gewachsen. 1971/72 bezogen etliche Studienanfänger schon in der Jugendherberge und in nicht ausgebuchten Hotels Quartier, weil sonst nirgends mehr Zimmer zu haben waren. Uni-Präsident Zingel warnte ein Jahr später bereits alle Bewerber, überhaupt nach Marburg zu kommen. Wie es dennoch möglich ist, daß mit jedem Abiturientenschub mehr Wohnungssuchende Unterschlupf finden, bleibt auch örtlichen Beobachtern unerfindlich. Die Zahl der staatlich finanzierten Wohnheimplätze hat sich nämlich seit 1962, seit dem Bau des gettoähnlichen Studentendorfes am Stadtrand, nur minimal erhöht. Insgesamt bietet das Studentenwerk (Anschrift: 355 Marburg, Erlenring 5) 1371 Bettplätze an: 824 in den sieben Häusern des Studentendorfs (Miete: 115,– Mark) sowie 190 in drei weiteren Wohnheimen (90,– bis 125,– Mark). Hinzu kommt das Konrad-Biesalski-Haus, ein Ende 1969 eröffnetes Heim für schwerstkörperbehinderte Studierende, das über medizinische Sondereinrichtungen wie Behandlungsräume, ein Bewegungsbad usw. verfügt. Die 77 Appartements, die alle mit separatem Telefon ausgestattet sind, kosten je 160 Mark Miete. Um eine bessere Rehabilitation der an den Rollstuhl gefesselten Behinderten zu gewährleisten, werden bewußt auch Nichtbehinderte aufgenommen. Da jedoch, dank medizinischen Fortschritts, immer mehr Opfer schwerer Unfälle überleben, oft allerdings querschnittsgelähmt, wächst auch die Zahl der Körperbehinderten, die gerade in Marburg studieren möchten, weil sie vergleichbare Betreuungseinrichtungen anderswo bislang nicht vorfinden. Von daher steht zu befürchten, daß die ursprüngliche Intention, im Biesalski-Haus maximal 50 Prozent Behinderte unterzubringen, auf Dauer nicht durchzuhalten ist, sollen nicht pflegebedürftige Kommilitonen abgewiesen werden. So sehr sich die Heimselbstverwaltung für Beibehaltung der Gemischtbelegung engagiert, so sehr hält sie es für inopportun, Aufnahmeanträge von Behinderten zurückzuweisen. Sie fordert vielmehr, auch in anderen Universitätsstädten Möglichkeiten für ein Behindertenstudium zu schaffen.

Recht erfreulich stellt sich die Wohnsituation für verheiratete Studierende dar, seit rechtzeitig zu Beginn des Wintersemesters 1973/74 im Stadtteil Richtsberg ein neues vollmöbliertes Wohnheim für Studentenehepaare bezogen werden konnte. Seitdem verfügt das Studentenwerk über 90 Zwei- (188 bis 236 Mark) und 46 Dreizimmerappartements (285 Mark) für studierende Eheleute. Nur: Wann der Bau weiterer Studentenwohnheime in Angriff genommen wird, weiß niemand exakt zu sagen. Ein Projekt, das etwa 500 Einheiten vorsieht, seit 1969 jedoch nicht über die Planung hinausgelangt ist, scheiterte bis heute daran, daß sich angeblich kein geeignetes Grundstück finden läßt. Kürzlich kam die überraschende Kunde, daß 1975 doch mit dem Bau eines neuen Wohnheims begonnen werden soll – jetzt allerdings auf eine Kapazität von 300 Betten reduziert. 90 Prozent aller

Marburger Studenten sind auf den freien Wohnungsmarkt angewiesen. Dort liegt die Monatsmiete bei 120 Mark aufwärts. Studierende, die aus dem Ausland kommen, haben es hier besonders schwer, gegen Vorurteile aus dem Wirtinnenmilieu anzukommen. Ein Makler berichtet, noch immer sei jedes zweite Zimmerangebot mit der Auflage versehen: keine Ausländer. Der Leiter des Akademischen Auslandsamtes teilt gar mit, auf drei Zeitungsannoncen seien ihm jüngst ganze 15 Zimmer für ausländische Kommilitonen offeriert worden. Bessere Chancen bestehen bei einem Aufnahmegesuch an das Collegium Gentium, ein studentischer Selbstverwaltung unterliegendes internationales Studentenwohnheim (Gutenbergstraße 18), das seinen Bewohnern Gelegenheit geben will, „Verständnis für internationale Probleme zu gewinnen und sich mit allgemeinen wissenschaftlichen und insbesondere politischen Fragen auseinanderzusetzen". Wer ein Zimmer in Marburg benötigt, sollte sein Glück außerdem beim Christian-Wolff-Haus, einem Wohnheim des Marburger Universitätsbundes (Friedrich-Ebert-Straße 111), versuchen oder sich an das von der Hessischen Stipendiatenanstalt unterhaltene Collegium Philippinum (Schloß 4) wenden. Eine Besonderheit: Die Verpflichtung, am gemeinsamen Mittagessen teilzunehmen, ist Bedingung für die Aufnahme in das zuletzt genannte Heim.

Last not least: Für Kinder von Studierenden gibt es eine Universitätskindertagesstätte (Deutschhausstraße 15), die Kinder im Alter zwischen neun Monaten und drei Jahren aufnimmt. Die Mensa schließlich wartet mit einem abwechslungsreichen Speiseplan auf, der seinesgleichen suchen dürfte: täglich vier Gerichte zur Mittagszeit und vier Gerichte am Abend, die 1,10, 1,60, 1,90 und 2,20 Mark kosten. Daneben wird – auf ärztliches Attest – für 1,90 Mark spezielle Schonkost gereicht. Hervorstechendes Charakteristikum: Da in der Marburger Mensa etwa 60 Prozent aller Studierenden essen, stellt das Studentenhaus, in dem auch das Studentenwerk, der AStA, die Studentenärzte und die Psychotherapeutische Beratungsstelle residieren, das eigentliche Informations- und Kommunikationszentrum der Philipps-Universität dar. Hier trifft man sich, trinkt Kaffee und studiert Zeitungen und Flugblätter. Hier entstehen Aktionen aller Art. Bis 22 Uhr kann hier zudem ferngesehen werden.

Die Bürger sind stolz auf „ihre" Universität

Das Freizeitangebot der Stadt selbst bestimmt sich – wie alles in Marburg, nach den Bedürfnissen der Jungakademiker. Insofern hebt es die Kleinbürgeridylle aus dem provinziellen Umland heraus und verleiht ihr ein Image von Weltoffenheit. Die Bürger sind stolz auf „ihre" Uni, auch wenn ihnen der Zugang zu den hehren Hallen der Wissenschaft fremd bleibt und sie sich sogar am „Tag der offenen Tür" nur vereinzelt über die Schwelle der Alma mater wagen. Für sie sind die Studenten nicht zuletzt ein ökonomischer Faktor. Zu selten macht man sich klar, daß jeden Monat im Semester fünf Millionen Mark aus den Geldbörsen von 13 000 Studierenden in den Kassen von Kaufhäusern, Kneipen, Buchhandlungen und Vermietern klingeln. Kontakte von Dauer ergeben sich höchst selten, selbst in solchen Häusern nicht, in denen seit Generationen Studentenzimmer vermietet werden. Doch diese Abkapselung beruht auf Gegenseitigkeit. Auch der studentische Filmclub und die Studiobühne der Studenten blühen eher im verborgenen und erreichen die universitätsexterne Öffentlichkeit kaum. Ebenso scheint das Marburger Schauspiel, Hessens größtes Tourneetheater, bei der Gruppe der Studenten auf geringeres Interesse zu stoßen, als es sich die Intendanz insgeheim erhoffen mag. Gleichwohl offenbart die örtliche Kulturszene – insbesondere auf dem Sektor der Musikpflege – eine größere Vielfalt, als man sie dieser Mittelstadt auf den ersten Blick zutrauen möchte. Besonderer Erwähnung bedarf, daß in Marburg fünf private Galerien existieren. Der Umstand, daß hier außerdem eine Konzertagentur beheimatet ist, beschert den Studenten ein reichhaltiges Angebot an kulturellen Veranstaltungen. So kann es passieren, daß Oscar Peterson, obwohl er nur wenige bundesdeutsche Metropolen bereist, mit seinem Trio trotzdem im Marburger Audimax gastiert – allein seinem Agenten zuliebe.

Der AStA ist fest in der Hand der „Linken“

In politischer Hinsicht wird die Philipps-Universität von einigen Presseorganen, die freilich nicht befürchten müssen, für Sprachrohre von Hochschulreformbestrebungen gehalten zu werden, mitunter in die Galerie der „roten Kaderschmieden“ eingereiht – gleich hinter Berlin und Bremen. Ins Gerede kam die Uni insbesondere, als im Frühjahr 1971 Professoren, wissenschaftliche Bedienstete, Studenten und nichtwissenschaftliche Mitarbeiter im Konvent eine linksliberale Koalition bildeten, einen Nichtwissenschaftler – den bisherigen Kanzler – zum Präsidenten wählten und mit einem konkreten hochschulpolitischen Programm aufwarteten, das alte Ordinarien um ihren einstigen Einfluß fürchten ließ. Der Marburger AStA ist seit den Tagen der Studentenrevolte – von einem kurzen Interregnum des RCDS abgesehen – fest in der Hand der Linken, repräsentiert durch Spartakus und SHB. (Zusammensetzung des Studentenparlaments bis Sommersemester 1974: Spartakus 13 Sitze, SHB 9, Jungdemokraten 5, Aktion demokratische Universität 3, KSB-ML 1, KSV 5 und RCDS 4.) An die Wahlurnen gingen zuletzt 54,6 Prozent aller Kommilitonen. Auch bei den im Abstand von zwei Jahren stattfindenden Wahlen zum Konvent überwanden bislang alle Gruppen die Hürde des 50-Prozent-Quorums, so daß sie sämtliche ihnen zustehenden Mandate erhielten und keine Sitze wegen zu geringer Wahlbeteiligung einbüßten. Politische Mobilisierung läßt sich in einer überschaubaren Kommune wie Marburg offenbar leichter bewerkstelligen als in anonymer Großstadtatmosphäre. Vielleicht liegt es an dieser Resonanz, daß manchem manche hochschulpolitischen Aktivitäten nicht genehm sind. Sicher schwingt im Unterbewußtsein auch noch die Erinnerung daran mit, daß Marburg bis in die sechziger Jahre vom Bild alter Burschenherrlichkeit bestimmt wurde. Trutzig thronen die Korporationshäuser noch immer über den Dächern der Altstadt, nur wiegen sie den Beschauer nicht mehr im Glauben an eine vermeintlich heile Welt. Allerdings: Erst wenige Jahrzehnte sind vergangen, seit eine Abordnung Marburger Korporierter nach Thüringen marschierte, um, zusammen mit Freikorps und Bürgerwehren, gegen revoltierende Arbeiter vorzugehen. Derartige Begebenheiten sollten nicht verdrängt werden, wenn man sich anschickt, über die Entwicklung einer Hochschule zu urteilen. Immerhin ist die Philipps-Universität auch jener Ort, von dem 1968 jenes berüchtigte „Marburger Manifest" der akademischen Rechten ausging, das sich strikt gegen den „Luxus" einer Demokratisierung der Universität verwahrte, zumal „kein anderer Kulturstaat der Erde außer der Bundesrepublik und der Volksrepublik China auf den Gedanken kam, eine so kostbare und kostspielige Institution ... zu ‚demokratisieren'". Viele Verfasser und Unterzeichner dieses Memorandums lehren noch – nicht nur in Marburg. Auch ihre Vorstellungen prägen die hochschulpolitische Szenerie.

Philipps-Universität Marburg
13 040 Studenten (WS 1973/74).

Anschrift:
355 Marburg/Lahn,
Biegenstraße 10

Fachbereiche:
FB 1 Rechtswissenschaften
FB 2 Wirtschaftswissenschaften
FB 3 Gesellschaftswissenschaften
FB 4 Psychologie
FB 5 Evangelische Theologie
FB 6 Geschichtswissenschaften
FB 7 Altertumswissenschaften
FB 8 Allgemeine und Germanistische Linguistik und Philologie
FB 9 Neuere deutsche Literatur und Kunstwissenschaften
FB 10 Neuere Fremdsprachen und Literaturen
FB 11 Außereuropäische Sprachen und Kulturen
FB 12 Mathematik
FB 13 Physik
FB 14 Physikalische Chemie
FB 15 Chemie
FB 16 Pharmazie und Lebensmittelchemie
FB 17 Biologie
FB 18 Geowissenschaften
FB 19 Geographie
FB 20 Humanmedizin
FB 21 Erziehungswissenschaften

Ludwig-Maximilians-Universität München
Technische Universität München

Helmut Fritz

Weiß-blaues Himmelreich mit Numerus clausus

„Wie könnte man von München sprechen, ohne zu erwähnen, daß diese Stadt gleichsam ein deutsches Himmelreich ist?" (Thomas Wolfe, „Geweb und Fels").
Wäre der Zugang zum weiß-blauen Himmelreich nicht durch den Numerus clausus geregelt, München könnte sich vor lauter Studenten nicht mehr retten. Ein paar Semester an der Ludwig-Maximilians-Universität, das ist immer noch der Wunschtraum vieler Abiturienten, vorausgesetzt, das Noten-Pauken hat ihnen die Lust am Flanieren nicht vollends ausgetrieben. 1959 waren 60 Prozent aller Münchner Studenten Hochschulwechsler, die von anderen Universitäten an die Isar gekommen waren, um die damals noch praktizierte Lebensform des Bummelns zu studieren. In den letzten zehn Jahren ist die Fluktuation erheblich zurückgegangen. Heute beträgt der Anteil der „Zugereisten" nurmehr 20 Prozent, der Trend geht eindeutig zur oberbayerischen Regionaluniversität. Zentrale Lenkung der Abiturientenströme im Verein mit dem „Bonus für Landeskinder" sorgen dafür, daß das „deutsche Himmelreich" bald nur noch für Bayernkinder (mit niedrigem Notendurchschnitt) offensteht.

Keine Hochschule in der Bundesrepublik muß mit so großen und so schnell wachsenden Studentenzahlen fertig werden wie München. 1974 waren es rund 35 000 Studenten an der LMU, 1976 werden es knapp 50 000 sein und 1980 schließlich 60 000. Um von dieser Lawine nicht ganz überrollt zu werden, betreibt die LMU mit Hochdruck den Ausbau von Satelliten-Hochschulen am Rande Münchens zur Entlastung des hoffnungslos überfüllten Kerngebietes. Eine weitere Hilfe zur Kapazitätenverbesserung verspricht man sich von der nun begonnenen Reform der Studiengänge, die Ordnung in den Schwabinger Schlendrian bringen und das kreative Chaos in den Münchner Massenfächern beenden soll.

München bietet den Studierenden eine Atmosphäre, die teuer bezahlt werden muß

Warum München? Weil es eine Großstadt ist, deren Herz noch nicht zur kapitalen Kreislaufpumpe mutierte, mit einer Universität im Zentrum in einem Stadtviertel, wo der Urmünchner Charme noch nicht wegsaniert wurde. Die Maxvorstadt mit ihrer unverwechselbaren Atmosphäre, ihrer hohen studentischen Wohndichte, dem Kleingewerbe, den Biergärten und Gastarbeiterkneipen mildert den Verlust an „Lebensqualität", den die Studenten sonst überall erleiden. Das Kerngebiet der Universität und die historische Maxvorstadt bilden eine urbane Einheit, wie man sie in keiner anderen Universitätsgroßstadt in der Bundesrepublik kennt. Beiderseits der Axe Leopoldstraße/Ludwigstraße, zwischen Feldherrnhalle und Siegestor, erstreckt sich ein idealer Campus: links der Englische Garten mit dem Haus der Kunst, dem Nationalmuseum und der Universitäts-Reitschule und rechts, zwischen der Technischen Universität und der Akademie der Bildenden Künste, direkt hinter dem Studentenhaus und der Zentralmensa das Straßengewirr Schwabings. Die ruhigste Parkbank am Chinesischen Turm und die lebhafteste Alt-Schwabinger Kneipe liegen nicht weiter als einen Fünf-Minuten-Spaziergang vom Uni-Hauptgebäude entfernt. (Von den rund 50 Lokalen entlang der Leopoldstraße ganz zu schweigen.)

Alles, was die anachronistische Bezeichnung Studentenleben verdiente, spielt sich in dieser Maxvorstadt ab, auf unsicherem Grund, denn das Terrain soll dem Expansionsdrang der Stadt und der Hochschule teilweise weichen. Schwabing hat als Künstler- und Studentenkolonie abgewirtschaftet, traditionsreiche Lokale wie die „Gisela" (Der Nowak läßt mich nicht verkommen) ziehen weg, und selbst Heiligtümer wie die „Schwabinger Sieben" oder der „Simpel" sind ihrer Sache nicht mehr sicher. Dem Viertel steht ein größerer Exodus bevor, sobald die rings um München entstehenden Universitätstrabanten bezugsfertig sind. Im Kerngebiet wird es dann etwas mehr Luft geben auf Kosten der Einheit des Campus.

Ob die Dezentralisierung die Lebens- und Studienbedingungen in München verbessern kann, erscheint fraglich, denn die wichtigsten neuen Komplexe werden auf Jahre ohne öffentliche Verkehrsverbindung zur Stadt und zum Kerngebiet bleiben müssen. Garching, 16 Kilometer nördlich von München gelegen, wo Europas größtes Forschungszentrum entsteht („Uniapolis") ist nur über die Autobahn zu erreichen, und Großhadern, wo das riesige Klinikum seiner Vollendung entgegengeht, hat bis auf weiteres keinen U-Bahn-Anschluß. Nach der bevorstehenden Ausquartierung der Naturwissenschaften, der Medizin und der Forstwirtschaft werden auf dem vom schönsten Teil Münchens umgebenen Stammgebiet die Studenten der Kulturwissenschaften, Jura und Wirtschafts- und Sozialwissenschaften mit den Heerscharen der Lehrerstudenten und den Ur-Münchnern der Maxvorstadt unter sich sein. (Die Mehrheit der Studenten an der Technischen Universität wird ebenfalls im Kerngebiet bleiben, zusammen mit dem Polytechnikum, der Staatsbauschule und der Hochschule für Musik.)

Wenn man von den Annehmlichkeiten des teuren Münchner Lebens redet, darf man Starnberg nicht vergessen und die nicht viel weiter entfernten Skigebiete. Mit dem „Olympia"-Triebzug ist man in 38 Minuten in Erding am Seeufer, Abfahrt Marienplatz unter dem Herz Münchens. Der unterirdische Knotenpunkt Marienplatz vermittelt einen Eindruck vom Pulsschlag des Millionendorfs: eine Fußgängerebene, zwei S-Bahn-Etagen und darunter die U-Bahn. Leicht und schnell kommt man überall hin zu den Schauplätzen des Münchner Stadt- und Landlebens, wenn man das nötige Kleingeld besitzt, das man dort haben muß. Deutschlands schönste Universität ist auch seine teuerste. 600 Mark im Monat sind das Minimum, wer das nicht hat, kann seinen Studienplatz gleich wieder verkaufen. Münchner Zulassungen für NC-Fächer werden zur Zeit mit 5000 Mark gehandelt, so hoch steht die LMU bei denen im Kurs, die sie sich leisten können.

Noch ist es einfacher, eine Bude zu finden als einen Wohnheimplatz

Die Maxvorstadt ist auch nicht mehr das, was sie einmal war. Die Studenten- und Kleine-Leute-Idylle von gestern muß Stück für Stück den Banken, Geschäfts- und Mietshäusern weichen, die sich aus der City in die angrenzenden Wohngebiete hineinfressen. Zu den so aus ihren angestammten Wohngebieten Vertriebenen gehören auch sehr viele Studenten. 1967 konnte das Studentenwerk noch 1400 Studentenbuden vermitteln, drei Jahre später waren es nur noch 390. Mit der Verknappung des Zimmerangebots stiegen die Preise: heute kostet ein Studentenappartement in Uni-Nähe durchschnittlich 400 Mark. Knapp die Hälfte aller Münchner Studenten wohnt privat, 15 Prozent bei den Eltern und nur etwa zehn Prozent in einem der 40 Studentenwohnheime. Die große Mehrheit ist also auf den privaten Zimmermarkt angewiesen. Noch ist es einfacher, eine Bude zu finden als einen Wohnheimplatz.

Am besten logiert der Student in den Hinterlassenschaften der olympischen Bauwut am Oberwiesenfeld und der ehemaligen Sportlerstadt Freimann. Wer nach drei bis vier Semestern Wartezeit das Glück hat, eine der olympischen Wohnungen zu ergattern, darf sich in ungewöhntem Luxus niederlassen: doppelstöckiges Zimmer, Kochnische, Naßzelle und Balkon in Sonnenlage, dazu gratis eine anschauliche Demonstration über die gesellschaftlichen Rangunterschiede zwischen Sport und Studium. Aus dem Olympia-Nachlaß stammen insgesamt 2330 Studentenwohnungen, bei einem Gesamtangebot von derzeit knapp 4500 Wohnheimplätzen.

In München sind Studenten mit Studienförderung bei der Platzvergabe privilegiert. Sie müssen allerdings darauf achten, auf die richtige Warteliste zu kommen. Anträge auf Aufnahme in ein Heim des Studentenwerks können erst nach der Zulassung gestellt werden. (Merkblätter und Anträge sind im Studentenhaus, Leopoldstraße 15, erhältlich.) Alles über Wohnheime erfährt man aus der Broschüre „Student in München", die kostenlos über das Studentenwerk oder die Pressestelle der Universität zu bekommen ist.

Ludwig-Maximilians-Universität

Die Studienbedingungen in den Massenfächern sind katastrophal

Das Schönste, was einem Abiturienten passieren kann, ist das Studium einer exotischen Wissenschaft an einem der vielen kleinen berühmten Institute in München. Zum Beispiel Byzantinistik oder Archäologie oder irgendein Fach der sogenannten „Kleinen Fächer". Im statistischen Normalfall wird der Anfänger aber in einem der hoffnungslos überlaufenen Massenfächer landen, zum Beispiel in der Philosophischen Fakultät mit ihren annähernd zehntausend Studenten. „Das muß man sich mehr als gründlich überlegen, bevor man als Student der Geisteswissenschaften nach München geht" (Professor Lobkowicz, Rektor).

Die Philosophische Fakultät ist wegen ihrer Übergröße aufgeteilt in die Phil I (Philosophie, Geschichte, Politische Wissenschaften, Zeitungswissenschaft, Psychologie und Pädagogik) und in die Phil II (Philologien und Kulturwissenschaften). Beide Abteilungen werden in der Hauptsache von Lehramtsstudenten frequentiert, die Mühe haben, in den chaotischen Studiengängen ihr eigentliches Studienziel nicht aus den Augen zu verlieren. Die Studienbedingungen an der Doppelfakultät und den anderen Massenfakultäten sind „grundsätzlich katastrophal" (Pressesprecher Dietmar Schmidt). Engpässe in den Seminarbibliotheken, mehrfach überbelegte Übungen, überfüllte Seminare mit einem Professor auf 200 Studenten – dies gehört wie an den meisten Hochschulen auch in München zum Studienalltag. Kapazitäten sind nur in den kleinen Fächern der Kulturwissenschaften frei, in der Evangelischen Theologie und den Forstwissenschaften. Eines besonderen Rufes erfreuen sich die Abteilungen Kernphysik und Medizin. Die Münchner Medizinerausbildung mit ihren neuen Anlagen in Großhadern gilt als eine der besten in der Bundesrepublik. Zehn Prozent der deutschen Ärzte werden in München ausgebildet. Für die Kernphysik entsteht in Garching ein interdisziplinäres Forschungszentrum, in dem schon jetzt mehr als 2000 Wissenschaftler und Studenten arbeiten, in den neunziger Jahren sollen es 80 000 sein.

Für die Philosophischen Fakultäten werden die Studienbedingungen auf Jahre hin schlecht bleiben. Das gilt besonders für die Fächer Anglistik, Germanistik und Geschichte. Hier hat man es bis auf weiteres mit unkoordinierten Seminaren und unübersichtlichen Studienbedingungen zu tun. Als „leicht chaotisch" bezeichnet Rektor Lobkowicz die Verhältnisse in diesen Fächern. Damit das alles anders wird, hat Bayerns Kultusminister der Münchner Uni die Roßkur einer Studienneuordnung verschrieben.

Studienreform durch straffe, verbindliche Studienordnungen

Nach dem bayerischen Hochschulgesetz sind alle Universitäten in die Pflicht genommen, sich das stramme Korsett eines Regelstudiums anzulegen. Statt Studienanarchie also Studienordnung mit gestrafftem Grundpensum, „entrümpelten" Studiengängen, Zwischenprüfungen, standardisierten Lehrprogrammen, Spezialisierung im Hauptstudium. Mit einem Wort: Verschulung. Rektor Lobkowicz: „Es wird zunehmend schwieriger werden, den Freiraum, das ‚kreative Chaos', zu erhalten. Um rationeller zu arbeiten, müssen wir Regelungen einführen, die zwar Vorteile für ein geordnetes Studium, andererseits aber den Abbau gewisser traditioneller Aspekte der Lehr- und Lernfreiheit mit sich führen: verpflichtende Studienordnungen, obligatorische Zwischenprüfungen, Regelstudienzeiten, sechssemestrige Studiengänge und starke Verschulung, besonders in den ersten Semestern."

Spätestens ab 1974/75 sind die neuen verbindlichen Studienordnungen in München in Kraft. Für alle Fächer ist festgelegt, in welcher Reihenfolge die Studenten Vorlesungen und Seminare besuchen und welches Pensum sie in bestimmten Fristen erarbeiten müssen. Das gilt besonders für die Anfangssemester.

Mit den neuen Studienordnungen, die an Reformuniversitäten und Neugründungen wie zum Beispiel Bochum oder Dortmund eine Selbstverständlichkeit darstellen, wird die von zentraler Studienplatzvergabe und Kapazitäten-Festsetzung eingeleitete Vereinheitlichung der Hochschulen in der Bundesrepublik beschleunigt, ohne daß es notwendig wäre, auf das allgemeine Hochschulrahmengesetz zu warten. Die Einheitshochschule unter dem Zeichen (oder Stigma?) der Regelstudienzeit ist beschlossene Sache, liebenswerte Unordnung und produktiver Leerlauf werden verschwinden, auch da, wo sie, wie in München, lange Zeit den eigentlichen Reiz des Studiums ausmachten.

Technische Universität München

Solche Sorgen hat die ebenfalls in der Maxvorstadt gelegene Technische Universität (TUM) nicht. Studienordnungen mit Stundenplänen für alle Fächer existieren hier schon immer. Der Vorwurf der Verschulung ist hier so alt wie der dreißig Jahre dauernde Kampf ums Promotionsrecht. An der TUM sind alle klassischen Fachrichtungen vertreten, sowohl die Grundlagenfächer Naturwissenschaften, Biologie, Mathematik und Physik, als auch die Anwendungsdisziplinen wie Maschinenbau, Elektrotechnik, Bauingenieurwesen und Architektur. Eine Besonderheit der TUM stellt die technisch-medizinische Fakultät dar, mit einem biomedizinischen Aufbaustudium und dem speziellen Forschungsprojekt medizinische Technologie. Eine weitere Besonderheit: die Fakultät für das Brauwesen.

Besonders interessant für TU-Studenten dürfte das Forschungszentrum der TUM in Garching sein, mit seiner hochentwickelten Atomtechnologie. Diese Anlagen werden gemeinsam von Technikern und Forschern der TUM, der Universität und der Max-Planck-Gesellschaft betrieben. Rektor Grigull: „Wir bemühen uns generell um eine Ausbildung mit soliden theoretischen Grundlagen. Ein Drittel aller unsrer Abschlüsse sind Promotionen. Überspezialisierung und Ausrichtung auf spezielle Fertigkeiten in der Produktion wollen wir vermeiden, im Gegensatz etwa zu Dortmund, wo produktionsorientiert ausgebildet wird. Wir meinen: Berufspraxis kann nur im Beruf und nicht an der Uni erworben werden."

Eine durchaus umstrittene Konzeption. Aber wenn sich in den nächsten Jahren, was zu erwarten ist, die Technischen Hochschulen in der Bundesrepublik in anwendungsintensive und forschungsintensive auseinanderentwickeln werden, dann wird die TUM mit Sicherheit zum zweiten Typ gehören.

Die straffste Studienordnung für angehende Architekten

Die Zahl der technischen Studenten in München nähert sich alarmierend der 15 000-Grenze. Bei dieser Zahl, so hört man aus dem Kultusministerium, wird der totale Aufnahmestopp verhängt. Eine reine Formalität, denn schon heute gilt für nahezu alle Fächer der NC. Die größte Enge herrscht bei den Architekturstudenten. Hier sind die Studienbedingungen besonders schlecht: uralte Zeichentische, primitive Arbeitsplätze, ärmliche Übungsräume. Es gelten strenge Studienordnungen: „München hat zweifellos die straffste Studienordnungen für Architekten von allen THs und die schärfsten Zwischenprüfungen" (ein Vertreter der Fachschaft).

In der letzten Zeit wurden die Ausbildungsmöglichkeiten für Lehrer an der TU verstärkt ausgebaut. Folgende Fächerkombinationen sind möglich: Mathematik/Physik, Mathematik/Geographie, Mathematik/Chemie, Mathematik/Biologie, Physik/Geographie, Chemie/Biologie, Chemie/Physik und Physik/Biologie.

Bei der Anmeldung muß genau angegeben werden, welche Fachrichtung gewählt wird. Das Wintersemester umfaßt jeweils den Stoff für das 1., 3., 5. und 7. Semester. Das reguläre Studium kann daher nur mit dem Wintersemester begonnen werden!

Ludwigs-Maximilians-Universität München
34 350 Studenten (WS 1973/74).

Anschrift:
8 München 22,
Geschwister-Scholl-Platz 1

Fakultäten:
Katholisch-Theologische Fakultät
Evangelisch-Theologische Fakultät
Juristische Fakultät
Staatswirtschaftliche Fakultät
Forstwissenschaftliche Fakultät
Medizinische Fakultät
Tierärztliche Fakultät
Philosophische Fakultät I (Philosophie und Geschichte)
Philosophische Fakultät II (Philologie und Kulturwissenschaften)
Fakultät für Mathematik
Fakultät für Physik
Fakultät für Chemie und Pharmazie
Fakultät für Biologie
Fakultät für Geowissenschaften
Erziehungswissenschaftliche Fakultät

Technische Universität München
11 350 Studenten (WS 1973/74)

Anschrift:
8 München 2,
Arcisstraße 21

Fakultäten:
Fakultät für Allgemeine Wissenschaften
Fakultät für Bauwesen
Fakultät für Maschinenwesen und Elektrotechnik
Fakultät für Landwirtschaft und Gartenbau (in Weihenstephan)
Fakultät für Brauwesen und Lebensmitteltechnologie (in Weihenstephan)
Fakultät für Medizin
Sportzentrum

Westfälische Wilhelms-Universität zu Münster

Helmut Fritz

Der Campus sieht ein bißchen nach Kurpark und Golfwiese aus. Vor dem Rektorat sprießt ein majestätischer Rasen – vielleicht ist das der Grund, weswegen es in Münster keine größeren Unruhen gegeben hat. (Studenten, schont eure Anlagen!) Wohnheime und Mensa liegen unmittelbar an einem künstlichen See, auf dem Segelboote kreuzen. Vis-à-vis lädt der Zoologische Garten zu Spaziergängen ein. Aber die Idylle ist trügerisch, denn längst schon kann die Wilhelms-Universität die rund 25 000 Studenten nicht mehr verkraften – trotz ihrer grünen Lunge. Um den drohenden Infarkt zu verhindern, erwägt man in Münster die Einführung eines allgemeinen Zulassungsstopps.

Eingeschränktes Tutorenprogramm aufgrund fehlender Mittel

Einen dringenden Appell um Hilfe hat der Senat der Universität Münster in einer Resolution an den nordrhein-westfälischen Wissenschaftsminister Johannes Rau und den Landtag von Nordrhein-Westfalen gerichtet. In der Entschließung wird vor allem kritisiert, daß die Wilhelms-Universität an der Etatzunahme des Wissenschaftsministeriums nicht ausreichend profitiere. Der Senat führt diese Benachteiligung auf „eine offensichtliche Fehleinschätzung der katastrophalen Lage" an der größten Hochschule Nordrhein-Westfalens zurück. „Ohne sofortige und ohne eine gezielte Mittelanhebung steht das Lehrprogramm der Universität in vielen Bereichen vor dem Zusammenbruch."

Rektor Professor Dr. Werner Knopp vertritt die Auffassung, daß die Wilhelms-Universität als „alte Universität gegenüber den Neugründungen finanziell benachteiligt werde".

Fehlende Mittel zwingen die Universität, die Tätigkeit der Tutoren und wissenschaftlichen Hilfskräfte drastisch einzuschränken. Nur durch permanente Haushaltsüberschreitungen sei es überhaupt möglich gewesen, wenigstens Teile des Tutorenprogramms aufrechtzuerhalten. Professor Knopp: „Es ist nur noch eine Verwaltung von Mängeln möglich."

Überfüllte Fachbereiche und zu wenige Arbeitsplätze

Über die Situation in den größten Fachbereichen gibt der AStA folgende Auskunft:

„Im Fachbereich Erziehungswissenschaften herrschen katastrophale Bedingungen: räumliche Enge, Überfüllung, weit auseinanderliegende Gebäude. In den Pädagogik-Seminaren hat ein Assistent bis zu vierhundert Studenten zu betreuen. Der Raummangel ist so groß, daß die Schulen in der Innenstadt mitbenutzt werden müssen. Beklagenswert sind auch die Bedingungen bei den Naturwissenschaften. Die Mathematik ist überfüllt. Ungefähr 50 Prozent der Anfängersemester geben nach den ersten beiden Semestern wieder auf. In der Chemie ist es ähnlich. Die Chemie in Münster hat das ungünstigste Verhältnis von Professoren pro Studenten von Nordrhein-Westfalen. Empfehlenswert sind die Fachbereiche Theologie und die Orchideenfächer (Fachbereich 14), also alte und außereuropäische Sprachen. Hier beträgt das Verhältnis zwischen Lehrenden und Lernenden quasi 1 : 1. Aber in den Massenfächern haben wir – wie gesagt – trostlose Überkapazität."

Neben den zulassungsbeschränkten Massenfächern in den Naturwissenschaften sind in Münster auch die sprachwissenschaftlichen Fächer Germanistik, Anglistik und Romanistik besonders überlaufen. Für Münster bestehen die üblichen Zulassungsbeschränkungen in den von der „Zentralstelle für die Vergabe von Studienplätzen" verwalteten Fächern: Medizin, Pharmazie, Psychologie, Chemie, Biologie und Zahnheilkunde. Psychologie: Ein Wechsel an die Universität Münster für Studenten ab dem zweiten Semester ist nur im Tauschweg möglich, sofern die Tauschpartner sich in entsprechenden Studienabschnitten befinden.

Die Zahl der Studenten ist in allen Fachbereichen so groß, daß ein Engpaß vornehmlich bei den Arbeitsplätzen eingetreten ist. Dies gilt außer bei den schon genannten Numerus-clausus-Fächern besonders für das Englische Seminar, Geographische Institut und für die Seminare der Juristischen Fakultät. Die Vergabe von Arbeitsplätzen hängt von der Leistung ab.

Ein „Paradies" für Juristen

Für Jura-Studenten ist in Münster in vieler Hinsicht ein feines Pflaster. Denn erstens haben zahlreiche Gerichte in Münster ihren Sitz (Praktika und Referendarzeit!) und zweitens wirkt in Münster ein Rechtsanwalt, der als Deutschlands größter Repetitor gilt. Kaum ein Jura-Student in der Bundesrepublik, der nicht mit Alpmanns Skripten repetieren würde. In Münster unterhält er einen regelrechten privatwirtschaftlichen Vorlesungsbetrieb. Ohne je als Hochschullehrer bestallt worden zu sein, unterrichtet er an seinem privaten Lehrstuhl pro Semester rund tausend Jura-Studenten. (Mit 3000 Studenten stellen die Juristen den größten Fachbereich!) Ein

Examenskurs bei Alpmann dauert einschließlich der Ferienkurse und dem Klausur-Training 18 Monate und kostet inklusive Lernmaterial runde 1000,– Mark! In Münster gilt an der Juristischen Fakultät das geflügelte Wort, daß niemand Examen machen kann, ohne durch Alpmanns Privatschule gegangen zu sein. Die Skripte des Repetitors werden an allen Hochschulen der Bundesrepublik vertrieben. In München, Bonn, Hamburg und Saarbrücken existieren Filialen der Münsteraner Zentrale. Bei soviel Erfolg (der private Lehrstuhl ist ein Millionending) kann Alpmann auf Öffentlichkeit verzichten: für Journalisten und Fotografen ist er nicht zu sprechen. Nur soviel ist ihm zu entlocken: „Der Repetitor Alpmann und die Juristische Fakultät leben in Frieden nebeneinander her."

Wohnsituation: Numerus clausus für Besucher

In Münster gibt es mindestens dreitausend Studentenbuden zu wenig. Ausländer und Studentenehepaare haben die größten Schwierigkeiten, unterzukommen. Auf dem privaten Zimmermarkt kostet die 08/15-Bude 150 bis 180 Mark. Außerhalb Münsters 100 bis 140 Mark. Diesen Markt müssen sich nicht nur die Studenten der Wilhelms-Universität teilen, sondern auch die ungefähr 4000 Studenten der Fachhochschule (Bauingenieur, Design, Kunst).

Wie hoffnungslos die Lage für die Studierenden ist, beweisen manche Klauseln, die gelegentlich von Vermietern durchgesetzt werden: nicht rauchen, keine Autowäsche vor dem Haus, kein Möbelverrücken, Numerus clausus für Besucher . . .

Das Studentenwerk Münster bietet derzeit 1080 Wohnheimplätze an. Nur fünf Prozent der Studierenden haben demnach eine Chance, in einem Heim unterzukommen (Bundesdurchschnitt: zehn Prozent). Tausend weitere Plätze bieten die konfessionellen Heime an. Als Bischofsstadt weist Münster eine stattliche Reihe solcher christlicher Hospize auf. Sie werden mit milder, aber gegenüber liberalen Lockerungstendenzen unnachgiebiger Autorität geführt. (Besucheranmeldung! Besondere Besuchszimmer mit Glaswänden.) Ein Einzelzimmer im Studentenheim „Wilhelmskamp" kostet 120 Mark. (Sechshundert Plätze in vier Hochhäusern.) Einzelzimmer in den Wohnheimen direkt am See kosten 120 Mark, Doppelzimmer pro Person 70 Mark. Die Wartezeit beträgt im Schnitt zwei Semester.

Zahlreiche Schauplätze des akademischen Nachtlebens

Mehr los ist in den Münsteraner Studentenbezirken. Total verpoppte Studentenkneipen, bis unters Spitzgiebeldach vollgestopft mit altem Plunder und westfälischem Trödel: das sind die Schauplätze des akademischen Nachtlebens in Münster. Die Altbierstuben im Kuhviertel rund um Buddenturm und Dom in der universitätsnahen Altstadt verbreiten ein Stückchen studentische Subkultur, wie sie eigentlich nur noch in Münster vorkommt, wo das Studentenleben sich gibt, als hätte es sich die Unschuld bewahren können. In dieser von mittelständischer Bonhomie erfüllten Beamtenstadt hat die studentische Protestbewegung nie Fuß fassen können.

Im Vergleich zum politisierenden Campus anderer Universitäten wirkt das Uni-Viertel in Münster wie die Kulisse zu einem akademischen Biedermeier. Münster liegt eben nicht nur inmitten der westfälischen Provinz, sondern ist auch ein Stück von ihr.

Westfälische Wilhelms-Universität zu Münster
24 660 Studenten (WS 1973/74).

Anschrift:
44 Münster, Schloßplatz 2

Fachbereiche:
FB 1 Evangelische Theologie
FB 2 Katholische Theologie
FB 3 Rechtswissenschaft
FB 4 Wirtschafts- und Sozialwissenschaften, Betriebs- und Soziologie
FB 5 Vorklinische und Theoretische Medizin
FB 6 Klinische Medizin, Zahnmedizin und Klinische Humanmedizin
FB 7 Philosophie
FB 8 Psychologie
FB 9 Erziehungswissenschaft, Sozialwissenschaft, Publizistik
FB 10 Geschichte
FB 11 Germanistik
FB 12 Anglistik
FB 13 Romanistik und Slavistik
FB 14 Alte und außereuropäische Sprachen und Kulturen
FB 15 Mathematik
FB 16 Physik
FB 17 Chemie, Lebensmittelchemie, Pharmazie, Biochemie, Mineralogie
FB 18 Biologie
FB 19 Geowissenschaften

Universität Oldenburg

Dieter Spindler

Oldenburg, Verkehrsmittelpunkt, Handels- und Verwaltungszentrum zwischen Weser und Ems mit 140 000 Einwohnern, ist durch Kabinettsbeschluß vom 25. August 1970 Universitätsstadt geworden. Im Nordwesten Niedersachsens, weniger als 100 Kilometer von der Nordsee und von der niederländischen Grenze entfernt gelegen, wurde in Oldenburg eine Universität gegründet, um einen regionalen Ausgleich der Bildungschancen im Hochschulbereich einzuleiten und die wirtschaftliche Entwicklung dieses Landesteils zu fördern.

Oldenburg ist noch keine Universitätsstadt, wenn man sie mit alten traditionsreichen Universitätsstädten wie etwa Tübingen, Münster oder Göttingen vergleicht, denn Oldenburg hat seinen „Stil" noch nicht gefunden. Ziele, Daten und Perspektiven bestimmen die Möglichkeiten der Universität und der Universitätsstadt Oldenburg derzeit noch mehr als die ersten Bauten der neuen Hochschule.

1985 sollen über 15 000 Studienplätze vorhanden sein. Eine erhebliche Erweiterung, wenn man bedenkt, daß im Wintersemester 1973/74 die örtliche Abteilung der Pädagogischen Hochschule Niedersachsen circa 2000 und die Fachhochschule etwa 450 Studenten aufzuweisen hatten. Baulich wird sich die Universität im Anschluß an die Gebäude der ehemaligen Pädagogischen Hochschule – etwa einen Kilometer vom Stadtkern entfernt – entwickeln und sich parallel zur Ammerländer Heerstraße durch die „Haarenniederung" ziehen, die durch wasserwirtschaftliche Maßnahmen erst für die Universitätsbauten erschlossen werden muß. Heute ein Wandergebiet vieler Oldenburger, soll die „Haarenniederung" die Bauten und die Freizeit- und Breitensportanlagen der Universität aufnehmen.

Der Standort der Universität ist damit geklärt, doch ein Stadtentwicklungsprogramm existiert noch nicht. Auf dem Papier – in einem ersten Vorschlag – ist immerhin schon festgehalten, daß in einem solchen Programm sowohl die Schrittmacherdienste der Universität für die wirtschaftliche und soziale Entwicklung des Siedlungsraums zu benennen sind wie auch die Belastungen, die aus dem Verkehrsaufkommen, dem Bedarf an Infrastruktureinrichtungen und Wohnungen usw. durch die Hochschule entstehen und die dazu beitragen, die Investitionskraft der Kommune einseitig zu binden. Klar ist den Stadtvätern auch, daß ein Gesamtkonzept zu erstellen ist, das alle Sektoren kommunaler Planung umfaßt und das die Bedingungen für die Funktionserfüllung der Hochschule und die Anforderungen der Hochschulbevölkerung an den Siedlungsraum mit den Zielen und Möglichkeiten der

Stadtentwicklung in Einklang bringt. Bis 1977 sind unter anderem der Bau eines zweiten Aufbau- und Verfügungszentrums, eines Hörsaalzentrums, einer Zentralbibliothek, einer Zentralwerkstatt und der Neubau von Mensaeinrichtungen vorgesehen.

Nach alter Tradition: Kornmarkt und Wahl der Kohlkönige

In fast eintausend Jahren entwickelte sich aus der frühmittelalterlichen Burg mit anschließender bürgerlicher Siedlung an Hunte und Haaren die Residenz der Oldenburger Grafen, Herzöge und Großherzöge und die Hauptstadt des Freistaates Oldenburg. Heute wird das Stadtbild Oldenburgs vor allem durch historische Bauten aus den letzten Jahrhunderten (Schloß, Staatstheater, Rathaus etc.) und moderne Kaufhäuser, Büro- und Geschäftshäuser geprägt. Innenstadt, Bahnhofsviertel und Hafen bilden die „Kernstadt", Lebens- und Wirtschaftszentrum des Weser-Ems-Gebietes. Rund um den Stadtkern hat sich eine weitläufige Besiedlung ergeben, Ein- und Zweifamilienhäuser machen noch immer fast 80 Prozent aller Wohngebäude aus. Weite Marschen im Norden und Kiefernwälder und Sanddünen im Süden umgeben die Stadt.

Alljährlich reitet der „Graf Anton-Günther", legendärer Oldenburger Landesfürst des 17. Jahrhunderts, an der Spitze des Festzuges zum traditionellen Oldenburger „Kramermarkt". Alljährlich werden auf vielen Betriebs- und Vereinsfesten eine Unzahl von „Kohlkönigen" gekrönt. Daß es beim „Grünkohl mit Pinkel" nicht immer auf das Essen und die verspeisten Mengen ankommt, zeigt die Liste der „Oldenburger Kohlkönige", die sich ihre Würde alljährlich auf Einladung der Oldenburger Stadtväter in Bonn „eressen". Im Jahre 1970, der Gründung der Universität, war es der damalige Wissenschaftsminister Hans Leussink.

Der Gründungsausschuß ist nach dem Prinzip der Drittelparität zusammengesetzt

Im März 1971 begann das eigentliche Gründungsverfahren für die Universität mit der Ernennung eines Gründungsausschusses (GA) durch den niedersächsischen Kultusminister. Der GA war nach dem Prinzip der Drittelparität zusammengesetzt. Von fünf Hochschullehrern, fünf Assistenten und fünf Studenten waren sechs gewählte Vertreter der Abteilung Oldenburg der Pädagogischen Hochschule Niedersachsen und zwei Vertreter der Fachhochschule Oldenburg. Die restlichen, „überörtlichen" Mitglieder wurden vom Kultusminister auf Vorschlag der Studentenschaften und der Assistentenkonferenz beziehungsweise direkt benannt und kamen überwiegend von der Universität Göttingen und der Technischen Universität Hannover.

Die Zusammensetzung des GA sollte sichern, daß Vertreter von Hochschullehrern, Assistenten und Studenten, von örtlichen Hochschuleinrichtungen und „gestandenen" Universitäten die Planungen gleichberechtigt bestimmten. Nach dreijähriger Arbeit hat der GA seine ehrenamtliche Tätigkeit am 28. Februar 1974 beendet. Der GA hat die Ziele seiner Arbeit in einer Vorbemerkung zur von ihm verabschiedeten Grundordnung für die Universität Oldenburg zusammengefaßt:

„In dem Willen, nicht nur eine notwendige Bildungseinrichtung zu schaffen, sondern eine Universität zu gründen,

- die ihre Aufgabe in gesellschaftlicher Verantwortung erfüllt und sich dabei an gesellschaftlichen Bedürfnissen orientiert,

- die ihre Entscheidungen demokratisch in gleichberechtigter Mitwirkung aller Mitglieder trifft,

- die zur Verwirklichung des Rechtes auf Bildung für alle beiträgt,

wollte der GA die Arbeit der Universität auf folgende Grundlagen stellen:

- Integrierte Gesamthochschule als Ansatz zum Ausgleich von Bildungschancen,

- Mitbestimmung am Arbeitsplatz durch paritätische Besetzung aller Entscheidungsgremien,

- Öffentlichkeit und Durchsichtigkeit der Entscheidungsvorgänge,

- Stärkung der Selbstverwaltung durch Präsidialverfassung und Einheitsverwaltung,

- Verbindung von Forschung, Lehre und Studium durch forschendes Lernen in Arbeitsbereichen,

- Verbindung von wissenschaftlicher Arbeit und gesellschaftlicher Praxis,

- Öffentliche Darlegung der wissenschaftlichen Arbeit und ihrer Ergebnisse."

Der GA sah sich in einer konsequenten Verwirklichung dieser Ziele durch gesetzliche Regelungen und dazu ergangene Urteile behindert. Vor allem das hochschulpolitisch brisante Urteil des Bundesverfassungsgerichts zum Niedersächsischen Vorschaltgesetz hat die Entwicklungsmöglichkeiten der Universität Oldenburg erheblich beeinflußt. In der Folge des Urteils durch fünf zusätzliche Hochschullehrer auf die höchstrichterlich verfügte Verfassungskonformität getrimmt (Hochschullehrer müssen in allen Fragen von Forschung und Lehre den entscheidenden Einfluß haben), hat der GA das Gründungsverfahren dennoch relativ kontinuierlich abgewickelt und beendet. Allen Unkenrufen zum Trotz muß festgehalten werden, daß nicht ein einziger Beschluß in diesem Verfahren zu einer Konfrontation zwischen

Hochschullehrern auf der einen und Studenten und Assistenten auf der anderen Seite geführt hat. (Alle Abstimmungen verliefen quer durch die Gruppen.) Vor dem Hintergrund des harten, komplizierten und politisch brisanten Ringens um die Ziele und die Strukturen einer Reformuniversität ist dies ein Ergebnis, das die Arbeit an der Universität Oldenburg auch weiterhin prägen könnte.

Die Universität ist mit fast allen Schwierigkeiten eines Neubeginns behaftet

Die Universität Oldenburg wird im Sommersemester 1974 auf der Grundlage eines extra für sie und ihre „Schwester", die Universität Osnabrück, vom niedersächsischen Landtag verabschiedeten Universitätsorganisationsgesetzes, das gleichzeitig die Integration der örtlichen Abteilungen der Pädagogischen Hochschule regelt, ihren Studienbetrieb aufnehmen. Die neuen Organe der Universität haben sich konstituiert. Die Vertreter der Hochschullehrer und wissenschaftlichen Mitarbeiter wurden je zur Hälfte von den Mitgliedern der ehemaligen Abteilung und von den Angehörigen der Universität (Neuberufene usw.) gewählt. Chancen und Ansätze für Reformen sind vorhanden, doch die Universität ist mit fast allen Schwierigkeiten eines Neubeginns belastet. Überall Spuren des Anfangs, mehr „Soll" als „Ist", so ist die Universität Oldenburg in vielem noch eine Ansammlung von Planungsdaten und Reformzielen. Allerdings eine Universität, die noch nicht durch eingefahrene Arbeitsabläufe bestimmt wird und an der traditionelle Entscheidungsabläufe nicht zu erwarten sind. Vor der Eröffnung des Studienbetriebs sind im Rahmen des Gründungsverfahrens einige Weichen für die Reformuniversität gestellt worden.

Ausgehend von dem personellen, finanziellen und räumlichen Bestand der ehemaligen Pädagogischen Hochschule wird die Universität in den ersten Jahren ihren Schwerpunkt in der Lehrerausbildung finden. Langfristig werden sich die Schwerpunkte zugunsten von Diplom-Studiengängen verlagern. Für 1985 sind knapp 4000 Plätze für Lehramtsstudiengänge und circa 9000 für die Natur- und Ingenieurwissenschaften vorgesehen. Neben den 120 Mitgliedern des Lehrkörpers der PH sind über 120 neue Stellen im wissenschaftlichen Bereich geschaffen worden.

In einem „Gesprächskreis Reformuniversität Oldenburg" wurden mit Vertretern der Gewerkschaften grundsätzliche Probleme der Universitätsgründung erörtert und für eine langfristige Zusammenarbeit ein Kooperationsvertrag vorbereitet. Mit der Bundesanstalt für Arbeit vereinbarte man einen Kooperationsvertrag, der den Studenten neue Möglichkeiten der Studien- und Berufsberatung erschließen soll. Mit dem Ziel, auch solchen Bewerbern den Zugang zum Studium zu ermöglichen, die keine Gelegenheit hatten, eine Reifeprüfung abzulegen, wurde für 75 Teilnehmer an der Universität ein erster „Nichtabiturientenkurs" unter Beteiligung von Hochschullehrern durchgeführt und abgeschlossen. Die Mitwirkung der Universität an der Erwachsenenbildung wird über eine neugeschaffene Kontaktstelle für wissenschaftliche Weiterbildung organisatorisch abgesichert.

Einphasige, integrierte Lehrerausbildung

Im Rahmen der Studienreform an der Universität kommt der neuen Lehrerausbildung besondere Bedeutung zu. In einem mit Bundesmitteln finanzierten Modellversuch zur „Einphasigen Lehrerausbildung“ soll die bisherige Trennung der Ausbildung in erste Phase (Studium) und zweite Phase (schulpraktische Einführung/Referendariat) in einheitlichen, Theorie und Praxis verbindenden Ausbildungsgängen überwunden werden. Die Ausbildung dauert elf Semester und wird nicht mehr nach Schularten, sondern nach schulstufenbezogenen Schwerpunkten differenziert werden (integrierte, gemeinsame Ausbildung aller Lehrer).

Alle Lehramtsanwärter müssen neben Studien in den Erziehungs- und Gesellschaftswissenschaften und in zwei fachwissenschaftlichen/didaktischen Schwerpunkten Studien und Tätigkeiten im berufspraktischen Bereich nachweisen. Die Berufspraxis des Lehrers soll von Anfang an als Studien- und zunehmend als Handlungsfeld in die Ausbildung einbezogen werden. Die Ausbildung wird mit einer Staatsprüfung abgeschlossen. Für Studenten, die die Befähigung zum Lehramt an Schulen im Rahmen dieser Ausbildung an der Universität erworben haben, entfällt der Vorbereitungsdienst.

In einem Gesprächskreis mit Vertretern der Schulen im Einzugsbereich der Universität wurden seit 1972 die Probleme und Möglichkeiten diskutiert, die sich für die Schulen durch diesen Modellversuch ergeben können. 60 Lehrer aller Schularten und -stufen wurden von der Universität im Einvernehmen mit der Schulverwaltung als Kontaktlehrer benannt und seit September 1973 auf ihre Aufgaben im Rahmen der Lehrerausbildung vorbereitet. Sie haben die Planungen in der letzten Phase mitgeprägt und sind für die Verzahnung von Theorie und Praxis die wichtigste personelle Voraussetzung. Sie wurden für ihre Mitarbeit an der Ausbildung der Lehrer in Schule und Hochschule für zehn Stunden von ihren Unterrichtsverpflichtungen in der Schule entbunden. Die Universität hat ein Zentrum für pädagogische Berufspraxis errichtet, das organisatorische Schaltstelle zwischen Universität und den Schulen im Einzugsbereich sein wird.

Wie kann man in Oldenburg studieren?

Forschendes Lernen im Rahmen von Projekten soll an der Universität im Mittelpunkt der neuen Studiengänge stehen. Probleme verschiedener, für die angebotenen Studiengänge relevanter Berufsfelder sollen vor allem in den ersten Semestern in die Ausbildung einbezogen werden, um dem

Studenten eine kritische Überprüfung seiner Studien- und Berufsvorstellungen vor dem Hintergrund gesellschaftlicher Zusammenhänge zu ermöglichen. Das Studienangebot ist – soweit möglich – interdisziplinär bzw. fächerübergreifend geplant worden und wird entsprechend im Veranstaltungsverzeichnis ausgewiesen. Eine Differenzierung des Studienangebots erfolgt nach Problemen und unter systematischen Gesichtspunkten und noch nicht nach Abschlüssen (Lehramt oder Diplom). Etwa 50 Tutoren und die Kontaktlehrer sollen neben den Hochschullehrern und wissenschaftlichen Mitarbeitern die Arbeit der Studenten in kleinen Gruppen sichern. Der Förderung der eigenen Aktivität der Studenten soll in den Anfangssemestern mehr Gewicht zukommen als einer Überförderung der Studenten durch das Anhäufen sogenannten „Grundwissens".

Die personellen und räumlichen Engpässe werden im Sommersemester die Reformansätze noch erheblich behindern. Neben den Gebäuden der ehemaligen Pädagogischen Hochschule ist ein erstes neues Aufbau- und Verfügungszentrum mit naturwissenschaftlichen Einrichtungen entstanden. Es wird allerdings im Sommersemester nur zum Teil genutzt werden können. Viele Wissenschaftler, die dem Kultusminister vom GA zur Berufung vorgeschlagen wurden, warten immer noch auf den Ruf an die Universität und werden daher im Sommersemester noch nicht zur Verfügung stehen.

Nach dem Willen des Gründungsausschusses hat die Universität auch schon einen Namen: Carl von Ossietzky Universität Oldenburg. Benannt nach dem großen Publizisten, dem 1936, als er im Konzentrationslager Esterwegen in der Nähe Oldenburgs interniert war, der Friedensnobelpreis verliehen wurde und der an den Folgen der unmenschlichen Behandlung in den Konzentrationslagern 1938 in Berlin verstarb. Als der Name im Gründungsverfahren erstmalig genannt wurde, führte die Lokalzeitung eine Leserbefragung durch. In nur 2000 Antworten entschied sich die Mehrheit schlicht für den Namen Universität Oldenburg. Weder Carl von Ossietzky noch einer der großen Oldenburger Söhne, wie die Philosophen Carl Jaspers oder Johann Friedrich Herbart oder der Graf Anton-Günther, wurden mehrheitlich genannt.

Universität Oldenburg
2680 Studenten (WS 1973/74).

Anschrift:
29 Oldenburg,
Ammerländer Heerstraße 67–99

Vier vorläufige Fachbereiche:
FB 1 Erziehung und Sozialisation
FB 2 Kommunikation/Ästhetik
FB 3 Gesellschaftswissenschaften
FB 4 Naturwissenschaften/Mathematik

Weitere Fachbereiche sind in der Planung (z. B. Technik). Juristische und medizinische Ausbildungsschwerpunkte sind bis auf weiteres in Oldenburg nicht zu erwarten.

Universität Osnabrück

Wolfgang Streffer

„Die Universität Osnabrück wird von dem Gründungsausschuß mit dem Ziel einer integrierten Gesamthochschule geplant."

„Die Landesregierung gewährt dem Gründungsausschuß einen über bestehende Studiengänge und geltende Prüfungsordnungen hinausgehenden Spielraum, um auch neue Studienmodelle zu erproben." (Aus: Durchführung der Gründung der Universität Osnabrück, Erlaß des Niedersächsischen Kultusministers vom 1. 3./3. 6. 1971, Abschn. B, 3.)

Mit diesem noblen Auftrag und unter der sich daraus ergebenden, schon damals zwiespältigen Arbeitsperspektive trat im Frühjahr 1971 in Osnabrück ein drittelparitätisch zusammengesetztes Gremium – der Gründungsausschuß – an, um in der „Bundesrepublik durchschnittlichster Stadt" eine möglichst überdurchschnittliche Hochschule zu gründen oder besser, zu planen und aufzubauen.

Diese Intention scheint – will man eine Zwischenbilanz ziehen – Realität geworden zu sein, wenn auch nicht so, wie von der Mehrheit des Gründungsausschusses beabsichtigt. Der für Niedersachsen so große Plan einer integrierten Gesamthochschule ist inzwischen zu einer fast klassisch strukturierten Universität zusammengeschmolzen; die Integration beschränkt sich auf die beiden Abteilungen Osnabrück und Vechta der Pädagogischen Hochschule Niedersachsen (PHN), die Fachhochschule für Ingenieure bleibt vor der Tür als bildungspolitischer Zwitter zwischen einer falsch verstandenen Wissenschaftlichkeit und einer zu kurz gefaßten Berufspraxisnähe. Zum derzeitigen Zeitpunkt beteuern alle Beteiligten, diese Entwicklung hätten sie nicht gewollt, doch die Rahmenbedingungen seien nun mal entscheidend gewesen. Für den Gründungsausschuß formulierte sein Vorsitzender Professor H.-D. Doebner dies so: Man habe im Verlaufe des Gründungsprozesses unmittelbar erfahren, „daß Hochschulpolitik und Bildungspolitik abgeleitete Politik sein kann, Politik aus zweiter Hand im hinteren Bereich der Wirtschafts- und Gesellschaftspolitik, und daß der Freiraum für eine Studienreform und für die Reform der Universität von der Landesregierung erkämpft werden muß..." Darüber hinaus wird von ihm bemerkt: „Der Freiraum für die Gründung in Osnabrück war gering, vielleicht war er kaum auszumachen."

Die Universität setzt also zunächst da an, wo die Abteilungen der PHN aufhörten: In der Ausbildung von Lehrern – jetzt aller Schularten und Schulstufen – und im Studiengang des Diplom-Pädagogen, dazu als Garnierung drei weitere Diplom- und zwei Magister-Studiengänge für zunächst 95 Studenten. Das Herz dieser Universität schlägt auch weiter dort, wo die Abteilung Osnabrück der PHN residierte, in einem mühsam zur Ausbildungsstätte umfunktionierten Schloß aus der zweiten Hälfte des 17. Jahrhunderts. Ist auch mit der Fertigstellung eines Aufbau- und Verfügungszentrums und eines naturwissenschaftlichen Erweiterungsbaues neben dem Schloß im Lauf des Sommersemesters zu rechnen, so ist gleichzeitig nicht absehbar, wann die für die Durchführung der wenigen Studiengänge dringend notwendigen Hochschullehrer berufen werden; von insgesamt 134 Hochschullehrerstellen für das Haushaltsjahr 1974 sind mehr als 30 nicht besetzt und aufgrund eines allgemeinen Besetzungsstopps circa 30 noch nicht zugewiesen und damit nicht besetzbar. Außerdem beginnt diese Universität ihren Lehrbetrieb unter Selbstverwaltungsbedingungen, die charakterisiert werden durch das Fehlen eines funktionsfähigen Senats und eines funktionsfähigen Konzils sowie durch das „Regiert-Werden“ von einem Übergangsrektor, dessen Bestellung erst durch ein Organisationsgesetz für die Universitäten Oldenburg und Osnabrück möglich gemacht wurde.

Um diese Startsituation auch nur in groben Zügen verständlich werden zu lassen, bedarf es neben der Darstellungen der Studienbedingungen im einzelnen eines kurzen Abrisses des Gründungsprozesses.

Seit drei Jahren existent, doch erst im Sommer 1974 beginnt der Lehrbetrieb

Nachdem schon in den sechziger Jahren von den damaligen niedersächsischen Landesregierungen, von der Stadt Osnabrück und nicht zuletzt von den im Raum Osnabrück ansässigen Bildungseinrichtungen im tertiären Bereich die Frage einer besseren Ausstattung des niedersächsischen Nordwestraumes mit Hochschuleinrichtungen aufgeworfen und zum Politikum gemacht worden war – hierbei spielte vor allem auch die sich abzeichnende Überlastung der Universitäten und Universitätsstädte Göttingen, Hannover und Braunschweig eine Rolle –, traf die die Große Koalition ablösende SPD-Regierung die erste Entscheidung von grundsätzlicher Bedeutung. Sie setzte 1971 in Abkehr von den Plänen der vorherigen Regierung, die eine aus der örtlichen Abteilung der PHN sukzessive hervorgehende Universität präferiert hatte, einen Gründungsausschuß ein, der mit der Zielrichtung „Integrierte Gesamthochschule“ eine Universität planen und aufbauen sollte. Dieser Ausschuß wurde drittelparitätisch zusammengesetzt und berücksichtigte gleichzeitig zu circa 50 Prozent die örtliche Abteilung der PHN und die Fachhochschule. Außerdem errichtete die niedersächsische Landesregierung mit Kabinettsbeschluß zum gleichen Zeitpunkt die Universität und schaffte hiermit die Möglichkeit, den Aufbau haushaltsrechtlich abzusichern.

Die Universität Osnabrück besteht also schon seit drei Jahren, auch wenn sie erst mit dem Sommersemester 1974 den Lehrbetrieb offiziell aufnimmt.

Während dieser drei Jahre hatte der Gründungsausschuß die Aufgaben der akademischen Kollegialorgane wahrzunehmen und dabei zu allen mit der Errichtung der Universität zusammenhängenden Fragen Beschlüsse zu fassen, insbesondere zu

- der Struktur der Studiengänge
- den Fachbereichen
- den zentralen Einrichtungen
- den zentralen Forschungseinrichtungen
- der Erarbeitung von Raumbedarfsplänen
- den vorläufigen Satzungen.

Die Beschlüsse des Gründungsausschusses sollten nach Zustimmung durch die Landesregierung in Kraft gesetzt werden. Ein Konzept für eine einphasige Lehrerausbildung – die in Osnabrück parallel zu Oldenburg erprobt werden soll – ergänzt den allgemeinen Aufgabenkatalog zur Studiengangsplanung.

In den ersten beiden Jahren seiner Tätigkeit versuchte der Gründungsausschuß, orientiert an den Forderungen nach stärker berufsfeldbezogenen Studiengängen, nach Integration der wissenschaftlichen Einzeldisziplinen und größerer Transparenz universitärer Entscheidungsprozesse sowie an einem in seiner eigenen Zusammensetzung realisierten Mitbestimmungsmodell auf dem Hintergrund der Hochschulreformerfahrungen in Bremen, Bochum, Göttingen etc., eine Organisationsstruktur für die Hochschule und der in ihr zu realisierenden Studiengänge zu entwickeln.

Unterbrochen und umgelenkt wurde dieser Arbeitsprozeß zum erstenmal durch die faktische Abkehr der Landesregierung von der Zielprojektion „Integrierte Gesamthochschule", die sich in der Aussetzung der Verabschiedung eines Niedersächsischen Gesamthochschulgesetzes (NGHG) niederschlug.

Eine zweite wesentliche Beschneidung der Planungsmöglichkeiten erfuhr der Gründungsprozeß durch das Urteil des Bundesverfassungsgerichts in dem Prozeß um das Vorschaltgesetz zum NGHG, das die tradierte individualistische Handhabung des Grundsatzes der Freiheit von Forschung und Lehre bestätigte und festschrieb und darüber hinaus zu einer Veränderung in der Zusammensetzung des Gründungsausschusses (Erhöhung der Anzahl der Professoren) und zu einer Verschleppung von Struktur- und Personalentscheidungen führte.

Daneben – und dies darf nicht als weniger wesentlich angesehen werden – ergaben sich, wie in entsprechenden Verhandlungen mit dem Kultusministerium deutlich wurde, durch dort sich manifest artikulierende divergierende bildungspolitische und hochschulrechtliche Auffassungen sowie aufgrund der materiell angespannten Finanzlage Niedersachsens wissenschaftspolitische, rechtliche und materielle Restriktionen, die den Spielraum des Gründungsausschusses immer mehr einschränkten. Diese Einschränkungen wurden dort am deutlichsten, wo Konzepte des Gründungsausschusses zur inhaltlichen Bestimmung von Fachbereichen, die die Orientierung an gesellschaftlichen Problem- und Praxisbereichen vorsahen, mit Auffassungen aus dem Kultusministerium, die von verwandten wissenschaftlichen Einzeldisziplinen ausgingen, konkurrierten oder wo die vom Gründungsausschuß vorgesehene Projektorientierung der Studiengänge im Kultusministerium als inakzeptabel qualifiziert wurden. Parallel zu diesem sukzessiven Abbau der Strukturierungs- und Planungsmöglichkeiten des Gründungsausschusses erfolgte eine, vor allem in der Regionalpresse und in konservativen Hamburger und Frankfurter Blättern betriebene politische Polarisierungskampagne, die auf eine Diskreditierung des Osnabrücker Gründungsausschusses und der von ihm geleisteten Arbeit abzielte und zumindest Verzögerungen in der Studiengangsplanung und in der Behandlung von für die Studiengangsrealisierung wichtigen Personalentscheidungen bewirkte. Schließlich und endlich verabschiedete der niedersächsische Landtag im Herbst 1973 ein Organisationsgesetz, in dem die Organisationsstruktur der Universität und die Zusammensetzung der akademischen Kollegialorgane geregelt ist und mit dem der Gründungsprozeß abgeschlossen und die Universität voll funktionsfähig gemacht werden sollte. Infolge der Klage einer sich durch das Organisationsgesetz benachteiligt fühlenden Gruppe von Professoren und Dozenten der ehemaligen Abteilungen der PHN erließ das zuständige Verwaltungsgericht eine einstweilige Verfügung gegen die Durchführung einzelner Wahlabschnitte, so daß die zentralen Kollegialorgane auf eine unbestimmte Zeit nicht zusammentreten können.

Etwa 90 Prozent der Studierenden sind Lehramtskandidaten

Die Universität Osnabrück umschließt neben den in Osnabrück eingerichteten Fachbereichen und zentralen Einrichtungen weitere Fachbereiche und Teileinheiten der zentralen Einrichtungen in Vechta. Die ehemalige Abteilung Vechta der PHN wurde integriert und muß aufgrund eines Konkordats des Landes Niedersachsen mit dem Heiligen Stuhl weiter ausgebaut werden. Aufgrund der örtlichen Bedingungen in Vechta mußte dort eine von Osnabrück abweichende Fachbereichsstruktur gewählt werden. Nach einer Verordnung des niedersächsischen Kultusministers sind folgende Fachbereiche eingerichtet worden:

in Osnabrück:

FB 1 Sozialwissenschaften: Produktion und Verteilung
FB 2 Sozialwissenschaften: Politische Organisation und Internationale Beziehungen
FB 3 Sozialwissenschaften: Erziehung und Sozialisation
FB 4 Naturwissenschaften: Festkörper und Festkörpertechnologie
FB 5 Naturwissenschaften/Mathematik: Dynamische Systeme

FB 6 Mathematik/Philosophie: Strukturen und Quantifizierung
FB 7 Kommunikation/Ästhetik

in Vechta:

FB 1 Erziehung und Sozialisation
FB 2 Kommunikation und Ästhetik
FB 3 Naturwissenschaften/Mathematik
FB 4 Sozialwissenschaften.

Im Sommersemester 1974 werden voraussichtlich in den Fachbereichen der Universität insgesamt 2700 bis 2800 Studenten studieren, davon entfallen circa 1800 auf Osnabrück und circa 900 auf Vechta. Etwa 90 Prozent davon sind Lehramtsstudenten, nicht zuletzt bedingt durch die auslaufenden „alten" Lehramtsstudiengänge der ehemaligen Abteilungen der PHN.

Infolge der noch durch den Gründungsausschuß vorgenommenen mittelfristigen Schwerpunktsetzung werden, vorbehaltlich der Genehmigung durch den Kultusminister, im Sommersemester 1974 und voraussichtlich auch im Wintersemester 1974/75 vorerst neben Lehramtsstudiengängen nur die Studiengänge

– Diplom-Mathematiker
– Diplom-Pädagoge
– Diplom-Physiker
– Diplom-Sozialwirt

sowie mit dem Grad eines Magisters abschließende Studiengänge im Bereich

– Literaturwissenschaft und
– Sprachwissenschaft angeboten.

Ein formeller, über die Dortmunder Zentralstelle auszugleichender Numerus clausus besteht für Osnabrück nicht; dennoch sind vom Kultusministerium strukturell begründete Zulassungsbeschränkungen verordnet worden, so daß nur eine begrenzte Anzahl Bewerber angenommen wird. Am Standort Vechta kann neben einer eingegrenzten Zahl von Lehramtsstudiengängen nur im Bereich Diplom-Pädagoge studiert werden. Darüber hinaus besteht an der Universität Osnabrück für eine geringe, aber nicht näher spezifizierte Anzahl von Studenten höherer Semester die Möglichkeit, sich zu immatrikulieren, sofern sie eine Promotion in Mathematik, Physik, Sozialwissenschaft oder Erziehungswissenschaft anstreben.

Die Struktur der Studiengänge soll sich an den späteren Praxisfeldern ausrichten

Studienordnungen und verbindliche Prüfungsordnungen liegen zur Zeit noch nicht vor. Für Diplom-Pädagogen gilt die bisher in Niedersachsen generell bestehende Prüfungsordnung. Für die anderen Studiengänge ist zu erwarten, daß das Kultusministerium im Laufe des Sommersemesters die ihm vorgelegten Prüfungsordnungsentwürfe genehmigt. Für die inhaltliche Ausgestaltung der Studiengänge und die Festlegung eines Minimallehrangebotes durch die Studienordnungen gelten die Beschlüsse des Gründungsausschusses, wonach sich die Struktur der Studiengänge und das Lehrangebot an den späteren Berufspraxisfeldern ausrichten sollen und das jeweilige Berufspraxisfeld selbst zum Arbeitsgegenstand im Studiengang wird. Allerdings zeichnet sich schon jetzt in den Prüfungsordnungsentwürfen eine Rückkehr zu der traditionellen Fächerfixierung der Studiengänge ab.

Die Lehramtsstudiengänge an der Universität Osnabrück sind einphasig angelegt, das heißt, die herkömmliche, dem ersten Staatsexamen folgende Praxisphase (Referendariat) ist in das Studium einbezogen. Das Studium verlängert sich dadurch auf eine vom Kultusminister für die verschiedenen Schulstufen noch festzusetzende Semesterzahl. Grundlage der inhaltlichen Ausgestaltung der Lehrerausbildung sind folgende Strukturelemente:

- Einheitlichkeit der Ausbildung für alle Schulstufen und Schularten bei schrittweiser Differenzierung der Ausbildungsschwerpunkte
- Berufspraxisbezogenheit der Ausbildung, das heißt Überprüfung der erworbenen Erkenntnisse im Handlungsfeld zukünftiger Berufsarbeit als Ausbildungsbestandteil
- Einphasigkeit der Ausbildung, das heißt Integration von vornehmlich an Theorieerwerb ausgerichteter erster Ausbildungsphase und praktisch-methodisch orientierter zweiter Ausbildungsphase
- Integration der einzelnen Ausbildungsteile unter dem Gesichtspunkt der Handlungsorientierung.

Die Ausbildung gliedert sich in drei große Abschnitte: Der erste Studienabschnitt dient der allgemeinen Orientierung, der Überprüfung der Studienmotivation, führt in die Berufspraxis (Praxisanteile) ein und zielt auf die Entscheidung für „Fächer" für das Berufsziel (Lehrer) und ist in gewisser Hinsicht verbunden mit einer Vorentscheidung für die Schulstufe.

Der zweite Studienabschnitt zielt auf die endgültige Entscheidung für die Schulstufe, und der dritte Studienabschnitt sieht wiederum eine Ausweitung des Handelns im Berufsfeld vor (experimentelle Unterrichtspraxis), die auf die gewählte Schulstufe und die gewählten Fächer bezogen ist. In diesem Studienabschnitt sollen neue oder modifizierte Curriculum-Elemente kooperativ entwickelt und empirisch kontrolliert erprobt werden. Den Abschluß bildet die Dokumentation der Ergebnisse und die daran anknüpfende Staatsprüfung.

Furore machte die Initiative für die Berufung Ernest Mandels

Osnabrück – katholischer Bischofssitz, Stadt des Großhandels und Sitz der Bezirksregierung – schöpft noch heute aus seiner regionalen und kulturellen Bedeutung, die es als Handelsmetropole des Spätmittelalters gewonnen hat. Wirtschaftsbürgerlicher Händlerfleiß prägte das Bild der Altstadt und jetzt auch der südwestlichen Stadtteile. Die Facharbeiterschaft, die sich aus ihrer ländlichen und religiösen Einbindung erst jetzt zu lösen beginnt, ist in der Nähe der ansässigen Betriebe der Metallindustrie im Osten und Norden der Stadt angesiedelt. So lassen sich soziale Schichtung und gesellschaftlicher Rang im Ortsbild deutlich erkennen.

Bisher haben die Bürger und Arbeiter Osnabrücks und die ländliche Bevölkerung des Umlandes die Universität noch nicht angenommen, denn Studenten prägen das Stadtbild bisher nicht. Die bisher bestehenden Hochschuleinrichtungen führten und führen eher ein Schattendasein in einem konservativen Milieu, dem jeder Versuch einer wissenschaftlich-rationalen Ausleuchtung als konfliktträchtige Bedrohung des Festgefügten erscheint. So regt sich Anteilnahme an universitärem Geschehen vornehmlich dann, wenn es heißt, daß Konservative oder Angehörige des katholischen Glaubensbekenntnisses unter dem wissenschaftlichen Personal nicht einem „richtigen Proporz" entsprechend vertreten sind oder aber dann, wenn der derzeitige niedersächsische Kultusminister Sozialwissenschaftler beruft, die ein Tüpfelchen zu linksliberal geraten zu sein scheinen. „Furore" machte im einzigen Lokalblatt die politisch ohnehin aussichtslose Initiative für eine Berufung des belgischen Wirtschaftswissenschaftlers Ernest Mandel, für den sich auch schließlich im Gründungsausschuß keine Mehrheit finden ließ.

Wie das Milieu, so die bisherige soziale und politische Struktur der Studentenschaft. Der konservative RCDS und die liberal-konservativen Wählerinitiativen haben die Mehrheit in den beiden Universitätsstandorten gemeinsamen Kollegialorganen; linksliberalen und linken Studentenorganisationen – bisher weitgehend in interne politische Querelen verstrickt – gelang es bisher nicht, sich längerfristig mit tragfähigen Mehrheiten in der Studentenschaft zu verankern.

Der regionale Wohnungsmarkt ist im Vergleich zu vielen anderen Hochschulorten noch nicht allzu überstrapaziert, dennoch kosten auch hier Zimmer – sofern man nicht zur Untermiete wohnen will – 120 bis 150 Mark. Kleinwohnungen sind kaum unter 200 Mark zu haben. Gegen Wohngemeinschaften bestehen nach bisherigen Erfahrungen bei den Vermietern erhebliche Vorurteile. An Wohnheimplätzen (Einzelzimmer) stehen für den Universitätsstandort Osnabrück gegenwärtig 260 Plätze zur Verfügung.

Die Kinos haben sich auf das zu erwartende Publikum noch nicht eingestellt. Der Spielplan der Städtischen Bühnen Osnabrück orientiert sich bisher an den Bedürfnissen einer vorrangig großbürgerlichen Provinzstadt.

Als Kommunikationszentren dienen den Studenten bisher lediglich der selbstorganisierte PH-Keller im Schloß – Neuer Graben und das „Schnapsdreieck", eine Ansammlung von Twen- und Studentenkneipen am Hegertor in der Altstadt. Zahlreiche Eckkneipen in den Vororten sind noch zu erschließen.

Vechta – ein Ort, wo in Ruhe studiert werden kann

Die südoldenburgische Kleinstadt Vechta, in der sich der zweite Universitätsstandort befindet, liegt 40 Kilometer südwestlich Oldenburgs und 60 Kilometer nördlich Osnabrücks. Die konservativ-katholische und vornehmlich agrarische Umgebung macht selbst liberale Jungsozialisten noch zum revolutionären Bürgerschreck. Mit pädagogischen Ausbildungseinrichtungen und Anstalten der Erziehungshilfe und des Strafvollzuges ausgestattet, verlieh sich die 10 000-Einwohner-Gemeinde auch bisher schon den Titel einer „Hochschulstadt im Südoldenburgischen". Den Lehrerstudenten, die sich von den hochschulpolitischen Auseinandersetzungen an anderen wissenschaftlichen Hochschulen frustriert abwenden, dient Vechta – bisher mit seiner Abteilung der PHN – in neuerer Zeit als stilles und beschauliches Refugium, in dem sich in Ruhe und Ordnung die eigenen Studien abschließen lassen.

Universität Osnabrück
2800 Studenten (WS 1973/74).

Anschrift:
45 Osnabrück,
Neuer Graben Schloß

Fachbereiche:
- FB 1 Sozialwissenschaften: Produktion und Verteilung
- FB 2 Sozialwissenschaften: Politische Organisation u. Internationale Beziehungen
- FB 3 Sozialwissenschaften: Erziehung u. Sozialisation
- FB 4 Naturwissenschaften: Festkörper und Festkörpertechnologie
- FB 5 Naturwissenschaften/ Mathematik: Dynamische Systeme
- FB 6 Mathematik/Philosophie: Strukturen und Quantifizierung
- FB 7 Kommunikation/Ästhetik

in Vechta:
- FB 1 Erziehung und Sozialisation
- FB 2 Kommunikation und Ästhetik
- FB 3 Naturwissenschaften/ Mathematik
- FB 4 Sozialwissenschaften

Gesamthochschule Paderborn

Gerhard Trott

Die Gesamthochschule konnte an eine alte Tradition anknüpfen

Im Auftrage der Landesregierung Nordrhein-Westfalens arbeitete seit 1969 ein Wissenschaftler-Team an einem Forschungsprojekt, das die „Grundlagen für die Standort- und Kapazitätsplanung zukünftiger Gesamthochschulen in Nordrhein-Westfalen" ermitteln sollte. Im Frühjahr 1971 lagen die Ergebnisse vor. Auf deren Grundlage beschloß die Landesregierung, fünf neue Gesamthochschulen in Paderborn, Duisburg, Essen, Siegen und Wuppertal zu gründen und sich „auf die integrierte Gesamthochschule als ‚landespolitisches Ziel' festzulegen".

Durch das Gesetz über die Errichtung und Entwicklung von Gesamthochschulen im Lande Nordrhein-Westfalen vom 30. Mai 1972 ist die Gesamthochschule Paderborn zum 1. August 1972 errichtet worden. Der Anlaß für die Gründung waren insbesondere die beiden Zentralanliegen der nordrhein-westfälischen Hochschulpolitik: das Prinzip der Regionalisierung des Hochschulausbaus, wodurch die Gesamthochschule Paderborn in bisher hochschulfernen Gebieten arbeiten soll, und die Organisation des Hochschulbereichs, „so daß die Reform der Studiengänge, Studieninhalte und Prüfungsordnungen möglich wird und ein sozial gerechteres ... Hochschulsystem geschaffen werden kann".

Die Gesamthochschule Paderborn, in die die Abteilung Paderborn der Pädagogischen Hochschule Westfalen-Lippe und die Fachhochschule Südostwestfalen mit ihren Abteilungen in Höxter, Meschede, Paderborn und Soest übergeleitet wurden, ist also eine Neugründung. Dennoch: mit ihrer Gründung knüpft Paderborn – das sich seit 1964 darum bemüht hatte, wieder Universitätsstadt zu werden – an alte Traditionen an; denn Paderborn ist eine alte Universitätsstadt. Bereits 1614 gründete der Fürstbischof Dietrich von Fürstenberg die Alma mater Paderbornensis, die seinerzeit eine philosophische und theologische Fakultät hatte. 200 Jahre später löste König Friedrich III. von Preußen die Universität Paderborn wieder auf.

Einen Paderborner Campus gibt es noch nicht

Einen Paderborner Campus, zentraler Sammelplatz für jedwede Aktion und Kommunikation, gibt es noch nicht. Die Einrichtungen der Gesamthochschule liegen in Paderborn, Meschede, Höxter und in Soest verstreut. Kommunikationsschwierigkeiten sind daher verständlich. Das aber soll sich bis 1980 ändern.

Für die Übergangszeit werden die Gebäude der übergeleiteten Einrichtungen weitergenutzt. Zusätzlicher Raumbedarf wurde Anfang 1974 durch die Übergabe des Aufbau- und Verfügungszentrums – es liegt auf dem künftigen Campus – abgedeckt. Die Gesamthochschule Paderborn erhält jedoch insgesamt neue Gebäude, die auf einer 40 Hektar großen, zentral gelegenen Hauptbaufläche errichtet werden, so daß die Integration auch durch die räumliche Zusammenfassung erleichtert wird. (Die Gebäude der ehemaligen Staatlichen Ingenieurschule für Maschinenbau und Elektrotechnik werden auch über 1975 hinaus für Zwecke der Gesamthochschule erhalten bleiben.)

Das Gelände des künftigen Hauptgebäudes liegt 1,5 Kilometer vom Stadtkern Paderborns und etwa gleichweit vom Erholungsgebiet Haxtergrund entfernt und bietet sich in nahezu idealer Weise für eine Stadthochschule an. Die Wohnungen für Studenten und Hochschulangehörige, die in unmittelbarer Nähe der Hochschule entstehen, sollen zu Fuß erreichbar sein. In Paderborn bietet sich noch die Möglichkeit, nicht „gettohaft" zu bauen. Auch aus den benachbarten Wohngebieten soll man nicht länger als zwei bis zwölf Minuten zur Hochschule gehen müssen.

Das Finanzvolumen der Gesamthochschule beläuft sich für 1974 auf rund 62 Millionen Mark. Wie alle Universitäten und Gesamthochschulen des Landes NRW, so hofft auch Paderborn, daß bei der angestrengten Finanzlage, die durch die hochschulpolitischen Aktivitäten des Trägers Nordrhein-Westfalen entstanden sind, die Mittel für die zu bewältigenden Aufgaben ausreichen werden und die Absichten der Landesregierung, die mit der Gründung der Gesamthochschule verbunden waren, realisiert werden können.

Im Wintersemester 1973/74 studierten an der Gesamthochschule Paderborn 5045 Studenten. Trotz dieser beachtlichen Studentenzahl herrscht noch kein Massenbetrieb, und die Studienbedingungen sind vergleichsweise günstig. Der direkte Kontakt zu den Lehrenden ist noch möglich.

In erster Linie Studienreform

Das inhaltliche Programm der GH Paderborn konzentriert sich in erster Linie auf die Studienreform. „Paradedisziplinen" lassen sich schwer ausmachen, es sei denn, man bezeichnet als solche die „integrierten Studiengänge": Lehramtsstudiengänge, Wirtschaftswissenschaften, Mathematik, Physik, Chemie und ab Wintersemester 1974/75 Maschinenbau und Elektrotechnik, deren Studien- und Prüfungsordnungen vom Minister für Wissenschaft und Forschung genehmigt und inzwischen veröffentlicht wurden. Neue Fachbereiche werden in absehbarer Zeit nicht eingerichtet.

Die Arbeitsbedingungen in Vorlesungen, Übungen und Seminaren sind noch als gut zu bezeichnen. Die integrierten Studiengänge – außer denjenigen für das Lehramt – sind gekennzeichnet durch ein gemeinsames viersemestriges Grundstudium und eine anschließende Verzweigung in ein überwiegend praxisorientiertes zweisemestriges Hauptstudium I und ein überwiegend theoriebezogenes Hauptstudium II. Durch die Integration von Studiengängen mit nach Studiendauer gestuften Abschlüssen – das heißt jeweils Diplom-Abschlüssen – sollen die Studenten – entsprechend ihren Interessen – die Möglichkeit erhalten, einen ihnen gemäßen Abschluß zu wählen. Die integrierten Studiengänge, mit Ausnahme der Lehramtsstudiengänge, sollen gleiche Chancen für Studierende mit Fachhochschulreife und Studierende mit allgemeiner Hochschulreife eröffnen.

Für die Lehramtsstudenten gelten neue Studienordnungen, die das Studium im Vorgriff auf im Entwurf vorliegende neue Prüfungsordnungen des Kultusministers von Nordrhein-Westfalen regeln. Diese neuen Prüfungsordnungen sehen in den sechssemestrigen Lehramtsstudiengängen für die Grund-, Haupt- und Realschule ein Studienanteilverhältnis zwischen erstem Schulfach, zweitem Schulfach und Erziehungs-/Gesellschaftswissenschaften von 1 : 1 : 1 und in den achtsemestrigen Studiengängen für das Lehramt am Gymnasium ein Anteilverhältnis von 2 : 1 : 1 vor. Für die Studenten des Lehramts an der Grund- und Hauptschule, die im Sommersemester 1974 im dritten Semester studieren, ist ebenfalls die neue 1 : 1 : 1-Regelung verbindlich.

Paderborns Gesamthochschule befürchtet, daß der Andrang zu den Hochschulen des Landes Nordrhein-Westfalen in den nächsten Jahren in noch stärkerem Maße steigen wird als die Aufnahmekapazität und somit zu den schon betroffenen weitere Studiengänge in das ZVS-Verfahren einbezogen werden. Die Zentralverwaltung der Hochschule empfiehlt daher den künftigen Studienanfängern, sich etwa zwei bis drei Monate vor Aufnahme des Studiums über den angestrebten Studiengang bei der ZVS zu informieren.

Gebremste Aktivitäten der Studentenschaft

Mangelnde räumliche Konzentration und Kommunikation untereinander behindern herausragende hochschul- oder allgemeinpolitische Aktivitäten. Das hochschulpolitische Engagement der Studenten richtet sich insbesondere gegen die mit den integrierten Studiengängen eingeführten Regelstudienzeiten, die aus der Sicht des AStA im Vorgriff auf das Hochschulrahmengesetz schon jetzt in Paderborn erfüllt werden. Darüber hinaus werden die Inhalte der integrierten Studiengänge als praxisfern und die Einführung der Zwischenprüfung als hinter das Ziel der Gesamthochschule zurückfallend bezeichnet.

Das höchste „parlamentarische" Gremium, das Studentenparlament der Gesamthochschule, setzt sich überwiegend aus Mitgliedern der Juso-

Hochschulgruppe und gewerkschaftlich orientierten Vertretern sowie aus relativ zahlreichen unabhängigen/unorganisierten Studentenvertretern zusammen. Der AStA – mit dem Politreferat, Inforeferat, Finanzreferat, Kulturreferat, Sportreferat, Organisations- und Koordinationsreferat sowie dem Sozialreferat – wird aus einer Koalition Juso-Hochschulgruppe und gewerkschaftlich Orientierte sowie Unabhängige/Unorganisierte gebildet. Im einzelnen gehören dem AStA an: drei Vertreter der Juso-Hochschulgruppe, drei unabhängige/unorganisierte Vertreter und ein gewerkschaftlich orientierter Vertreter. Vordringliche Aufgaben sind hier unter anderem: Verabschiedung einer Satzung der Studentenschaft, um eine Verfaßte Studentenschaft zu bekommen und zu erhalten; die permanente Mitarbeit an den in der Entwicklung und Erprobung stehenden integrierten Studiengängen.

Der Freizeitwert ist relativ groß

Der Wohnungsmarkt ist in Paderborn und vor allem in Höxter, Soest und Meschede noch „in Ordnung". Eine Änderung ist sicherlich zu befürchten, sobald sich die Gesamthochschule in Paderborn konzentriert. Zwischen 100 und 120 Mark müssen Studenten auf dem freien Wohnungsmarkt monatlich für ein Zimmer bezahlen. Die Wohnsituation für verheiratete Studenten ist relativ gut, ebenfalls – auch wenn manche Vorurteile bestehen bleiben – für ausländische Studierende.

Mit Studentenwohnheimplätzen ist Paderborn noch nicht gut bestückt. Bisher steht ein Wohnheim mit 241 Plätzen zur Verfügung. Die Miete für ein Einzelzimmer beträgt 130 Mark. Bei diesem einen Wohnheim soll es jedoch nicht bleiben. Es wird weiter gebaut, und in der „Endphase" soll die Gesamthochschule Paderborn – laut Planung der Landesregierung – über 968 Studentenwohnheimeinheiten verfügen.

Verpflegen können sich die Studenten in der Mensa, die Essen zum Preis von 1,20 bis 2,50 Mark zur Wahl stellt.

Der Freizeitwert Paderborns ist relativ groß. Landschaftliche Gegensätze bestimmen die Umgebung: Hochfläche des Sindfeldes und Heideland der Senne. Noch scheint alles idyllisch ruhig. Die Städte der noch verstreuten Gesamthochschule liegen in erreichbarer Nähe des Möhnesees, des – für Höxter – Weserberglandes und der Weser. Ins Sauerland fährt man nicht länger als 45 Autominuten, und so steht dem Skiurlaub – jedenfalls was die Entfernung betrifft – nichts im Wege.

Gesamthochschule Paderborn – Milieu im Aufbau

Wenn man auf das Verhältnis der Bürger zu „ihrer" Hochschule zu sprechen kommen soll, so läßt sich dies nie so ganz und gar ausloten. Doch die

Voraussetzungen für ein gutes Verhältnis sind für die alte Universitätsstadt recht günstig. Die Stadtväter haben die Hochschule gewollt und sich seit 1964 darum bemüht. Für eine Mittelstadt wie Paderborn ist eine Hochschule – wenn schon nicht Universität geheißen – ein Prestigegewinn durch das Anknüpfen an eine alte Tradition, eine „Jahrhundertentscheidung", die eine Strukturverbesserung des weitgehend ländlich orientierten Hinterlandes zwischen Bielefeld und Kassel nach sich zieht und die Annäherung der Bildungschancen im südostwestfälischen Raum an die in den Ballungszentren. Sicherlich: das Verhältnis der Paderborner Bürger zu ihrer Gesamthochschule wird bestimmt durch die jeweiligen hochschul- und allgemeinpolitischen Rahmenbedingungen, durch spezielle Konstellationen und besondere Aktivitäten der Studentenschaft. Ein ungetrübtes Verhältnis wird selten erreichbar sein. Auf Verständnis hoffen die Studenten, jetzt und auch dann, wenn sie sich konzentriert an einem Ort in der Stadt auf dem Campus niedergelassen haben.

Die Paderborner Gesamthochschule befindet sich in einer Aufbauphase. Sie wird sich – ohne daß sie von ihren altehrwürdigen Persönlichkeiten und dem Ruf der ältesten westfälischen Universität in der Zeit von 1614 bis 1818 mit durchschnittlich 200 eingeschriebenen Studenten sowie den gestandenen Gesamthochschulteilstücken gegenwärtig profitieren könnte – neu profilieren müssen. Ein ausgeprägtes Studentenmilieu gibt es noch nicht. Man trifft sich etwa im Studentenlokal „Paßt", im „Ulenspiegel" oder „Zum Schultheiß". Dies wird sich sicherlich, langfristig gesehen, ändern.

Gesamthochschule Paderborn
5045 Studenten (WS 1973/74).

Anschrift:
4790 Paderborn, Geroldstraße 32

Fachbereiche:
FB 1 Philosophie, Religionswissenschaften, Gesellschaftswissenschaften/Paderborn
FB 2 Erziehungswissenschaften, Psychologie, Leibeserziehung/Paderborn
FB 3 Sprach- und Literaturwissenschaften/Paderborn
FB 4 Kunsterziehung, Gestaltung/Paderborn
FB 5 Wirtschaftswissenschaft, Rechtswissenschaft/Paderborn
FB 6 Naturwissenschaften/Paderborn
FB 7 Architektur/Höxter
FB 8 Bautechnik/Höxter
FB 9 Landbau//Soest
FB 10 Maschinentechnik I/Paderborn
FB 11 Maschinentechnik II/Meschede
FB 12 Maschinentechnik III/Soest
FB 13 Holztechnik, Kunststofftechnik, Lack- u. Farbentechnik/Paderborn
FB 14 Elektrotechnik, Elektronik/Paderborn
FB 15 Nachrichtentechnik/Meschede
FB 16 Elektrische Energietechnik/Soest
FB 17 Mathematik, Informatik/Paderborn

Universität Regensburg

Hans Ehnert

In Regensburg sind die Bayern noch unter sich

Regensburg ist eine „Arbeitsuniversität". An die Grundsteinlegung 1965 knüpften sich zwei ministerielle Erwartungen: Mit der vierten bayerischen Landesuniversität sollten die anderen Universitäten entlastet werden. Wenn auch viele Münchner Studenten nach Regensburg wechseln, um dort zu lernen und Examen zu machen – in Ruhe –, so ist diese Entlastungsfunktion zweifelhaft geblieben; denn wie in München laufen auch in Regensburg die Studentenzahlen allen Planungen davon: die über 8000 Studenten heute in Regensburg waren erst für die nächsten Jahren vorgesehen. Die zweite Gründungsaufgabe hat dafür um so mehr gezündet: Die Universität Regensburg sollte den ostbayerischen Raum, die Oberpfalz vor allem, „erschließen". Regensburg und sein Einzugsgebiet Oberpfalz stellen 44,5 Prozent der Studenten; Nieder- und Oberbayern schickten 35,4 Prozentanteile nach Regensburg, das übrige Bayern 7,3 Prozent (1973). Wie viele aus anderen Bundesländern kommen, ist manchmal an der Hand abzuzählen: je neun aus dem Saarland und aus Bremen (0,1 Prozent). Die stärkste Zugereistengruppe sind die Baden-Württemberger mit 242 Studenten (3,6 Prozent).

Die meisten Studenten wollen Lehrer werden, weil dies auf dem Land, dem eine Universität beschert wurde, oft als einzige Vorstellung vom Studierten gilt. Akademische Bezugsperson ist der Lehrer. Wenn es früher hieß, daß die bayerischen Lehrer aus der Oberpfalz kommen, so kann jetzt ergänzt werden, daß sie auch dort ausgebildet werden. Der Anteil der Studenten aus Familien, in denen noch nie jemand studiert hatte, ist statistisch nicht erfaßt, in Regensburg aber als „sehr hoch" eingestuft. Eine weitere Zahl verstärkt diese Vermutung: Die Väter von 13,6 Prozent der Regensburger Studenten sind Arbeiter, 25,9 Prozent Angestellte. Der Prozentsatz der Arbeiterkinder ist einer der höchsten an deutschen Universitäten.

Die Universität heute ist ein sich in Etappen vorschiebendes Baugelände. Im schnellen Fertigbeton entstanden nacheinander das Sammelgebäude, das Gebäude der Wirtschafts- und Sozialwissenschaftlichen Fachbereiche und der Fachbereiche Mathematik, Physik und das Vorklinikum, das Philosophiegebäude und die Sportanlagen, die Katholisch-Theologische Fakultät, die Zentrumsbauten für Rektorat und Verwaltung, Studentenhaus, zentrales Hörsaalgebäude und Zentralbibliothek und die ersten Bauabschnitte für das Chemiegebäude. Die Gebäude für den Fachbereich Chemie und das Rechenzentrum sollen bis 1977 stehen. Danach geht es in die zweite

Aufbauphase: 1977 wird mit dem Bau des Klinikums begonnen für 1600 Betten und jährlich 90 bis 130 klinisch und 50 zahnmedizinisch auszubildende Studenten.

Geschichte der Universität Regensburg – die Geschichte ihrer Rektoren

Bis jetzt hat die junge Universität bereits fünf Rektoren „verbraten". Nach dem Bayerischen Hochschulgesetz von 1973 wird der sechste ein auf sechs Jahre gewählter Präsident sein.

Gründungsrektor Götz Freiherr von Pölnitz gab schon nach einem Jahr auf, als seine nationalsozialistische Vergangenheit ins öffentliche Gerede kam. Er hinterließ der Neugründung einen „reaktionären" Ruf. 1967 trat der erste vom Großen Senat gewählte Rektor sein Amt an, Professor Franz Mayer, zuvor Polizeireferent im Bayerischen Staatsministerium. Er bestätigte die Befürchtungen, die Arbeitsuniversität für soziale Aufsteiger werde von bayerischen „Schwarzen" auf Münchner Kurs gehalten: schaffen und maulhalten. Eines hatte er verbissen durchgesetzt: daß auch die teuren Gebäude für die Naturwissenschaftler angefangen wurden. Sein Nachfolger Karl-Heinz Pollok mußte schon zwischen linken und rechten Kräften an der Universität balancieren. Auf der Baustelle wurde ja inzwischen auch geforscht und gelehrt, entwickelten sich politische Richtungen. Assistenten, liberale Professoren und linke Studenten hatten eine Änderung der Universitätsverfassung erreicht, die vom damaligen Minister für Unterricht und Kultus, Ludwig Huber, auch genehmigt wurde. Die Kollegialorgane waren 2 : 1 : 1 besetzt, das heißt zwei Professoren, ein Angehöriger des Mittelbaus und ein Student. Es war zwar nicht die von Studenten geforderte Drittelparität, es war aber mehr Mitbestimmung für Studenten drin als an Universitäten auch außerhalb Bayerns. Mit diesem „Regensburger Modell" betrat die Universität 1969 die hochschulpolitische Bühne. Mit dem Bayerischen Hochschulgesetz von 1973 wurde es wieder in die Kulisse gestellt. In der künftigen sogenannten Versammlung und im Senat werden Professoren, Assistenzprofessoren – die es nach dem neuen Hochschulrahmengesetz nicht mehr geben wird –, Assistenten, Studenten und nichtwissenschaftliches Personal im Verhältnis 6 : 1 : 1 : 2 : 1 vertreten sein. Studentische Mitbestimmung ist nun bayerisch klein geschrieben. Die Hoffnung, Regensburg werde „Modell" für Bayern sein, ist ins Gegenteil verkehrt: Die Regensburger Universitätsverfassung wird zur Zeit umgeschrieben nach ministeriellen Auflagen und dem Vorbild der anderen Universitäten. Im Hintergrund steht das Urteil des Bundesverfassungsgerichts zum niedersächsischen Vorschaltgesetz, wonach Professoren in wichtigen Angelegenheiten der Universität (Berufungen, Forschung usw.) eine Mehrheit haben müssen.

1971 stellte sich Pollok zur Wiederwahl. Niemand zweifelte auch daran; ein Mann der Mitte, der es mit Rechten und Linken gleichermaßen kann, schien mit den Paritäten des Modells und seinen Gegnern im Senat am besten zurechtzukommen. Da ist's passiert. Mit einer Stimme Mehrheit wurde der linksliberale Physikprofessor Gustav Max Obermair 1971 zum neuen Rektor gewählt. Mit größerer Mehrheit wurde er 1972 wiedergewählt. Seine Wahl 1971 war eine Sensation. Die einen wollten es nicht, die anderen konnten's nicht glauben. Seit Oktober ist der Rechtswissenschaftler Dieter Henrich im Amt, wie gesagt, der sechste und letzte Rektor der Universität Regensburg. Danach kommen die Präsidenten.

Hat Obermair Marx in den Bayerischen Wald gebracht?

Er hat nicht. Das „Regensburger Modell" hat er für lebensfähig gehalten. Es war aber noch ein Experiment, das keine vier Jahre überlebt hat, zu wenig meinen die einen, um es als funktionsfähiges Kollegialprinzip zu bestätigen, zu viel meinen die anderen, da es die Polarisierung in Rechte und Linke förderte und mit Obermair an der Spitze die Universität ins bundesdeutsche Gerede gebracht hat. Die eigentlich größte Aufregung verursachte die Vorlage einer Fachbereichskommission, im Fachbereich Sprach- und Literaturwissenschaft das Grundstudium künftiger Gymnasiallehrer neu zu gliedern. Darin tauchten Kurse in politischer Ökonomie auf, deren Themen aus Marx' „Kapital" entlehnt waren. Die Kurse wurden schließlich vom Kultusministerium untersagt. Regensburg wurde fortan durch die rote Brille gesehen, ebenso einseitig wie zuvor durch die schwarze. Die Liberalen und Linken waren und blieben in der Minderheit; im Kleinen Senat, der die „politischen" Entscheidungen trifft, stießen sie auf den erbitterten Widerstand der konservativen Mehrheit. Eine rationale Argumentation zwischen beiden Seiten war kaum noch möglich. Das besorgte Münchner Staatsministerium regierte immer offener mit. Berufungen wurden abgelehnt, die dringend benötigten Lehrstühle für allgemeine angewandte Sprachwissenschaft, für Pädagogik (III) und Rechtssoziologie nicht genehmigt, die als interdisziplinäre Neuerung schon bei der Gründung gefeierten Zentralinstitute blieben auf dem Papier – Absichtserklärungen.

Rektor Dieter Henrich nun will wieder die Aussöhnung erreichen innerhalb der Universität zwischen allen Gruppen und natürlich mit dem über den linken Sündenfall vergraulten Ministerium; denn die Universität braucht auch Geld für den weiteren Ausbau. Von 1965 bis 1973 wurden rund 370 Millionen Mark reine Baukosten aufgewendet.

Arbeitsuniversität ohne besondere Schwerpunkte

Ist Regensburg wieder in die Provinz zurückgekehrt? Sensationsmeldungen waren seit einem Jahr nicht mehr von dort zu hören. Regensburg damit in die Provinzecke abzuschieben wäre ein grober Fehler. Die Universität ist wieder zur ihr zugedachten Normalität zurückgekehrt: eine Arbeitsuniversität ohne besondere Schwerpunkte. Der Name Widmaier, bei den Volkswirten zu Hause, ist durch seine Bedarfsprognosen bei Bildungs- und Berufsforschern weit über Regensburg hinaus bekannt. Sonst? Zwei Soziologieprofessoren, denen weitere Lehrstühle fehlen, müssen gegen den Ansturm der Soziologiestudenten anrudern. Psychologie: bis jetzt ein Lehrstuhl. Mediziner kommen bislang nur zum Physikum; dann müssen sie an anderen Universitäten weiterstudieren. Das Lehrerstudium ist schwergewichtig auf das erziehungswissenschaftliche Diplom ausgerichtet. Für höhere Semester treten aber die noch vorhandenen Vorlesungslücken auf. Wer heute sein Studium an der Universität Regensburg aufnimmmt, kann aber in allen Fakultäten und Fachbereichen – Katholisch-theologische, Rechts- und Wirtschaftswissenschaftliche, Philosophische, Erziehungswissenschaftliche und Naturwissenschaftliche – darauf vertrauen, daß sich die Studien- und Arbeitsbedingungen nach und nach verbessern werden, am ehesten bei den Naturwissenschaftlern – bis auf Medizin, das noch im Aufbau bleibt –, mit Verzögerung bei den Philosophen, über die noch das ministerielle Auge kritisch wacht. Dort sind die Fachbereiche Philosophie – Psychologie – Pädagogik, Geschichte – Gesellschaft – Politik und Sprach- und Literaturwissenschaften angesiedelt.

Der Beitrag der progressiven Professoren, die Obermair unterstützten, zur inneren Befriedung der Universität und damit zum weiteren Ausbau der Universität, für den das Geld aus München kommt, besteht darin, heute still zu sein. Der Gedanke an eine Reformuniversität Regensburg ist ihnen vergangen. Den Besucher, der sich mit ihnen über Regensburger Perspektiven unterhalten will, befragen sie bald nach der „Lage" in anderen Ländern und Universitäten, als ob sie's nicht wüßten. Es sind rhetorische Fragen, bei der täglichen Überlegung gestellt, ob man die Koffer packen soll. Ein Studentensprecher kommentiert: „Die wären ja blöd, wenn sie blieben." Sie sind zum größten Teil geblieben, mit enttäuschten Erwartungen. In Regensburg wird nun sicher ohne Aufhebens auf absehbare Zeit geforscht und gelehrt. Wer sein Studium ohne Unterbrechung zügig absolvieren will, dem sei Regensburg empfohlen. Ihm war es schon immer empfohlen. Geplante marxistische Grundkurse ließen den Lehrbetrieb nicht aus den Fugen geraten, lediglich die Diskussion über die Universität.

Kooperation zwischen den Fachbereichen kommt nur schwer voran

Die strukturelle Gliederung der Universität in „alte" Fakultäten und nachfolgende „neue" Fachbereiche mit interdisziplinären Absichten ist eine etwas verunglückte Konstruktion geblieben. Die Ordinarienuniversität sollte es nicht mehr sein. Der machtvolle Lehrstuhlinhaber ist geblieben. Wo liegt der Unterschied? Die Kooperation innerhalb der Fachbereiche will nicht voranskommen. Das braucht den noch nicht forschungsorientierten Studienanfänger auch nicht zu kümmern. Er wird in zusätzlich eingerichteten kleinen Lehrveranstaltungen systematisch auf Inhalt und Methodik eines Faches eingeschult. Um die Einrichtung einer psychotherapeutischen Beratungsstelle kämpfte die Universität bisher vergebens. Dafür kommt ein Mitarbeiter des Arbeitsamtes einmal die Woche in die Universität zur Berufsberatung. Er muß ohne die begleitende psychologische Beratung auf verlorenem Posten stehen. Die Studienberatung wird von den Fachbereichen wahrgenommen, in Konkurrenz teilweise zu der studentischen Beratung in Fachschaften. Hier unterscheidet sich Regensburg nicht von anderen Universitäten: Der Ratsuchende braucht erst Rat über die Ratgebenden.

Die Ausbauplanung hält mit der Entwicklung der Studentenzahlen nicht Schritt. Die Katholisch-Theologische Fakultät nimmt noch alle Studenten auf, ebenso die Rechts- und Wirtschaftswissenschaftlichen und die Erziehungswissenschaftlichen Fachbereiche. Im Fachbereich Philosophie bestehen für Studienanfänger der Richtung Psychologie und Soziologie Zulassungsbeschränkungen. Das gilt auch für die Naturwissenschaften in allen Fachbereichen (Biologie, Physik, Chemie und Medizin), außerdem für die Lehrämter in einer Fächerverbindung mit Biologie, Chemie oder Physik und in einer Fächerverbindung mit Geographie – das Fach selbst ist gleichfalls nur beschränkt zugänglich – und Sozialkunde.

Jeder zweite Student kommt im eigenen Wagen

51 Prozent der Regensburger Studenten wurden 1973 nach dem Bundesausbildungsförderungsgesetz unterstützt, jeder zweite mit dem damaligen Höchstsatz von 420 DM. Diese Zahlen liegen über dem Durchschnitt anderer Universitäten. Die regionale und soziale Herkunft der Studenten aus der Oberpfälzer Region, wo Begabungsreserven aus Arbeiter- und Angestelltenfamilien mobilisiert werden, erklärt es. Die Mensa versorgt nach dem Cafeteriasystem täglich mit rund 4000 Mittagessen in Spitzenzeiten des Semesters. Die durchschnittliche Wartezeit, in der man sich zum Büffet durchgestanden hat, wo drei Gerichte zur Wahl stehen, beträgt zwischen 15 und 10 Minuten. Für 1,20 DM gibt es schon Schinkennudeln und Suppe. Und für 80 Pfennig 0,2 Liter Rotwein. An welcher deutschen Universität bekommt der Student Rotwein?

In einer Umfrage ermittelte das Studentenwerk der Universität im Sommersemester 1972 einen durchschnittlich von den Studenten gezahlten Mietpreis von 120 Mark. Ebenso viel kosten die zu knappen Wohnheimplätze. Die beiden größten Wohnheime liegen in unmittelbarer Nähe der Universität.

Knapp 110 DM zahlten die 34 Prozent möblierten Untermieter. 36 Prozent von ihnen sind allerdings mit ihrer Unterkunft unzufrieden. Die sanierungsbedürftige Altstadt mit Bauten zum großen Teil aus dem 13. bis 16. Jahrhundert bietet kaum Unterkünfte, die baulichen, hygienischen und sozialen Ansprüchen voll genügen könnten. Die Einwohnerzahl der Altstadt sinkt ständig. Man muß nicht Konsummuffel sein, sondern masochistische Züge haben, um sich hier einzurichten, dann allerdings auch schon für 80 Mark im Monat. Bevorzugte Wohngegend ist das Umland in einem Umkreis von 15 Kilometern. Hier findet man noch „gute Vermieter", bei denen die 8,6 Prozent in Wohngemeinschaften lebenden Studenten ein gutes Image haben. Und 43,3 Prozent der Befragten bekundeten ein uneingeschränktes beziehungsweise bedingtes Interesse („nur mit Freunden oder Bekannten") an dieser Lebens- und Wohnform.

Bauern, die ihr Land zum Universitätsbau und der an der Universität vorbeiführenden Autobahn verkauft haben, haben die Situation erfaßt. Ihr Geld legen sie in den Bau von Wohnheimen an, eine rein privatwirtschaftliche Angelegenheit. In den nach Schema F, aber dennoch modern gebauten und in günstige Lage zur Universität gesetzten Kapitalanlagen verlangen sie für den Platz 200 Mark.

22 Prozent der Studenten bewohnen als Hauptmieter eine eigene Wohnung, jeder zweite von ihnen ist verheiratet, während nur 13,8 Prozent aller Regensburger Studenten verheiratet sind. Ein Kindergartenexperiment konnte nicht realisiert werden, weil es linkslastig war.

Die Universität liegt verkehrsungünstig. Eine Bahnlinie trennt den Campus vom Stadtkern. Zwei Brücken führen in jene andere Welt, mit der Regensburg offenbar noch wenig in Kontakt getreten ist. Die Universität ist isoliert. Nach 20.00 Uhr gehen schon die letzten Busse. Kein Wunder, daß über 50 Prozent der Studenten im eigenen Wagen kommen, selbst wenn sie nur fünf Fahrminuten zurückzulegen haben. Zu Fuß wäre es mit den Umwegen über die Brücken ein ganz schönes Stück Weg.

Regensburg fehlt es an einer modernen City. Die enge verwinkelte Altstadt ist nach 19 Uhr wie ausgestorben. Wer um diese Zeit durch die verlassenen Gäßchen irrt und einen Bogen um die kleinen Lädchen macht, weil dort noch ausgefegt wird, sehnt sich den täglich – außer sonntags – um 17 Uhr veranstalteten Verkehrsstau am Bahnhofsgelände herbei. Die Einwohnerzahl Regensburgs ist zwar seit der Universitätsgründung wieder gestiegen, aber Studenten und Dozenten fallen im Straßenbild noch nicht auf und nicht in den gemütlichen Weinlokalen, schon gar nicht in den gutbürgerlichen Restaurants. Einige neue Lokale versuchen sich in studentischem „Milieu". Aus Regensburger Zapfhähnen fließt das Bier derer von Thurn & Taxis.

Das Rathaus ist noch mit Kanonen bewehrt aus alten Tagen. Und der Führer durch die einzige in Deutschland vollständig erhaltene Folterkammer versichert, daß es damals durchaus auch rechtens zuging, wie auch wieder zum gottgelobten Aufatmen der SPD-regierten Stadt an „ihrer" Universität.

Rektor Henrich beantwortet Fragen

Frage: Am 1. Oktober 1973 haben Sie Ihr Amt als Rektor der Universität Regensburg angetreten. Mit einer Mehrheit von 25 Stimmen wurden Sie zum Nachfolger von Gustav Max Obermair gewählt, dessen Auseinandersetzungen mit dem bayerischen Staatsministerium für Unterricht und Kultus gelegentlich für bundesweite Schlagzeilen sorgten. Wie würden Sie Ihren hochschulpolitischen Standort definieren?

Henrich: Der Rektor steht in einem gewissen Spannungsverhältnis: auf der einen Seite hat er die Autonomie der Universität zu vertreten, auf der anderen Seite muß er heute mit allen möglichen staatlichen Stellen kooperieren, was dazu führen kann, daß man auf einen Teil der Autonomie verzichten muß. Entsprechende Vorschläge finden sich jetzt im Entwurf sowohl des Hochschulrahmengesetzes als auch des Bayerischen Hochschulgesetzes. Der Rektor muß ebenso mit dem zuständigen Ministerium zusammenarbeiten im Blick auf die Vereinheitlichung von Studiengängen oder Prüfungsordnungen, um eine gegenseitige Anerkennung zu gewährleisten.

Frage: Wem stehen Sie hochschulpolitisch näher: dem Bund Freiheit der Wissenschaft oder einer Konzeption, wie sie vorher Professor Obermair vertreten hat?

Henrich: Ich stehe zwischen beiden Positionen.

Frage: Was haben Sie sich für das nächste Jahr in Ihrer Amtszeit vorgenommen?

Henrich: Hier muß man wohl zwei Dinge auseinanderhalten: Das eine bezieht sich auf die gesellschaftliche Stellung der Universität überhaupt; das andere auf die besondere Situation der Universität Regensburg. Bei beiden geht es darum, aus einer gewissen elitären Isolation herauszukommen. Man sollte das, was an der Universität geschieht, auch der Gesellschaft verständlich machen – zumal die Universität mit öffentlichen Mitteln arbeitet. Deswegen halte ich es für sehr wesentlich, daß wir zum Beispiel unsere Pressestelle ausbauen, und daß diese Pressestelle in einer verständlichen Sprache berichtet. Die Universität Regensburg hat es – nicht zuletzt bedingt durch ihre Lage außerhalb der Stadt – noch nicht erreicht, sich in die Stadt zu integrieren.

Frage: Ist es Ihr Ziel, nunmehr ein positives Bild der Universität Regensburg in der Öffentlichkeit aufzubauen?

Henrich: Es geht einfach um eine Imagekorrektur sowohl der Universität im allgemeinen als auch der Universität Regensburg im besonderen. An beidem muß gearbeitet werden.

Frage: Das ist wohl kaum möglich ohne eine gute Zusammenarbeit mit dem Kultusministerium in München.

Henrich: Ich glaube, daß man von seiten des Ministeriums durchaus zu einer Kooperation mit unserer Universität bereit ist. Und die Chancen, auf diesem Wege etwas für uns erreichen zu können, halte ich für ganz gut.

Frage: Als Ursache der Polarisierung vor allem unter den Hochschullehrern zwischen „Konservativen" und „Linken" wird oft der Vertretungsschlüssel 2 : 1 : 1 des Regensburger Modells genannt. Das heißt zwei Hochschullehrer, ein Assistent, ein Student. Sehen Sie das auch so?

Henrich: Wir sind durch unsere Satzung zu einer engen Kooperation mit Assistenten und Studenten verpflichtet, und wir bejahen sie. Daß der Schlüssel 2 : 1 : 1 in Regensburg überhaupt zu Schwierigkeiten geführt hat, beruht wohl darauf, daß in die Arbeitsgremien politische Gesichtspunkte hineingetragen worden sind. Der Schlüssel wurde nach dem freien Entschluß der Professoren geschaffen in einer Situation, in der man mit Studenten und Assistenten sehr gut zusammenarbeitete. Parteipolitische Ideen fanden aber über die Mitglieder, die häufig in studentischen Gruppen gebunden waren, Eingang in die Gremienarbeit. Das führte dann zu einer Polarisierung, die wir alle bedauern. Die Arbeit in den Gremien muß wieder versachlicht werden, und dazu besteht wohl inzwischen von allen Seiten Bereitschaft.

Frage: Halten Sie das zweijährige Rektorat Ihres Vorgängers Gustav M. Obermair für eine Fehlentwicklung?

Henrich: Ich glaube nicht, daß man jetzt von einer Fehlentwicklung sprechen kann.

Frage: Welche Prognosen geben Sie der Universität Regensburg für das nächste Jahr sowohl hochschulpolitisch nach außen als auch intern in der Kooperation der verschiedenen Gruppen an der Universität?

Henrich: Beides hängt zusammen. Hochschulpolitisch stehen uns im nächsten Jahr das Bayerische Hochschulgesetz und der Entwurf des Hochschulrahmengesetzes ins Haus. Beide Entwürfe werden von Teilgruppen lebhaft kritisiert, von anderen begrüßt. Das wird bei uns wie anderswo zu Schwierigkeiten führen.

Wir haben schon in der letzten Sitzung des Sommersemesters die Erfahrung gemacht, daß eine weitgehende Einigkeit zwischen Professoren, Assistenten und Studenten darin besteht, bestimmte Punkte im Bayerischen Hochschulgesetz oder im Hochschulrahmengesetz abzulehnen und andere zu akzeptieren. Es wird sich ein Konsens auf breiter Basis finden lassen.

Frage: Werden sich durch das Bayerische Hochschulgesetz die Paritäten verändern?

Henrich: Auf der einen Seite ist die Satzung der Universität Regensburg weitgehend auch Modell für das Bayerische Hochschulgesetz mit Ausnahme der Paritäten. Es wird also die Situation der Studenten und Assistenten bezüglich der Mitbestimmung an allen bayerischen Hochschulen verbessert, mit Ausnahme von Regensburg selbst, wo sie sich verschlechtern wird.

Man sollte hier jedoch nicht um eine oder zwei Stimmen feilschen. Bei dem Verhältnis 2 : 1 : 1 ergibt sich in Abstimmungen praktisch nie ein Verhältnis von 50 : 50, weil eine Abstimmung in fast allen Punkten quer durch alle Gruppen geht. Ein Verhältnis von 7 : 5, wie es sich wahrscheinlich nach dem Bayerischen Hochschulgesetz bei uns ergibt, wird sich also bei einer Abstimmung im Ergebnis gar nicht wesentlich auswirken. Das wird man wohl sehr bald erkennen.

Frage: Das ist in der öffentlichen Diskussion kein Argument, wenn prinzipiell unterschieden wird zwischen einem Vertretungsschlüssel 2 : 1 : 1 oder 7 : 5.

Henrich: Aber das Verhältnis 2 : 1 : 1 kann ja nicht bestehen bleiben, weil wir hier an den Spruch des Bundesverfassungsgerichts zum niedersächsischen Vorschaltgesetz gebunden sind, wonach bei Berufungen und bei Entscheidungen über Fragen der Forschung und Lehre die Hochschullehrer ein Übergewicht haben sollen.

Frage: Rechnen Sie mit dem Vorwurf, die an der Universität Regensburg geschaffenen Tatsachen, vor allem das Regensburger Modell, nicht verteidigen zu wollen, ja, sich statt dessen zum Vollzugsorgan des Ministeriums in München zu machen?

Henrich: Wir können nicht einen Status verteidigen, der vom Bundesverfassungsgericht als verfassungswidrig bezeichnet wird. Daß wir darüber hinaus den Status unserer Universität nach Möglichkeit verteidigen wollen, das habe ich schon bei der Vorstellung zur Rektorwahl gesagt und daran halte ich mich auch.

(Dieses Gespräch zwischen Hans Ehnert und Professor Henrich wurde im Oktober 1973 geführt.)

Universität Regensburg
8365 Studenten (WS 1973/74).

Anschrift:
84 Regensburg,
Universitätsstraße 31

Fakultäten/Fachbereiche:
Katholisch-Theologische Fakultät
Fachbereich Rechtswissenschaft
Fachbereich Wirtschaftswissenschaft
Fachbereich Philosophie, Psychologie, Pädagogik
Fachbereich Geschichte, Gesellschaft, Politik
Fachbereich Sprach- und Literaturwissenschaften
Fachbereich Mathematik
Fachbereich Physik
Fachbereich Chemie
Fachbereich Biologie
Erziehungswissenschaftliche Fakultät

Universität des Saarlandes Saarbrücken

Steffen Welzel

Eine Universität wartet auf Europa

Es mag sein, daß diese Wahluniversität beim oberflächlichen Beobachter Erinnerungen an Dornröschen weckt. Die Lautlosigkeit, die stille Zurückhaltung, in der diese Universität weit ab vom hochschulpolitischen Leben in der Bundesrepublik ihr Durchschnittsdasein fristet, mögen zu diesem Vergleich verleiten. Doch bei näherem Hinsehen offenbart sich diese Universität als recht attraktives Mauerblümchen, das nur durch Geographie und Geschichte zum Außenseiter wurde.

Schon in der Geburtsstunde von den deutschen Schwestern abgelehnt, von französischen Eltern genährt und großgezogen, hatte dieses saarländische Einzelkind nie erfahrene Familienbindung durch Einsiedelei und Hoffnung auf höhere Berufung zu ersetzen.

Obschon diese Universität ihre Existenz letztlich einer Reihe von Zufällen verdankt, so hat sie doch durch ihre Gründungsgeschichte eine Prägung erfahren, die bis heute nachhaltig spürbar ist. Wenngleich der Beleg einer Gründungsurkunde fehlt, einigte man sich, die Geburtsstunde der Saarbrükker Universität im Beginn der Fortbildungskurse für Mediziner 1947 im 30 Kilometer entfernten Homburg zu sehen.

Von Anbeginn erfreuten sich diese Lehrversuche im Homburger Landeskrankenhaus einer großen französischen Freundschaft und Unterstützung, was noch heute Gerüchte auf eine damalige kulturimperialistische „pénétration culturelle" schürt.

Wie dem auch sei, die noch immer verschlossenen französischen Archive erlauben kein konkretes Urteil über die damaligen kulturpolitischen Ziele Frankreichs. Die Entscheidung zur Errichtung einer Volluniversität im Saarland jedenfalls wurde am Quai d'Orsay getroffen.

Zunächst jedoch hatten die Homburger Mediziner der Reihe nach die Universitäten Mainz, Freiburg und Tübingen um das Patronat und die Anerkennung ihrer Lehrveranstaltungen als Semester gebeten. Nachdem dieser Wunsch aber auf dreifache Ablehnung gestoßen war, übernahm Nancy die Schirmherrschaft und gründete Schlag auf Schlag durch mehrere wissenschaftliche Institute eine Dependance der Universität, aus der kurze Zeit später ein selbständiges „Institut d'Etudes Superieures" hervorging, das auf dem Wege zur Volluniversität im Februar 1948 mit den philosophischen, naturwissenschaftlichen, juristischen und medizinischen Fakultäten und 400 Studenten den Lehrbetrieb aufnahm.

Bereits damals war klar, daß die viel zu engen Homburger Mauern nicht auf lange Zeit eine expandierende Hochschule beherbergen konnten. Und so gelangte man schließlich auf der Suche – ganz nach französischem Vorbild – nach einem Platz für eine „cité universitaire" nach Saarbrücken in den St. Johanner Stadtwald, wo die nach dem Krieg leerstehende Below-Kaserne ihren Exerzierplatz als Campus feilbot. Nun, dies war vor einem Vierteljahrhundert. Obwohl die Saarbrücker Universität, die inzwischen ihr 25jähriges Jubiläum hinter sich hat, längst diesen Anfängen entwachsen ist, erinnert noch manches an diese Vergangenheit. Es sind nicht etwa nur die alten Kasernengebäude, die – nach wie vor genutzt – die Grünanlage des ehemaligen Exerzierplatzes säumen; es sind vor allem die französische Herkunft und die historische Entwicklung, die den Charakter der Universität ausmachen.

„... absolute Schallmauer erreicht"

Was heute auf dem gewaltigen Campus sechs Kilometer vom Stadtzentrum entfernt in Richtung Dudweiler mitten im Wald liegt, ist in mehrfachem Sinne eine Volluniversität, die zusammen mit Fach-, Musik- und Pädagogischer Hochschule, die „Hochschule des Saarlandes" bildet. Kompakt, trotzdem nicht dicht gedrängt, liegt auf dem großzügigen Universitätsgelände, durch beschränkte Zufahrten von der Außenwelt abgeschirmt, alles zusammen, was zu einer Universität gehört: Lehr- und Forschungsgebäude sowie Institute für drei Fakultäten mit 17 Fachbereichen: die rechts- und wirtschaftswissenschaftliche, die philosophische, die mathematisch-naturwissenschaftliche Fakultät, mehrere Bibliotheken, die Mensa und drei Cafeterien, drei Studentenwohnheime, ein Jazz- und ein Ausländerklub. Weiterhin geplant ist ein Kommunikations- und Einkaufszentrum auf dem Campus. In der direkten Umgebung sind weitere Forschungszentren bereits im Bau.

Das Lehrangebot ist nach 25 Jahren nahezu lückenlos vollständig. Mit der Medizinischen Fakultät, die seit der Gründung in Homburg geblieben ist, werden in den 17 Fachbereichen annähernd 120 Fachrichtungen vertreten. Selbst der Universitätsleitung ist dieses immense Lehrangebot schon aus dem Griff geraten, weshalb zur Zeit eine Erhebung sämtlicher angebotenen Studiengänge läuft. Man will wissen, was den derzeit rund 10 500 Studenten an Studienmöglichkeiten und -kombinationen offensteht, denn Rationalisierungen sind geboten.

Obwohl eine Universität dieser Größenordnung heute längst nicht zu den großen zählt, ist die Kapazitätsgrenze erreicht. An Expansion denkt niemand mehr, nur noch Ausbau des Bestehenden ist geplant. Man ist im Begriff, die Studentenzahlen bei eben diesen 10 500 mittels eines scharfen

Numerus clausus einzufrieren. Hans Faillard hat gute Gründe für diese Entscheidung. Zum einen bringe bereits heute der Saarländer pro Kopf bundesweit die höchsten Opfer für seine Universität, zum anderen sei das Saarland, von Ingenieuren abgesehen, längst zum Exportland für Intelligenz geworden. „Mit dem 100-Millionen-Haushalt ist die absolute Schallmauer erreicht", erklärt Hans Faillard.

Studienberatung auf dem Weg zum „guiding"

Wie überall muß auch Saarbrücken die Grenzen der Expansion erfahren. Auch hier verschieben sich die hochschulpolitischen Ziele in Richtung Rationalisierung und Effizienzsteigerung. Doch von dementsprechender Studienreform ist wenig zu spüren. Die Universität nennt hierfür guten Grund. Reform um der Reform willen bringt niemandem Hilfe; Reformen müssen wissenschaftlich belegt und definiert sein. Diesem Anspruch kommen zwei glückliche, weil bundessubventionierte, Saarbrücker Fügungen entgegen. Das eine ist die unter der Leitung von Professor Apenburg tätige „Arbeitsgruppe für empirische Studienforschung", das andere ist das von Heinz Augenstein geleitete „Modell einer integrierten Studienberatung".

Während die erste Arbeitsgruppe Orientierungsschwierigkeiten und Erfolgsbeeinträchtigungen aufgrund empirischer Erhebungen analysiert, nimmt die Studienberatung die anfallenden Ergebnisse auf, um damit durch entsprechende Beratung zu einer effizienten Studienplanung und -organisation beizutragen. Das Studienberatungsmodell, das seit einem Jahr läuft, versucht in seinem schrittweisen Ausbau über die bisherige bundesdeutsche Beratungstradition hinaus zu einem Beratungssystem im Sinne des „guiding" oder „counseling" zu gelangen, das heißt, im Endausbau sollen Schulberatung, Studienberatung, Berufsberatung und psychotherapeutische Beratung zusammenwirken und als integrierte, begleitende Beratung für mehr Effizienz in der Ausbildungsplanung sorgen. Bislang steht jedoch nur der Teil der Studienberatung, der recht beeindruckende Neuerungen aufweist. Neu an dieser zentralen Studienberatung, die vor allem Fachberatung ist, ist die Qualifikation der Berater: Promovierte und diplomierte Chemiker, Mathematiker, Volks- und Betriebswirte, ein Jurist, ein Historiker, Theologen, Psychologen haben ihre fachliche Ausbildung durch ein Beratungstraining ergänzt. Damit werden ratsuchende Studenten nicht wie bisher von mehr oder minder durchschnittlich informierten Beratungsexperten, sondern von „Fachleuten" mit Beratungskenntnissen betreut. In besonders schwierigen Fällen treten die beiden Psychologen unter der Zielsetzung „Psychologische Diagnostik zur Fachberatung" in die Studienberatung mit ein. Besonders gravierende Persönlichkeitsprobleme werden an die psychologisch-psychiatrische Beratungsstelle überwiesen. Diese Stelle steht bislang nur in einem losen kooperativen Verhältnis zur Studienberatung. Die Studienberatung selbst hat gleichzeitig Service-Funktionen für den gesamten Bereich der Hochschule des Saarlandes.

Die weitere Ausbauplanung dieses Beratungsmodells sieht die Intensivierung der Zusammenarbeit mit der Berufsberatung und die Einrichtung von Kontaktlehrern an den Schulen als Vorbereitung des Schulberatungssystems für Studien- und Berufsorientierung vor. Damit erst ist das „Guiding system" komplett. Es setzt bei der rechtzeitigen Information in der Schule an und führt unter Umständen bis zur berufsvorbereitenden Spezialisierung im Studienverlauf.

Französischer Einfluß mit europäischen Ambitionen

Eben im Sinne der beruflichen Spezialisierung werden Studenten, die die Anfangsschwierigkeiten überstanden und das Innenleben der Universität kennengelernt haben – eventuell mit Hilfe der Studienberatung – die Fülle des Lehrangebotes mit Gewinn nutzen können. Hinzu kommt, daß die Fülle der vertretenen Fachrichtungen die Universität auch für Wissenschaftler und Hochschullehrer attraktiv macht, weil damit Chancen für die Realisierung ihrer Forschungsinteressen vorhanden sind. Diesem Umstand verdankt es denn die Universität auch, daß sie nunmehr schon seit Jahren quer durch alle Fakultäten mit Wissenschaftlern von internationalem Rang glänzen kann, was in erster Linie am hohen Ansehen der Wirtschaftswissenschaften deutlich wird.

Doch mehr noch haben die geographische Lage und die historische Entwicklung das Gesamtbild der Universität und insbesondere Lehre und Studium geprägt. Daß diese Universität ursprünglich ein französisch-saarländisches Projekt war, wird an vielen Stellen deutlich, nicht zuletzt an der verbreiteten Zweisprachigkeit, die im ursprünglichen Universitätsstatut verankert war: „Deutsch und Französisch sind gleichberechtigte Lehr- und Prüfungssprachen." Aber auch die nie verwirklichten europäischen Funktionen tragen zu den Besonderheiten dieser Universität bei.

Zu diesen Besonderheiten gehört beispielsweise der zweite Teil des französischen Germanistikstudiums ausschließlich für französische Studenten und das im Centre d'Etude Juridique – einer Abteilung im rechtswissenschaftlichen Fachbereich – angebotene Grundstudium, das heißt die beiden ersten Studienjahre des französischen Jurastudiums. Hier bietet sich allerdings auch deutschen Studenten Gelegenheit, bei französischen Professoren das original französische Jurastudium verfolgen zu können.

Darüber hinaus wird im Sinne des künftigen Hochschulrahmengesetzes als Aufbaustudium ein französisches Doktorandenstudium angeboten, das mit dem „Diplome d'Etude Superieure" (DES) für Europarecht abschließt. Dieses Aufbaustudium soll auch ein deutsches Diplom erhalten. Schließlich gibt es im Fachbereich I noch das Institut für europäisches Recht und das Europainstitut. Das erstere ist, abgesehen von wenigen Seminaren, ein reines Forschungsinstitut und bietet vor allem Arbeitsmöglichkeiten in europäischem Recht für Rechtsvergleiche und europäisches Gemeinschaftsrecht. Hierzu ist die wesentliche Literatur aller Länder der Gemeinschaft sowie Österreichs und der Schweiz vorhanden. Nahezu vollständig ist das Institut mit Literatur zum französischen Recht ausgestattet.

Das Europainstitut hingegen hat seit Jahren als einziges Institut in der Bundesrepublik ein europäisches Aufbaustudium angeboten. Dieser zunächst interdisziplinär angelegte Studiengang für Politologen, Rechts- und Wirtschaftswissenschaftler hat sich jetzt eingeengt und baut im Augenblick nur noch auf dem ersten juristischen Staatsexamen auf. Vereinzelt werden auch noch Wirtschaftswissenschaftler, die bei supranationalen Behörden arbeiten wollen, aufgenommen. Im Moment geht man Überlegungen für eine Koppelung mit dem französischen Aufbaustudium „DES“ nach.

Institut für Übersetzen und Dolmetschen (IÜD)

Die engen Beziehungen, die diese Universität zu dem unmittelbar angrenzenden französischen Nachbarn unterhält, kommen in besonderer Weise durch das Institut für Übersetzen und Dolmetschen zum Ausdruck. Hier werden, direkt an die ursprüngliche Zweisprachigkeit der Universität erinnernd, zwei Studiengänge auf zwei Muttersprachen – Französisch und Deutsch – basierend angeboten. Die beiden, weit über die Landesgrenzen hinaus anerkannten und geschätzten Studiengänge zum Diplom-Übersetzer und Diplom-Dolmetscher haben ihre Besonderheit in der Kombination aus Sprachstudium und Ergänzungsfach. Das heißt, man muß zwei der sieben angebotenen Sprachen – Englisch, Französisch, Spanisch, Italienisch, Niederländisch, Russisch und Deutsch – mit dem Ergänzungsfach Technik, Wirtschaft und Rechtswissenschaft kombinieren.

Diese in der Praxis besonders gesuchte Ausbildung soll in nächster Zeit von sechs auf acht Semester verlängert werden. Dennoch will das Institut seine derzeitige Kapazität nicht erweitern, das heißt, der scharfe Numerus clausus bleibt erhalten. Bewerber, die sich der Eingangsprüfung unterziehen, haben nach wie vor mit einer Durchfallquote von 30 bis 60 Prozent zu rechnen.

Isolierte Cité Universitaire

Die französische Gründungsgeschichte der Universität macht selbst vor der Entfaltung studentischen Lebens nicht halt. Denn die nach französischen Mustern ausgewählte cité universitaire liegt auch nach 25 Jahren noch immer in sich abgeschlossen fernab von menschlicher Besiedlung in „elitärer Isolation“. Stadt und Bevölkerung scheinen von der Existenz ihrer Universität keine Notiz zu nehmen. „Das geplante Kommunikations- und Einkaufszentrum auf dem Campus wird die Aussiedlung der Universität noch fördern“, fürchtet ein AStA-Sprecher. Diese Befürchtung wird momentan durch eine recht unerfreuliche Entwicklung der Beziehungen zwischen Studenten und Bevölkerung unterstützt. Die Wohnungssituation, die durch circa 37 Prozent „Heimfahrer" und rund 1200 Wohnheimplätze einerseits als relativ zufriedenstellend bezeichnet werden kann, erfährt andererseits in der großen sozialen Distanz zwischen Studenten und Bevölkerung eine schwere Belastung. „Immer häufiger kommt es dort, wo Studenten massiert auftreten, zu Konflikten", beobachtet besorgt der Leiter des Studentenwerks, Hans-Joachim Trapp. Dies mag natürlich, so meinen viele, „auf die unpolitische Haltung des Saarländers und seine Skepsis gegenüber Veränderungen zurückzuführen sein".

„Man hat das Zuhören nicht verlernt"

Wenngleich Präsident Hans Faillard und Studentenschaft gleichermaßen die Saarbrücker Universität für unpolitisch halten, so scheint doch bereits das geringe politische Potential der Hochschule auszureichen, schroffe Ablehnung bei der Saarländer Bevölkerung hervorzurufen.

Daß das politische Engagement untertourig läuft, zeigen schon die Mitgliedzahlen der verschiedenen politischen Studentengruppen. So rechnen sich beispielsweise in Saarbrücken ganze 28 Studenten zum MSB-Spartakus; in Hamburg hingegen zählt man beispielsweise 500. Ähnlich geht es dem Liberalen Hochschulverband mit seinen 20 Mitgliedern. Dennoch ist in Saarbrücken das derzeitige Spektrum politischer Gruppen ziemlich vollständig repräsentiert. Hans-Hermann Storck, Vizepräsident des AStA und stellvertretender Bundesvorsitzender des Liberalen Hochschulverbandes: „Von ‚links' nach ‚rechts' sind vertreten: die (maoistische) Kommunistische Studentengruppe (KSG), eine Jungsozialisten-Hochschulgruppe (Juso-HSG), der Liberale Hochschulverband (LHV), die Fortschrittlichen Unabhängigen, der MSB-Spartakus (sic! der Verfasser), die Rechten Unabhängigen und der Ring Christlich Demokratischer Studenten (RCDS)."

Der derzeitige AStA repräsentiert eine Mitte-Links-Koalition. Hier haben sich die KSG, die Juso-HSG, der LHV und die Fortschrittlichen Unabhängigen zu einem linken AStA-Kollektiv sowohl gegen die konservative RCDS-Politik als auch die DKP-Politik des MSB-Spartakus zusammengeschlossen.

Hans-Hermann Storck bezeichnet das Hochschulklima zwischen Studenten und Professoren als gereizt: „Es gibt hier zwar noch keine faulen Eier, aber die Mitbestimmungsverhältnisse, die die Studenten zu Objekten von Entscheidungen machen, vergiften mehr und mehr die politische Atmosphäre." Einzig die Tatsache, daß die Verhältnisse an dieser relativ kleinen Universität noch überschaubar sind, ist es deshalb zu verdanken, wenn die Kommunikation zwischen den verschiedenen Statusgruppen der Hochschule noch nicht abgebrochen ist. Die vergleichsweise guten Arbeitsbedingungen in den Lehrveranstaltungen, die den persönlichen Kontakt zwischen Lehrenden und Lernenden noch spüren lassen, ermutigen

Hans Faillard sogar zu der Überzeugung: „In Saarbrücken hat man das Zuhören noch nicht verlernt."

So hat denn diese Universität bislang zwar ohne studentische Revolte und lautstarke Reformen „ihre saarländische Aufgabe" immer erfüllt. Doch eine der ursprünglich in sie gesetzten Hoffnungen, eine Europa-Universität zu werden, konnte sie nicht rechtfertigen, wiewohl denn ihre 25jährigen deutsch-französischen Erfahrungen und ihre europäischen Ansätze in Lehrangebot und Dozentenschaft dazu angetan wären. Bleibt abzuwarten, ob eine „große Chance unwiederbringlich dahin" ist, wie Ilse Spangenberg in der Jubiläumsschrift befürchtet, oder ob im Zuge der Bemühungen um eine europäische Bildungskoordination dem Saarbrücker Mauerblümchen eine späte Blüte beschieden ist.

Universität des Saarlandes Saarbrücken
10 780 Studenten (WS 1973/74).

Anschrift:
66 Saarbrücken, Im Stadtwald

Fachbereiche:
FB 1 Rechtswissenschaft
FB 2 Wirtschaftswissenschaft
FB 3 Theoretische Medizin
FB 4 Klinische Medizin
FB 5 Grundlagen- und Geschichtswissenschaften
FB 6 Sozial- und Umweltwissenschaften
FB 7 Kunst- und Altertumswissenschaften
FB 8 Neuere Sprach- und Literaturwissenschaften
FB 9 Mathematik
FB 10 Angewandte Mathematik und Informatik
FB 11 Physik
FB 12 Angewandte Physik
FB 13 Anorganische und Physikalische Chemie
FB 14 Organische und Pharmazeutische Chemie
FB 15 Analytische und Biologische Chemie
FB 16 Biologie
FB 17 Geologie, Mineralogie

Sportwissenschaftliches Institut der Hochschule des Saarlandes

Institut für Übersetzen und Dolmetschen
Institut für Entwicklungshilfe

Gesamthochschule Siegen

Steffen Welzel

„. . . heute eine Universität oder keine Universität" für das Siegerland

„Die Arbeiterbewegung ist ein Bündnis des arbeitenden Menschen mit der Wissenschaft." Mit diesen Worten an Ferdinand Lassalle erinnernd, holte Nordrhein-Westfalens Ministerpräsident Heinz Kühn im Sommer vor zwei Jahren ehedem Versäumtes nach und eröffnete den Reigen von fünf Hochschulgründungen im Lande. Was Kaiser Wilhelm II. seinerzeit bewußt verhinderte – im Ruhrgebiet ist der Platz für Fördertürme und Hochöfen, nicht aber für Hochschulen – wird heutzutage anders gesehen. Demokratisierung des Bildungswesens, Abbau des Bildungsgefälles, mehr Chancengleichheit – unter diesem Anspruch wird heute der Hochschulbau in die Mitte der arbeitenden Bevölkerung verlegt. „Der Zugang zur Hochschule darf nicht länger ein Privileg bestimmter Gesellschaftsschichten sein", erklärte Heinz Kühn in seiner Rede anläßlich der Essener Hochschulgründung.

So zogen denn 1972 in der ersten Augustwoche Nordrhein-Westfalens Landesgewaltige umher und gründeten in Essen, Siegen, Wuppertal, Paderborn und Duisburg Gesamthochschulen.

Ausgangspunkt war das im Frühjahr 1970 veröffentlichte Nordrhein-Westfalen-Programm 75. Jedoch war man inzwischen einige Schritte weitergegangen. War im „NWP 75" noch von kooperativen Gesamthochschulen und „der Konzentration von Studienplätzen an traditionellen Hochschulzentren ausgegangen worden, so lag inzwischen ein Konzept der ‚Regionalisierung' des Studienplatzangebotes in ‚integrierten' Gesamthochschulen vor".

Durch diese Konzeption ermutigt, erkannte Siegens Landrat Schmidt (SPD-MdB), unterstützt vom ambitionierten Hüttentaler Bürgermeister Vitt, im Frühjahr 1970 die Stunde des Siegerlandes. Landrat Schmidt: „Die Alternative heißt, heute eine Universität oder keine Universität."

In wenigen Wochen waren „Arbeitsgemeinschaften" und „Förderkreise Gesamthochschule" ins Leben gerufen, ein Kreistagsbeschluß herbeigeführt und ein Gutachten bei den Professoren Lohmar, Biedenkopf und Knoll in Auftrag gegeben. Kreisdirektor Forster bekannte zwei Jahre später: „Man wollte kein bestelltes Gutachten, man wollte echt erfahren, ob sich eine solche Investition im Kreis Siegen mit einem universitären Einzugsgebiet weit über nordrhein-westfälische Landesgrenzen hinaus lohnen würde."

In erstaunlicher Schnelle – bereits im Herbst des gleichen Jahres – lag das Professorengutachten vor. Das Votum war einmütig: Das Siegerland braucht seine eigene Universität.

Der im Lohmar-Gutachten ausgewiesene Tatbestand des länderübergreifenden Einzugsgebietes (Hessen, Rheinland-Pfalz) kam dem Siegener Projekt zugute, konnte man sich vor diesem Hintergrund mit überzeugendem Argument Wiesbadener und Mainzer Schützenhilfe einhandeln und mit starker Position an Bonns und Düsseldorfs Verhandlungstischen taktieren.

Blieb die Frage des Standorts. Erste Schwierigkeiten mit dem ursprünglichen Gelände – Siegens Wellersberg – nützte die Nachbargemeinde Hüttental aus, bot seinen Haardter Berg an und erhielt den Zuschlag.

Damit war alles klar für die Gesamthochschule Siegen auf Hüttentaler Gemeindeland. Hierdurch wird – wie viele hoffen – die seit langem geplante Zusammenlegung der drei Gemeinden Siegen, Hüttental und Eiserfeld zu einer Großstadt im Herzen des Siegerlandes eventuell schon mit dem 1. Januar 1975 forciert. Diese Hoffnung teilt auch Hüttentals Stadtdirektor Ramforth: „Der Zusammenschluß der Gemeinden wird sicherlich durch die Gesamthochschule gefördert, denn eine Stadt von 40 000 Einwohnern ist eigentlich sowohl von der Verwaltung – als auch von der finanziellen Leistungskraft her nicht in der Lage, die Folgekosten einer Gesamthochschule zu tragen."

Zum Siegerland

Das Siegerland: ein typisches Mittelgebirgsland im Zentrum der Bundesrepublik, Urstätte schwerindustrieller Produktion, mit beachtlichem wirtschaftlichem Potential, geschwächt durch Verkehrsferne, einseitige industrielle Ausrichtung und kommunale Zersplitterung.

Der pietistischen Grundhaltung des Siegerländers mag es zu verdanken sein, daß man wirtschaftliche Strukturwandlungen stets rechtzeitig erkannt und aufgefangen hat. In den letzten zwanzig Jahren wurde die inzwischen unproduktive zweieinhalbjahrtausend alte Tradition des Erzbergbaus beendet, durch Bundesstraßen und Autobahn die Verkehrsverbindung zu den Industriezentren an Rhein, Main und Ruhr hergestellt.

Die Wirtschaft des Siegerlandes – mittlere Familienbetriebe dominieren – lebt heute von der Weiterverarbeitung. Das Schwergewicht und damit die Anfälligkeit in konjunkturellen Schwächeperioden liegt in der Investitionsgüterproduktion. Der Anteil der Konsumgüterindustrie am Gesamtumsatz des Raumes beträgt zur Zeit der Hochschulgründung 8,5 Prozent. Siegener Unternehmen sind damit von der Verbrauchsgüterkonjunktur so gut wie ausgeschlossen.

Das Fazit, wie Assessor Schlenke von der Industrie- und Handelskammer Siegen formulierte: „Es gilt, den heute vielfach noch bestehenden Vorsprung in technischen Fertigungsverfahren zu halten.“ Dafür aber bedarf es hochqualifizierter Arbeitskräfte. Unterhalb der Universitätsebene sind alle Bildungseinrichtungen vertreten. Die Sorge aber, der Nachwuchs könne in einer Zeit steigender Bildungsnachfrage gezwungen sein, in Ermangelung adäquater Bildungsstätten auszuwandern und nach dem Erwerb akademischer Ausbildungsgrade an Rhein und Ruhr auch dort den künftigen Brotherrn finden, ist groß. Ergo braucht das Siegerland seine eigene Universität.

Startkapital: Fachhochschule und PH

Die Gesamthochschule Siegen mußte nun aber trotz vermeintlicher Bildungsferne des Raumes nicht auf der grünen Wiese errichtet werden. Vorhanden waren bereits die Fachhochschulen für Architekten sowie Maschinen- und Tiefbauer und die Pädagogische Hochschule mit insgesamt 4000 Studenten. Damit standen außerdem Baumassen im Werte von 40 Millionen bei Hochschulgründung bereits zur Verfügung. Gründungsrektor Artur Woll: „Diese beiden Einrichtungen wurden gleichsam als Stammkapital eingebracht; als Ergänzung kommt jetzt noch ein Stück klassische Universität hinzu.“

Diese Portion Universität hat das Lehrangebot der Hochschule schon mit dem Wintersemester 1973/74 wesentlich aufgestockt. So kommen drei Studiengänge in den Sprachen – Anglistik, Germanistik, Romanistik –, drei Studiengänge in den Naturwissenschaften – Mathematik, Physik, Chemie – und Wirtschaftswissenschaften hinzu. Mit dem kommenden Wintersemester werden Ingenieurwissenschaften durch Bauingenieurwesen, Maschinenbau und Elektrotechnik ergänzt.

Über die Hälfte der insgesamt zwölf Fachbereiche, wovon einer in Siegen und einer in Gummersbach angesiedelt ist, gehört zu den Natur- bzw. Ingenieurwissenschaften; ein Drittel ist pädagogisch und sozialwissenschaftlich orientiert. Medizin und Rechtswissenschaften sind nicht vertreten.

Damit ist der Schwerpunkt der Hochschule in Forschung und Lehre klar. „Es ist unsinnig, an den fünf neuen Gesamthochschulen fünfmal das gleiche zu machen“, meint Gründungsdirektor Artur Woll. „Es müssen Schwerpunkte gesetzt werden. Man kann auf dem Lande nicht eine Universität mit dem Fächerkatalog von München haben wollen.“

Y-Studiengänge – Modell der Intregration

Entsprechend der Konzeption der integrierten Gesamthochschule ist man in Siegen mit der Maßgabe, die beiden Bereiche – Fachhochschule und Universität – zusammenzubringen, angetreten. Nun kann man sich verschiedene Ebenen vorstellen, auf denen integriert werden kann; so zum Beispiel die Verwaltung, die Personalstruktur – nicht zuletzt aber die Studiengänge. Gerade hierauf legte Nordrhein-Westfalens Wissenschaftsmanager Johannes Rau größten Wert und zeigte der Hochschule höchste Eile mit seinem „Weihnachtserlaß" an, in dem er am 21. Dezember 1972 – also in den Weihnachtsferien, um studentischen Widerspruch klein zu halten – als Integrationsmodell das Y-Modell für die Organisation der Studiengänge verordnete.

Y-Modell, was heißt das? Entsprechend der Form des Ypsilon gibt es von nun an im Gesamthochschulbereich sowohl für die ehemaligen Fachhochschüler als auch für die Universitätsstudenten ein gemeinsames Grundstudium von vier Semestern, bis zur Gabelung des Ypsilon. Dies aber bedeutet, daß nicht nur das Abitur, sondern auch bereits die Fachhochschulreife Zugang zum Hochschulbereich verschafft. Bis zu der Gabelung, an der eine Zwischenprüfung abgelegt werden muß, hat sich nun der Student zu entscheiden, ob er sein Studium in dem zweisemestrigen praxisorientierten kurzen Ast – dem Hauptstudiengang I – oder aber in dem viersemestrigen theorie-orientierten langen Ast – dem Hauptstudiengang II – fortsetzen will.

Entsprechend dieser Entscheidung nämlich setzen sich die Prüfungsfächer dieser „qualifizierenden" Zwischenprüfung zusammen. So haben beispielsweise in den Wirtschaftswissenschaften alle Studenten Grundzüge in der Betriebswirtschafts- und Volkswirtschaftslehre sowie Rechtswissenschaften; letzteres kann bereits im Laufe des Grundstudiums abgehängt und abgeprüft werden, während die beiden anderen als „qualifizierende Fächer" in die Zwischenprüfung müssen. Wer nun aber in den praxisorientierten Kurzstudiengang strebt, muß noch ein weiteres Fach aus einem Katalog von Wahlpflichtfächern auswählen, während für das theorie-orientierte Langstudium Statistik als zusätzliches Fach vorgeschrieben ist.

Das Diplom ist Abschluß für beide Studiengänge:

Abschluß des Hauptstudiums I: Diplom-Betriebswirt,
Abschluß des Hauptstudiums II: Diplom-Kaufmann oder Diplom-Volkswirt.

Nicht so problemlos stellt sich die Abschlußbezeichnung in manchem anderen integrierten Studiengang dar. Beispielsweise wird in den Ingenieurwissenschaften – die Bezeichnung Diplom-Ingenieur für beide Abschlüsse würde zu Mißverständnissen führen – noch nach sprachlichen Unterscheidungen gesucht.

Nun, diese Integration der Studiengänge ist nun aber nicht für alle Ausbildungen möglich. Sie ist nur möglich im Bereich der technischen, naturwissenschaftlichen sowie sozial- und wirtschaftswissenschaftlichen Disziplinen durchführbar, weil hier die Hochschule weitgehende Gestaltungsrechte bei den Studien- und Prüfungsordnungen hat. Dies trifft natürlich nicht für die Lehramtsfächer, die mit einer staatlichen Prüfung abschließen, zu.

Somit gibt es an der Gesamthochschule Siegen drei Typen von Studiengängen:

1. neue integrierte Studiengänge mit neuer Prüfungsordnung,
2. Studiengänge, für die Integration geplant, aber noch nicht durchgeführt ist (Lehrerausbildung) und
3. Studiengänge, für die keine Integration geplant ist (Architektur und Sozialwesen).

„Gesamthochschule Siegen, beim Namen ist's geblieben"

Wer nun aber glaubt, in diesen Ansätzen Forderungen der Gesamthochschulpolitik, wie sie seit je von fortschrittlichen Hochschulreformern gestellt werden, erfüllt zu sehen, hat sich getäuscht. Trotz des Namens ist bei genauerem Hinsehen nicht viel Neues zu entdecken, was wohl auch die Studenten zu obigem Reim verleitete.

Der Terminus „Integration" – bisher in der Bundesrepublik erheblich strapaziert – muß denn auch hier für die Siegener Studienreform herhalten. Diese Studienreform aber kommt über das bloße Etikett nicht hinaus. Inhaltlich bleibt alles so gut wie beim alten, hat doch das „integrierte Studium" Siegener Machart im Grunde genommen lediglich herkömmlich graduierende und diplomierende Studiengänge zusammengeworfen. Die alten Studiengänge des ehemaligen Fachhochschulbereiches und die des Universitätsbereichs bleiben in ihrer Struktur und Qualität nahezu unberührt erhalten und nebeneinander bestehen. Von einer Studienreform, etwa im Sinne des Hochschulrahmengesetzes fehlt jede Spur.

Nur so ist es wohl auch möglich gewesen, innerhalb eines Jahres 20 angeblich „neue" Studiengänge zu verabschieden. So gibt denn Artur Woll auch zu, daß die „bewährten" Prüfungsordnungen des Fachhochschulbereichs und der Universität als Vorlage gedient hätten und nur noch nach Integrationselementen gesucht werden mußte.

Wie diese allerdings aussehen, woran sie als Besonderheit zu erkennen sind, ist schwer zu sagen. Selbst die gemeinsame Eingangsstufe, die – wie es den Anschein gibt – chancengerecht auch Bewerbern mit Fachhochschulreife Zugang zur Hochschule gewährt, existiert nur noch auf dem Papier. Ursprünglich hatte die Hochschule parallel zum Grundstudium auf das Fach zugeschnittene, freiwillige Brückenkurse angeboten, um Studenten mit Schulabschluß unterhalb des Abiturs die Möglichkeit zu geben, Lücken aufzuholen. Mit Beginn des Wintersemesters 1974/75 ist dies nicht mehr so. Mit gemeinsamem Erlaß haben die nordrhein-westfälischen Kultusminister für Schule und Wissenschaft – Girgensohn und Rau – zur Wahrung des Abiturs aus der Kann-Bestimmung eine Muß-Bestimmung gemacht. Für Studenten mit Fachhochschulreife, die in das akademische Hauptstudium II streben, ist der Besuch mit Abschlußprüfung der Brückenkurse obligatorisch.

Damit ist auch der letzte Rest einer zaghaften Hochschulreform – „die Qualifikation für ein Hochschulstudium wird während des Studiums erworben" – nur verfälscht erhalten geblieben.

Von Integration ist also wenig zu spüren. Die Studenten sehen sogar Rückschritte in der nach ihrer Auffassung überall zu beobachtenden Verschulung. Die reinen Fachdisziplinen werden durch Studien- und Prüfungsordnungen mit dem entsprechenden Leistungsdruck soweit in den Vordergrund gerückt, daß für Studien in Begleitfächern keine Zeit mehr bleibt. In den Fachdisziplinen müssen viele Scheine „geklotzt" werden; für ambitionierte Fachhochschüler kommen die Brückenkurse hinzu. Wie gerade sie auch in anderem Zusammenhang die Scheinintegration erfahren müssen: Scheine aus dem Fachhochschulbereich werden in der „Universität" nicht ohne weiteres anerkannt. Dies geschieht sogar – wie manche Studenten meinen – nicht ganz zu Unrecht, denn seit der „Integration" habe sich der Fachhochschulstudiengang verschlechtert.

Bleibt ein einziges, daß alle jetzt zum Schluß ein Diplom erhalten. Doch „die Titel werden nur als Lockmittel eingesetzt", ist der AStA-Vorsitzende, Martin Lesch, überzeugt. Dies bestätigt denn auch Frau Dr. Schlegel von der Abiturientenberatung des Arbeitsamtes indirekt, wenn sie zu erkennen glaubt, daß ganz offenbar ein gewisser Reiz vom Angebot der Kurzstudiengänge auf die Abiturienten ausgehe. Doch daß dieser Reiz trügerisch ist, werden viele Abiturienten erst im Konkurrenzkampf mit den Vollakademikern auf dem Arbeitsmarkt erfahren. So hat denn alles in allem die Gesamthochschule eine Reihe von Reformerwartungen genährt und kaum eine erfüllt.

Aber kann dieses Versagen wirklich alleine nur der Hochschule angelastet werden?

Fest in der Hand des Ministeriums

Bei aller Skepsis über den bisher eingeschlagenen Weg in der Studienreform darf nicht vergessen werden, daß die Gesamthochschule erst eineinhalb Jahre besteht, und daß sie seitdem ein vom Wissenschaftsminister oktroyiertes Mammutprogramm absolvieren mußte, wobei freilich für Qualität keine Zeit blieb. „Die Studien- und Prüfungsordnungen mußten aus dem Stand entwickelt werden", beteuert Gründungsrektor Woll. Deshalb handelt es sich auch um vorläufige Ordnungen, denn „die Studienreform soll nicht auf dem Rücken der Studenten ausgetragen werden".

Doch eine neu gegründete Hochschule hat nicht nur Studiengänge zu erarbeiten, sie hat auch einen immensen Verwaltungsapparat zu schaffen. Dies aber scheint ihr trotz Aufbauphase in der kurzen Zeit zufriedenstellend gelungen. „Aus der Sicht des Faches läuft die Verwaltung", meint Hartmut Eichenauer, Akademischer Oberrat im Fachbereich I, Gesellschaftswissenschaften.

Aus der Sicht der Studentenschaft jedoch läuft vielleicht die Verwaltungsbürokratie, nicht aber die Selbstverwaltung der Hochschule. Diese – so der AStA-Chef Martin Lesch – gibt es nur noch als Etikett: „Das Gesamthochschulerrichtungsgesetz Nordrhein-Westfalens war ein Ermächtigungsgesetz für Johannes Rau, mit dem er seine Rechtsaufsicht zur Fachaufsicht erweitert hat." Handfeste Bestätigung für diese Aussage ist die Zusammensetzung des nahezu kompetenzlosen Gründungssenats, der zu über 50 Prozent mit berufenen – d. h. nicht gewählten – Fachvertretern besetzt ist. Beschlüsse des Gründungssenates bedürfen der Zustimmung des Ministeriums. Hierin sieht Martin Lesch die wahre Funktion des Senats: „Hochschulgremien werden mehr und mehr dazu mißbraucht, ministerielle Planungsmaßnahmen umzusetzen."

Hinzu kommt, daß die ehemals an der alten Pädagogischen Hochschule eingeführte Drittelparität mit der Gründung der Gesamthochschule aufgegeben wurde. Verständlicherweise fühlen sich nunmehr die Studenten mit nur einem Fünftel der Stimmen gegenüber dem 50-Prozent-Anteil der Hochschullehrer unterrepräsentiert.

Durch die Kompetenzlosigkeit der Hochschulorgane und die zu geringe Beteiligung in der Mitbestimmung sah sich die Studentenschaft gezwungen, aus all diesen Gremien auszutreten. Sie „wollte den Etikettenschwindel nicht länger mitmachen".

Unpolitische Studentenschaft

Trotz dieser recht markigen Entscheidungen ist wenig politische Atmosphäre in der Hochschule zu spüren. Oberrat Eichenauer: „Seit langem kündigten die Studenten wegen der Mitbestimmung Krach an. Bis jetzt aber blieb es bei der Ankündigung. Es gab nur einmal eine Aktion gegen den Leistungsdruck. Nur wenige engagieren sich. Der große Rest absolviert treu und brav sein Studium, um so schnell wie möglich wieder aus der Hochschule herauszukommen!"

Das politische Engagement ist also dürftig. Dies erkennt auch der derzeitige AStA-Vorsitzende: „Viele Studenten zucken zurück, wenn sie das Wort Politik hören; egal, ob es linke oder rechte Politik ist."

Somit gilt das Hauptinteresse der Innenpolitik des AStA der Politisierung der Studentenschaft. Der Allgemeine Studentenausschuß – in Nordrhein-Westfalen ist dem AStA die Beitragshoheit entzogen – besteht zur Zeit aus der Koalition einer sozialistischen Fachschaftsgruppe und dem Liberalen Hochschulverband. Außerdem ist an der Hochschule noch der SHB – Sozialistische Hochschulbund – und der Marxistische Studentenbund – der SB Spartakus vertreten. Hinzu kommt im Sozialwesen eine Juso-Hochschulgruppe, in naturwissenschaftlichen Fachbereichen der RCDS sowie in den pädagogischen Studiengängen eine Basisgruppe, über deren politische Richtung noch gerätselt wird.

All diese studentischen Organisationen haben Mühe, ihre Aktivitäten auf alle Fachbereiche auszudehnen. Keine Gruppe ist überall vertreten. Die Politisierung der Studentenschaft, die überwiegend aus dem ehemaligen Fachhochschulbereich kommt und nur gewohnt ist, den jeweiligen Fachbereich zu überblicken, geht nur langsam voran. Auch hier also gibt es deutliche Zeichen für das frühe Stadium der Aufbauphase dieser Gesamthochschule.

Hader mit dem Haardter Berg

Anlaufschwierigkeiten ganz anderer Art gibt es noch zwischen Bevölkerung und ansässiger Industrie einerseits und Hochschule und Gemeinde andererseits zu lösen. Schwierigkeiten, die sich aus dem Standort der Hochschule, dem Haardter Berg, ergeben.

Der auf dem Hüttentaler Boden gelegene Haardter Berg erhebt sich aus Tälern, in denen Industrie ansässig ist. Vor rund zehn Jahren war dieses Terrain zu Wohnland erklärt worden. Inzwischen stehen auf der privilegierten Wohnhöhe Blocks, Bungalows und Eigenheime für 600 Familien. Diese Familien, ebenso wie die am Fuße des Berges angesiedelten Industriebetriebe, erheben in einer Aktion „Anregung und Bedenken" lautstarken Einspruch gegen den Uni-Bau; jeder aus seiner Sicht freilich.

Die circa 2500 Bergbewohner leben dort im Naturpark, mit Wiesen, Wald und kaum befahrenen Straßen, ein weites Tummelfeld für Kinder. In absehbarer Zeit sollen jedoch 8000 bis 12 000 Studenten Einzug halten. Parkraum für 2700 Automobile ist geplant; Stoßstange an Stoßstange rund zehn Kilometer.

Trotz alledem vermutet Stadtdirektor Ramforth: „Es scheint, als könnte zwischen der benachbarten Bevölkerung und der Stadt als Träger der Planungshoheit ein Konsens hergestellt werden." Dieser Konsens scheint jedoch im Konflikt zwischen Industrie und Hochschule nicht so sicher.

Das Aufbegehren der Wirtschaft ist selbstverständlich anders motiviert als das der Bevölkerung, und man hat Mühe, es ernst zu nehmen. Deutlich verspürt man die Absicht, öffentliche Gelder für Umweltausgaben zu erlangen. Man führt ins Feld, die industriell bestimmte Umweltsituation würde einen ungestörten Ablauf des Universitätsbetriebes verhindern und schließlich würde industrielle Expansion unmöglich.

Was man an Lärm-, Staub- und Schmutzbelästigung den Bergbewohnern aufbürden konnte, fürchtet man, Professoren und Studenten nicht zumuten zu können. Man ahnt, daß akademische Reizschwellen tiefer liegen. Es wird jedoch in der Regel vergessen, daß bisherige Belästigungsgrade bereits außerhalb des gesetzlich Zulässigen liegen.

Diese hausgemachten Schwierigkeiten haben natürlich nicht unbedingt zu einer freundlichen Gestaltung der Atmosphäre zwischen der eher ländlich-konservativ pietistischen Bevölkerung („Ora et labora! – Bis vor wenigen Generationen hat man Komödianten noch jenseits der Kirchhofmauer begraben!" – der Siegerländer Kulturkreisgeschäftsführer vor zwei Jahren) und den Studenten beigetragen. Wo bis jetzt Studenten mit der Bevölkerung zusammentrafen, mußte dies somit jedenfalls zwangsläufig mit Unannehmlichkeiten verbunden sein.

Hochschule und Bevölkerung – ein unterkühltes Verhältnis

Dieses unterkühlte Verhältnis bekommen insbesondere die Studenten bei der Zimmersuche zu spüren. Obwohl die Regionaluniversität hauptsächlich von Elternwohnern besucht wird, gibt es doch eine große Zahl, die ein Zimmer benötigt, weil eine tägliche An- und Abreise zu aufwendig wäre. Da die vorhandenen beiden kleinen Wohnheime aber bei weitem nicht ausreichen, auch nur annähernd den Bedarf zu befriedigen, sind die meisten dieser Studenten auf den privaten Wohnungsmarkt verwiesen. Dieser Markt aber ist fast völlig ausgetrocknet. Wenn aber tatsächlich private Vermieter schon einmal ein Zimmer anbieten – im Schnitt zu 120 Mark –, dann mit für heutige Studenten kaum noch erbringbaren Auflagen wie: „soliden Herrn" – „mit kurzen Haaren" – „kein Farbiger" – etc. Mehr und mehr versuchen deshalb AStA und Studentenwerk bis hinaus auf die Dörfer, Häuser für Wohngemeinschaften anzumieten.

Hier wie überall ist die studentische Wohnungsmisere ein Problem ersten Ranges; hier natürlich erfährt es durch das unterentwickelte Verhältnis der Bürger zur Hochschule eine drastische Verschärfung. Da hilft auch Rektor Wolls Trost, daß in zwei bis drei Jahren, wenn das Wohnheimprogramm des Landes realisiert ist, 20 Prozent der Studenten einen Platz finden werden, nicht viel.

Doch damit nicht genug. Die Zweifel an Siegen/Hüttental als Hochschulort bekommen weitere Nahrung. Denn Stadtdirektor Ramforth dürfte mit seiner Prognose: „Der Reiz, in Siegen Student zu sein, wird vom Freizeitwert des Raumes ausgehen, nicht von der Universität", ziemlich alleine stehen.

Studenten wollen eben nach aller Erfahrung nicht so gerne wandern. Das Theaterangebot aber, das sich zwar überall in der Bundesrepublik sehen lassen kann, bringt für Studenten zu wenig. Das Kino ist schlecht. Hier versuchen der AStA, Schülermitverwaltungen und die evangelische Studentengemeinde einen Filmklub aufzuziehen. Die Auswahl an Studentenkneipen ist denkbar dürftig. In Siegen gibt es lediglich „das „Alte Zeughaus". Der Studenten-Pub in Hüttental, „Die Dose", ist ein elitäres Studentenlokal, das häufig nur mit Studentenausweis oder aber in Begleitung einer Dame Zutritt gewährt und zudem noch beachtliche Preise setzt. Für den täglichen Schoppen also ist die Kneipenauswahl rar.

An der hieran zum Ausdruck kommenden Distanz zwischen der Hochschule und der Bevölkerung konnte auch bisher das Kuratorium, in dem sich Vertreter des öffentlichen Lebens und der Hochschule die gesellschaftliche Integration der Gesamthochschule zur Aufgabe gemacht haben, nichts ändern. Ebensowenig können die Veranstaltungen der Reihe „Öffentliche Wissenschaft" einen Beitrag zur Annäherung von Bürgern und Studenten leisten, wenn diese Gelegenheiten genutzt werden, einen Germanisten über „Die Jungfrau in Waffen" räsonieren zu lassen, oder wenn Rektor Woll versucht, in einer Stunde Marxsche Vorstellungen korrekt darzustellen und gleichzeitig abzuqualifizieren. Die Integration der Hochschule muß sich dann bei solchen Anlässen auf die Konversation am Kalten Büffet – selbstredend nur für geladene Gäste – erschöpfen. Dies aber schafft mit Garantie keine Beziehung zur Bevölkerung. Ob sich aber eine Regionaluniversität die Isolation leisten kann, muß bezweifelt werden.

Eine Universität in der Region – oder eine Provinz-Universität

Eine Regionaluniversität ist in viel geringerem Maße fähig, ein universitäres Eigenleben wie die großstädtischen Hochschulzentren zu entwickeln und lebt weitaus mehr von den Kontakten zu den Menschen in ihrer Umgebung.

Ganz im Sinne von Heinz Kühns Worten muß eine Regionaluniversität mitten unter den arbeitenden Menschen stehen, und eben diesen Menschen zugänglich sein. Das aber heißt, das Studien- und Lehrangebot auf die Bildungsbedürfnisse der Bürger der Region abzustimmen.

Von derartigen Vorstellungen über die Regionalisierung der Hochschulpolitik ist man in Siegen jedoch noch weit entfernt. Angesichts obligatorischer Brückenkurse als Stützkurse für den Wert des Abiturs muß man sogar bezweifeln, ob diese Ansprüche ernst gemeint sind.

Wie dem auch sei, erstes Erstaunen über den nur recht zaghaften Studentenzustrom hat sich eingestellt und läßt den Gründungsrektor Artur Woll bereits von den sichtbar werdenden „Grenzen der Regionalisierung" sprechen.

Im Radius von 70 Kilometern steht die Gesamthochschule Siegen – umgeben von traditionsreichen Universitäten – in hartem, wissenschaftlichem Konkurrenzkampf. Dies aber bedeutet, daß mit Wahrscheinlichkeit Siegener Forschungsaktivitäten keine Bäume ausreißen werden, dürfte es doch für qualifizierte Wissenschaftler attraktivere Betätigungsfelder geben. Gründungsrektor Woll aber selbst hat auf das zwangsläufig eingeschränkte Lehrangebot einer Hochschule auf dem Lande hingewiesen. – Damit aber stellt sich die Frage: Wenn schon ein reduziertes Lehrangebot und Mittelmaß in der Forschung, warum dann nicht wenigstens echte Studien- und Hochschulreform?

Ohne alles aber ist die Regionalisierung auf dem besten Wege in die Provinzionalisierung.

Gesamthochschule Siegen
5140 Studenten (WS 1973/74).

Anschrift:
593 Hüttental-Weidenau,
Hölderlinstraße 3

Fachbereiche:

- FB 1 Philosophie, Religionswissenschaften, Gesellschaftwissenschaften (Sozialarbeit, Sozialpädagogik)
- FB 2 Erziehungswissenschaften, Psychologie, Leibeserziehung
- FB 3 Sprach- und Literaturwissenschaften
- FB 4 Kunsterziehung, Gestaltung
- FB 5 Wirtschaftswissenschaft, Rechtswissenschaft
- FB 6 Mathematik, Naturwissenschaften
- FB 7 Architektur (Architektur, Städtebau, Landesplanung)
- FB 8 Bautechnik (Konstruktiver Ingenieurbau, Wasserbau, Verkehrsbau u. Wasserwirtschaft, Verfahrenstechnik)
- FB 9 Maschinentechnik I (Konstruktionstechnik, Fertigungstechnik, Wirtschafts- und Betriebstechnik)
- FB 10 Maschinentechnik II Produktionstechnik (Allgemeiner Maschinenbau, industrielle Produktionstechnik)
- FB 11 Elektrotechnik I (Allgemeine Elektrotechnik, Nachrichtentechnik)
- FB 12 Elektrotechnik II Energieelektronik, Informationsverarbeitung)

Universität Stuttgart / Universität Hohenheim

Helmut Vethake

Universität Stuttgart

Schaffe, schaffe, Scheinle sammle!

„No net hudle“, dieser Sinnspruch der Schwaben, auf hochdeutsch: „Nur nichts überstürzen“, trifft auch, wie sollte es anders sein, auf die Universität der Schwabenmetropole Stuttgart zu. Passanten, die kürzlich im Rahmen einer Umfrageaktion nach der nächstgelegenen Universität befragt wurden – Ort der Handlung: Schloßplatz Stuttgart, Luftlinie zur Uni rund 300 Meter – gaben überwiegend zur Antwort: „Ei, in Tübinge!“

Obwohl die ehemalige TH schon seit 1967 zur Uni umgewandelt wurde, scheinen die Schwaben keine übermäßige Eile an den Tag zu legen, diese „Neuigkeit von gestern“ zur Kenntnis zu nehmen.

Noch dominieren Naturwissenschaften und Technik

1829 als „Gewerbeschule“ gegründet, seit 1840 Polytechnische Schule, wurde das Polytechnikum von 1890 an als TH geführt. In der Zwischenzeit hat sie sich mit rund 10 000 Studenten und derweil 18 Fachbereichen zur Uni gemausert, die außer Theologie, Jura und Medizin ein umfassendes Lehrprogramm bietet. Doch scheinen die „neuen“ Disziplinen noch immer als eine Art Wurmfortsatz zu gelten, denn noch dominieren Naturwissenschaften und Technik im Erscheinungsbild. Nicht umsonst hat das Land der Tüftler und Bastler hervorragende Techniker hervorgebracht. Die Liste der Ehrensenatoren schmücken Mitgliedernamen von Bosch, Bleyle und Benz, und die Verflechtung der Industrie mit Forschungsvorhaben der Institute und Laboratorien ist ersprießlich für beide Seiten gediehen. Uri Gellers krumme Wundergabeln wurden in der Material-Prüfungsanstalt entzaubert, wo Prüf- und Forschungsaufträge nicht – wie meist – Steuergelder kosten, sondern Industriegeld einbringen.

Da die Raumverhältnisse nach dem Krieg in der Innenstadt zu beengt wurden und die Bodenpreise schneller davonzogen als die renommierten Zuffenhausener Porsche, wurde ausgelagert und an der Peripherie gebaut. So wird also auch im Pfaffenwald, in Vaihingen und in Wangen studiert, sehr zum Leidwesen der Lernenden, denen Fahr- und Wartezeiten das Leben sauer machen.

Architektur, vielbeachtetes Studienfach in Stuttgart, wird fast als Paradedisziplin geführt. Auf die Stuttgarter Baupraxis scheint das kreative Potential allerdings nicht abgefärbt zu haben, da man sich städtebaulich und verkehrstechnisch gesehen hier ebenso schwer tut wie anderswo. Die geplante S-Bahn-Trasse nach Vaihingen existiert lediglich auf dem Papier, dort jedoch in zwei Varianten, die S-Bahn an der Uni ist Zukunftsmusik, gegen die Erweiterung des Flughafens laufen Bürgerinitiativen Sturm, und im engen Stuttgarter Stadtkessel brodelt – nicht nur in Stoßzeiten – der schleichende Verkehr.

Gute Studienbedingungen, begleitet von einem enormen Leistungsdruck

Abgesehen von diesen Mißlichkeiten ist das Studium von der Behäbigkeit der Umwelt geprägt. Häuserbesetzungen finden nicht statt. Der AStA erhitzt sich an den Wahlrechtsänderungen der Universität, und die Pfarrer der Studentengemeinden gelten – wohl nicht zu Unrecht – als die einzigen engagierten und profilierten Linken der Stuttgarter Szene.

Das mag mit dem enormen Leistungsdruck zusammenhängen, der auf dem Campus überall präsent zu sein scheint. Das Wort Verschulung ist nicht einmal mehr eine Reizvokabel. Gelernt werden muß, und es wird gelernt. Für Politik bleibt dabei wenig Zeit, deren Stellenwert nach Studium, Freizeit und Sport unter ferner liefen eingestuft wird.

Zu diesem Leistungsdruck trägt in nicht unerheblichem Maße der Numerus clausus bei, der in Verbindung mit den Regelstudienzeiten eine Art K.o.-System geschaffen hat. Früher ging es lediglich um das Durchkommen, heute ist schon das Hineinkommen problematisch. Für den Architekten bereits eine Sackgasse, da auf fünf Bewerber nur ein freier Platz kommt. Zustände wie andernorts nur bei Medizinern, doch auch für Biologen, Chemiker, Bauingenieure, Elektrotechniker, Geographen, Informatiker, Mathematiker, Physiker und Politik- und Wirtschaftswissenschaftler ist der Weg zum Studium in Stuttgart steinig und dornenübersät. Wer allerdings einen Studienplatz ergattert hat, lernt unter relativ angenehmen Bedingungen.

Die Wohnverhältnisse sind nicht gerade gut. Der AStA klagt über die mißliche Lage, und die Uni-Verwaltung belegt, daß im letzten Semester ein Zimmerüberhang von 60 „Buden" bestand, der nicht ausgeschöpft wurde. Unbestritten von beiden ist jedoch, daß die Zimmer teuer sind. Ein Einzelzimmerplatz im Studentenwohnheim kostet bereits bis zu 200 Mark. Wohngemeinschaften sind rar, und nur Studenten der „jeunesse dorée" können 250 Mark und mehr für eine angemessene Bleibe in Uni-Nähe bezahlen. Auch hier mußten alte, geräumige Häuser im Rahmen der Stadtkernsanierung den Bürohäusern weichen, und so erklärt sich, warum ein Gutteil der Studentenschaft tagtäglich aus Göppingen, Leonberg und Heilbronn anreist.

Am schwierigsten gestaltet sich die Lage der ausländischen Studenten. Afrikaner und Asiaten finden nur schwer eine Bleibe und Heimplätze sind rar. Etwa 1000 Ausländer, rund zehn Prozent der Immatrikulierten, von denen die Vietnamesen das größte Kontingent von fast 200 stellen, lernen in Stuttgart. Aus einem unerfindlichen Grund wollten die meisten von ihnen Luftfahrttechnik studieren, wobei es dann zwangsläufig zu Engpässen kam. In der Zwischenzeit ist diese Luftfahrtbegeisterung auf andere Wissensgebiete „kanalisiert“ worden.

„Völliger Zusammenbruch“ der Kommunikation

Aufgrund der geographischen Aufsplitterung der Uni wird ein fast völliger Zusammenbruch der Kommunikation sowohl vom AStA als auch von der Uni-Verwaltung beklagt. Die Studenten kämpfen für ein Kommunikationszentrum, die Verwaltung ist verständnisvoll, blockt aber mit dem Hinweis auf fehlende Mittel ab. Fast alle Neuerungen, Verbesserungen und Änderungen sind gern gesehen, nur, „sie dürfen nichts kosten“.

Anekdotisches und Kalauer bestimmen das politische Klima mehr als echte Konflikte. Das Essen in der Mensa Hohenheim ist angeblich paradiesisch im Vergleich zu Stuttgart. Moniert werden: Nudeln mit Kartoffelsalat (ein Gericht), kaltes Essen, harte Kartoffeln und überzogene Preise. Ein Bier in der Cafeteria kostet zum Beispiel eine Mark.

Kommentar des Sozialwerkes: „Wir kochen nach gesundheitlichen Richtlinien. Der Küchenzettel wird von Ernährungswissenschaftlern ausgearbeitet und kontrolliert. Wir tun, was wir können.“

Zu einem echten Politikum werden die kleinen Probleme des studentischen Alltags, wie zum Beispiel: Für 10 000 Studenten gibt es lediglich 200 Autoparkplätze. In Stuttgart kommt die Polizei nicht mit Wasserwerfern auf den Campus, sondern mit Strafmandaten oder Abschleppwagen. Es ist kaum damit zu rechnen, daß sich die Parkmöglichkeiten in der Innenstadt verbessern. So ist der Student nicht nur auf den Kopf, sondern auch auf die Füße angewiesen.

Das Sportangebot der Stuttgarter Universität ist zwar reichhaltig, aber die Aufnahmekapazitäten sind beschränkt. Die Sportanlagen in Degerloch sind räumlich ziemlich weit entfernt und, um „an den Ball zu kommen“, muß man oft genug Schlange stehen.

Sind die „gemeinen Sportarten“ kostenlos zu betreiben, so muß man dagegen tief in den Geldbeutel greifen, wenn man seinen Körper mit folgenden Sportarten in Form halten will: Fechten, Reiten, Rudern, Segeln, Skifahren und Tennis. Noblesse oblige.

Am Rande der Schwäbischen Alb gibt es weiterhin ein Sport-Ski- und Erholungsheim, daß allen Universitätsangehörigen („also auch den Studenten – Zitat") offensteht. Für Übernachtung mit Vollpension in Drei- bis Sechsbettzimmern muß man immerhin den stolzen Preis von 11,50 Mark entrichten (Änderungen vorbehalten).

Den Musikfreunden stehen ein Chor und ein Orchester zur musischen Betätigung zur Verfügung, den Cinéasten ein Filmklub und ein kommunales Kino der Stadt Stuttgart.

Studentenkneipen fehlen in Stuttgart

Bei einer Stadt von fast 700 000 Einwohnern mit einem riesigen Einzugsgebiet fallen 10 000 Studenten überhaupt nicht ins Gewicht. Die Kapazität der Uni ist noch unbegrenzt ausbaubar, lediglich die knappen Geldmittel stehen einer sprunghaften Ausdehnung im Wege. Die Neubauten im Pfaffenwald sind als besonders isoliert verschrien. Dort ist die Welt derartig zu Ende, daß sich das Sozialwerk genötigt sah, für die Studenten (1500) und die Wohnheiminsassen (600) einen Supermarkt einzurichten, damit wenigstens die nötigsten Bedarfsartikel und Lebensmittel des täglichen Lebens gekauft werden konnten, ohne daß damit zugleich eine Halbtagesreise zum Einkaufen nach Stuttgart verbunden war.

Da Stuttgart keine typische Universitätsstadt wie etwa Heidelberg oder Tübingen ist, fehlt es auch völlig an Studentenkneipen. Die Mensakneipe schließt um 20 Uhr. Beliebte Treffpunkte sind das Laboratorium, eine Kneipe, die einen großen Versammlungssaal hat, und das Forum 3, eine Art Teestube mit Workshops für politisches und philosophisches Diskutieren. Doch selbst diese Refugien sind zwei bis drei Kilometer von der Uni entfernt. Die „Tangente", früher Nachrichtenbörse und Umschlagplatz der studentischen Avantgarde, ist zum Treffpunkt für Renommierstudenten geworden. Neuerdings rangiert hier Geld vor Geist.

Bis 1975 wird überall gebuddelt und gebaut: Mensa in Vaihingen, Mensa im Stadtzentrum, Studentenwohnheime und Institute, Rechenzentrum und Personalwohngebäude. Die Uni wächst, und um eine Medizinische Fakultät bemüht man sich schon seit langem. Diese Pläne scheiterten bislang an mangelndem Kooperationswillen und organisatorischen Schwierigkeiten mit Tübingen. Der Ausbau zum „Supermarkt mit komplettem Lehrangebot" ist schon vorprogrammiert, und die Erreichung dieses Ziels scheint lediglich eine Frage der Zeit zu sein.

Universität Hohenheim (Landwirtschaftliche Hochschule)

Auf der grünen Wiese . . .

Eine Campus-Universität wie aus dem Bilderbuch. Das Schloß, in dem sie sich befindet, vor rund 200 Jahren vom Herzog Karl Eugen von Württemberg in Auftrag gegeben, diente dem Landesfürsten als Tummelplatz für amouröse Abenteuer. Die Lust zur Liebe ist derweil der Lust zum Lernen gewichen, und so tummeln sich dort heute mehr als 2200 Studenten, die sich von 120 Professoren und 230 weiteren Mitgliedern des Lehrkörpers in die Geheimnisse der Natur im weitesten Sinne einführen lassen.

Die Idylle ist vollkommen. Hier sind Tiere wichtiger als Teach-ins, und Samen nehmen einen höheren Stellenwert ein als Sit-ins. Forschung und Lehre sind erdverbunden und praxisnah. Elfenbeinturm mit Komposthaufen gleich rechts vom Eingang.

Der jüngste Ehrendoktor von Hohenheim, Horst Stern, drehte hier zum größten Teil seinen Film über das Haushuhn. Prominente Forschungsprogramme sind unter anderem die Wachtel als Eierproduzent (in Konkurrenz zum Huhn) und die Einführung von Lama-Herden auf der Schwäbischen Alb (in Konkurrenz zum Schaf).

Hohenheim gibt sich bewußt umwelt- und menschenfreundlich. Besucher mit Kindern sind ausdrücklich erwünscht, und der botanische und exotische Garten mit Enten steht kostenlos jedermann offen. Füttern nicht ausdrücklich verboten!

Der Studienschwerpunkt liegt auf Natur-, Wirtschafts- und Sozialwissenschaften

Die Bürger von Plieningen und Birkach, den angrenzenden Gemeinden, sind ausgesprochen stolz auf „ihre" Studenten. Das Verhältnis zur Alma mater ist ungetrübt, und Kommunikationsschwierigkeiten scheint es nicht zu geben. Biologen wissen, was Bauern wünschen, und wo Bienenkunde so emsig betrieben und gelehrt wird, kann die Umwelt leicht die fast 300 ausländischen Studenten verkraften, ohne dabei einen übermäßigen Reibungskoeffizienten zu entwickeln. Die „Neigschmeckten", wie man hierzulande die „Zuagroosten" aus insgesamt 40 überwiegend überseeischen Staaten nennt, haben nicht mehr auszustehen als ihre deutschen Kommilitonen.

Da der Studienschwerpunkt auf Natur-, Wirtschafts- und Sozialwissenschaften liegt, bot sich eine Erweiterung des Angebots in diesen Fachrichtungen geradezu an. Dorthin geht die zukünftige Entwicklung Hohenheims, wo man vom Wintersemester 1974 an die allgemeinen Wirtschaftswissenschaften bis zum Diplom-Ökonomen belegen kann. Im Rahmen einer Neukonzeption fällt hier die klassische Aufteilung zwischen Volks- und Betriebswirtschaft fort.

Im Fachbereich Ernährungswissenschaften sind künftig Diplome in Lebensmitteltechnologie und in Haushaltswissenschaften machbar, zusätzlich im Angebot: die ersten beiden Medizinsemester mit der Zusicherung eines Studienplatzes zur Beendigung des Studiums an einer der anderen Landesuniversitäten.

Ab 1975 schlägt auch in Hohenheim der Numerus clausus fest zu. Alle Fächer sind betroffen, zumal gewitzte Studenten Schlupflöcher für Umsteiger ausgemacht haben: von Agrarökonomie auf Wirtschaftswissenschaften, und noch komplizierter, aber teilweise von Erfolg gekrönt: Agrarbiologie – Biologie – Medizin.

Umweltforschung wird groß geschrieben. Biologie und Agrarforschung richten sich danach aus, wohl wissend, daß die Welt nicht überall so heil sein kann wie in Hohenheim. Vielleicht ist hier der Wunsch der Vater des Gedankens. Experimente mit biologischem und dynamischem Anbau von Früchten und Gemüsen werden ideologiefrei betrieben, dafür mit um so mehr Eifer und teilweise beachtlichen Erfolgen. Da nimmt es nicht wunder, daß das einzige Landwirtschaftsmuseum der Bundesrepublik ebenfalls in Hohenheim angesiedelt ist und dort umhegt und umpflegt wird.

Gravierende Probleme sind unbekannt

Die Studienbedingungen sind angenehm. Gravierende Probleme sind unbekannt. Einmütigkeit und Friedfertigkeit herrschen vor, und sogar das Mensaessen ist gut und nahrhaft. Neuralgische Punkte sind rar, wenn, dann Wohnungsprobleme, da in den angrenzenden Gemeinden auch der letzte Dachboden fest in Studentenhand ist. Zwar, so der AStA, „sitzt noch niemand auf dem Flur", doch schließt sich die Schere zwischen Angebot und Nachfrage immer unerbittlicher.

Bis Ende 1975 sollen zwei Wohnheime mit insgesamt 189 Doppel- und 240 Einzelzimmern fertiggestellt sein, doch drängen sich hier die ausländischen Kommilitonen, die besondere Probleme bei der Wohnraumbeschaffung haben.

Als „hundsmiserabel" sind die öffentlichen Verkehrsmittel verschrien. Es gibt zuwenig, die Fahrzeiten sind zu lang, und die Überlandbusse der Randgemeinden fahren zu selten und sind zu teuer. Dies scheint der Tribut zu sein, den man der heilen Welt in Suburbia zollen muß.

Im ehemaligen Lustschloß lebt man, um zu lernen

Große Hörsäle gibt es ausreichend. Der Mangel an Seminarräumen für 12 bis 40 Personen soll im Zuge der geplanten Neubauten behoben werden. Die Uni-Verwaltung ist optimistisch, die Studentenschaft skeptisch, da die Neuzugänge angeblich das Raumangebot mehr als neutralisieren werden. Doch diese Schwierigkeiten sind undramatisch und werden pragmatisch – der Umgebung gemäß – gelöst.

Fazit: Hohenheim ist ideal für Tier- und Naturfreunde. Milieu, Studentenleben und Kommunikation fallen wegen Mangel an Gelegenheit aus. Studentenkneipen sind im Zuge der Neubauten nicht vorgesehen, und so sind die rund 1500 Männlein und 1300 Weiblein darauf angewiesen, Eigeninitiative zu entwickeln oder alleine im stillen Kämmerlein umherzusitzen. Das Nachtleben – außer Sport und Filmklub – findet in Stuttgart statt. Und dort werden bekanntlich um Mitternacht die Bordsteine hochgeklappt. Im ehemaligen Lustschloß Hohenheim lebt man, um zu lernen.

Universität Stuttgart
10 105 Studenten (WS 1973/74).

Anschrift:
7 Stuttgart 1, Keplerstraße 7

Fachbereiche:
Baukonstruktion
Bauplanung
Chemie
Elektrische Energietechnik
Elektrische Nachrichtentechnik
Energietechnik
Fertigungstechnik
Geodäsie
Geo- u. Biowissenschaften
Geschichts-, Sozial- und Wirtschaftswissenschaften
Konstruktiver Ingenieurbau
Luft- und Raumfahrttechnik
Mathematik
Orts-, Regional- und Landesplanung
Philosophie und Sprachwissenschaften
Physik
Verfahrenstechnik
Wasser- und Verkehrswesen

Universität Hohenheim
2200 Studenten (WS 1973/74).

Anschrift:
7 Stuttgart 70
Schloß, Postfach 106

Fachbereiche:
Biologie und Allgemeine Naturwissenschaften
Agrarbiologie
Wirtschafts- und Sozialwissenschaften
(Neustrukturierung im WS 1974/1975)

Universität Trier-Kaiserslautern

Steffen Welzel

Hochschule ohne Schlagzeilen

Nicht nur der Doppelname, auch Schnelligkeit und Bescheidenheit, mit denen die zweite rheinland-pfälzische Landesuniversität gegründet wurde, verschafft der Universität Trier-Kaiserslautern im Reigen der Hochschulgründungen der letzten zehn Jahre ein besonderes Ansehen. Die Bindestrichuniversität, die im Gegensatz zu vielen anderen Neugründungen ohne großen terminologischen Reformaufwand ins Leben gerufen wurde, was ihr den Beinamen „Hochschule ohne Schlagzeilen" einbrachte, stellte den Weltrekord im Hochschulgründen auf. Vom „Memorandum der Landesregierung Rheinland-Pfalz zur Gründung einer zweiten Universität" bis zur Aufnahme des Lehrbetriebes vergingen ganze 15 Monate.

Doch wie kam es zu Universität und Bindestrich?

Rheinland-Pfalz – Bildungszwerg in der bundesdeutschen Hochschullandschaft – beobachtet sorgenvoll einen Abiturientenexport in andere Bundesländer, weil die einzige Universität in Mainz mit über 16 000 Studienplätzen hoffnungsvoll überlaufen ist. Sollte dieser länderinterne braindrain aber aufgehalten werden, sollten alle rheinland-pfälzischen Abiturienten, die einen Studienplatz wünschen, auch in der Heimat Aussicht auf einen solchen haben, müssen weitere 15 000 Studienplätze eingerichtet werden. Nun aber waren zwei Probleme gleichzeitig zu lösen. Zum einen stand von Anbeginn fest, daß nur Geld für eine Universität vorhanden sein würde, zum anderen jedoch wies ein eingeholtes Standortgutachten – die Rheinland-Pfälzer wollten eben genau wie andere Bundesländer auch ihre Hochschulpolitik regionalisieren – zwei bildungsferne Räume aus. Trier mit dem Einzugsgebiet Eifel und Hunsrück und Kaiserslautern mit vor allem Westpfälzer Hinterland.

So entschied man sich denn, gut funktionierende französische Beispiele vor Augen, für eine Doppeluniversität; Trier deckt den Bereich der alten philosophischen Fakultät ab, Kaiserslautern übernimmt Natur- und Ingenieurwissenschaften.

In beiden Standorten konnte auf den jeweiligen Abteilungen der Pädagogischen Hochschule Rheinland-Pfalz aufgebaut werden. Die bereits vorhandenen Räumlichkeiten wurden umgebaut und im Sommer 1970 bezogen. Im Oktober des gleichen Jahres wurde der Studienbetrieb aufgenommen. Das war das Schnellste, was sich je an Hochschulgründung vollzogen hat.

„Alles auf Trennung angelegt"

Zum Zeitpunkt der Gründung war allen Beteiligten klar, daß es weder der Trierer noch der Lauterer Lobby im Landtag gelungen wäre, die Hochschule an einen der beiden Orte alleine zu holen; gemeinsam hingegen war es um so leichter, die Zustimmung für die Bindestrich-Universität zustande zu bringen.

Doch von Anbeginn bestanden keine Zweifel, die Doppeluniversität zum frühestmöglichen Zeitpunkt zu trennen. So wurde schon in der Gründungsphase „alles auf Trennung angelegt", erklärt der Gründungspräsident Helmut Ehrhardt. Die Verwaltung, der technische Dienst, die Bibliothek etc., alles wurde dupliziert, um eine Verselbständigung der beiden Universitätsteile vorzubereiten. Lediglich die Pressestelle, das Studentenwerk, das studentische Auslandsamt und das Studiendekanat, das aber in Trier bereits eine eigene Entwicklung genommen hat, sind noch für beide Teile zuständig.

Inzwischen ist die Auflösung des 140 Kilometer langen Bindestriches definitiv geplant. Die vorbereitende Gesetzgebung ist angelaufen, der Haushaltsansatz bereits gesplittet. Am 1. Januar 1975 wird Rheinland-Pfalz drei Universitäten besitzen; aus einer Doppeluniversität sind zwei Dreiviertel-Universitäten geworden. Dreiviertel-Universitäten deshalb, weil keine der beiden zumindest auf absehbare Zeit als Volluniversität geplant ist. Gründungspräsident Ehrhardt: „Man muß nicht jeder Hochschule eine gefüllte Palette geben."

So sollen in Kaiserslautern keine Geisteswissenschaften angesiedelt werden – ein hierfür eingeplantes Vorbehaltsgelände wurde aufgegeben –, Trier wird auf absehbare Zeit keine Naturwissenschaften erhalten. Lediglich als Abrundung und Ergänzung des bereits bestehenden Lehrangebots, vor allem für die Lehramtsstudiengänge, werden die jeweils entsprechenden Lehrstühle im Laufe der Zeit eingerichtet werden. Zunächst jedoch zielen die Investitionsabsichten nahezu ausschließlich auf den Ausbau des bereits Vorhandenen.

TRIER:

Obwohl die Universität in Trier erst 1970 gegründet wurde, feierte Europas älteste Stadt im vergangenen Jahr ein 500jähriges Universitätsjubiläum. Im Gegensatz zu Kaiserslautern kann nämlich die Moselhauptstadt, „Europas nördlichster Süden", mit fast „mediterranem Klima" und von der Porta Nigra bis zum Amphitheater unermeßlich reich an „Zeugen römischer Vergangenheit" – wie Hans Hetzius im rheinland-pfälzischen Studienführer schwärmt –, auf eine über 500jährige geisteswissenschaftliche Tradition zurückblicken. Denn bereits im März 1473 wurde in Trier eine Universität errichtet, die zwar nie so viel Ruhm und Ehre wie ihre etwa gleichaltrigen Schwestern in Tübingen und Freiburg errang, so aber doch als kultureller

Mittelpunkt eine Ausstrahlung bis nach Toul und Verdun sowie über das heutige Luxemburg hinaus besaß. Erst infolge der französischen Revolutionskriege mußte die Hochschule 1798 geschlossen werden.

Trotz stets intensiver Bemühung Triers, wieder eine Hochschule zu bekommen, dauerte es bis 1950, bis die gerne als Vorläufer angesehene Theologische Fakultät Trier als selbständige kirchliche Hochschule mit Promotionsrecht unter der Aufsicht des Bischofs gegründet wurde. In der Planung der jetzigen Universität dachte man an eine Verschmelzung der beiden Einrichtungen. Dieser Plan scheiterte jedoch an den Kompetenzsorgen des Bischofs, so daß an Stelle der Fusion ein Kooperationsvertrag geschlossen wurde.

Streit um den Standort

Der derzeitige Standort der Universität in den alten Gebäuden der Pädagogischen Hochschule auf dem Schneidershof, auf einem Buntsandsteinfelsen – circa 50 Meter über Stadt und Fluß, in einem Naherholungsgebiet am Rande des Stadtkerns –, gehört mit Sicherheit zu den schönsten Universitätsstandorten in der Bundesrepublik. In den alten PH-Häusern, zu denen inzwischen vier Gebäude des Aufbau- und Verfügungszentrums hinzugekommen sind, ist Platz für rund 3000 Studenten. Damit ist die Kapazität mit den im Augenblick 1650 Studenten gerade gut zur Hälfte genutzt. Dennoch hält man den Standort für ungeeignet, weil er angeblich der Expansion der Universität zu enge Grenzen setzt. Aus diesem Grunde gilt der Schneidershof als Provisorium. Noch in diesem Jahr soll die Arbeit am endgültigen Universitätsneubau an der Tarforster Flur – einem Gelände weit außerhalb der Stadt am anderen Moselufer – aufgenommen werden.

Doch vielen, insbesondere den Studenten, fehlt für diese Planung die Einsicht. Denn – so argumentieren sie – die vergangenen drei Jahre hätten gezeigt, daß die Universität wesentlich langsamer wächst als ursprünglich erwartet. Somit scheint die Planung allzu großer Kapazitäten nicht gerechtfertigt und die Aussiedlung unnötig, zumal auch auf Schneidershof noch einige Ausbaumöglichkeiten ohne gravierende Beeinträchtigung des Naherholungsgebietes gegeben wären.

Damit deutet sich auch in Trier eine Entwicklung an, die andernorts ebenfalls beobachtet wurde: Die Regionalisierung der Hochschule hat Grenzen; Regionaluniversitäten haben nicht den erwarteten Studentenzustrom zu verzeichnen.

Diese Tatsache erklärt sich neben vielen anderen Gründen vor allem durch ein schmalspuriges Lehrangebot.

Genau hierunter leidet denn auch die Teiluniversität Trier nachhaltig. Drei Jahre nach der Eröffnung des Studienbetriebes ist das Lehrangebot noch immer denkbar dürftig, ist die Teiluniversität den Makel, bloß höhere Lehrerbildungsanstalt zu sein, noch nicht losgeworden.

Eine noch unterentwickelte Teiluniversität

Die Universität ist in drei Fachbereiche untergliedert: in den Fachbereich I mit Pädagogik, Philosophie und Psychologie, den Fachbereich II mit Sprach- und Literaturwissenschaften für Anglistik, Romanistik, Germanistik – seit dem Wintersemester 1973/74 auch mit Latein und Griechisch – und in den Fachbereich III Geographie, Geschichte, Soziologie und Politologie mit Sozialkunde.

Mit weitem Abstand dominieren also die Lehramtsfächer, die neben der Staatsprüfung auch mit dem Magister Artium beziehungsweise der Promotion abgeschlossen werden können. Lediglich in der Pädagogik und der Soziologie werden Diplom-Studiengänge angeboten.

In nächster Zukunft soll die Archäologie eingerichtet werden, was aufgrund der römischen Vergangenheit Triers verständlich ist. Darüber hinaus hofft man, in absehbarer Zeit die Sportwissenschaften zu bekommen, die in Mainz mit einem strengen Numerus clausus belegt sind. Zu den Fernzielen gehören die Kunst- sowie die Bibliotheks- und Medienwissenschaft. Für das Wintersemester 1974/75 allerdings steht die Eröffnung der Rechts- und der Wirtschaftswissenschaften bereits fest.

Das Fächerangebot dieser Teiluniversität ist also noch recht unterentwikkelt; darüber können auch die zahlreichen Expansionspläne, von denen nur Jura und Wirtschaft amtlich sind, nicht hinwegtäuschen. Doch nicht nur das zahlenmäßige Fächerangebot ist spärlich. Zum Leidwesen der Studenten sind die bereits bestehenden Fächer zu dürftig ausgebaut. So existiert die Politologie seit Anbeginn, ist aber bis heute noch nicht zum vollwertigen Studiengang gediehen, da beispielsweise Staatsrecht nicht gelesen wird. Oder aber die Sprachwissenschaftler müssen mit manchmal nur zwei Hauptseminaren auskommen. Ein anderes – eventuell das gravierendste – Problem jedoch ist die Bibliothek. Für die beiden unabhängig voneinander aufgebauten Bibliotheken in Trier und Kaiserslautern sind Investitionen von insgesamt 60 Millionen angesetzt. Bei einer jährlichen Investitionsrate von 4,5 Millionen ist man nach drei Jahren jedoch erst bei rund 13 Millionen angelangt. Die derzeitige Bibliotheksausstattung liegt denn auch erst etwa bei einem Fünftel ihres endgültigen Solls.

Diese Beispiele belegen recht offenkundig die Mühe, die man noch wird aufwenden müssen, das Bestehende vernünftig auszubauen. Selbst für eine funktionierende Teiluniversität besteht in Trier noch ein beachtlicher Nachholbedarf; und der beschränkt sich nicht aufs Quantitative.

Doch gerade hieran scheint sich zu zeigen, daß nicht die Universität, sondern das Land und dessen finanzielle Opferbereitschaft seit der Gründung in Handlungszwang geraten ist. Wo es in Trier Mangelerscheinungen gibt, dominieren die finanziellen Gründe. In weniger kostspieligen, inhaltlichen Reformarbeiten hingegen hat die Universität zwar noch keine Bäume ausgerissen – sicherlich sollte sie das auch nicht. In einigen Bereichen jedoch konnten aber schon recht vielversprechende Reformen auf den Weg gebracht werden.

Studienreformen zugunsten des Praxisbezugs

„Vor allem in der Studienberatung und der Neuordnung der Studiengänge haben wir einiges auf die Beine gebracht", meint der Gründungspräsident Helmut Ehrhardt. Die Studienordnungen seien entrümpelt, die Studienberatung vom ersten Tage an effizient und den Bedürfnissen der Studenten entsprechend organisiert, so daß die Universität Trier auch tatsächlich achtsemestrige Studiengänge garantieren könne.

Lehrerbildung

In der Lehrerbildung freilich ist man mit Sicherheit um einiges hinter den ursprünglichen Absichten zurückgeblieben. Wenngleich sich der Ausbildungsgang für das Lehramt an höheren Schulen überall in der Bundesrepublik sehen lassen kann, so gingen die – zwar niemals sehr konkret durchdachten – ursprünglichen Vorstellungen zum Trierer Lehrerbildungsmodell vermutlich noch erheblich weiter.

Der jetzige Trierer Studiengang für das Lehramt an Realschulen und Gymnasien schreibt das Studium in zwei Fächern plus der jeweiligen Fachdidaktik vor. Die größte Neuerung besteht in dem obligatorischen erziehungswissenschaftlichen Begleitstudium, das pädagogische, psychologische und philosophische Grundlagen vermittelt. Hinzu kommt dann im Laufe des Studiums ein vierwöchiges Schulpraktikum, das in Zusammenarbeit mit einem Mentor und einem Hochschullehrer erziehungswissenschaftlich und fachdidaktisch vorbereitet, durchgeführt und schließlich evaluiert wird. Hiermit hat man sich wohl kaum an Reformarbeit übernommen; immerhin aber wurden Neuerungen eingeführt, die das ärgste Defizit der Lehrerausbildung anpacken.

Soziologenausbildung

Auch in der Soziologie hat man einiges in Richtung berufspraktischer Verwertbarkeit reformiert. Die Trierer Soziologen, die im Hauptstudium Grundzüge der Industrie- und Betriebssoziologie, Organisations- und Bürokratiesoziologie, Organisationsplanung, Personalplanung, Personalführung, Arbeits- und Berufssoziologie studieren, werden vor allem in zwei Tätigkeitsbereichen ausgebildet: Personal- und Organisationswesen und Stadt- und Regionalplanung. Dies sind zugleich jene Tätigkeitsbereiche, die von praxisnah ausgebildeten Soziologen aufgrund nicht allzu großer Konkurrenz am ehesten erobert werden können.

Hiermit hat Trier eine recht interessante Variante an Studienreform für Soziologen vorzuweisen. Die Paradepferde jedoch hat man noch in der Hinterhand: Rechts- und Wirtschaftswissenschaften. Während man von dem juristischen Ausbildungsgang noch nicht viel mehr weiß, als daß er einphasig sein soll – diesem Plan kommt natürlich die Richterakademie mit Sitz in Trier entgegen –, bestehen für die Wirtschaftler nahezu ausdiskutierte Konzeptionen.

Wirtschaftswissenschaften

Bei der Konzeption dieses Studienganges, der mit dem Wintersemester 1974 aufgenommen werden soll, ging man davon aus, daß die Wirtschafts- und Sozialwissenschaften – ausgenommen die Betriebswirtschaftslehre – nicht aus der Verwissenschaftlichung von Berufsfeldern, sondern als wissenschaftliche Methode und Analyse eines Teilaspektes entstanden sind. Damit erklärt sich auch, warum ein Studium dieser Fächer keine Berufsausbildung darstellt, warum es demzufolge zu den Klagen der Arbeitgeber und der Absolventen über die Praxisferne des Hochschulstudiums kommt. Ferner sind berufliche Tätigkeitsfelder und Wissenschaftsgebiete unterschiedlich gegliedert; die Praxisbereiche gehen fließend in die Kompetenzbereiche der verschiedenen Disziplinen über.

Aus all diesen Überlegungen hat man in Trier bei der Planung des wirtschaftswissenschaftlichen Studiengangs auf eine Differenzierung in Volks- und Betriebswirtschaft und Soziologie zugunsten eines breiten sozialwissenschaftlichen Grundstudiums verzichtet. So steht im Zentrum des ersten Semesters eine integrierte Gesamtvorlesung, in der das Verhältnis Wirtschaft, Gesellschaft und Betrieb diskutiert wird. Hiermit sollen die Studenten Zugang zu Problemen wie Konsum, Unternehmung, wirtschaftliches Wachstum etc. erhalten. Das zweite Semester bringt vertiefende Veranstaltungen zu den einzelnen Fächern. Im dritten und vierten Semester folgt ein empirisches Forschungspraktikum, in dem vor allem Techniken der empirischen Sozialforschung und der Statistik eingeübt werden.

Im Hauptstudium setzt sich dann die Ausbildung in den Tätigkeitsfeldern Personalwesen, Stadt- und Regionalplanung, Markt und Konsum und Planungs- und Verwaltungsökonomie fort. Gleichzeitig aber muß nun das systematische Studium in einer Wissenschaft – also entweder Betriebswirtschaft oder Volkswirtschaft oder Soziologie – aufgenommen werden. Damit kann der Student wie in einem Baukasten aus Fachstudium und Tätigkeitsfeld einen auf den persönlichen Bedarf zugeschnittenen Ausbildungsgang zusammenstellen.

Über den Studienabschluß herrscht noch Unklarheit; vermutlich wird man sich auf den Diplom-Sozialökonomen mit der jeweiligen Spezialisierung – also betriebswirtschaftlicher oder volkswirtschaftlicher oder soziologischer Richtung – einigen. Die reine Soziologie soll dann wieder als klassische Soziologie für jene bestehen bleiben, die an diesem Fach ein wissenschaftliches Interesse haben.

Ganz ohne Zweifel wird von solchen und ähnlichen Studienangeboten ein beachtlicher Reiz ausgehen und vermehrt Studenten nach Trier locken. In dem Maße, in dem das Lehrangebot die Studentenzahlen nach oben treibt, wird diese Universität auch über die Stadtgrenzen hinaus an Attraktivität gewinnen.

Kollegiale Atmosphäre – gute Startchancen für Studienanfänger

Diese Art von Attraktivität allerdings fehlt der Universität noch. Dafür aber hat sie anderes zu bieten: eine dünne Besiedlung und junge Professoren. Beides zusammen führte bislang zu einem recht guten Arbeitsklima. „Wir haben halt Glück, keine Massenuniversität zu sein", freut sich Präsident Ehrhardt. Die geringen Studentenzahlen – 1650 Studenten stehen rund 150 Hochschullehrern gegenüber, ein noch recht gutes Verhältnis von nahezu 10 zu 1 – und vermutlich das niedrige Durchschnittsalter der Hochschullehrer von etwa 40 Jahren haben ganz offenbar eine kollegiale Atmosphäre geschaffen, die bislang eine sehr gute Betreuung der Studenten ermöglichte. Das kommt insbesondere in der Studienberatung zum Ausdruck. Hier wurde mit dem Studiendekanat eine Clearingstelle geschaffen, die als Anlaufstelle „Diagnose und allgemeine Beratung sowie verbindliche Weitervermittlung betreibt". Studiendekanatsleiter Hans Hetzius erklärt: „Hier wird der Student nicht wie irgendeine Null, sondern wie ein Kunde empfangen, der ernst genommen wird." Neben dieser allgemeinen Beratung, in der über Studien- und Prüfungsordnungen, über Studienförderung und Berufsaussichten informiert wird, führen die Fachbereiche in den ersten 14 Tagen eines jeden Semesters ganztägig individuelle Fachberatung durch die Professoren durch. Bei intensiver Nutzung dieser beiden Beratungseinrichtungen sollte den Trierer Studenten eine gute Studien- und Semesterplanung möglich sein.

Gerade auch im Sinne der Semestervorbereitung leistet das kommentierte Vorlesungsverzeichnis, das in dieser Art ohne Beispiel ist, einen hervorragenden Dienst. Die Einsicht, daß die normalen Vorlesungsverzeichnisse in aller Regel keinen Informationswert für Studenten besitzen, weil meist nur Fachexperten ahnen können, was sich wirklich hinter der Thematik einer Lehrveranstaltung verbirgt, brachte das Studiendekanat auf den Gedanken, die Lehrveranstaltungen näher zu beschreiben. Hierfür wurde eine feststehende, systematisierte Darstellungsweise gefunden: So werden unter Punkt „A" auf etwa fünf bis sechs Zeilen Stoff und Inhalt der Veranstaltung dargestellt, unter „B" die einführende und vorbereitende Literatur genannt, unter „C" die Teilnahmevoraussetzungen aufgezählt, unter „D" über die Leistungsanforderungen für einen Schein informiert, und unter „E" werden schließlich Hinweise für korrespondierende Veranstaltungen gegeben.

Alles in allem dürften somit gerade Studienanfänger in Trier gute Chancen haben, ohne viel Reibungsverluste Zugang zur Hochschule, ihren Studenten und Institutionen zu finden. In diesem Zusammenhang werden vor allem die im Schnitt mit 20 und weniger Leuten besetzten Seminare von den Studenten, die den persönlichen Kontakt zu den Dozenten für wichtig halten, sehr positiv beurteilt.

Die gute Zusammenarbeit zwischen Studenten und Hochschullehrern in den Lehrerveranstaltungen ist bislang auch noch in der hochschulpolitischen Arbeit der Kollegialorgane zu verzeichnen. Dies ist allerdings in erster Linie der „Unabhängigen Mitte" (UM), – der stärksten politischen Studentengruppe, zu verdanken, meint der Trierer Vizepräsident, Professor Arnd Morkel: „Das Verdienst dieser Gruppe ist es, daß es bis jetzt noch nicht zur totalen Konfrontation zwischen Hochschullehrern und Studenten gekommen ist." Die „Unabhängige Mitte", eine Trierer Besonderheit und nur dort vertreten, ist ein Sammelbecken für sämtliche politischen Gruppen von Mitte links bis schwach rechts. Sicherlich hat diese Gruppe auch den RCDS, den es in Trier nicht mehr gibt, absorbiert. Links von der „UM" gibt es seit einem Semester eine GEW- und eine Juso-Hochschulgruppe, die fast ohne Wahlkampf bei den letzten Studentenwahlen beachtliche Stimmengewinne verzeichnen konnten. Gerade die letzten Studentenwahlen – der Wahlkampf wurde mit aller Schärfe geführt und hat die Kommunikation zwischen den einzelnen Gruppen zum Erliegen gebracht – haben den linksextremistischen Gruppen, als da sind das Wahlbündnis „Demokraten – Sozialisten – Rote Hilfe" und „Dem Volke Dienend", eine Sektion des Kommunistischen Studentenverbandes, scharfe Absagen erteilt.

Dieses Wahlergebnis fand denn auch die volle Zufriedenheit des Präsidenten und des Vizepräsidenten, scheint doch damit die gemäßigte Atmosphäre und das kooperative Klima weiterhin erhalten zu bleiben. So freut sich der Gründungspräsident: „Wir haben halt Glück, keine Massenuniversität zu sein."

Die Gefahr, isoliert zu bleiben

So kontaktfreudig sich die Universität nach innen auch entwickeln mag, so sehr droht sie doch nach außen in der Isolation zu versinken. Das Schlimme daran ist, daß es keinen direkt Schuldigen gibt. Vielmehr scheint sich hier ein weiteres Charakteristikum der Regionaluniversität zu offenbaren: Studentisches Leben entwickelt sich nicht. Die Studentenpopulation der Regionaluniversität, die schließlich die Aufgabe hat, Bildung auf das Land zu bringen, besteht überwiegend aus Elternwohnern, das heißt aus Studenten, die aus einem Umkreis bis zu 50 Kilometern täglich an- und abreisen, weil sie weiterhin bei den Eltern wohnen. Das aber bedeutet ein abends und wochenends völlig verwaistes Studentenviertel, das heißt Universitätsgelände, denn ein Bezug zwischen Universität und Stadt fehlt vollends. „Ein Uni-Ball findet bei uns donnerstags statt, weil die Studentenzahl am Freitagmittag um zwölf rapide sinkt", bedauert ein „UM"-Sprecher fehlendes Studentenmilieu. Damit aber fehlen auch fast sämtliche Angebote für studentische Freizeitbedürfnisse; insbesondere Kneipen, will man jene Wirtshäuser, die etwas häufiger als andere Studenten beherbergen, nicht schon deshalb als Studentenkneipen ansehen.

Dennoch muß man sagen, daß sich die Stadt intensiv um einen Kontakt zur Hochschule bemüht. Durch verbilligte Abonnements und Freikarten fürs Theater, durch hin und wieder gemeinsame Veranstaltungen, durch eine „Aktion Student sucht Zimmer" und vieles mehr versucht die Gemeinde ihren Beitrag zu leisten. Doch irgendwie fehlt all diesen Bemühungen die Kontinuität. Aufgrund der typischen Wohnungssituation an Regionaluniversitäten kann dies beinahe auch nicht anders sein. Denn selbst die Studenten, die am „Hochschulort" wohnen oder im 10- bis 15-Kilometer-Umkreis der Universität eine Bude haben, wohnen damit schon längst nicht mehr am Hochschulort, sondern draußen auf dem flachen, verkehrsmäßig kaum angebundenen Land. „Wer da noch abends nach Hause will, muß um zehn Uhr den Bus kriegen, sonst schläft er unter der Moselbrücke." Die beiden am Ort befindlichen Studentenheime, das sittenstreng – „von Leuten, die sich katholisch glauben" – verwaltete Cusanus-Haus mit einem Einzelzimmerpreis von 137 Mark und das vom Studentenwerk geführte Martius-Haus mit einer Miete bis zu 130 Mark, bieten natürlich nur wenigen Auserlesenen Wohnraum. Die wenigen auch abends noch anwesenden Studenten dürften aber wohl kaum ausreichen, in der Stadt ein studentisches Leben aufkommen zu lassen. So führt der Trierer Teil der Bindestrich-Universität ein von der Stadt losgelöstes Eigenleben, das durch die geplante Auslagerung auf die Tarforster Flur vollends in der Isolation zu versinken droht.

KAISERSLAUTERN:

„Im Herzen des Pfälzer Waldes" – wie es Hans Hetzius im Studienführer sieht – liegt der zweite rheinland-pfälzische bildungsferne Raum: Kaiserslautern.

Wenngleich die „Barbarossa-Stadt" keine mit Trier vergleichbare Bildungstradition aufzuweisen hat, so stand doch nie in Zweifel, daß Kaiserslautern das zweite Bein der Doppeluniversität werden würde. Auch die Niederlassung der technisch-naturwissenschaftlichen Disziplinen war aufgrund des industriellen Ballungsraumes um Kaiserslautern mit vorzüglicher Verkehrsanbindung an den Ludwigshafen-Mannheimer Raum praktisch von Anbeginn entschieden. Schließlich sollen aus strukturpolitischen Erwägungen die Abiturienten der sechs großen Gymnasien am Ort eine Studienmöglichkeit bekommen und der wirtschaftlich aufstrebenden Region den natur- und ingenieurwissenschaftlichen Nachwuchs erhalten.

Genau wie in Trier wurde auch hier im Oktober 1970 in den umgebauten Gebäuden der ehemaligen Pädagogischen Hochschule der Lehrbetrieb aufgenommen. Inzwischen sind rund ein Kilometer außerhalb der Stadt, in der Nähe des Betzensbergs – Fußballstadion von Fritz Walters „Roten Teufeln" – gelegen, vier weitere Gebäude in Dohnanyis Schnellbauweise entstanden. Diese neue Walduniversität bietet nun für weit mehr als derzeit 1350 Studenten Platz.

„Alter Wein in neuen Schläuchen"

Die vielleicht ganz in den Anfängen einmal als reine naturwissenschaftliche Universität geplante Teiluniversität hat sich inzwischen – zumindest in den Augen des Gründungspräsidenten – zur richtigen Technischen Hochschule entwickelt. Dies mag heute zwar noch etwas übertrieben klingen, jedoch im Hinblick auf die ohnehin geplante Trennung zweier Universitätsteile ist die Selbständigkeit der Kaiserslauterer mit Sicherheit ein gutes Stück reifer als Trier. 1970 wurde in Kaiserslautern mit drei Fachbereichen begonnen. Mathematik, Physik und Technologie. Dieser letzte Fachbereich, der ursprünglich als Hauptfunktion die Lehrerausbildung für berufsbildende Schulen übernehmen sollte, hatte die Fächer Maschinenbau, Elektrotechnik, Raum- und Umweltplanung, Architektur und – eigenartigerweise – auch Erziehungswissenschaften aufgenommen. Mit dem weiteren Ausbau der Hochschule kamen Chemie und Biologie hinzu und der „Technologie-Bereich" wurde aufgelöst; Maschinenbau und Elektrotechnik wurden selbständig. Der Rest – Architektur und Raum- und Umweltplanung – bildet jetzt mit den Erziehungswissenschaften den „ARU-Fachbereich".

Somit kann man im Augenblick in Kaiserslautern Mathematik, Physik, Chemie, Biologie, Maschinenwesen, Elektrotechnik, Architektur und Raum- und Umweltplanung in Diplomstudiengängen studieren, Mathematik, Physik, Chemie und Biologie können außerdem mit der Staatsprüfung für das Lehramt an Realschulen und Gymnasien abgeschlossen werden. In Maschinenwesen, Elektrotechnik und Bauwesen werden Lehrer für berufsbildende Schulen ausgebildet.

Für den weiteren Ausbau ist die Einrichtung der Informatik als Hauptfach geplant, außerdem soll die Techno-Ökonomie eine Brücke von den mathematisch-naturwissenschaftlich-technischen Fächern zu den Wirtschaftswissenschaften schlagen, und die Pharmazie und Lebensmittelchemie sollen einmal die bereits bestehende allgemeine Chemie abrunden.

Doch bis zur Realisierung dieser langfristigen Pläne ist noch ein weiter Weg. Bis jetzt jedenfalls beklagen sich die Studenten genau wie in Trier noch über den zu dürftigen Ausbau der bereits eingerichteten Fächer. „Hier sieht man halt, daß Rheinland-Pfalz im Bundesvergleich ein armes Land ist", stellt der AStA-Vorsitzende Bernhard Arnold fest. Das zu schmale Lehrangebot geht nicht zuletzt auf einen beachtlichen Personalmangel zurück. Dies führt beispielsweise dazu, daß Chemiker ihre physikalischen Kenntnisse in Vorlesungen erwerben müssen, die ausgesprochen auf den Bedarf von Physikern zugeschnitten sind. Noch bedenklicher klingt natürlich, daß obligatorische Lehrveranstaltungen aufgrund des Mangels an wissenschaftlichem Personal einfach ausfallen.

Doch die Ausstattung der verschiedenen Fächer ist ganz unterschiedlich. Während einige – insbesondere die „ARU-Fächer" – regelrecht darben, sind Mathematik und Physik bereits sehr gut ausgebaut und sogar mit einer Fachdidaktik, die sonst noch überall fehlt, vervollständigt. Die Physik soll es sogar in der Forschung schon zu europäischem Ansehen gebracht haben.

Von dieser Art Qualität allerdings können die Studenten nicht profitieren. Sie wünschen sich Reformen in Studium und Lehre. Hier aber sehen sie noch nichts von den ursprünglichen Reformvorhaben realisiert. Trotz einer Reihe vielversprechender Ansprüche ist alles beim alten geblieben. Auf die Studienreform angesprochen, bringt der AStA-Vorsitzende Bernhard Arnold das Ergebnis auf eine Formel: „Hier wird alter Wein in neuen Schläuchen geboten." In den Studiengängen, die mehr und mehr verschult werden, fehlt von der Lernzielorientierung über den Praxisbezug bis hin zur Berufsvorbereitung alles, was eine Reform in Studium und Lehre ausmachen könnte. In Kaiserslautern fehlt es aber nicht nur an den Reformen selbst; es mangelt sogar an Interesse und Konzeptionen für Reformen, so jedenfalls sehen es viele Studenten.

Am meisten wird das nicht eingehaltene Versprechen, für alle Lehramtsfächer eine Fachdidaktik einzurichten, beklagt. Diese Lücke des Kaiserslauterer Lehrangebots wird als die schmerzlichste empfunden, streben doch mit Abstand die meisten der 1350 Studenten in den Lehrberuf.

Somit erklärt sich auch die verstärkt vorgetragene Forderung nach einem selbständigen erziehungswissenschaftlichen Fachbereich. Daß die Erziehungswissenschaften bislang unterbelegt sind und in diesem Ausbaustadium nicht den Service für alle Lehramtsfächer übernehmen können, hat denn auch inzwischen an höherer Stelle Einsicht gefunden und zu einer Reihe von Berufungen geführt, so daß die Trennung vom „ARU-Fachbereich" in Sichtweite gerückt ist.

Erstaunlicherweise aber ist es gerade dieses anerkanntermaßen unterrepräsentierte Fach, das durch den Berufs- und Arbeitspädagogen Joachim Münch einen recht interessanten Studiengang für das Lehramt an berufsbildenden Schulen konzipiert hat. Besondere Beachtung findet dieser Studiengang, der in den Fächern Maschinen- und Bauwesen sowie Elektrotechnik angeboten wird, durch den fast 25prozentigen Anteil der Erziehungswissenschaften. Hierdurch werden in das technische Studium Grundlagen der Psychologie und der pädagogischen Soziologie, allgemeine Pädagogik und vergleichende Betriebs- und Arbeitspädagogik eingebracht. Darüber hinaus muß noch eines der drei Wahlpflichtfächer – Mathematik, Physik, Soziologie/Politologie/Wirtschaftswissenschaft – belegt werden.

Von diesem sehr komplett wirkenden Studiengang, der mit dem Staatsexamen auch die Lehramtsbefähigung für den Dienst an technischen Gymnasien verleiht, wird mit Sicherheit bei entsprechender Popularität einige Anziehungskraft ausgehen. Bislang jedoch – bis eventuell zur Einrichtung der Techno-Ökonomie – ist dies das einzig Aufsehenerregende im Kaiserslauterer Lehrangebot.

„... er wollte nicht in Persien geboren sein"

Die studentische Wohnungssituation hat in Kaiserslautern jene Aussichtslosigkeit, die von anderen Universitätsstädten bekannt ist, noch nicht erreicht, obwohl es noch längst keine Studentenwohnheime gibt und amerikanische Soldaten, die in sehr großem Aufgebot in Kaiserslautern stationiert sind, auf dem privaten Zimmermarkt als Preistreiber auftreten.

Daß noch immer relativ unproblematisch Zimmer aufgetrieben werden können, verdanken die Studenten zum einen der außergewöhnlich gast- und studentenfreundlichen Lauterer Bevölkerung, zum anderen aber Oswald Czaikowski, Manager des Trier/Kaiserslauterer Studentenwerks.

Oswald Czaikowski schafft es nicht nur an beiden Standorten, für 1,50 Mark einen Mittagstisch von „Wienerwaldniveau" – halbes Hähnchen oder Schnitzel mit Pommes frites und Salat u. ä. – zu servieren, BAföG-Anträge in erstaunlichen fünf Wochen bis zur Auszahlung zu treiben – selbst für diese kurze Zeit hat er einen Darlehensfonds eingerichtet, um die ärgsten Notfälle überbrücken zu helfen –, er hat sich auch einiges in Sachen Wohnungsvermittlung einfallen lassen. Neben einer gut florierenden „Stammkartei" – in der potentielle Vermieter festgehalten werden, hat Oswald Czaikowski im letzten Jahr eine breitangelegte Werbekampagne – „Aktion 700" –, in der kostenlose Straßenbahn- und Theaterabonnements an „Studentenvermieter" verlost wurden, durchgezogen. Solche außergewöhnlichen Maßnahmen werden zusätzlich noch durch nahezu regelmäßige, vom Studentenwerk organisierte Wirtinnenabende ergänzt, um einen guten Kontakt zwischen Universität und Bevölkerung aufzubauen Auf diese Weise gelingt es auch, in den Stoßzeiten zum Semesterbeginn, wenn 200 Zimmer auf einmal gebraucht werden, vergleichsweise rasch vermitteln zu können. Selbst Ausländer können hier leichter untergebracht werden. Ein AStA-Referent, der mit einem persischen Kommilitonen auf Zimmersuche war: „Wir haben ein Zimmer. Ich habe gesagt, er könne nichts dafür, er wollte ja gar nicht in Persien geboren sein."

Nun, die Kaiserslauterer haben sich über lange Jahre hin, durch ausländische Truppenstationierungen, an den Umgang mit Fremden gewöhnt. Die Pfälzer Gastfreundschaft ist es auch, die den Studenten hilft, Kontakt zur Bevölkerung zu finden. Dies ist gerade in einer Stadt, die ansonsten überhaupt nicht auf Studenten – weder kulturell noch in der Gastronomie – eingestellt ist, sehr wichtig.

Schicksal der Regionaluniversität?

Darüber hinaus jedoch fristet diese Universität, genau wie ihre Partnerin in Trier, ein recht isoliertes Dasein. Weil auch hier die meisten Studenten Elternwohner sind, kann von Studentenleben keine Rede sein. Weit außerhalb der Stadt gelegen, ist die Universität abends wie ausgestorben.

Vielleicht sind dies aber die Lebensbedingungen der Regionaluniversität überhaupt. Sie vermag eventuell als Ausbildungsstätte auf dem Lande einen wesentlichen Beitrag zur Infrastruktur der Region zu leisten, jedoch nur in Ausnahmefällen wird es ihr gelingen, ein universitäres Eigenleben zu entwickeln, das mit dem der großen Hochschulen vergleichbar wäre. Sicherlich ist es auch die fehlende Atmosphäre dieser Universität, wenn bislang noch kein stärkerer Studentenzustrom zu verzeichnen ist. Andererseits könnte aber gerade hierin die Empfehlung dieser Hochschule liegen:

„Studenten, die ihr Studium in enger Zusammenarbeit mit Hochschullehrern und Assistenten gestalten und ihre Arbeit im Kreise der Lehrenden und Lernenden leisten wollen, die sollen nach Trier oder Kaiserslautern kommen", verkündet Gründungspräsident Helmut Ehrhardt nicht ohne Stolz.

Universität Trier-Kaiserslautern

Universität Kaiserslautern
1356 Studenten (WS 1973/74).

Anschrift:
675 Kaiserslautern,
Pfaffenbergerstraße 95

Fachbereiche:
Mathematik
Physik
Chemie
Biologie

Fachrichtungen:
Architektur/Bauwesen
Raum- und Umweltplanung
Elektrotechnik
Informatik (voraussichtlich ab WS 1974/75)

Universität Trier
1680 Studenten (WS 1973/74).

Anschrift:
55 Trier, Schneidershof

Fachbereich I:
Pädagogik
Philosophie
Psychologie

Fachbereich II:
Sprach- und Literaturwissenschaften:
Germanistik
Anglistik
Romanistik
Klassische Philologie

Fachbereich III:
Geschichte
Geographie
Politikwissenschaft
Soziologie
Wirtschaftswissenschaften
Archäologie

Eberhard-Karls-Universität Tübingen

Helmut Fritz

Der Führerschein ist so wichtig wie die Zulassung zum Studium

Tübingen, Zwergpolis mit akademischer Überbevölkerung: knapp 16 000 Studenten auf 65 000 Einwohner, zwei Drittel der Bewohner universitätsabhängig.

Nicht Tübingen hat eine Universität, sondern die Universität hat Tübingen. Mehr als 8000 Studenten wohnen im engen Altstadtkern, jedes Haus ein Mini-Studentenwohnheim. Die ganze Stadt ein Campus. Überfüllung auf Schritt und Tritt, in den Seminaren, den Weinstuben und auf den Parkplätzen.

9000 Studentenautos zwischen Oberstadt und Unterstadt unterwegs, keine öffentlichen Verkehrsmittel: der Führerschein ist so wichtig wie die Zulassung zum Studium. Streß und Hektik in den Kulissen für einen Studentenfilm à la Feuerzangenbowle. Tübingens Walter Jens: „Tübingen, das ist schöne, ehrliche Provinz, mit der Schwäbischen Alb zum Spazierengehen, Weinberge und Weinkultur, nicht Scheingroßstadt wie Frankfurt oder Rentnerstadt wie Berlin. Die Stadt liberal, ihre Beziehung zu den Studenten entspannt, die Studentenmütter seit Generationen mit dem Studentenleben vertraut und an abenteuerliche Scherze gewöhnt. Hier treffen alle alle mehrmals am Tag. Einsamkeit als Problem ist in Tübingen unbekannt."

Noch heute heißen die Studenten manchmal „Herre"

Nur knapp 9000 Studenten haben die statistische Chance, in Tübingen da zu wohnen, wo es am schönsten ist (und wo Professor Jens sein „Seminar für Rhetorik" abhält): in der Unterstadt. Hier sind die uralten Häuser bis unter die Dachfirste mit Studenten vollgestopft, die ganze Altstadt befindet sich fest in ihren Händen. „En's Wirtshaus neiplotze / Faif Viertele schlotze / Ond Zwiebel fresse / Druf send se versesse." (Alte Tübinger Studentenweise.)

Tübingen blieb, was es seit je war, schwäbische Landesuniversität mit liberaler Hochschulverfassung, eine begrenzte Professorenstadt mit einer Bandbreite, die auch Marxisten ihren unbestrittenen Platz einräumt. (Daß Ernst Bloch nach Tübingen berufen wurde, war kein Zufall.) Schwäbischakademische Bonhomie, Universität und ihre Klientel, das sind Fermente Tübinger Stadtgeschichte. Noch heute heißen die Studenten manchmal „Herre“ und hört man die Schankwirte in der Unterstadt sagen, dieser Wein sei der beste „seit vielen Semestern“. Typisch für den akademischen Bürgersinn ist ein alter Tübinger Witz: Ein Goge (ortsansässiger Weinbauer) zu einem anderen: „I han zwei Bube. Der oi hat a G'schäft und verdient saumäßig. Aber mei anderer ischt Pfarrer!“

Steigende Studentenzahlen – sinkende Mittel

Spätestens seit 1973, als die magische Zahl von 15 000 Studenten überschritten wurde – laut Plan sollte das erst 1980 geschehen – will in Tübingen das Gerede vom generellen Zulassungsstopp nicht mehr verstummen. Schon jetzt ist die Liste der NC-Fächer nahezu komplett. Übrigens: Nach den augenblicklichen Zulassungskriterien, so hat man errechnet, wäre kein einziger der heutigen Tübinger Dekane zum Studium zugelassen worden.

Ein weiteres Wachsen der Studentenzahlen ist in Tübingen nicht mehr vorstellbar, es sei denn, man verfährt nach der Schildbürgerlogik und macht die Stadt größer! Ohne Rücksicht auf die begrenzte Aufnahmefähigkeit konnte die Eberhard-Karls-Universität überdurchschnittliche Wachstums- und stattliche Zuschußraten verzeichnen. Zehn Jahre lang, bis 1973, wurden der Universität jährlich durchschnittlich 250 neue Planstellen bewilligt, die Professorenschaft wuchs relativ schneller als die Studentenschaft. Heute scheinen nur mehr die Studenten zuzuströmen. Im Etat 1973/74 findet man kräftige Rotstiftspuren, neue Stellen sind nur in wenigen Fällen vorgesehen, der Landeszuschuß stagniert.

Professor Theiß, Universitätspräsident, sagt zur Tübinger Situation: „Die Auswirkungen der Restriktionen durch den Landtag sind im Blick auf das explosive Ansteigen der Studentenzahlen noch nicht abzusehen. In verschiedenen Fächern ist ein ordnungsgemäßer Lehrbetrieb nicht mehr möglich. Forschungsaufgaben können kaum mehr durchgeführt werden. Generell ist eine Neuorientierung der Bildungspolitik zu verzeichnen. Nicht mehr die Universitäten stehen an der Spitze der Prioritätenliste, sondern zunehmend die Sekundarschulbereiche, die Berufsschule und das außeruniversitäre Bildungswesen. Das geht auf Kosten der Hochschulen, nicht nur in Tübingen.“

Noch ist Tübingen eine „Provinzuniversität“ im besten Sinne

Auch die Struktur der Universität verändert sich, das Verhältnis von Theorie und Praxis verschiebt sich zugunsten der Praxis. Weniger Allgemeinbildung, mehr berufliches Wissen sind gefragt. Erhöhung der Studieneffizienz, Verwertbarkeit der Ausbildung, Spezialisierung der Forschung: Auch Tübingen bleibt nicht ausgesperrt bei der Rationalisierung des Studiums. Nach Vorstellungen des Kultusministeriums wurde den Landesuniversitäten Württembergs eine Novellierung des Hochschulgesetzes beschert. Ziel: Straffung der Studiengänge, Begrenzung der Studienzeit, Stärkung der administrativen und politischen Positionen der Ordinarien. Aber der schwäbisch-behäbige Charakter dieser Universitätsstadt wird eine Umkrempelung des Studierbetriebs nach ausgeklügelten Rentabilitätsnormen fürs erste verhindern. Noch ist Tübingen eine „Provinzuniversität" im besten Sinne: menschenfreundlich, studienfördernd und trotz Überkapazitäten, Raumnot und unlösbaren Strukturproblemen spürbar weniger ihren Zwecken und Menschen entfremdet als andere Universitäten.

Die Liberalität Tübingens wurzelt in den alten jakobinischen Traditionen Süddeutschlands. Hegel, Schelling und Hölderlin wohnten zusammen in einem Zimmer des Tübinger Stifts. Kepler studierte ebenfalls an der Tübinger Universität. Von landesherrlichem Absolutismus 1477 gegründet, wurde sie berühmt als Geburtsstätte des reformatorischen Geistes und der Gedankengänge der Aufklärung. In der 48er Revolution stürmten Weinbauern und Studenten Seite an Seite das Tübinger Schloß, Bastion des Adels. Möricke, Schiller und die schwäbische Dichterschule sind zu nennen, mit Uhland, Wolfgang Menzel und Lenau, dem Juliusrevolutionär. Die seichteren Vertreter des Tübinger Dichterkreises fanden allerdings in Heine einen, ihren vermeintlichen jakobinischen Übermut dämpfenden Rezensenten. Heine im „Schwabenspiegel" über die Vormärz-Lyriker: „Sie sollen sehr berühmt sein in der ganzen Umgebung von Waiblingen ... Man sagt, sie besingen nicht nur Maikäfer, sondern sogar Lerchen und Wachteln, was gewiß sehr löblich ist. Lerchen und Wachteln sind wahrhaftig wert, daß man sie besinge, nämlich, wenn sie gebraten sind." Der Kreis der Professoren, die heute mit ihrem Namen für die Traditionen der schwäbischen Aufklärung bürgen, ist klein geworden. Bloch natürlich, Walter Jens, auch die Theologie-Professoren Haag und Küng, die für den Tübinger Antidogmatismus einstehen.

Die Ausbildung in den pädagogischen Fächern: praxisnah

Tübingen ist eine Uni, die mehr Grundlagenforschung betreibt, weniger angewandte Forschung. Praxisnah hingegen ist die Ausbildung in den pädagogischen Fächern. Hier wird ein fortschrittliches, berufsorientiertes Studium geboten, nach Einschätzung von Jens das „progressivste hinter Bremen".

Schon im ersten Semester hat der Student die Möglichkeit, zwischen Schwerpunkten zu wählen, zum Beispiel im Fachbereich Germanistik zwischen einem Seminar, das ideologiekritische Analysen von Werbetexten erarbeitet, oder einem Seminar über Probleme des Immermannschen Realismus. Der Freiraum innerhalb der ersten Semester ist eher zu groß als zu klein. Allerdings funktioniert die Studienberatung besser als früher. Jedes Erstsemester kann sich von einem Assistenten einen kompletten Studienfahrplan ausarbeiten lassen. Der Unterbau des Studiums bietet den schwankenden Tritten frisch gebackener Studenten festen Grund. An die Stelle der Vorlesung ist in den Geistes- und Erziehungswissenschaften die Gruppenarbeit getreten. Der Vorzug der Gruppenarbeit ist häufig gepaart mit dem Nachteil, daß es kein einheitliches didaktisches Konzept gibt. Manche Professoren sprechen ihre Studenten immer noch als kleine Gelehrte an. Andere spinnen ihr Professorengarn ohne den festen Blick auf die Praxis. Für die Fachbereiche Lehrerbildung, Germanistik, Anglistik, Romanistik und so weiter auf der ganzen „Phil."-Skala kommt Walter Jens zu dem Resümee: „Die Möglichkeit zur selbständigen kritischen Analyse und zum eigenen Studienaufbau ist nirgendwo so gut wie in Tübingen."

„Im Uni-Bereich ist die Wohnungsnot katastrophal"

Professor Müller-Beck, Vorsitzender des Tübinger Studentenwerks: „Insgesamt verfügt das Studentenwerk über knapp 1200 Plätze, die meisten davon befinden sich im neuen Studentendorf Waldhäuser-Ost. Im Uni-Bereich ist die Wohnungsnot katastrophal. Vergleichbar nur noch mit dem Mangel an Parkplätzen. Ein Drittel der Studenten wohnt bis zu 50 Kilometer entfernt im schwäbischen Hinterland."

Neben den Heimen des Studentenwerks gibt es noch etwa 20 weitere Wohnheime mit einer Bettenzahl von insgesamt rund 1500. Die Mietpreise pro Bett liegen zwischen 45,– und 160,– Mark. Nach einer Prognose des Studentenwerks wird die Zahl der Wohnheimplätze bis 1979 stagnieren. Wie groß sind die Chancen, einen Heimplatz zu ergattern? Dazu das Studentenwerk lapidar: „Es besteht nur geringe Aussicht, in einem Heim aufgenommen zu werden."

Test

Um festzustellen, ob Sie das Zeug dazu haben, ein Tübinger Student zu werden, können Sie bei Professor Walter Jens eine Zulassungsprüfung ablegen. Gehen Sie die folgende Checkliste durch, fragen Sie sich, ob Sie die hier von Professor Jens aufgestellten Erfordernisse erfüllen können!

Sechs Regeln für Studienanfänger

Walter Jens gibt Studientips für Erstsemester der Fachrichtung: Erziehungswissenschaften, Germanistik etc.

1. Studiere unterm Aspekt der Berufspraxis. Lockere dein Studium auf durch Praktika.

2. Geh nicht in die Universität wie in den Beruf. Übertrage keine schulischen Muster auf dein Studium.

3. Germanistikstudent, bedenke: Du kannst nicht mehr mit dem nationalen Kulturerbe als gesichertem Posten rechnen. Der bürgerliche Hausschatz der Kultur ist deiner Kritik überlassen. Frage wie die Engländer: How good is Hamlet?

4. Lerne, daß der Weg zur Klassik über Brecht führt und der Weg zu Jean Paul über Handke.

5. Lerne die Freiräume an der Universität aufzuspüren und selbst denkend zu nutzen, aber verwechsle sie nicht mit dem Leben. Was innerhalb der Universität gilt, kann draußen ein Nichts sein.

6. Sei politisch, aber gebe dich nicht dem konformen Ingrimm hin. Er ist ein Spiegelbild, nicht Aufhebung der verkehrten Verhältnisse.

Eberhard-Karls-Universität Tübingen
15 500 Studenten (WS 1973/74).

Anschrift:
74 Tübingen, Wilhelmstraße 7

Fachbereiche:
FB 1 Evangelische Theologie
FB 2 Katholische Theologie
FB 3 Rechtswissenschaft
FB 4 Wirtschaftswissenschaft
FB 5 Theoretische Medizin
FB 6 Klinische Medizin
FB 7 Philosophie
FB 8 Sozial- und Verhaltenswissenschaften, Pädagogik
FB 9 Neuphilologie
FB 10 Geschichte
FB 11 Altertums- und Kulturwissenschaften
FB 12 Mathematik
FB 13 Physik
FB 14 Chemie
FB 15 Pharmazie
FB 16 Biologie
FB 17 Erdwissenschaften

Universität Ulm

Bodo Franzmann

Priorität bei der Gründungskonzeption: Forschung

Wie nachhaltig ein Image weiterwirkt, das sich einmal an Begriffen wie „Forschungshochschule“ und „Reformuniversität“ bildete, läßt sich beispielhaft mit der Universität in Ulm belegen. Und das sicher nicht ganz zu Unrecht, denn ausdrücklich wollten die Mitglieder des Ulmer Gründungsausschusses, als sie 1965 nach einjähriger Arbeit ihren „Bericht über eine Medizinisch-Naturwissenschaftliche Hochschule in Ulm“ vorlegten, nicht einfach den bestehenden Universitäten eine weitere hinzufügen. Vielmehr hatten sie es als ihre vordringliche Aufgabe angesehen – so der Gründungsbericht –, „der Überfüllung des medizinischen Studiums Abhilfe zu schaffen und zugleich eine Reformierung des Unterrichts und der Forschungsmöglichkeiten durchzuführen“.

Die Schaffung neuer Studienplätze, heute A und O jeder Diskussion über Reformen im Hochschulbereich, war demnach zwar auch eines der Ziele der Ulmer Universitätsgründer, aber gewiß nicht das vordringlichste, wie die damals projektierten Studentenzahlen zeigen: pro Semester 70 Mediziner, dazu jährlich 30 Physiker, 75 Chemiker und Biochemiker, 10 bis 15 Biologen und Theoretische Mediziner sowie 40 Lehramtskandidaten, summa summarum 1625 Studenten im Endausbau der Universität – das sind nicht nur 1974, das waren auch schon 1965 geradezu idyllische Größenordnungen.

Allerdings: 1965 war die aus der heutigen Perspektive kaum mehr begreifliche bildungspolitische Euphorie noch nicht verflogen. Die Staatskassen waren gut gefüllt. Eine gründliche Reform des Medizinstudiums war überfällig. Dazu kam die Sorge um die sich verstärkende Abwanderung qualifizierter Wissenschaftler ins Ausland. Dies unter anderem muß man sehen, um das Gründungskonzept der Universität Ulm heute zu verstehen: Priorität der Forschung unter besonderer Betonung der engen Kooperation von Medizin und Naturwissenschaft, Ausbildung einer relativ kleinen Zahl von Medizinstudenten nach einem reformierten Konzept sowie einer noch kleineren Zahl von Naturwissenschaftlern.

Eine umfassende Analyse des Modellkonzepts Ulm steht weiterhin aus

1971 unternahm die Zeitschrift „Ulmer Forum" den „Versuch einer kritischen Zwischenbilanz": „Wie bewährt sich das Modellkonzept?" fragte sie Personen innerhalb und außerhalb der Universität. Die Bilanz fiel für alle Beteiligten eher unbefriedigend aus: Das „Im Prinzip ja, aber..." beherrschte die meisten Stellungnahmen so weitgehend, daß die fragenden Journalisten frustriert und die klare Auskunft erwartenden Leser enttäuscht sein mußten. Einige der Befragten meinten, vier Jahre seien eine zu kurze Zeit für ein fundiertes Urteil. Wohl präziser bezeichnete Professor Dr. Dr. Helmut Baitsch, 1970 als Nachfolger des 1969 gestorbenen Gründungsrektors Professor Heilmeyer zum Rektor der Ulmer Universität gewählt, den Grund für das Unbehagen der um ihr Urteil Gebetenen: „Ohne systematische Analyse der Wirklichkeit der Universität und der in ihr ablaufenden Prozesse, ohne eine systematische Analyse der Entstehung und der ersten Entwicklungsschritte der Gründer-Konzeption und ohne systematische Analyse der Zielvorstellungen und der dann nachfolgenden Operationalisierungen scheint es mir ausgeschlossen zu sein, mehr als nur die Meinung der Befragten zu ermitteln." Dieses Fehlen einer systematischen Analyse des Ulmer Konzepts hatten die Befragten zumindest unbewußt gespürt.

Und heute? Zwar steht eine umfassende Analyse weiterhin aus, doch die Universität steht ständig unter Handlungszwang und wird mit politischen Entscheidungen konfrontiert, ohne die Ergebnisse der Analyse abwarten zu können.

Politische Entscheidungen: das ist beispielsweise der „Hochschulgesamtplan II" von 1972, die verbindliche Erklärung von Landtag und Landesregierung, in Baden-Württemberg Gesamthochschulen zu bilden; und das sind Studentenzahlen, die weit über die 1625 der Gründungsdenkschrift hinausgehen: 1975 sollen bereits 1900, 1980: 3500 und 1985: 6000 Studenten an der Universität Ulm studieren – und das sind eher Minimalzahlen. Ob diese Zahlen mit dem ursprünglichen Ulmer Konzept verträglich sind – diese Frage hatte die Universität erst gar nicht zu entscheiden.

Handlungszwang: das ist beispielsweise die endgültige Grundordnung, an der zur Zeit gearbeitet wird. Hier muß ausdrücklich die Frage gestellt werden, welche Ideen der Ulmer Gründungsdenkschrift bei kritischer Betrachtung heute noch Bestand haben können. Man wird sich beispielsweise fragen müssen, ob ein Konzept, in dem die Naturwissenschaften lediglich Hilfsfunktionen für die Medizin übernehmen sollten, noch vertretbar ist unter Bedingungen, wo die Schaffung neuer Studienplätze in Medizin aus finanziellen Gründen kaum mehr, Expansion allein noch in den naturwissenschaftlichen Fächern möglich ist – und auch hier, wiederum aus finanziellen Gründen, nur in beschränktem Maße. Wenn man sich dann Soll-Zahlen von 6000 und mehr Studienplätzen vor Augen hält, kann auch die Frage, ob an der Beschränkung auf Medizin und Naturwissenschaften überhaupt festgehalten werden kann, nicht mehr tabu sein.

Die „Luxusforschungsstätte" hat es bestenfalls auf dem Papier gegeben

Im Wintersemester 1973/74 gab es in Ulm bereits über 1000 Studenten – nachdem der Lehrbetrieb im Wintersemester 1969/70 mit zunächst 60 aufgenommen worden war. Jährlich werden mindestens 400 Studenten neu hinzukommen. Die „Luxusforschungsstätte" hat es bestenfalls auf dem Papier gegeben. Zwar mag das durchschnittliche Zahlenverhältnis Lehrer : Studenten heute in Ulm noch etwas günstiger sein als anderswo – Folge der besonders personalintensiven Ulmer Studienfächer. Indes: daß Ulm eine besondere Universität sei, wird schon heute kein Kenner der Ulmer Situation mehr behaupten.

In Ulm gibt es vielmehr eine ganz gewöhnliche Universität, die sich von manchen anderen Universitäten vielleicht dadurch positiv unterscheidet, daß sie noch nicht, wie die meisten „alten" Universitäten, am Ende, sondern erst am Anfang ihres Wachstums steht. Ihre Probleme sind deshalb nicht geringer. Höchstens, daß Wachstumsschmerzen leichter zu ertragen sind als der Kollaps, der in Freiburg, Tübingen, Heidelberg und anderswo immer bedrohlicher ins Haus steht.

Einige Besonderheiten, von den Ulmern stolz „Ulmer Modelle" genannt, gibt es gleichwohl. Das für die weitere Entwicklung der Universität Bedeutsamste ist das Prinzip, nicht autark zu sein. Zwar ist dies von den Universitätsgründern eher notgedrungen akzeptiert worden, weil die finanziellen Möglichkeiten, alles auf einmal und in ausreichendem Maße zu bauen, schon damals nicht gegeben waren. Inzwischen ist die Notwendigkeit, mit Einrichtungen außerhalb der Universität zum Zweck der Ausbildung zusammenzuarbeiten, von der Universität positiv aufgegriffen worden. Sie ist damit auf dem besten Wege, anderen Universitäten einmal vorzuführen, was in Zukunft schon aus finanziellen Gründen immer unumgänglicher werden wird: Die Universitäten müssen Einrichtungen außerhalb ihres eigenen Bereichs für die Ausbildung nutzen.

Da die Universität erst in den achtziger Jahren ein eigenes Klinikum bekommen wird, nutzt sie heute die Städtischen Krankenanstalten für die Medizinerausbildung. Von Anfang an eingeplant war auch die Zusammenarbeit mit einem Krankenhaus der Bundeswehr, mit dessen Bau jetzt begonnen wird. Weitere Krankenhäuser in der Ulmer Umgebung stehen ebenfalls für die Medizinerausbildung zur Verfügung. Die bisherigen Erfahrungen zeigen: Zwar ist das Angewiesensein auf andere oft beschwerlicher als das „Alles-im-eigenen-Haus-Haben", aber die „erzwungene Kooperation" vermeidet gewiß eine Gefahr, die der traditionellen deutschen Universität oft nicht zu Unrecht angelastet wird: die Isolation, den sprichwörtlichen „Elfenbeinturm".

Die Ulmer Medizinstudenten werden wohl oder übel enger zusammenrücken müssen

Medizin wurde als erstes Studienfach an der Universität Ulm aufgenommen. Der Studiengang ist durch die neue Approbationsordnung für Ärzte geregelt, die in wesentlichen Teilen auf Ulmer Initiativen, vor allem des bekannten Psychosomatikers Professor Thure von Uexküll, zurückgeht. Da die Approbationsordnung – im Unterschied zur alten Bestallungsordnung – weitgehend darauf verzichtet, Ziele, Inhalte und Formen einzelner Unterrichtsveranstaltungen festzulegen, um den Universitäten einen größeren Spielraum in der Gestaltung des Studiums zu geben, mußten an allen Universitäten mit Medizinerausbildung inzwischen Rahmenpläne für das Medizinstudium erarbeitet werden.

Die Unterrichtskommission Medizin – eine der Ulmer Besonderheiten: für alle Fragen der Studienplangestaltung gibt es eigene Unterrichtskommissionen – hat im Sommer 1973 den für Ulm verbindlichen Rahmenplan für das Medizinstudium vorgelegt. Trotz des in vielfacher Hinsicht noch provisorischen Zustands vor allem im klinischen Bereich haben die Unterrichtsplaner sich bemüht, durch Einführung des Kleingruppenunterrichts in den klinischen Fächern vom längst als unzulänglich erkannten früheren Hörsaalunterricht weitgehend wegzukommen und durch „bedside-teaching" die Studenten ans Krankenbett zu bringen.

Da die klinische Ausbildungskapazität bislang noch geringer war als die vorklinische, mußten einige Ulmer Mediziner ihr klinisches Studium an einer anderen Landesuniversität fortsetzen. Aber schon 1974/75 werden voraussichtlich alle, die in Ulm begonnen haben, auch hier zu Ende studieren können. Für die Studienanfänger im Jahr 1974/75 gilt dies mit Sicherheit.

Im Studienjahr 1973/74 – in Ulm kann man in allen Fächern nur jeweils im Wintersemester beginnen – studierten in Ulm 552 Mediziner. Die jährliche Aufnahmequote betrug bis dahin 144. Es spricht einiges dafür, daß die Universität Ulm angesichts des immensen Numerus-clausus-Drucks gerade in Medizin schon im nächsten oder übernächsten Studienjahr diese Quote erhöhen muß. Da mit einer entsprechenden Ausweitung der räumlichen und personellen Kapazitäten indessen nicht zu rechnen ist, werden die Ulmer Medizinstudenten wohl oder übel enger zusammenrücken müssen. Daß dies für alle Beteiligten unangenehm ist, ist keine Frage. Besondere Universitäten gibt's halt nicht mehr.

Naturwissenschaften und Mathematik sind das zweite Bein der Universität. Studiert werden können hier 1973/74 die Fächer Mathematik, Physik, Chemie und Biologie, jeweils mit dem Ziel Diplom oder Staatsexamen. In Mathematik betrug die Zulassungsquote 1973/74 100, in Physik 45.

Die 66 Studienplätze für Chemiker und die 49 für Biologen wurden erstmals 1973/74, ebenso wie die für Mediziner, über die Zentralstelle für die

Vergabe von Studienplätzen (ZVS) in Dortmund verteilt. Wer eines dieser Fächer in Ulm studieren will, kann Ulm zwar in seiner Präferenzliste an die Spitze setzen, muß schließlich aber mit dem Studienort zufrieden sein, den ihm die ZVS zuweist. Nur Mathematiker und Physiker können sich bislang noch direkt in Ulm um einen Studienplatz bewerben.

„Ulmer Modelle" – für die nächsten Jahre geplant

Neben diesen herkömmlichen Studiengängen, die in Ulm nicht wesentlich anders strukturiert sind als an anderen Universitäten, sind für die nächsten Jahre einige „Ulmer Modelle" geplant:

Lehrerausbildung – und dies betrifft alle oben erwähnten mathematisch-naturwissenschaftlichen Lehramtsstudiengänge – soll in Ulm künftig, voraussichtlich schon ab Studienjahr 1974/75, praxisorientierter als bisher üblich stattfinden. Grundlegend für das neue Ulmer Konzept war die Einsicht, daß Lehrer nicht allein über Fachwissen, sondern vor allem auch über praktisch-pädagogische und didaktische Fähigkeiten verfügen müssen. Im Unterschied zur traditionellen Ausbildung, in der der angehende Lehrer erst nach dem Examen mit der Schulpraxis in Berührung kommt, sieht die Ulmer integrierte Lehrerausbildung von Studienbeginn an ein Ausbildungsprogramm vor, in dem das Fachstudium mit einer erziehungswissenschaftlich-didaktischen Ausbildung und der praktischen Arbeit in der Schule verbunden ist. Vorgesehen ist ein Eineinhalb-Fach-Studium mit einem Anteil von 80 Wochenstunden für das Hauptfach, 40 Wochenstunden für das Nebenfach sowie 48 Wochenstunden für Erziehungswissenschaft und Schulpraxis bei einer durchschnittlichen Stundenbelastung von 24 Wochenstunden.

Eine weitere Kombinationsmöglichkeit für Lehramtsstudenten neben den derzeitigen zwischen den verschiedenen naturwissenschaftlich-mathematischen Fächern wird mit der vorgesehenen Aufnahme des Sportstudiums für das Lehramt hinzukommen.

Studiengänge im psychosozialen Bereich wird es in Ulm ab 1975/76 geben. Sie sollen als erste ihrer Art in der Bundesrepublik der Ausbildung von Personal für leitende Tätigkeiten im Bereich der Sozialarbeit dienen. Bislang gab es lediglich dreijährige Ausbildungsgänge an Fachhochschulen für Sozialpädagogik. Für Absolventen dieser Ausbildung und für Studienanfänger mit Abitur oder Fachhochschulreife wird in Ulm ein vierjähriges Grundstudium einschließlich einjährigem Praktikum in Sozialarbeit eingerichtet. Im Anschluß an das Studium sowie zur Qualifizierung von Absolventen der traditionellen Sozialarbeiterausbildung mit mehrjähriger Berufserfahrung werden Aufbau- und Kontaktstudiengänge angeboten, die der Spezialisierung dienen sollen. Hier sind arbeitsfeldorientierte Studiengänge für Bewährungshilfe/Strafvollzug, Sozialpsychiatrie und Geriatrie ebenso vorgesehen wie Ausbildung in Psychagogik und Sozialpädagogik oder methodenorientierte Ausbildungen für soziale Einzelhilfe, Gruppenarbeit oder Gemeinwesenarbeit.

Damit werden die in Ulm neben Medizin und Naturwissenschaften als dritter Schwerpunkt vertretenen Universitätseinrichtungen im psychologisch-sozialen Bereich ihre langjährigen Erfahrungen bei der Weiterbildung von Sozialarbeitern erstmals in ein System differenzierter Studiengänge einbringen können, in denen dringend benötigte Spezialisten für Tätigkeitsfelder herangebildet werden sollen, die in der Bundesrepublik bislang sträflich vernachlässigt worden sind.

Dokumentation und Informationswissenschaft – Fachrichtung Medizin soll ein neuer Studiengang heißen, dessen Aufnahme die Universität zum Studienjahr 1974/75 beantragt hat. Damit soll eine differenzierte Ausbildung in medizinischer Dokumentation eingerichtet werden – einem Gebiet, in dem die Ulmer Schule für Medizinische Dokumentations-Assistenten neben einer zweiten derartigen Schule an der Universität Gießen bislang die einzigen, stark gefragten Ausbildungsplätze anbot. Diese Schule soll als zweijährige Berufsfachschule für Schüler mit mittlerer Reife weitergeführt werden. Nach den Vorstellungen der Initiatoren des neuen Konzepts, das allerdings noch nicht von den Universitätsgremien und dem Kultusministerium beschlossen ist, sollen die Absolventen der Berufsfachschule nach mindestens einem Jahr Berufserfahrung in den Studiengang Dokumentation und Informationswissenschaften eintreten können, der im übrigen Schülern mit Fachhochschulreife direkt offensteht. Dieser soll nach zwei Jahren zum „Medizinischen Dokumentar", nach einem weiteren Jahr zum „Diplom-Dokumentar für Medizinische Informatik" führen.

Chemie wird das erste Fach sein, in dem es – voraussichtlich zum Wintersemester 1974/75 – einen Modellstudiengang im Rahmen des Gesamthochschul-Modellversuchs Ulm-Ostwürttemberg geben wird. Die Universität Ulm, die derzeit einen traditionellen Diplom-Studiengang in Chemie anbietet, und die Fachhochschule Aalen, die als einzige in der Bundesrepublik bereits einen sechssemestrigen Fachhochschul-Studiengang Chemie durchführt, werden künftig ein gemeinsames viersemestriges Grundstudium anbieten, das wahlweise in Ulm oder in Aalen absolviert werden kann und mit dem Vordiplom abschließt. Danach kann sich der Student entscheiden, ob er ein viersemestriges grundlagenorientiertes Vertiefungsstudium an der Universität Ulm oder ein zweisemestriges spezialisiertes Studium an der Fachhochschule anschließen will. Erstmals werden im Rahmen dieses Modellstudiengangs auch Studienanfänger mit Fachhochschulreife in einen bislang Abiturienten vorbehaltenen Studiengang eintreten können.

Weitere Modellstudiengänge, beispielsweise in Biomedizinischer Technik und Informatik, sind im Rahmen des Gesamthochschul-Modellversuchs in der Diskussion. Der Zeitpunkt ihrer Realisierung ist aber noch zu ungewiß, als daß eine Darstellung in diesem Rahmen nützlich wäre. Das gleiche gilt für einen Studiengang Humanbiologie, der zunächst als Aufbaustudium für Studenten naturwissenschaftlicher Fächer nach dem Vordiplom, später auch als Grundstudium an der Universität eingerichtet werden soll.

Lehrbetrieb auf dem Oberen Eselsberg

Der Universitätsneubau entsteht auf dem Oberen Eselsberg, etwa sechs Kilometer vom Stadtzentrum entfernt. Von den fünf geplanten Baustufen A bis E wurde die erste zum Beginn des Studienjahrs 1973/74 abgeschlossen. Die Baukosten dafür betrugen rund 100 Millionen Mark. In dieser Baustufe befinden sich bereits alle für die Studenten wesentlichen Einrichtungen: Hör- und Kurssäle, Bibliothek, Mensa, Cafeteria usw. Bis auf die Lehrveranstaltungen im klinischen Teil des Medizinstudiums findet inzwischen der gesamte Lehrbetrieb auf dem Oberen Eselsberg statt.

Dort werden nach und nach alle Universitätseinrichtungen untergebracht, wenn auch einige Gebäude im Ulmer Stadtgebiet, die ursprünglich lediglich als Provisorien gedacht waren, wegen des wachsenden Raumbedarfs noch auf Jahre hinaus weiter von Universitätseinrichtungen genutzt werden. Immerhin werden demnächst alle Universitätseinrichtungen wenigstens in Ulm ihr Domizil aufschlagen können, nachdem in den ersten Jahren einige davon weit weg, zum Beispiel in Stuttgart, Karlsruhe oder Freiburg, untergebracht waren.

Im Frühjahr 1974 war der erste Bauabschnitt der Baustufe B einzugsbereit. Im Haushaltsentwurf des Landes sind für die Weiterführung der Uni-Bauten im Jahr 1974 40 Millionen Mark veranschlagt. 79,5 Millionen werden 1974 allein die laufenden Universitätsausgaben kosten, und 194 neue Stellen wird die Universität 1974 besetzen können. Das klingt nach viel, ist aber – gemessen am Zuwachsbedarf einer im Aufbau befindlichen Universität – gerade das Nötigste.

Verkehrsprobleme gab es in der Vergangenheit. Jetzt kann man den Universitätsneubau am Oberen Eselsberg zwischen 6 Uhr früh und Mitternacht alle sechs bis acht Minuten per Bus erreichen. Die Pionierzeiten, als für die Ulmer Studenten ein Auto beinahe zum Existenzminimum gehörte, sind vorbei: jetzt kommt man billiger und sogar bequemer – denn die Parkplatzsuche ist mittlerweile auch beim Uni-Neubau zum Problem geworden – mit dem Bus zur Uni.

Zu wenige Wohnheimplätze, doch auch der 1000. Student fand eine Bude

Wohnungsprobleme gibt es für Studenten hin und wieder auch in Ulm – kaum eine Universitätsstadt, die keine hätte. Aber so dramatisch, wie es zu Beginn des Wintersemesters 1970/71 einmal aussah, ist es glücklicherweise dann doch nicht geworden. „Noch Platz für 30 Studenten" war der Titel einer Reportage von Helmut Fritz in „aspekte" über die Lage auf dem Ulmer Zimmermarkt. Bei erst 130 Universitätsstudenten waren die Zimmer vorübergehend so knapp geworden, daß Studenten der „Universitätsstadt

Ulm" auf den Ortsschildern das Prädikat „ohne Studentenzimmer" verliehen hatten.

Was sich damals im Hinblick auf die in den kommenden Jahren sprunghaft wachsenden Studentenzahlen bedrohlich auszunehmen schien, erwies sich indes als ein Problem der erst in Gang kommenden Umstellung der Ulmer Bevölkerung auf ihre Rolle als Bürger einer Universitätsstadt, die Wohnmöglichkeiten für ihre Studenten schaffen muß. Mittlerweile hat sich in Ulm herumgesprochen, daß Vermieten an Studenten nicht bedeutet, daß man's unbedingt „nötig" hat. Unter kräftiger Mithilfe der örtlichen Presse und gelegentlicher Nachhilfe durch gemeinsame Aufrufe von Rektor und Oberbürgermeister ist der zuweilen befürchtete Zusammenbruch des Zimmermarkts für Studenten in Ulm bislang ausgeblieben – auch der 1000. Student hat eine Bude gefunden.

Wohnheimplätze für Studenten gibt es in Ulm leider noch zuwenig – rund 270 in zwei kirchlichen und einem privaten Studentenwohnheim zu Preisen zwischen 40 und 110 Mark. Die Wartelisten sind lang, und wer neu nach Ulm kommt, kann kaum damit rechnen, sofort einen Wohnheimplatz zu bekommen. Indes: Auch hier wird die Lage besser, wenn ein größeres Studentenheim, das derzeit unter der Ägide des Ulmer Studentenwerks im Stadtgebiet entsteht, fertiggestellt ist. Weitere Studentenwohnheime sind geplant.

Studentisches Leben ist etwas schwer Greifbares: die alten Universitätsstädte haben es einfach, in den neuen muß es sich erst nach und nach entwickeln – und es entwickelt sich in Ulm, Konstanz, Augsburg anders als in Tübingen, Freiburg oder Marburg, denn es muß seine Tradition, die anderswo vorgegeben ist, erst selbst erzeugen. Dieser Prozeß dauert lange, und er kommt spürbar in Gang, seit die Studentenzahl in Ulm so erheblich angestiegen ist. Immerhin fanden die Uni-Studenten keine Tabula rasa vor, denn schon Jahre vor der Universität gab es eine Ingenieurschule in Ulm, deren Veranstaltungen selbstverständlich auch den Uni-Studenten offenstehen. Zu erwähnen ist hier vor allem der über die Grenzen Ulms hinaus bekannte Jazz-Keller„Sauschdall". Inzwischen haben sich auch einige Ulmer Lokalitäten zu Studententreffpunkten entwickelt, ohne daß man von ausgesprochenen Studentenkneipen sprechen könnte.

Das kulturelle Angebot Ulms ist beachtlich: Neben dem Ulmer Theater, das auf einer großen und einer Experimentierbühne spielt, gibt es das private „Theater in der Westentasche" – alle bieten verbilligte Studentenkarten. Für aktive Musiker gibt es an der Universität ein Orchester und einen Chor. Das an der Universität leider fehlende geisteswissenschaftliche „Studium generale" ersetzt die Ulmer Volkshochschule mit einem in der Bundesrepublik wohl führenden Angebot, was Qualität und Vielseitigkeit betrifft.

Vermißt wird von den Ulmer Studenten vor allem noch ein ständiger Treffpunkt, ein Kommunikationszentrum. Aber auch die Verwirklichung dieses Projekts liegt nicht mehr in weiter Ferne: 1974, spätestens 1975, wird es soweit sein.

Alles in allem ist Ulm auf dem besten Wege, eine richtige Universitätsstadt zu werden. Ein Indiz dafür: das in den vergangenen Jahren permanente Diskussionsthema „Integration von Stadt und Universität" wird allmählich uninteressant. In dem Maße, in dem die Bürger der Stadt mit den Mitgliedern ihrer Universität in vielfache persönliche Beziehungen treten, vollzieht sich die Integration. Und unrealistische Erwartungen, wie sie sich leicht mit so bedeutungsschwangeren Formeln wie „Integration von Stadt und Universität" verbinden, werden im täglichen Umgang miteinander abgebaut: Studenten, die für ein paar Jahre in einer Stadt studieren, haben in der Regel gar kein Bedürfnis, sich intensiv mit einer Stadt einzulassen, die sie nach dem Studium wieder verlassen werden. Daß man dies in Ulm inzwischen versteht und trotzdem nicht nachläßt, die Stadt für Universitätsmitglieder attraktiv zu machen, ist der beste Beweis für ein gutes Verhältnis zwischen Stadt und Universität.

Als einzige organisierte Studentengruppe tritt der RCDS auf

Politik wird an jeder Universität gemacht – an manchen so spektakulär, daß der Eindruck unbeteiligter Bürger, es werde eben nur noch Politik gemacht und gar nicht mehr studiert, gewiß nicht bloß Ausdruck purer Ignoranz ist. In Ulm war das in den ersten Jahren der Universität eher umgekehrt: Noch 1972 war die alljährliche Umfrage von dpa, wie Studentenparlamant und AStA politisch einzuordnen seien, nur schwer zu beantworten. Wer sich die Mühe machte, könnte am Beispiel Ulm den Politisierungsprozeß einer Studentenschaft und seine vielfältigen Bedingungen gut studieren, denn die politische Fraktionierung der Studentenschaft kam erst langsam in Gang und befindet sich auch heute noch in einem Stadium, wo klare Fronten nicht erkennbar sind. Als einzige organisierte Studentengruppe tritt der RCDS (Ring Christlich-Demokratischer Studenten) auf. Von ihm stammt im wesentlichen die Zuordnung bestimmter Kandidaten zum MSB Spartakus, zu den Maoisten usw., wogegen sich die so Klassifizierten dann in der Regel wehren. Sicher ist nur, daß die politisch Aktiven unter den jüngeren Ulmer Studentenjahrgängen weniger pragmatisch orientiert sind als noch die meisten Studenten der ersten Stunde. Ideologische Motive traten erstmals massiv in einer Kampagne linker Fraktionen der Studentenschaft gegen die Zusammenarbeit der Universität mit dem Bundeswehrkrankenhaus in Ulm zutage. Im letzten Großen Senat waren keine Studenten vertreten, weil eine Mehrheit des Studentenparlaments die Mitarbeit in Universitätsgremien als nicht ergiebig für die Belange der Studentenschaft erklärt hatte.

Politik ist aber nicht nur das, was sich in lautstarken Parolen niederschlägt. Politische Entscheidungen werden von einer Universität permanent verlangt. In Ulm fallen solche Entscheidungen im Kleinen und Großen Senat. (Auf die Zusammensetzung dieser Gremien wird hier nicht näher eingegangen, weil diese sich mit der neuen Grundordnung, an der die Universität derzeit arbeitet, entscheidend ändern kann.) Eine Ulmer Besonderheit: Der Rektor der Universität ist auf Lebenszeit gewählt und betreibt die Universitätsleitung als „fulltime job“. Vorteil dieser Lösung: Da der Rektor nicht, wie früher bei kurzer Amtszeit, in den Lehrkörper der Universität zurückkehrt, steht er kaum in Gefahr, für eine Gruppe und gegen eine andere Partei zu ergreifen. Neben dieser prinzipiellen Unabhängigkeit ist vor allem die Kontinuität der Amtsführung Voraussetzung für eine langfristige, konsequente Universitätspolitik.

Rektor Baitsch, von Hause aus Humangenetiker und ein erklärter Befürworter von Evolution auch im politischen Bereich, zitiert gern Max Weber, wenn es um die Eigenart des politischen Geschäfts geht: Politik, so hat Max Weber einmal geschrieben, sei das mühsame Bohren harter Bretter. Wenn sich mittlerweile so etwas wie ein politischer Stil dieser Universität entwickelt hat, dann ist er damit treffend beschrieben.

Universität Ulm
1000 Studenten (WS 1973/74).

Anschrift:
79 Ulm, Postfach 1130

Fakultäten und Zentren:
Fakultät für Naturwissenschaften und Mathematik
Fakultät für Theoretische Medizin
Fakultät für Klinische Medizin
Zentrum Chemie-Physik-Mathematik
Zentrum Biologie und Theoretische Medizin
Zentrum Klinische Grundlagenforschung
Zentrum Innere Medizin und Kinderheilkunde
Zentrum Operative Medizin
Psychosoziales Zentrum
Kopf- und Nervenzentrum

Bayerische Julius-Maximilians-Universität Würzburg

Marlies Stieglitz-Klein

Ordentlich studieren und seine Pflicht erfüllen – ein kennzeichnendes Motto?

Am 30. November 1413 wurde Johann Zantfurt, erster Rektor der Universität Würzburg, ermordet – danach erfolgte ein rascher Niedergang dieser Universität. Hat es in Würzburg, dieser Stadt, die als barockes Kleinod gilt mit viel Kultur, guten fränkischen Weinen und nach Freiburg am stärksten von deutscher Sonne beschienen, schon zu mittelalterlichen Zeiten Krawalle gegeben? Wem ist es dann schließlich gelungen, „Ruhe und Ordnung" wiederherzustellen und Stadt wie auch Universität zu der Idylle zu machen, von deren Ruf sie noch heute zehren? Die Lösung ist ganz einfach, die hochschulpolitische Landschaft längst nicht so aufregend, wie sie der vermeintliche Tatbestand zunächst erscheinen läßt – der heutige Rektor rückt dann auch das Ableben seines Vorgängers ins rechte Licht: „Johann Zantfurt wurde nicht von einem Studenten ermordet, sondern durch seinen Hausdiener. Es ist also anzunehmen, daß die Studenten damals auch ordentlich studiert und ihre Pflicht erfüllt haben." Ordentlich studieren und seine Pflicht erfüllen – sollte das der Wahlspruch der traditionsreichen Bildungsstätte Unterfrankens sein?

Bereits 1402 genehmigt Papst Bonifaz IX. auf Gesuch des Fürstbischofs Johann von Egloffstein die Errichtung einer Hohen Schule in Würzburg und stattet sie mit den päpstlichen Privilegien aus. Nach der Ermordung des Rektors Zantfurt hat sich die Universität zunächst einmal aus der Geschichte „distanziert", bis Julius Echter sie 1575/1582 wieder gründet. Die Verkündung der Universitätsgründung verband der Fürstbischof mit dem Befehl, jetzt in Würzburg „zu finden und zu lernen, das mit vielen und großen Kosten an fernen und entlegenen Orten zu suchen ist". Bis 1591 waren die heutige „Alte Universität" fertiggestellt und eine Theologische, Philosophische und bald auch Medizinische Fakultät eingerichtet.

Einen großen Einschnitt bringt die Tatsache, daß Würzburg zu Beginn des 19. Jahrhunderts unter bayerische Herrschaft kommt. Das bedeutet den Verlust der Stellung als Landesuniversität; die „Hohe Schule" wird in Julius-Maximilians-Universität umbenannt.

In diesem Jahrhundert kommt es auch zu der bisher größten Blüte der Universität: Viele Lehrstühle sind mit bedeutenden Gelehrten besetzt, und Namen wie der des Mediziners Rudolf Ludwig Karl Virchow, des Philosophen Franz Brentano und des Physikers Wilhelm Conrad Röntgen machen die Julius-Maximilians-Universität über die Landesgrenzen hinaus bekannt.

Im Jahre 1896 beginnen die Baumaßnahmen für die „Neue Universität" am Sanderring; zwanzig Jahre später bereits wird sie um einige Gebäude erweitert. 1945 wird durch die Bombardierung Würzburgs ein großer Teil der Gesamtuniversität zerstört. Trotzdem nehmen bereits Ende 1945 die Theologische Fakultät, danach die Philosophische und Naturwissenschaftliche Fakultät, 1947 die Medizinische und Juristische Fakultät den Lehrbetrieb wieder auf. Gleichzeitig wird mit dem Wiederaufbau der Universitätsgebäude begonnen.

1965 erfolgt die Grundsteinlegung für das erste Gebäude auf dem Erweiterungsgelände am Stadtrand. 1968 wird die Rechts- und Staatswissenschaftliche Fakultät in eine Juristische und Wirtschafts- und Sozialwissenschaftliche Fakultät aufgegliedert und damit die sechste Fakultät der Universität geschaffen.

Die siebte Fakultät entstand 1972 durch die Eingliederung der Pädagogischen Hochschule Würzburg als Erziehungswissenschaftliche Fakultät; damit wurde denn auch im Wintersemester 1972/73 erstmals die Zahl von 10 000 eingeschriebenen Studenten überschritten.

Platznot bringt die „Aussiedlung"

Inzwischen ist die Zahl der Studenten auf über 11 000 angestiegen – eine Größe, die nach einer bayerischen Faustregel gerade noch im richtigen Verhältnis zu der Einwohnerzahl Würzburgs (120 000) steht. Studenten, so lautet nämlich diese Faustregel für die Kunst, Universitäten funktionstüchtig zu erhalten, dürfen nicht mehr als zehn Prozent der Einwohner einer Stadt ausmachen. Der barocken Idylle Würzburgs haben denn auch die „zehn Prozent" keinen Abbruch getan – doch die Raumfrage wurde bei 11 000 Studenten natürlicherweise zum Problem. Schon seit längerer Zeit boten die Räume der sogenannten „Alten" wie auch der „Neuen" Universität nicht mehr genügend Platz für die ständig anwachsenden Studentenzahlen. Diese beiden Bauten, von denen die sogenannte „Neue Universität" vor allem auch die Amtsräume von Rektor, Konrektor, Prorektor und Kanzler beherbergt, befinden sich im Zentrum der Stadt. Im Gegensatz zu der pompösen Bauweise der „Neuen" Universität, die innen völlig mit Marmor verkleidet ist und das Entree mit einer Lichthalle kühle Sachlichkeit verbreitet, sind die Neubauten auf dem Erweiterungsgelände am Stadtrand bei Gerbrunn unter den modernsten architektonischen Gesichtspunkten konstruiert. Geplant ist, daß eines Tages – und dieses „eines Tages" wird nach den Worten des Kanzlers sicher nicht vor 1980 sein – außer Volkswirtschaft und Jura alle Fachbereiche „ausgesiedelt" sein sollen. Aktuellste Baumaßnahmen sind momentan ein Zentralbau mit Mensa und Bibliothek. Fertiggestellt wurden bereits die neuen Gebäude der Philosophischen Fakultät, Pharmazie und Lebensmittelchemie, Anorganische Chemie, Mineralogie und der technischen Zentraleinrichtungen. Im Bau befinden sich der Zentralbau Chemie sowie die Gebäude für Physik, Mathematik, Astronomie und Rechenzentrum, Pharmakologie und Toxikologie sowie für eine MTA-Schule.

Verkehrstechnisch bietet diese Ausgliederung wenig Probleme. Die drei Kilometer bis zur Innenstadt können von den nicht motorisierten Studenten mit dem Bus zurückgelegt werden; die Verbindungslinie zwischen alter, neuer und ganz neuer Universität verkehrt tagsüber während der Vorlesungszeit kostenlos.

Noch heute Posten für Weihrauch, Öl und Kerzen im Etat

Der Etat der Universität betrug im Haushaltsjahr 1973 annähernd 180 Millionen Mark, und, wenn der Bauhaushalt miteinbezogen wird, dann erhöht sich dieser Etat auf fast 300 Millionen Mark. Wie an den anderen Universitäten auch beklagen die Verantwortlichen in Würzburg die Misere, daß die Steigerungsraten – was die Sachmittel und die Personalstellen betrifft – bei den steigenden Studentenzahlen erheblich hinter den Anforderungen der Universität zurückgeblieben sind.

Die Finanzierung erfolgt fast ausschließlich durch den Staat; wesentliche Eigeneinnahmen liegen im Klinikbereich (die Stadt Würzburg hat keine eigenen Krankenhäuser): Die Universitätskliniken haben ein Einnahmesoll von zur Zeit 51 Millionen und die Zahnklinik von über zwei Millionen Mark – das Ausgabensoll liegt allerdings weit darüber.

Was sich in den Haushaltsberechnungen nicht niederschlägt, ist das Eigenvermögen der Universität. Dieses Vermögen geht auf den zweiten Gründer der Universität, Julius Echter, zurück. Dieser hatte die Hochschule so ausgestattet, daß sie sich aus der Stiftung selbst erhalten konnte – selbst die Besoldung der Professoren beispielsweise erfolgte zu jenen Zeiten aus diesem „Säckel". Heute gehören der Universität noch zwei Güter, die sie verpachtet hat, und ein Waldgelände von 2200 Hektar, das von Universitätsangestellten bewirtschaftet wird und noch einiges einbringt.

Da zu dem Eigenvermögenhaushalt auch noch Kirchen gehören, sind heute noch Posten für Weihrauch, Öl und Kerzen bei den Abrechnungen verzeichnet.

In der Diskussion: Die Errichtung einer Technischen Fakultät

Besonders stolz ist man in Würzburg im Bereich Medizin auf den Klinikausbau: Das Paradestück des Universitätsklinikums sind die sogenannten

Kopfkliniken, deren Bau Millionen verschlungen hat. Einerseits gehört dieses Kopfklinikum (Hals-Nasen-Ohrenklinik, Augenklinik, Neurologie und Neurochirurgie) zu den modernsten Europas und bietet dem Studenten sicherlich günstige Studienbedingungen – allerdings nur soweit es den theoretischen Teil der Ausbildung betrifft: Der Rektor der Universität, Professor Josef Schreiner, umschreibt die Situation in seinem Tätigkeitsbericht: „Eine große Medizinische Fakultät, wie sie die Würzburger zweifellos ist, kann auch bei voller Ausschöpfung ihrer Möglichkeiten nicht alle Ausbildungsaufgaben erfüllen. Denn die neue Approbationsordnung schreibt bekanntlich für die Endphase die Ausbildung am Krankenbett vor." Das bedeutet für die Medizinstudenten, daß sich ihre Ausbildungskrankenhäuser zum Teil in Coburg, Schweinfurt und Aschaffenburg befinden und sie lange Fahrten und damit verbunden stark erhöhte Studienkosten auf sich nehmen müssen.

Seit Sommersemester 1974 ist es möglich, in Würzburg Sonderpädagogik zu studieren. Damit wurde der zweite Lehrstuhl dieser Art in Bayern – neben München – eingerichtet. Würzburg scheint sich für diesen Studiengang als geeigneter Ort zu erweisen, da sehr viele Fächerverbindungen möglich sind, sondern auch für höhere Semester, die den Anfang ihrer Ausbildung in München absolviert haben.

Zur Diskussion steht weiterhin die Errichtung einer Technischen Fakultät mit Schwerpunkt Architektur. Befürworter einer Erweiterung der Hochschule in diesem Bereich führen an, die Fachhochschule mit ihren technischen Zweigen biete gute Voraussetzungen für eine mögliche Kooperation – außerdem existiere in Würzburg das Süddeutsche Kunststoffzentrum, eine Einrichtung, die, einbezogen in die Universitätsarbeit, eine nützliche und notwendige Ergänzung für den Wirtschaftsraum Unterfranken bedeuten könnte. Deshalb wird die bayerische Regierung zur Zeit ersucht, zu prüfen, „ob die Möglichkeit und Notwendigkeit besteht, für den nordbayerischen Bereich an der Julius-Maximilians-Universität Würzburg eine Technische Fakultät mit dem Schwergewicht Bauwesen zu errichten".

Als weitere neue Ausbildungsmöglichkeit bestehen durch die Ranganhebung des bisherigen Konservatoriums zur Musikhochschule seit letztem Semester auch die nötigen Studieneinrichtungen für Musiklehrer.

Aus der wissenschaftlichen Arbeit der Universität gilt es, die beiden Sonderforschungsbereiche „Biologie der Mundhöhle" und „Zytologische Grundlagen der experimentellen Biologie" zu erwähnen; außerdem sind Forschergruppen „Prosa des Mittelalters" und „Röntgen-Strukturaufklärung biologisch wichtiger Moleküle" entstanden.

Pläne zu einer Studienreform sind – wie fast überall – im intensiven Gespräch; Entwürfe wurden bereits entwickelt und vorgestellt – aber noch nicht durchgeführt. Am Beispiel der Hochschulkommission für Lehrerbildung wird die bürokratische Hinhaltetaktik deutlich: Obwohl diese Kommission bereits vor einiger Zeit gebildet wurde, hat sie ihre Arbeit noch nicht aufgenommen, da im ministeriellen Hickhack noch nicht geklärt werden konnte, wer die Lehrer für die Kommission bestimmt, aus welchen Schularten sie kommen und welche Funktion sie in dieser Kommission haben.

Zunächst unmittelbarer betroffen sind die Studenten – und vor allem auch die Studienanfänger – von den Studienbedingungen, die sie in den verschiedenen Fachgebieten vorfinden. Das allgemeine Zahlenverhältnis von rund 170 Professoren (diese Zahl bezieht sich lediglich auf Lehrstuhlinhaber) zu etwa 11 000 Studenten sagt kaum etwas über die Arbeitsbedingungen in Vorlesungen und Seminaren aus. „In Fächern wie Germanistik, Anglistik oder auch Psychologie ist das Verhältnis Professor–Student ganz zuungunsten des Professors", lautet die Auskunft von Reinhard Günther, dem Kanzler der Universität. Geht es damit nicht auch zuungunsten des Studenten?

Insgesamt ist die Belastung in der Philosophischen und vor allem auch in der Naturwissenschaftlichen Fakultät wesentlich größer als beispielsweise in der Theologischen. Die Begründung dafür von seiten der Universitätsleitung: Um Theologiestudenten das Studium absolvieren zu lassen, müssen diese Lehrstühle alle vorhanden sein – selbst wenn andererseits die Zahl der Theologiestudenten zurückgegangen ist –, umgekehrt hält dann halt in Fächern wie Physik und Mathematik die Neuerrichtung von Lehrstühlen nicht der wachsenden Zahl der Studenten stand.

Totaler Numerus clausus – auch in den nächsten Semestern unwahrscheinlich

Reinhard Günther ist der Überzeugung, daß die Qualität einer Universität in gewissem Grad auch von ihrer Quantität abhängig ist: „Ich halte den Traum von der elitären Forschungsuniversität – ‚klein aber fein' – für ausgeträumt. Darum meine ich, wir können uns die Forschung nur erhalten, wenn wir auch bereit sind, einen vermehrten Anteil von Lehre auf uns zu nehmen."

Für eine optimale Größe der Würzburger Universität sieht ihr Rektor, Professor Josef Schreiner, eine Zahl von 15 000 Studenten an. „Dann handelt es sich wahrscheinlich um die Größe, bei der man sagen muß, die Universität ist nun wirklich in einem Umfang gewachsen, daß es nicht mehr sinnvoll ist, sie weiter auszubauen." Da diese Maximalgröße noch nicht erreicht ist, hält es Josef Schreiner auch nicht für wahrscheinlich, daß Studienanfänger in den nächsten Semestern in Würzburg einen totalen Numerus clausus vorfinden.

Momentan sind dreizehn Fächer von der Zulassungsbeschränkung betroffen. Das sind die – wie man, makaber genug, sagen muß – „normalen" Fächer wie Medizin, Zahnmedizin, Pharmazie, Psychologie, Chemie, Lebensmittelchemie, Biologie, Biochemie; außerdem gibt es nur eine begrenzte

Anzahl Studienplätze in den Fächern Physik und Mathematik sowie – für Anfangssemester – in den Fächern Geologie, Mineralogie und Astronomie.

In den übrigen Fächern rechnet man zur Zeit mit keinen weiteren Beschränkungen. Durch die bundesweiten Zulassungsbeschränkungen hat sich in Würzburg – wie auch an den anderen Universitäten – der Einzugsbereich der Studenten geändert. Während sich in früheren Jahren die Studienbewerber hauptsächlich aus dem grob umrissenen Gebiet Unterfranken bis Allgäu rekrutierten, kommen sie nun durch das zentrale Vergabeverfahren aus der gesamten Bundesrepublik. Doch auch die „Nichtbayern" haben Würzburgs Ruhe und Frieden „keinen Abbruch getan". Sicher: es hat hier und da ein paar Spannungen unter den Studierenden gegeben, weil sie nicht mehr in jedem Fall das studieren konnten, was sie wollten. Und obwohl das Existenzverständnis einzelner dadurch tangiert wurde, kam es zu keinen Unruhen im größeren Ausmaß. Dazu Josef Schreiners Devise: „Es ist so, daß man die Dinge eben heiter akzeptieren muß, von seiten der Universität und auch von seiten der Studenten."

Was denn – zumindest von seiten der Studenten – auch getan wird. So hat während der Streikwoche an den bayerischen Hochschulen vor Inkrafttreten des Bayerischen Hochschulgesetzes im letzten Jahr – laut Erklärung des Kultusministeriums (aber wohl auch tatsächlich) – der größte Teil aller Lehrveranstaltungen ohne Störung stattgefunden. Ein großer Teil der Demonstranten bei hin und wieder stattfindenden Demonstrationen seien keine Studenten, sondern Oberschüler gewesen.

Und auch nach Inkrafttreten des Gesetzes ist es ruhig geblieben.

Eine Wahl im Dezember 1973 über die Zusammensetzung des Studentenparlaments ergab eine Mehrheit für die „Linke Liste der Fachschaften und Basisgruppen" (LL/FB), gefolgt von der Arbeitsgemeinschaft Demokratischer Fachschaften (ADF) und dem Ring Christlich-Demokratischer Studenten (RCDS) – doch diese war laut Bayerischem Hochschulgesetz auch die letzte SP-Wahl.

Noch bis zum 30. September wird die Amtszeit des Allgemeinen Studentenausschusses dauern, der ohne Mitwirkung linker Gruppen gebildet wurde: Getragen wird die Studentenvereinigung von einer „demokratischen Fraktion", die sich aus Angehörigen des RCDS, einer Arbeitsgruppe demokratischer Fachschaften, Mitgliedern des Bayerischen Lehrervereins und Unabhängigen zusammensetzt.

Zugereiste und Einheimische: Abends beim Viertel oder beim Maß

Ein engagiertes Anliegen der zuletzt amtierenden ASten war es, die Wohnraummisere zu verbessern – denn wie in fast allen Universitätsstädten sind Wohnheimplätze knapp, das Angebot an privaten Zimmern erweist sich ebenfalls als kärglich. Auf Initiative des Studentenwerkes wurden inzwischen etwa 900 Wohnheimplätze geschaffen, davon aber allein 150 im weiteren Umkreis, bis hin nach Schweinfurt. Die Mieten liegen in den Wohnheimen für ein Einzelzimmer bei 86 bis 101 Mark, für ein Doppelzimmer bei 68 bis 90 Mark; im freien Wohnungsangebot betragen sie circa 130 bis 140 Mark.

Da auch die Privatzimmer zum größten Teil in Häusern der Außenbezirke angeboten werden, die verkehrstechnisch schlecht erschlossen sind, sind viele der Studenten auf ein Auto angewiesen. Fazit: überfüllte Parkplätze in der Innenstadt rund um die alte und neue Universität. Keine Probleme gibt es bisher auf dem Erweiterungsgelände am Stadtrand; doch wie es dann aussehen wird, wenn sich in ein paar Jahren fast der gesamte Lehrbetrieb dort abspielen wird, bleibt abzuwarten.

Bis zur Fertigstellung der neuen Mensa auf dem Neubaugebiet haben die Studenten die Möglichkeit, in dem Erfrischungsraum zu essen, oder sie fahren mit dem Bus zum Nulltarif in die Innenstadt zur alten Mensa. Durchschnittlich 6000 Essen werden dort täglich ausgeteilt. Das Menü kostet 1,50 Mark, das Stammessen 1,10 Mark. Zum Komplex des Studentenhauses, in dem sich die Mensa befindet, gehört auch der „Studentenkeller" mit einer Diskothek. Täglich, außer sonntags, ist dies ein beliebter Treffpunkt – besonders der Anfangssemester – für diejenigen Studenten, die den Laden in Schwung halten, gibt es neben Musik und Tanz auch noch einen Verdienst.

Die Studiobühne der Universität inszeniert Enzensbergers „Verhör von Havanna" und stellt als Eigenproduktion einen Bilderbogen "5 x Würzburg: Schwarz auf Schwarz" vor. Nach jeder Vorstellung: Diskussion. Auch das Stadttheater bietet den mehr Kulturbeflissenen einige interessante Aufführungen. Befürchtung des Landtags (ein Ausspruch, der die Runde macht): „Das Theater wird uns langsam zu modern – die spielen jetzt schon Büchner . . ."

In Würzburg steht das Verbindungsleben in hoher Blüte. So offeriert beispielsweise der Corps Rhenania „Reiten – Fitneß – Fairneß" – Feuerzangenbowle und Winzertanz stehen bei der Burschenschaft Mainfranken auf dem Programm.

In den Weinstuben und Spezialbierschankstätten sitzen zugereiste Studenten wie einheimische Bürger abends beim Viertel oder beim Maß – typische Studentenlokale gibt es nicht, man trifft sich eben im „Schnabel", im „Stachel" oder im „Bürgerspital zum heiligen Geist" – Würzburger, Studenten wie Touristen.

Die Verständigung beim Wein oder am Biertisch ist gut. Die Würzburger sind nicht nur stolz auf „ihre" Universität, sie wissen auch um ihre Bedeutung als Wirtschaftsfaktor. Die Universität – zusammen mit dem klinischen Bereich als Betriebseinheit betrachtet – ist der größte Arbeitgeber im Großraum Würzburg.

Und so prostet man sich denn zu und glaubt den Studenten aufs Wort, die da Würzburg samt Universität als idealen Ort bezeichnen – für den, der nicht nur studieren, sondern auch genüßlich-friedlich leben will.

Julius-Maximilians-Universität Würzburg
11 300 Studenten (WS 1973/74).

Anschrift:
87 Würzburg, Sanderring 2

Fakultäten:
Theologische Fakultät
Juristische Fakultät
Medizinische Fakultät
Naturwissenschaftliche Fakultät
Wirtschafts- und Sozialwissenschaftliche Fakultät
Erziehungswissenschaftliche Fakultät
Philosophische Fakultät

Gesamthochschule Wuppertal

Wolfgang Kuldschun

„Die Gesamthochschule ist nicht ein minus, sondern ein aliud gegenüber der wissenschaftlichen Hochschule, denn sie führt aus der Isolierung der bisherigen Studiengänge in ihrer Zuordnung zu Universitäten, Pädagogischen Hochschulen und Fachhochschulen hinaus und bietet die Studiengänge neu verschränkt in inhaltsbezogener fachlicher Zuordnung an." Mit diesen Worten kommentierte das Ministerium für Wissenschaft und Forschung in Nordrhein-Westfalen die Neugründung der Gesamthochschule Wuppertal.

Am 1. August 1972 war sie als Hochschule für die Region des Bergischen Landes gleichzeitig mit den Gesamthochschulen in Essen, Duisburg, Paderborn und Siegen errichtet worden. Zwei Monate vorher hatte der Landtag mit der Verabschiedung des Gesamthochschulentwicklungsgesetzes (GHEG) die hochschulrechtliche Landschaft in Nordrhein-Westfalen grundlegend verändert. Die fünf neuen Gesamthochschulen sollten nach dem Willen des zuständigen Ministers keine singulären Neugründungen sein, sondern erster Teil eines umfassenden, auf die Hochschulstruktur als Ganzes bezogenen Reformkonzepts.

In sich vereinigen die Gesamthochschulen die von den wissenschaftlichen Hochschulen und Fachhochschulen wahrzunehmenden Aufgaben mit dem Ziel der Integration. Zu diesem Zwecke haben sie die Aufgabe, aufeinander bezogene Studiengänge und innerhalb eines Faches nach Studiendauer gestufte Abschlüsse anzubieten.

Mit Wirkung vom 1. August 1972 wurden also auch in Wuppertal der vorhandene Lehrkörper und die Studenten sowohl der Fachhochschule Wuppertal als auch der Pädagogischen Hochschule Rheinland (Abteilung Wuppertal) in die neu errichtete Gesamthochschule übergeleitet. Die bisher studiengangbezogenen Fachbereiche wurden in ihrem vorhandenen Bestand übernommen, aber gleichzeitig in fachbezogene Fachbereiche umgebildet. Damit wurde der auch von seiten der Hochschule geäußerten Befürchtung begegnet, daß die bestehenden fachlichen Strukturen der Vorgängereinrichtungen auf lange Zeit festgeschrieben würden.

Gründungsrektor und Kanzler wurden im Benehmen mit den übergeleiteten Einrichtungen vom Wissenschaftsminister ernannt. Dabei ist insbesondere die Entscheidung des Gesetzgebers für die Rektoratsverfassung auffallend, angesichts der Hinwendung zur Präsidialverfassung in fast allen Ländern. Der Rektor ist in der Vorläufigen Grundordnung der Gesamthochschulen Organ neben dem Rektorat, dem die Leitung der Hochschule obliegt.

Von den Mitgliedern des Gründungssenats wurde die eine Hälfte der Mitglieder gewählt, die andere vom Minister berufen. Die gewählten Mitglieder kommen wiederum zur Hälfte aus der ehemaligen Pädagogischen Hochschule und zur anderen Hälfte aus der ehemaligen Fachhochschule. Die berufenen Senatoren sind als sogenannte Fachvertreter mit dem Aufbau neuer Studiengänge betraut worden. Das Lehrangebot beschränkte sich im ersten Jahr nach der Gründung auf die weitere Durchführung der laufenden Studiengänge der übergeleiteten Hochschulen.

Die neuen Studienordnungen lieferten Zündstoff für Auseinandersetzungen

Unter starkem Termindruck, der durch den Wissenschaftsminister gesetzt war, mußte die Wuppertaler Gesamthochschule ohne jede Anlaufphase an die Verwirklichung eines ersten Stückes Studienreform herangehen. Neben der Aufrechterhaltung des Lehr- und Studienbetriebes galt es, den Bestand des Lehrpersonals umfassend zu ergänzen. Die Arbeit in Berufungskommissionen erwies sich als eine ungeheure zeitliche Belastung für alle Beteiligten.

Statistiker haben den Aufwand in Wuppertal nachgerechnet und kamen zu dem Ergebnis, daß zur Berufung von 36 Hochschullehrern drei betroffene Gremien insgesamt 576 Stunden, das heißt circa 15 Wochen, gearbeitet haben, wenn man von der 40-Stunden-Woche ausgeht. Dies wiederum bedeutet, daß in den ersten 15 Monaten der neuen Wuppertaler Gesamthochschule die Mitglieder der beteiligten Gremien und Kommissionen insgesamt drei Monate und drei Wochen nur mit den Berufungsvorschlägen beschäftigt waren.

Um ein Vielfaches übertroffen wurde diese Arbeitsstundenanzahl von dem Zeitaufwand, den die Arbeit an den Studienordnungen verlangt. Zehn neue Studienordnungen mit den – wo nötig – dazugehörigen Prüfungsordnungen wurden von den Fachbereichen erarbeitet und vom Senat beraten, und dies innerhalb einer Fristsetzung von nur sechs Monaten, denn zum Wintersemester 1973/74 wurden sie bereits in den Lehr- und Studienbetrieb aufgenommen.

Die neuen Studienordnungen, das Vehikel jeder Studienreform, mußten unter dem Doppeldruck von verordneter Laufzeit und geltendem Prüfungsrecht zu purem Explosivstoff werden. Hier prallten die unterschiedlichen Meinungen und Erwartungen frontal aufeinander. Bis heute bestehen in einer Reihe von Grundsatzfragen Meinungsverschiedenheiten zwischen dem Ministerium und der Hochschule und besonders in der Hochschule selbst.

Bei der Erarbeitung der integrierten Studiengänge hatte man das Ziel vor Augen, die bisherige Trennung von vorwiegend theoriebezogenem Studium und vor allem auf Berufspraxis ausgerichtetem Fachhochschulstudium aufzuheben. Ein integrierter Studiengang wurde daher definiert als ein Studiengang, der gekennzeichnet ist durch unterschiedliche Zugangsvoraussetzungen und ein in Teilen gemeinsames, zeitlich unterschiedliches Studium, durch eine qualifizierende Zwischenprüfung im obligatorischen Studienteil und durch gleichwertige, unterschiedlich gewichtete Abschlüsse. Als Eingangsvoraussetzungen gelten

a) die Fachhochschulreife und

b) die Hochschulreife.

Das Studium gliedert sich in zwei hintereinanderliegende Abschnitte, wovon der erste Abschnitt das in der Regel viersemestrige Grundstudium ist und der zweite Abschnitt entweder das zweisemestrige Hauptstudium A oder das viersemestrige Hauptstudium B. Eine Zwischenprüfung nach Abschluß des Grundstudiums qualifiziert für eines der Hauptstudien, wobei sich die Qualifikation nach der Wahl der Prüfungsfächer richtet, die im Hinblick auf einen der Hauptstudiengänge ausgewählt werden können.

Zum Ausgleich der unterschiedlichen Eingangsvoraussetzungen werden während des ersten Studienjahres Brückenkurse angeboten. Für das zweite und die folgenden Studienjahre ist das Lehrangebot mit Blick auf die unterschiedlichen Hauptstudiengänge differenziert. Ein großer Teil der Studieneinheiten bleibt in jeder Fachrichtung gemeinsam.

Im Wintersemester 1973/74 wurden in der Gesamthochschule Wuppertal integrierte Studiengänge in
- Mathematik,
- Physik und
- Wirtschaftswissenschaften

angeboten. Für das Wintersemester 1974/75 ist die Einrichtung von integrierten Studiengängen in
- Sozialwissenschaften,
- Chemie,
- Maschinenbau,
- Elektrotechnik und
- Bauingenieurwesen vorgesehen.

Neben dem erziehungswissenschaftlichen Diplomstudium werden Lehramtsstudiengänge für das Lehramt an den Grund- und Hauptschulen, den Realschulen und den Gymnasien angeboten. Studiengänge für das Lehramt an berufsbildenden Schulen werden gegenwärtig erarbeitet.

Die Lehramtsstudiengänge setzen sich aus den drei Elementen
- erziehungs- und sozialwissenschaftliches Teilstudium
- Erstfachstudium
- Zweitfachstudium

zusammen.

Neu sind an der Gesamthochschule Wuppertal darüber hinaus die Aufnahme eines Studienganges im Bereich der Sicherheitstechnik wie auch eines Studienganges „Straffälligenpädagogik – Delinquenzprophylaxe". Beide Studiengänge entstanden aus konkreten Berufsfeldanalysen und zeigen erste Möglichkeiten einer neuen Spezialisierung auf.

Wieweit sich diese neuen Studiengänge allerdings auch zu Forschungsschwerpunkten der neuen Wuppertaler Gesamthochschule entwickeln lassen, ist derzeit nicht abzusehen. Besondere Forschungsschwerpunkte werden erst in nächster Zeit ausgebaut werden, denn in dieser Aufbauphase der Gesamthochschule steht zunächst die Lehre, vor allem auch im Bereich der neuen integrierten Studiengänge, im Vordergrund.

In das Bewußtsein der Bürger dringt die Existenz der GH nur langsam vor

Auf dem Grifflenberg in der Elberfelder Südstadt entsteht gegenwärtig der Neubau der Gesamthochschule Wuppertal. Noch ist sie auf sieben verschiedene Standorte im Wuppertaler Stadtgebiet verteilt, in den alten Institutsgebäuden der ehemaligen Fachhochschule und der Pädagogischen Hochschule. Mit den beiden Ausbaustufen 1975 (6600 Studienplätze) und 1980 (8600 Studienplätze) wird sie aber ganz auf das Neubaugelände konzentriert.

Das neue Hochschulgelände liegt über der Stadt im Tal der Wupper. Durch die unmittelbare Anbindung an das Stadtzentrum werden sich Isolierungsprobleme, wie sie sich bei Campus-Universitäten immer wieder zeigen, gar nicht erst einstellen, denn die Lage gibt beste Voraussetzungen, die neue Hochschule schnell in die Stadt einwachsen zu lassen.

Enge Kontakte zwischen Stadt – in diesem Falle sogar der ganzen bergischen Region mit den Städten Remscheid, Solingen und Wuppertal – und Hochschule ergeben sich aber auch durch den gesetzlich festgelegten Regionalauftrag an die Hochschule. So sitzen im Kuratorium der Gesamthochschule Wuppertal neben den Vertretern der Hochschule die Spitzenrepräsentanten der drei bergischen Städte.

Mit großen Initiativen wirbt die Stadt Wuppertal um mehr Verständnis für die Hochschule. Eine großangelegte Plakataktion unter dem Motto „Unsere Väter bauten die Schwebebahn – wir bauen die Uni" hatte in den Wochen der Neugründung das Ziel, Verständnis und Engagement zu wecken. Ausreichend „Studentenbuden" wurden mit Hilfe einer Umfrageaktion beschafft.

Aber dennoch muß sich auch Wuppertal zu einer echten Hochschulstadt noch entwickeln. In das Bewußtsein der Bürger dringt die Existenz der Gesamthochschule Wuppertal nur langsam vor. Dabei erweist sich der neue und ungewohnte Begriff „Gesamthochschule" als ein besonderes Hindernis.

In Wuppertal stehen insgesamt 202 Studentenheimplätze zur Verfügung zu circa 70 bis 90 Mark Miete. Weitere Studentenheime sind geplant. Die Zimmerfrage ist für die Studenten der Gesamthochschule aber noch kein bedrückendes Problem. Gerade hier zeigen sich die Vorteile des Regionalprinzips dieser Hochschulgründung. Ein großer Teil der Studenten wohnt zu Hause bei den Eltern entweder direkt in Wuppertal oder in den nahegelegenen Ortschaften.

Auffällig: Das große Desinteresse der überwiegenden Mehrheit der Studenten an politischer Betätigung

Auch hochschulpolitisch befindet sich die Gesamthochschule Wuppertal in einer Aufbauphase. Im Bereich der studentischen Aktivitäten fällt zunächst das große Desinteresse der überwiegenden Mehrheit der Studenten an politischer Betätigung auf. Nur einige wenige verteilen sich auf die studentischen Posten in den Selbstverwaltungsgremien der Hochschule sowie auf das Studentenparlament und den AStA. Die Sozialistische Hochschulgruppe (SHG) und der MSB Spartakus bilden die beiden großen politischen „Parteien". (Der dreiköpfige AStA wird von Vertretern der SHG gestellt.) Neben ihnen sitzt im Studentenparlament eine recht große Gruppe nichtorganisierter Studenten. Außerhalb der Studentenparlamentsarbeit finden sich Vertreter aus allen Gruppierungen in der Fachgruppe Studenten der GEW zur hochschulpolitischen Arbeit wieder.

Zwar sieht die Vorläufige Grundordnung (VGO) eine Beteiligung von Studenten in der Gremienarbeit vor, große Einflußmöglichkeiten gibt es aber aufgrund der geringen Zahl von studentischen Sitzen nicht. Als äußerst hinderlich für die Einbeziehung aller Beteiligten in die Arbeit der Gründungsphase erweist sich zudem die Bestimmung der VGO, wonach alle Gremien der GH nichtöffentlich tagen.

Gerade in bezug auf die neuen integrierten Studiengänge haben sich die Studenten intensiv in die Diskussion eingeschaltet. Sie sehen in einer Reihe von Einzelpunkten, wie zum Beispiel Differenzierung in unterschiedlich lange Studiengänge, qualifizierende Zwischenprüfung, Pflichtteilnahme an Brückenkursen, eine weitgehende Reglementierung ihres Studiums und in vielen Punkten eine für sie nicht akzeptable Diskriminierung der Fachoberschüler, die in diese Studiengänge eintreten.

Vor allem aber auch in Fragen ihrer sozialen Situation sind AStA und Studentenschaft aktiv geworden. Sie fordern eine entschiedene Anhebung der Förderungsbeträge bei gleichzeitiger Heraufsetzung der für die Befürworter zugrunde zu legenden Gehälterrichtzahlen. Darüber hinaus setzen sie sich für den Wegfall der einschränkenden Paragraphen ein, die die geförderten Studenten noch heute in ihrer hochschulpolitischen Betätigung behindern und besondere Leistungsnachweise von ihnen verlangen.

Die Arbeit der studentischen Gremien und des AStA wird besonders erschwert durch ihre ungeklärte und unzulängliche Finanzsituation. Für die Gesamthochschulen hatte der Minister eine „verfaßte Studentenschaft" nicht vorgesehen. Die studentischen Initiativen galten insofern zunächst der Wiedererlangung einer Verfassung mit Beitragshoheit. Mit dem neuen Studentenwerksgesetz sollen diese Bestimmungen wieder eingeführt werden.

Gesamthochschule Wuppertal
5000 Studenten (WS 1973/74).

Anschrift:
56 Wuppertal 1,
Max-Horkheimer-Straße 21

Fachbereiche:
FB 1 Gesellschaftswissenschaften
FB 2 Erziehungswissenschaften, Psychologie, Philosophie, Theologie, Leibeserziehung
FB 3 Sprach- und Literaturwissenschaften
FB 4 Kunsterziehung und Gestaltung
FB 5 Wirtschaftswissenschaften
FB 6 Mathematik, Naturwissenschaften
FB 7 Architektur, Innenarchitektur
FB 8 Bautechnik
FB 9 Maschinentechnik
FB 10 Druckereitechnik, Textiltechnik
FB 11 Elektrotechnik